湖州师范学院人文社会科学学术著作
出版资助项目（2017SKZZ01）

再制度化与
国家政策能力重构

对美国中小学教育政策（1954—2016）的考察

肖方仁　著

中国社会科学出版社

图书在版编目（CIP）数据

再制度化与国家政策能力重构：对美国中小学教育政策（1954-2016）的考察/肖方仁著．—北京：中国社会科学出版社，2019.1

ISBN 978-7-5203-3659-8

Ⅰ.①再… Ⅱ.①肖… Ⅲ.①中小学教育—教育政策—研究—美国 Ⅳ.①G639.712.0

中国版本图书馆CIP数据核字（2018）第268354号

出 版 人	赵剑英
责任编辑	谢欣露
责任校对	季　静
责任印制	王　超

出　　版	中国社会科学出版社
社　　址	北京鼓楼西大街甲158号
邮　　编	100720
网　　址	http://www.csspw.cn
发 行 部	010-84083685
门 市 部	010-84029450
经　　销	新华书店及其他书店
印　　刷	北京明恒达印务有限公司
装　　订	廊坊市广阳区广增装订厂
版　　次	2019年1月第1版
印　　次	2019年1月第1次印刷
开　　本	710×1000　1/16
印　　张	21.5
插　　页	2
字　　数	352千字
定　　价	89.00元

凡购买中国社会科学出版社图书，如有质量问题请与本社营销中心联系调换
电话：010-84083683
版权所有　侵权必究

序 政策能力与政策变迁：一个重要的研究领域

唐贤兴

（复旦大学教授、博士生导师）

呈现在读者面前的这部讲述和分析美国教育政策变迁的著作，提出了一个严肃的学术主题——在维持公共政策的稳定性（连续性）和变革性（变迁）的过程中，国家是如何提升其政策能力的。

剖析现代国家的政策能力是一个很有意思的学术话题。然而，公共政策研究作为一门独立的学科以来，政策能力及其提升这个重要的主题似乎被各种政策研究范式忽视了，至少，在各种理论框架和研究范式那里，鲜有把这个主题作为一个突出的专题来加以分析的。再进一步，如果试图把政策能力置于政策变迁的视野下来加以认识，那么，我们将会发现，那些主要侧重于政策变迁的动力、过程和模式的政策变迁研究，并没有刻意去考察国家的政策能力在政策变迁中所扮演的角色、所面临的挑战，以及所采取的提升政策能力的战略和策略。

显然，对政策能力和政策变迁的考察，无论在公共政策理论那里，还是在政治科学那里，都有着很大的研究空间。然而，研究难度也是显而易见的。在我看来，下面这些因素（我们不在重要性的维度上对它们进行排序）的存在，给我们深入和系统地研究这个学术主题带来了多方面的困难。

首先，政策能力这个术语的含义是比较模糊的。从政治科学的视角来看，政策能力（policy capacity）经常会跟国家能力（state capacity）联系在一起，后者主要表示一个政策体系将如何达到诸如合法性、责任、承诺等方面的恰当结果，以便国家进行有效的统治。而在公共行政学视野下，政策能力往往被用来理解政府的行政能力（administrative capacity），即政府是如何进行有效的资源管理的。到了治理理论那里，政策能力被用来解释那种致力于寻求"有效治理"（effective governing）的政策设计应该是一种什么样的性质和状态，因此，与连续性、可靠性、决策力等方面要求相适应的知识选择，就成为衡量政策能力的重要指标。考虑到这些相关概念的关联性，一些研究者把上述三个既相互区别但又相互依赖的概念——行政能力、政策能力、国家能力——看成治理能力（governing capacity）的三个构成要素，或者说，这三个要素构成了关于能力的铁三角（the capacity triangle）模型[①]。然而，政策能力这个概念的内涵、外延和分类，在现有的研究文献那里，既多样且模糊，需要又进一步的厘定和讨论。

其次，人们很难寻找到恰当的标准来衡量和检验某个国家政策体系的能力程度。关于能力的铁三角模型给出了政策能力的构成要素，但要在衡量能力程度的指标上设计出足够的、可接受的标准，是一项很困难、有争议的工作。人们通常从质和量两个方面来衡量某种政策行动的产出和结果（outputs and outcomes），并以此为标准来检验政策的成功或失败。这经常是考察和判断政策能力的一个维度。然而，遵循这种路径来进行评估，可能是很危险的。评估和衡量政策能力的质和量，有时候很难统一。比如，在定量上，政府在一些领域和事务上的高投入和高产出，并不必然意味着政策问题得到了较高程度的解决，毕竟，人们在评价政策时，既要看结果，也要看影响，而在定量和定性这双重维度上，政策结果与政策影响经常是不一致的。再比如，如果从政策有无实现国家目标——政策有效性——的角度来评估政策能力，那么，我们在评价政策成功或失败时很容易陷入各种社会和政治偏见。随着时空的变化，对政策的评估也会发生改变。一些政治科学家通过比较研究指出，政策的成功"对不同的人在不同的时间里意味着不同的事情"[②]，这就是说，在政治过程中，人们总是根据特定的情景来判断和重构政策的成功或失败[③]，英格莱姆（Ingram）和曼（Mann）对这种经常具有高度主观性的判断提

[①] Martin Painter, Jon Pierre, "Unpacking Policy Capacity: Issues and Themes", in Martin Painter and Jon Pierre (eds.), *Challenges to State Policy Capacity: Global Trends and Comparative Perspectives*, New York: Palgrave Macmillan, 2005, p. 3.

[②] M. Bovens, P. Hart, B. G. Peters, "Analyzing Governance Success and Failure in Six European States", in M. Bovens, P. Hart, B. G. Peters (eds.), *Success and Failure in Public Governance: A Comparative Analysis*, Cheltenham: Edward Elgar, 2001, p. 20.

[③] Mark Bovens, P. Hart, *Understanding Policy Fiascoes*, New Brunswick, NJ: Transaction Publishers, 1996, pp. 74-84.

出了警告，认为"成功和失败是模糊的概念"，它们在"很大程度上反映了个人的目标、对需求的感知，甚至可能有对生活的心理倾向"。[①] 衡量指标之间的冲突性和人们判断上的主观性，加大了定义政策能力程度的困难性。

再次，对政策能力构成威胁或挑战的因素是复杂的。在一般意义上，无论是人的能力，还是机构、体系和制度的能力，都是一个程度性（而不是"有"或"无"）的问题。对能力的认知，意味着它是变化的、可以提高的。关于这一点，人们可以从社会学、人类学乃至生态学的大量文献中有关因为人的天性、生存需要而不得不提高适应性的阐述中得到理解。比如，很多社会学家和人类学家都承认，"人的天性使人类无法共存，或使这种共存变得难以接受的粗鄙和危险，因此，社会的训练和培养必不可少"[②]。当然，通过各种社会控制的形式（比如训练和培养），最后是不是提高了能力，则应该是另外一回事。事实上，面对各种压力和挑战所做出的适应性和变革性的行动，可能提高了能力，也可能降低了能力，还有一种可能的结果是能力状态没有发生变化。这是一个较为复杂的问题。

现在回到对政策能力的讨论。人们虽然可以在较为笼统的意义上来归纳政策能力正在受到哪些方面的挑战，但某些特定的挑战因素，对于不同的政策体系而言，是具有不同的含义的。根据一般的理解，政策能力既受到外部因素的刺激和影响（external challenges），也经常同时会受到很多内部因素的挑战（internal challenges）。很长一段时间以来，关于全球化和全球治理的持续讨论和争论，反而模糊了人们对于全球化影响的认识，但是，民族国家内部的政策能力受到全球化——诸如，资本的跨国流动，国家间在经济或财政上相互依赖的日益增长，国际组织的变革，技术革新的速度和穿透力，各种传统和非传统安全威胁——的挑战。这种挑战更多时候是间接的，导致国家控制的弱化。政治科学家提出了丰富多样的国际关系理论，试图去解释全球化对国家能力到底产生了什

---

① Helen M. Ingram and Dean E. Mann, "Policy Failure: An Issue Deserving Analysis", in Helen M. Ingram and Dean E. Mann (eds.), *Why Policies Succeed or Fail*, California: Sage Publications, 1980, p. 852.

② [英] 齐尔格特·鲍曼：《通过社会学去思考》，高华等译，社会科学文献出版社2002年版，第11页。

么样的影响，但对全球化对国家的政策能力的影响似乎都缺乏关注。所幸的是，也有一些研究公共政策的学者，已经关注到了这个问题。比如，Skogstad 主编的《政策范式、跨国主义与国内政治》一书，探讨的主题之一就是国内因素（制度的、文化的、话语的）是如何与跨国行为体进行互动的，以及这种互动又是如何对国内的和跨国的政策范式的变化产生影响的。[①] 政策变迁的内容是多方面或多层次的，在我看来，最为重要或重大的变迁当属政策范式的发展和变化。因此，在这个程度上，如何提高政策能力以回应这种挑战，也必然是民族国家的政策体系在重建政策能力时最为关心的方面。

对政策能力形成的内部挑战，几乎每天都发生在国内政治过程之中。20 世纪 80 年代以来波及西方国家和一些发展中国家的行政改革，其中一个主要的目标取向是提升政策能力。根据萨雷曼（Suleiman）的说法，一个并不令人感到惊讶的事实是，在大多数进行这些行政改革的国家，政策能力几乎是突然之间成为政府的一个突出问题，而如何形成一个协调的复杂制度系统则成为这些国家首要的政治和行政问题。[②] 客观上说，很多西方民主国家自愿推进的新公共管理改革取得了多方面的成果[③]，但是，像放松规制、削减开支、专业化、人力资源管理等行政改革最终是提高了还是降低了政策能力，还需要谨慎评估。

最后，在不同的国家，政策能力的构成要素及其在政策变迁中的角色和意义，既有差异，也存在争议。比如，美国社会学家迈克尔·曼所说的制度化能力，在不同的国家就存在不同的含义或意义。在他的一篇广为引用的文献中，曼将国家权力分为专制性权力（despotic power）和基础性权力（infrastructural power）。[④] 其中，后一种权力（肖方仁博士将它翻译为"建制性权力"）涉及国家与公民社会之间如何进行制度化协商从而合理执行政治决策，以及有效地动员社会资源的能力。发达国家的

---

① Grace Skogstad (ed.), *Policy Paradigms, Transnationalism and Domestic Politics*, Toronto: University of Toronto Press, 2011.

② E. Suleiman, *Dismantling Democratic States*, Princeton, NJ: Princeton University Press, 2003.

③ C. Pollitt, G. Bouckaert, *Public Management Reform: A Comparative Analysis*, Oxford: Oxford University Press, 2000.

④ M. Mann, "The Autonomous Power of the State: Its Origins, Mechanism and Results", *Archives of European Sociology*, XXV, 1984, pp. 185–213.

公共管理在公私伙伴关系的建构上有着较强的能力和有趣的经验，但在公民社会不够成熟或成长较慢的国家里，政治权力对社会的控制而不是合作，通常是公共政策所履行的一个重要职能。因此，在不同的国家和社会，政策能力的含义以及它在政策变迁中的作用，存在一些结构性的差异。

由此经常引发的一个学术讨论主题是，"强国家"（strong state）对公共政策的变迁来说，到底意味着什么。在经验层面上，"强国家"对那些试图有效地调控社会、从社会中汲取资源的国家来说，始终是必不可少的一个因素。"政策无力"（policy incapacity）往往是政府体系内软弱、紧张、不协调等结构性问题的产物，或者说，政策能力的下降是结构不适或不当的结果。因此，人们通常所看到的国家能力和政策能力的塑造，一般是通过改变国家的结构、社会的结构，以及国家与社会的关系等途径来实现。这些方面的结构性设计是提升政策能力的一个关键变量。"强国家"是提升政策能力和推动政策变迁的一个关键因素，如果说这一点是可以接受的话，那么，接下去可能会有争议的一个问题是，因应于"强国家"需要的政策能力，在不同的国家为什么会有差异，以及与此相关的政策变迁为何表现出不同的路径和模式。显然，从基本的层面上来说，政策能力和政策变迁应成为比较研究的一个领域，而这方面大范围的跨国比较研究，目前还处于一个较低的水平。

上述四个方面构成了本书研究的起点和难点。虽然作者避开了比较研究的难点和风险，选取了美国的政策能力和政策变迁作为研究对象，但是，国别研究对于深化公共政策理论研究，甚至提炼公共政策理论是有意义的。如果类似的国别研究能够产生更多的成果，那么，在这个问题上的比较研究，也会有更好的基础。

肖方仁博士当初在选择研究方向和寻找毕业论文选题时，与我有过多次探讨。我建议他不妨对公共政策的一些传统主题进行深入的反思，其中，我提到了政策稳定与变革的问题，同时也提到了像政策能力这样相对缺乏系统研究的课题。通过阅读文献，他发现，通过梳理美国教育政策的变迁，可以更好地理解国家是如何在保持政策变迁和政策稳定的过程中提升政策能力的。于是，他确立了研究主题，并在博士学位论文基础上经过一些修改而形成了这本专著。对于美国基于平等的价值而设计的教育政策及其历史变迁过程，以及不同阶段的相关内容，本书通过历史和案例研究的方法进行了较为详细的描述和分析。在这篇序言里，我将不再赘述。

如何建构解释性框架来分析政策变迁过程及其对重构政策能力的意义？显然，这是一个很有挑战性的工作。本书的研究也只是一个初步的尝试。在这里，至少有两个方面的工作需要有序地展开和深化。

第一，所建构的分析框架要能有效解释，美国的公共政策为什么可以在它独特的政治过程中既保持政策的连续性和稳定性，又能进行一些对后来的发展产生积极影响的调整和变革。美国的政治科学家已经开发出了众多分析框架来解释这一政治过程，本书作者对此进行了一定的借鉴。公共政策领域就其学术起源来说是美国式的，没有一个国家或地区像美国政府那样，将稳定的政府与来自体制外的解决社会问题的建议结合得如此紧密。[1] 在这种美国式的政策观念下，国家（尤其是强国家）并没有被视为政治过程的分析中心。这种情形在教育领域尤其明显，在那里，强国家的建议和行动不受人欢迎。而作者却采用了以国家为中心的分析思路，那么，在思考公共政策的规范性问题（比如民主建设与再分配、平等之间的两难选择）时，就需要去解释这一以国家为中心的思路是如何加强美国在教育政策中的能力的。

第二，由于政策能力的概念本身有些模糊，我们需要定义政策能力，设计美国教育政策能力评估指标。在作者的分析框架中，"再制度化"是重构和提高政策能力的一个途径和过程。同时，美国的制度和国家的自主性，虽说在一定程度上是考察美国教育政策能力的可能维度，但在实际的政治过程中，这两个因素更多地表现为政策能力及其变化的制约因素，而不是直接衡量政策能力的可靠指标。因此，在美国教育政策变迁中，政策能力是指国家在教育领域的政策过程维持稳定和变革的能力，还是指有关的政策解决了教育本身存在的问题，不够明确和清晰。基于提高政策能力的需要来深入分析特定的政策变迁，包括变迁的动力和制约条件、变迁的过程、变迁的方式和途径、变迁的结果和影响等，从完善分析框架的角度来说，依然还有一段路要走。

---

[1] 芭芭拉·J. 纳尔逊：《公共政策与公共行政：综述》，载［美］罗伯特·古丁、汉斯－迪特尔·克林格曼主编《政治科学新手册》（下册），钟开斌等译，生活·读书·新知三联书店2006年版，第789—790页。

诚然，我们必须对青年学者的研究工作抱有开放和包容的态度。毕竟，有了良好的问题意识，科学研究就迈出了最关键的一步。在分析框架的设计、案例分析和历史学分析方法的运用等方面，肖方仁博士做了细致而深入的工作。本书的研究，对于拓宽公共政策的研究范围，对于丰富公共政策的理论知识，都是有贡献的。我作为肖方仁的博士学位论文指导教师，很高兴见到他在过去几年里所付出的努力。本书在一些方面可能会存在问题，我们乐意听到学界各方面的批评。

2018 年 8 月 25 日

上海·复旦大学

目 录

第一章 导论 ………………………………………………………… (1)

    一 研究缘由 ………………………………………………… (1)

    二 研究对象及研究问题 …………………………………… (4)

    三 研究意义 ………………………………………………… (22)

    四 本书的基本观点 ………………………………………… (23)

    五 研究方法 ………………………………………………… (28)

    六 本书结构安排 …………………………………………… (33)

第二章 政策过程与政策能力：文献综述 ………………………… (35)

    第一节 政策过程理论：回顾与评价 ……………………… (35)

        一 政策稳定与变迁的一般理论 ……………………… (35)

        二 主要理论评价 ……………………………………… (38)

        三 其他一些解释政策发展的理论 …………………… (43)

    第二节 文献世界里的美国教育政策发展 ………………… (47)

        一 教育哲学与教育发展 ……………………………… (47)

        二 美国教育政策发展及解释 ………………………… (55)

    第三节 国家自主与政策能力：国家引导政策发展 ……… (61)

        一 以国家为中心的研究 ……………………………… (61)

        二 国家自主与国家能力 ……………………………… (65)

        三 国家政策能力的本质 ……………………………… (68)

第三章 再制度化与国家政策能力重构：一个分析框架 ………… (74)

    第一节 制度的本质：文化—认知视角 …………………… (75)

        一 制度的权力关系本质 ……………………………… (76)

二　制度的建构本质……………………………………………（78）
　　三　制度的动态本质……………………………………………（81）
第二节　美国国家能力的制度性约束……………………………………（83）
　　一　政治文化：非正式制度的约束……………………………（83）
　　二　分权制衡的宪政体制：正式制度的约束…………………（86）
　　三　利益集团和政党政治………………………………………（88）
　　四　小结…………………………………………………………（93）
第三节　再制度化与政策能力重构：一种解释…………………………（94）
　　一　国家政策偏好………………………………………………（95）
　　二　政策过程中的国家自主：制度支持与权力资源…………（99）
　　三　历史维度中的政策发展与政策能力………………………（111）

第四章　国家利益与问题建构：艾森豪威尔的遗产……………………（116）

第一节　政策问题建构的逻辑……………………………………………（116）
第二节　社会危机与国家责任：政策能力重构的历史背景……………（119）
　　一　进步主义运动：社会问题与公众认知转变………………（119）
　　二　新政改革：经济危机与国家责任的兴起…………………（121）
　　三　从进步主义运动到新政改革：政策能力
　　　　提升与国家自主……………………………………………（124）
第三节　"布朗案"判决与国家承诺的平等……………………………（126）
　　一　种族问题：美国一个遗留问题……………………………（127）
　　二　国家利益与"布朗案"判决………………………………（130）
　　三　"平等教育"的国家承诺…………………………………（135）
第四节　《国防教育法》：国家需要与优异教育…………………………（137）
　　一　国家安全与公共教育………………………………………（138）
　　二　苏联卫星上天与问题建构…………………………………（142）
　　三　《国防教育法》与国家优异教育…………………………（148）
第五节　艾森豪威尔的遗产………………………………………………（153）

第五章　借势与国家自主：国家偏好的两次转变………………………（155）

第一节　民权运动与"平等教育"：国家偏好第一次转变……………（155）
　　一　"布朗案"判决之后：国家自主的严重挑战……………（156）

二　民权运动与《1964年民权法案》 …………………… (161)
　　三　"伟大社会"与ESEA …………………………………… (168)
　　四　肯尼迪与约翰逊：简单评价 …………………………… (178)
第二节　《国家处于危机之中》与教育责任：
　　　　第二次偏好转变 ……………………………………… (179)
　　一　国家政策偏好又一次转变 ……………………………… (180)
　　二　《国家处于危机之中》报告：国家引领优异教育 …… (186)
　　三　目的性行动的意外后果？ ……………………………… (193)
第三节　权力关系突破：再制度化逻辑 ………………………… (195)

第六章　掌舵与权力渗透：合作性政府的实现 ……………… (198)
第一节　ESEA之后："弱"国家的困境与自我探索 …………… (198)
　　一　"弱"国家的困境 ……………………………………… (198)
　　二　国家自我探索 …………………………………………… (209)
第二节　合作性政府的实现 ……………………………………… (215)
　　一　掌舵：适时的国家引导 ………………………………… (215)
　　二　权力渗透与合作性政府关系 …………………………… (220)
　　三　协商与两党合作 ………………………………………… (228)
第三节　国家自主再讨论 ………………………………………… (247)

第七章　时间与妥协政治：NCLB的胜利 …………………… (252)
第一节　历史维度下的政策发展：政策遗产与NCLB ………… (252)
　　一　"布朗案"判决的历史回响 …………………………… (253)
　　二　国家利益与作为执行的政策强化 ……………………… (256)
　　三　NCLB：一个妥协政治的结果 ………………………… (264)
第二节　NCLB立法：国家权力的实现 ………………………… (270)

第八章　更严格的要求与国家能力的限度：代结束语 ……… (285)
第一节　NCLB政策执行中的问题 ……………………………… (285)
　　一　目标难以实现 …………………………………………… (286)
　　二　经费不足 ………………………………………………… (289)
　　三　其他的正负影响 ………………………………………… (291)

第二节 国家能力的限度 …………………………………… (292)
第三节 结语 ………………………………………………… (300)
  一 结论 …………………………………………………… (300)
  二 值得进一步思考的问题 ……………………………… (303)

参考文献 …………………………………………………………… (307)

后　记 ……………………………………………………………… (330)

第一章 导论

一 研究缘由

传统的政策分析范式有两种,即成本—收益分析法和传统的阶段分析法。

成本—收益分析法,是把经济上的成本—收益分析作为主导性的政策分析标准。① 这种简单思维忽视了政策过程中更为复杂的政治意义,遭到了很多人的批判。公共政策是对社会价值的权威性分配。② 特别是在现代社会的复杂性和多元价值观念的影响下,政策选择本身就存在多元价值判断。正如哈罗德·拉斯韦尔所总结的,政治涉及"谁得到什么?什么时候和如何得到?"③ 政策过程的复杂性不是用简单的成本—收益的数量分析法就能解决的。④

传统的阶段分析法,将政策过程一般分为发现问题、确定问题、政策准备、政策制定、政策颁布、政策执行、政策评估、政策终结八个阶段。这种分析范式能为政策分析提供一个较为清晰的脉络,使分析者和实践者能够更好地对政策过程进行操控,从而能够向理想的政策目标前进。但是,随着社会的发展,传统的孤立的阶段分析法、因果分析法以及政策效益最大化等方法,已经因为政治过程本身的复杂性而不再适用。阶段分析法也忽略了政策过程中更多的行动者和政策参与者,掩盖了政

---

① [美]迈克尔·豪利特、M. 拉米什:《公共政策研究:政策循环和政策子系统》,庞诗译,生活·读书·新知三联书店2006年版,第2—3页。

② David Easton, *The Political System: An Inquiry into the State of Political Science*, New York: Knopf, 1953.

③ [美]哈罗德·拉斯韦尔:《政治学:谁得到什么?什么时候和如何得到?》,杨昌裕译,商务印书馆2000年版。

④ 参见[英]尚塔尔·墨菲《政治的回归》,王恒等译,江苏人民出版社2005年版。另外,德博拉·斯通认为,政策话语内在地就是政治的,参见[美]查尔斯·福克斯《后现代公共行政》,楚艳红等译,中国人民大学出版社2002年版,第109页。

策过程的复杂性以及动力学特征。① 在认识到这种"教科书式的研究途径"的缺陷的情况下，政策过程理论成为一种流行的政策分析范式，它更重视把公共政策作为一个过程来分析，并且重点研究这种过程的发展动力。

对政策发展过程的历史分析，离不开对政策本身稳定与变迁的考察。合理的公共政策在完成其使命之前，有个较长的稳定时期，这是有效实现政策目标的关键。但是，随着经济社会的发展，也需要对政策做出适当调整。在某种制度环境下，相关制度安排和权力约束导致政策变迁尤为困难。从理论上说，公共政策的本质在于其公共性，其目的是实现公共利益。如果能够按照公共利益的要求，实现政策的制度化发展，这可能是最为理想的模式。但是公共性和公共利益本身很难界定，它们受到一定时期的价值观和社会环境的影响，同时也受到政策过程中行动体本身的价值判断的制约。

在很多人眼中，政策是团体平衡的产物，是阶级斗争的结果，而国家（政府）仅仅是以裁判者的身份出现。或者说，国家只是提供了一个利益争斗的舞台。虽然在政策发展研究过程中，约翰·金登（John W. Kingdon，以下简称金登）、保罗·萨巴蒂尔（Paul Sabatier，以下简称萨巴蒂尔）、弗兰克·鲍姆加特纳（F. R. Baumgartner，以下简称鲍姆加特纳）等学者提出了一些重要的概念，比如"三源流"的汇聚是政策行动的必要条件，信念是政策过程研究的重要变量，政策形象具有重要性，以及焦点事件的出现对政策变迁产生影响。但"机会之窗"理论过于强调"三源流"汇聚的时机性和行动者的被动性，忽视了行动者，特别是国家作为行动者的能动性，国家在很多时候因为其本身利益和偏好，会寻求引导政策发展。萨巴蒂尔的核心信念来自哪儿？它是自然形成的，还是来自国家在其中起着重大作用的社会建构？我们不得而知。政策形象和信念一样，也存在同样的问题。这些理论，忽视了国家作为一个重要的行动者在政策过程中的独特作用，忽视了国家作为引导者和推动者的角色及其成功实现偏好、引导政策信念（思想）的国家能力或政策能力。因而，需要引入一个以国家为中心的研究途径。

---

① Peter M. Hall and Patrick J. W. McGinty, "Policy as the Transformation of Intentions: Producing Program from Statute", *The Sociological Quarterly*, Vol. 38, No. 3, 1997, pp. 439–467.

对国家自主引导政策发展过程相关问题的研究，需要聚焦这样两个问题：第一个问题与国家政策能力有关，它关注于国家依靠什么提升了其在政策过程中的自主性。第二个问题与国家的干预模式有关，它聚焦于国家的政策选择以及政策过程中国家与其他行为体的关系。国家能力主要表现为能够对其他行为体产生影响的权力。在单一制国家中，地方政府权力来自中央政府，而且地方政府可以被中央政府单方面改变甚至取消。与之不同的是，在联邦主义国家，联邦政府和州政府都享有自治权。[1] 特别是美国，联邦政府（全国性政府）[2]的权力甚至还来自各州权力的让与，美国联邦宪法[3]就专门列举了联邦政府的权力范围，而没有明确列举的权力由各州和人民保留，比如教育就是各州和人民的保留权力。因而，在美国，国家管理教育似乎本身就存在一个合法性的问题。美国政策学家琼斯区分了政治系统的合法化和公共政策的合法化过程。[4] 政治系统的合法化是公共政策合法性的前提，只有具备合法性的政府才能颁布具有合法性的政策。这样，要分析联邦制下美国教育政策发展中的国家自主与政策能力，首先要关注的问题是，国家权力在政策过程中是如何突破制度性约束而实现的，以及如何引导全国政策发展的。为此，我们选取1954—2016年美国中小学教育政策[5]作为分析对象，对其发展过程进行分析，以解释国家在其中的作用。当然，在对中小学教育政策的分析中，也会适当涉及比如职业教育、高等教育等政策内容。

选取美国中小学教育政策作为考察对象，有以下理由：第一，教育对国家而言，是一项异常重要的政策领域，伴随着国家的发展历程。基础教育质量的好坏，对一国的总体竞争力非常重要。"教育是立国之本。"从现代意义上讲，教育与现代经济、现代科技紧密相关，对现代生产、国家和民族生存与发展全局都会产生实质性的重要影响。[6] 美国是世界大

---

[1] [美] 托马斯·戴伊：《理解公共政策》，彭勃译，华夏出版社2004年版，第110页。
[2] 在本书中，国家政府、联邦政府、全国性政府都指代国家。这种用法吸取了保罗·彼得森（2011）的观点，见本书结论部分的解释。另外，用联邦政府指代国家时，是为与州政府相区别；而用国家政府时，是为了和社会分开。
[3] 即指《美利坚合众国宪法》。
[4] Charles O. Jones, *An Introduction to the Study of Public Policy*, North Scituate, Mass.: Duxbury Press, 1977.
[5] 中小学教育即 K-12 education，或者 Elementary and Secondary Education。
[6] 靳希斌：《教育经济学》，人民教育出版社1997年版，第8页。

国，其政治、经济、社会等各方面的发展都处于世界领先地位，备受世人注目。而这一切成果的取得，离不开美国优良的、不断加强的基础教育的推动。几乎国家所有问题都反映了对学校教育的需求[①]，特别是对于美国而言，教育一直被作为解决社会问题的工具。因而，教育于国家有着重要利益。第二，教育政策与每一个国民息息相关，中小学教育政策的发展，关系着每一个家庭的利益。因而，其政策过程涉及更多参与者，受到更多的关注。第三，从一个更具广泛意义的领域，研究世界最发达国家教育政策发展过程的政治学，对于其他国家而言，可能会有一些启发意义。

二 研究对象及研究问题

美国中小学教育政策的发展，自始至终围绕着联邦和州之间的权力关系、美国社会的种族关系、国家—宗教关系的争论进行。带来这种争论的，既有联邦宪法规定的模糊性，同时又有对种族关系、国家—宗教关系的敏感性，还有美国社会对国家权力控制天然的抵制情绪。

联邦宪法中根本没有提及教育，教育似乎本就不属于联邦权力范围之事务；同时联邦宪法第十修正案规定："宪法未授予合众国，也未禁止各州行使的权力，各州各自保留，或由人民保留。"[②] 如果归各州保留，那么联邦政府就不得染指。然而，联邦宪法开篇指出，建立一个更完善的联邦，其目的之一是促进公共福利。联邦对教育的资助，是否可以算作促进公共福利？另外联邦宪法修正案第一条规定，国会不得制定确立国教或禁止信仰自由的法律。那么，国家为了公共福利对教会学校或宗教学校予以资助，是否违背政教分离原则？不仅如此，美国教育还涉及美国社会复杂的种族关系。特别是，美国社会对国家权力有着天生的排斥，因而，国家即使有意愿和需要实现的利益，在政策过程中总是受阻，而联邦教育政策总是伴随着各种争议缓步前行。

（一）美国联邦中小学教育政策发展脉络

本书以"二战"后，特别是1954—2016年的美国中小学教育政策作为研究对象，研究其发展过程的动力学，重点探讨联邦政府在其中所起的作用。不过，对"二战"后教育政策的研究离不开对其历史发展脉络

---

① ［美］托马斯·戴伊：《理解公共政策》，彭勃译，华夏出版社2004年版，第110页。
② 参见《美利坚合众国宪法》，http：//www.usconstitution.net/const.html。

的基本考察。联邦政府在教育方面的兴趣可以追溯到国家产生时期，那时军事学院的建立需要国家资助。1787年的《西北法令》提出，在每个镇区预留一块土地用作对教育的支持。在内战期间及之后（1862年和1890年）出台了两部《莫里尔法案》（Morrill Acts），为每个州的教育提供土地支援。1867年，国会建立了非内阁层次的联邦教育部，但只有三个工作人员，他们的工作就是收集资料、发布统计信息等来促进全国教育。这个部门在持续了两年之后，被并入内政部。

20世纪之前国家政府对教育的支持极其有限。在进入20世纪后，特别是两次世界大战期间，联邦政府在教育中的作用不断增强，对地方学校开展了一般性项目、一揽子拨款甚至以满足要求为条件的资助，不过这一发展过程也非常缓慢。1917年的《史密斯—休斯法》（Smith-Hughes Act），主要是联邦政府为支持特定的职业教育项目的立法。这部法律的出台，主要是因为在20世纪初学生数的增加，以及在第一次世界大战期间军队中存在大量的文盲。不过，这部法律即使在国会通过三年后，联邦政府教育经费仅占全国教育经费的0.3%[1]，几乎可以忽略不计。1940年通过的《莱瑟姆法案》（The Latham Act），是联邦政府为那些突然增加了军事人员或国防签约承包商的地区提供资助以帮助学校建设的法律。[2]《莱瑟姆法案》后来成为1950年《军事影响法》的基础。伴随着朝鲜战争军事发展的压力，这部法案主要是为承担重要国家军事设施等公共设施的地区的学校建设和发展提供帮助，以作为对这些地区的补偿。1945年通过的《退伍军人安置及教育法》（G. I. Bill）旨在为"二战"期间为国家服役的退伍军人的安置和教育提供帮助和福利。

直到1954年，联邦政府虽然或多或少地对教育进行了资助，但国家在其中的价值判断上几乎是中立的，很少对州和地方权力进行干预。如果要说有些影响，那联邦政府所做的一切，似乎也只是国家利益的象征。但是1954年联邦最高法院"布朗案"判决改变了这一切。"布朗案"缘

---

[1] National Center for Education Statistics, *Digest of Education Statistics* 2011, June 2012, p. 257.

[2] Peter Dietz, "Education from the Cold War to No Child Left Behind: How Federal Policy Makers Have Sought to Transfer Responsibility for Societal Issues onto America's Schools", a collection of related papers submitted in partial fulfillment of the requirements for the degree of Master of Arts, State University of New York, 2010, 也见维基百科, http://en.wikipedia.org/wiki/Lanham_Act.

起于长期以来美国白人社会对黑人及其他少数民族的歧视。虽然联邦最高法院在1896年"普莱西诉弗格森"①一案中，承认联邦宪法第13、14修正案所规定的需要给予黑人和其他少数民族平等待遇；但是，它是基于"隔离但平等"的原则，这次法院裁定反而成为种族隔离的宪法基础。1954年，美国联邦最高法院在"布朗案"判决中认为，黑人在学校遭到的歧视和侮辱，严重地损害了他们的自尊心，并指出"隔离但平等"的原则从根本上就是不合宪法的，必须废除种族隔离，并要求州政府和地方政府尽快执行。虽然这次只是通过法院的判决规定了黑人权利的正当性，并没有出台正式的联邦教育法律，但是，这次判决的结果对美国教育政策的影响意义深远。

如果说"布朗案"判决只是以法院判决形式对有关原则予以规定，那么1958年《国防教育法》则是以国会立法的形式实现了国家教育政策，从而使联邦政府在教育方面的角色大增。《国防教育法》是在苏联1957年成功发射世界上第一颗人造卫星给美国人造成巨大震动背景下通过的。人们认为，美国在与苏联的竞争中落伍了，需要以国家立法加强教育，给大学生提供贷款；直接给学区财政支持以提高科学、数学和外语成绩；为全国国防人员硕士生提供数学、科学和外语方面的研究资助；提供经费用于增加辅导测试以辨别和鼓励有能力的学生。不过，20世纪开始一直到1958年的联邦层次与教育政策相关的立法，似乎大都与军事有关。即使《国防教育法》实质性与教育直接相关，但也是以国防的名义实现的。

作为20世纪60年代民权运动结果的《1964年民权法案》，其目的在于对那些废除种族隔离的地区进行支持。而美国教育史上里程碑式的、影响最为深远的《1965年中小学教育法》（ESEA），是一部专门针对教育的立法，既不同于以往与战争相关的法律，也不是针对特定项目进行支持，而是加大了对教育平等的关注。正如有人指出的，这是一个与军事无涉的例外，其第一条就是针对处境不利孩子进行资助的条款。自1965年之后，问题不是国家政府是否应该给予帮助，而是应该给多少，

---

① 关于"普莱西诉弗格森"一案案情和联邦最高法院审理结果，请阅读：Waldo E. Martin, *Brown v. Board of Education*: *A Brief History with Documents*, Bedford/St. Martin's, 1998, p.61。

出于什么目的,以及控制程度多大。①

第一条(Title One)是 ESEA 的核心,是为帮助低收入家庭孩子接受平等教育而对地方教育部门进行财政支持的条款。即使扩展了法律,加入了新的条款,修补了某些原则,但从未寻求对 ESEA 的基本设计进行重构。虽然 1983 年关于教育问题的报告《国家处于危机之中》(*A Nation at Risk*)出台,掀起了教育改革浪潮,但是 ESEA 第一条一直保持稳定。里根上台之后,对教育绩效很是不满,甚至还有撤掉教育部的打算。但是,这一报告出台之后,联邦政府不仅未能撤掉教育部,反而加大了对教育的关注。从里根政府时起,联邦政府开始强调教育政策的产出,而不仅仅强调投入,并且加大了对责任、绩效、标准化考试、教师职业资格等方面的要求。1988 年国会对 ESEA 重新授权,提出要把第一章(Chapter One)② 中的经费与学生成绩相联系。在《国家处于危机之中》报告的影响下,1989 年全国教育峰会上,州长们就表明了对责任和目标的青睐。虽然老布什在 1990 年国情咨文中提出了全国教育目标,但第一次正式立法却发生于 1994 年的克林顿时期,美国颁布了《2000 年目标》(*Goals 2000*),以及对 ESEA 重新授权。《2000 年目标》确定了国家教育目标,要求每个州建立适用于所有学生的高标准的教育体系。在《2000 年目标》和同时期对 ESEA 重新授权法案《改进美国学校法案》(*Improving American's Schools Act*,IASA)的指导下,联邦政府要求每个州建立学习标准及测试体系。在保守派的强烈反对下,国会最后只得通过了一个较松散、要求较低的立法,即要求各州自愿进行。

进入 21 世纪后,美国教育史上另一个最具影响力的教育法出台,即小布什时期的《不让一个孩子掉队法》(*No Child Left Behind*,NCLB)。NCLB 也是对 1965 年 ESEA 的重新授权,它把第一条中的拨款与严厉的学术标准和年度进步程度挂钩。奥巴马政府时期基本沿袭 NCLB 的相关逻辑,继续严格地执行着这部教育政策立法。虽然在 2015 年、2016 年也出台了某些立法,但没有影响基本的政策格局。美国建国以来中小学教育政策相关立法如表 1-1 所示。

---

① J. L. Sundquist, *Politics and Policy: The Eisenhower, Kennedy, and Johnson Years*, Brookings Institution Press, 1968, p.216.

② 这次授权立法中将第一条改称第一章,后来在克林顿时期又改回第一条。

表 1-1　美国关于中小学教育的主要联邦法律（1787—2016）

时间	联邦立法	概要
1787	《西北法令》	为教育机构的建立赠地
1862	《1862年莫里尔法案》	为农业和机械学院的建立向各州赠地
1867	《教育部法》	授权建立美国教育部
1890	《1890年莫里尔法案》	经费资助，以支持农业和机械学院教学
1917	《史密斯—休斯法》	资助各州，以支持职业教育
1918	《职业康复法》	提供赠款，通过对"一战"老兵的培训，促其康复
1940	《莱瑟姆法案》	为受联邦军事或其他联邦设施影响地区的学校建设、维护和运作提供联邦资助。这个资助在1950年公法81-815和公法81-874下得以继续
1945	《退伍军人安置及教育法》	为退伍军人教育提供资助
1950	《军事影响法》	公法81-815及公法81-874，为受联邦军事设施或其他联邦设施影响的地区学校建设和运转提供资助
1958	《国防教育法》	为科学、数学和现代外语及其他核心科目教学服务；为各州统计服务；指导、咨询和考试服务以及培训机构；为高等教育、职业教育学生向州和地方提供援助等
1964	《1964年民权法案》	授权教育专员对高等教育机构和学区提供支持和服务项目，支持教育人员处理受种族隔离影响的问题
1964	《1964年经济机会法》	在学院或大学的工作—学习项目方面为来自低收入家庭的学生提供资助；建立一个就业工作团项目并且授权支持工作—培训项目以提供教育和职业培训以及在福利项目中的工作经验机会；授权支持教育和培训活动和社区行动项目，包括早教项目（Head Start）等
1965	《1965年中小学教育法》（ESEA）	联邦资助低收入家庭孩子的中小学教育，学校图书馆资源、课本及中小学生的其他教育资源，辅助教育中心和服务，州教育部门，教育研究和研究培训
1965	《受灾地区学校资助法》	资助地方教育部门以应对大型灾难导致的额外成本
1966	《聋人模范中学法》	授权资助聋人模范中学的建立和运行
1967	《教育行业发展法》	为提高教学质量之目的而修正《1965年高等教育法》，并帮助、充分鼓励和培训从教人员，以解决中小学优秀师资缺乏问题

续表

时间	联邦立法	概要
1968	《1968年中小学教育法修正案》	改进既有项目；支持残障孩子地区教育中心，聋、盲孩子的模范中心和服务，人员招聘和残障孩子教育信息发布；农村地区教育技术支持和辍学防止计划；资助双语教学项目
1970	《中小学教育援助项目（扩展）》	授权对州和地区教育机构的资助进行全面规划和评价；资助建立国家学校财政委员会
1970	《国家图书馆和信息服务委员会法》	建立国家图书馆和成立信息服务委员会以有效地使用全国教育资源
1970	《教育拨款办公室法》	为正在实施废除种族隔离的地方学区提供紧急学校援助
1972	《1972年药品（毒品）滥用办公室和治疗法》	为禁止药品毒品滥用建立特别行动办公室，为所有联邦药品禁止滥用职能部门提供总体规划和政策；为药品滥用预防建立国家咨询委员会；为社区精神健康中心提供援助，为有毒品滥用问题的人们提供治疗和康复；在1974年建立药品滥用研究所
1972	《1972年教育修正案》	在健康、教育和福利部内建立教育分部和国家教育研究所；为高等院校提供一般性资助；为州学生激励计划配套联邦资助；建立国家中学后教育资助委员会；建立社区学院州级咨询委员会；资助建立职业和成人教育局，援助中学后职业教育设计、建立和实行州资助项目；建立印第安人教育局级层次办公室。修正现有美国教育部项目以增加它们的有效性，更好地满足特定需要。在职业的、专业的和研究生院，以及大学教育公共机构禁止性别歧视
1974	《1974年教育修正案》	资助某些特定项目整合；建立国家教育统计中心
1974	《青少年司法和违法防治法》	提供技术援助、员工培训、集中化研究以及发展和执行保存中小学生的资源；在司法部建立国家青少年司法和违法防治研究所
1975	《印第安民族自决和教育援助法》	提供资助以增加印第安人在他们的教育项目与服务的建立与开展中的参与机会
1975	《哈里·杜鲁门纪念奖学金法》	创立哈里·杜鲁门奖学金基金，并且为年轻的美国人创立一个永恒的教育奖学金基金激励其追求公共服务事业

续表

时间	联邦立法	概要
1975	《所有残障儿童教育法》	资助所有残障儿童，使他们拥有免费的特别设计以满足其独特需要的合适教育
1977	《1977年青年就业和示范项目法》	建立一个青年就业培训项目，提升青年从受教育到职业的转换能力，加强文字训练、双语训练，使他们能够达到高中毕业所要求的同等水平
1977	《职业教育促进法》	为初中和高中建立生计教育授权
1978	《中等收入学生援助法》	修正学生财政资助项目条款，以使进入大学和其他后高中教育机构的中等和低收入家庭的学生能够享受到国家的教育帮助
1979	《教育部组织法》	建立美国教育部，它包含了来自原健康、教育和福利部（HEW）中教育分部的功能，以及其他来自HEW、美国司法部和教育科学基金会的教育项目
1981	《1981年教育整合和提高法》	将42个项目合并到7个基础教育项目中，实现中小学一揽子授权资助
1983	《学生贷款整合与技术法修正法案》	建立一个年利率8%的研究生贷款及家庭贡献计划
1983	《1983竞赛补助金修正法案》	修正高等教育法第三条，增加竞赛补助金项目。基于竞争原则，这个竞赛补助金项目为有资格的机构提供资金，刺激它们寻求替代性资金来源
1983	《1983年残障学生教育法修正案》	增加教育机构中建筑障碍改善资金，降低残疾儿童在私立学校的比例
1984	《经济安全教育法》	在中小学和中学后教育中增加新的科学和数学项目。这些新项目包括磁石学校、优异教育和平等机会
1984	《公共事业服务奖励再授权法》	建立Carl D. Perkins奖学金项目、国家优秀教师研究奖学金项目、联邦优秀奖学金项目和教育管理者的领导项目
1986	《1986年残障儿童保护法》	在残障儿童法保证下的诉讼案件中，允许有残障孩子的父母募集律师辩护费用，条件是保证残疾儿童教育法案不优先于其他的法案，如《康复法案》（Rehabilitation Act）第504款
1986	《1986年学校和社区拒绝毒品法》	在相关社区努力和资源协助下，用联邦资金建立毒品教育和防止项目，协调学校与社区资源

续表

时间	联邦立法	概要
1988	《1988年霍金森—斯塔福特中小学提高法》	对1993个主要的中小学教育项目重新授权,包括第一章、第二章、双语教育、数学—科学教育、磁石学校、军事影响资助、印第安人教育,成人教育和其他各种更小的项目
1988	《1988年斯图尔特B.麦金尼无家可归者援助法修正案》	额外增加两年教育,为无家可归者提供援助。包括为无家可归的成人提供读写能力训练、为无家可归的青少年提供教育
1989	《1989年儿童教育和发展法》	授权拨款,以扩展原早教项目(Head Start),以及在《1965年中小学教育法》下执行的项目,包括孩子的医疗护理服务
1990	《1990年数学、科学和工程优异教育法》	创立一个国家数学和科学信息搜集所,创立几个其他的数学、科学和工程教育项目
1990	《1990年残障美国人法》	禁止歧视残障人士
1990	《1990年国家和社区服务法》	增加以学校和大学为基础的社区服务机会并且授权总统的光点基金会(Points of Light Foundation)
1991	《1991年国家扫盲法》	建立国家扫盲机构、国家学院委员会和扫盲工作机构协作工作组
1991	《1991年民权法案》	修正《1964年民权法案》《1967年雇工(员)年龄歧视法》《1990年残障美国人法》关于歧视的内容。创建技术援助培训机构
1992	《乐于学习法》	修正《通识教育提供法》以建立"乐于学习"电视项目,为学前和小学孩子及他们的父母、儿童护理提供者和教育者提供教育规划和材料
1993	《学校贷款改革法》	通过对学生资助过程予以改革,允许学生在各种还款方式中进行选择,包括收入应急
1993	NAEP评价系统授权	为了实现一个州一个州地对照(对比),授权国家教育进步评价系统(NAEP)的使用
1994	《改进美国学校法案》(IASA)	是对《1965年中小学教育法》的重新授权,强调第一条。为弱势学生提供额外的帮助,并让学校对他们的成绩负责,以保证他们与其他学生有相同的水平。特许学校;安全、无毒学校;教育技术与其他项目

续表

时间	联邦立法	概要
1994	《2000年目标：美国教育法》（以下简称《2000年目标》）	通过一个对州和地方社区资助的系统，建立一种新的联邦合作伙伴关系，以改革全国的教育体系。这个法案形成了国家教育目标，并建立国家教育目标小组
1996	《和美国的协约：未备经费的规定》	在缺乏国会足够考虑的情况下，如果没有配备足够的经费，以一种可能取代其他基本政府优先考虑的方式结束联邦对州、地方和部落政府指令；保证联邦政府为那些执行联邦法规和规章下的特定要求的政府所导致的成本付费
1997	《1997年纳税人减免法》	对"希望奖学金"和终生学习税收优惠规定立法
1998	《1999年综合巩固和紧急追加拨款法》	制定优异阅读法，以促进三年级孩子独立阅读能力；指定资金帮助各州和学区缩小低年级班级规模
1998	《特许学校扩展法》	对《1965年中小学教育法》第十条C部分的特许学校项目进行修正
1999	《1999年教育灵活性合作伙伴法》	授权教育部，允许所有的州参与灵活性伙伴关系项目
2000	《为2001财政年度的国防授权法》	包括了对《2000年联邦军事设施影响资助法》重新授权时第十八条（Title XVIII）的内容
2000	《2001年综合拨款法》	创建一个为学校维修和改造的新项目，并且修正《1965年中小学教育法》以授权信用增强措施，帮助特许学校获得资格、建造或维修基础设施；颁布儿童互联网保护法
2001	"布朗案"判决50周年纪念	建立一个委员会，为"布朗案"判决50周年纪念提供支持与资助
2002	《2001年不让一个孩子掉队法》（NCLB）	提供一个对ESEA的综合性授权，合并在诸如考试、责任、父母选择和早期阅读之类领域的特别计划
2002	再授权国家教育统计中心并且创建教育科学研究所	在美国教育部内创建教育科学研究所，以执行一个协调的、聚焦于高质量研究、统计和与国家教育挑战相关的评价议程
2004	《2004年援助技术法》	再授权教育部管理的援助技术项目
2004	《2004年残障个人教育提高法》	提供一个《残障个人教育法》综合性再授权

续表

时间	联邦立法	概要
2007	公法110-15	指定教育部总部大楼为"林登·约翰逊教育部大楼"
2007	《美国竞争法》	在包括教育部在内的各种机构里创建新的STEM（Science, Technology, Engineering and Mathematics）教育项目
2009	《2009年美国复苏和再投资法》	提供约1000亿美元给州教育系统，并且为几个教育部项目提供补充性拨款
2010	《2010年医疗和教育调和法》	包括《学生资助和财政责任法》（Student Aid and Fiscal Responsibility Act, SAFRA）第二条。SAFRA结束了联邦政府通过《1965年高等教育法》第四条B部分联邦家庭教育贷款项目而贷款给学生并资助金融机构方面的角色，并且相应地扩展了《1965年高等教育法》第四条D部分教育部管理的联邦直接学生贷款项目
2010	公法111-226	通过一个模式化的依据《2009年美国复苏和再投资法》所创立的州财政稳定基金（教育就业基金），额外提供100亿美元给各州和学区，以聘请教师和其他教育者
2014	《2014劳动力创新与机会法案》	修订1998年劳动力投资法案，通过在美国的就业、培训和教育项目的创新、调整和改进，促进个人和国家经济增长，加强美国劳动力发展体系等
2015	《每个学生成功法案》	重新授权、修订《1965年中小学教育法》，合并有关条款，以扩展州对学校的责任，对特许学校提供资助，并减少《不让一个孩子掉队法》（NCLB）的联邦基于测试的问责制
2016	《2017年财政年度的国防授权法案》	授权拨款，继续对地方教育机构的资助，这样的教育机构有益于军人家属和国防部文职人员，包括对有大量军人家属的学校的援助，以及对严重残疾儿童的援助

资料来源：National Center for Education Statistics, *Digest of Education Statistics 2016*, NCES 2017-094, U.S. Department of Education, February 2018。

（二）联邦中小学教育政策中的稳定与变迁

要研究国家政策能力问题，就需要对1954—2016年美国教育政策发展中的稳定和变迁及其动力学特征予以关注。

托马斯·戴伊认为，凡是政府决定做的或不做的事情就是公共政策。① 显然，公共政策稳定，是指在一定时期内政府决定做或者不做的事情一直保持相对稳定和持续状态，基本不随政治、社会环境的改变而发生重大变迁。在一项对拉丁美洲政策稳定的研究中，政策稳定性是指公共政策绝缘于政治气候的程度。稳定性与稳定的政策环境相一致。② 由此，政策的延续性就是稳定的重要表现。

对任何政策发展的分析必须基于十年甚至几十年的历史考察。③ 萨巴蒂尔、鲍姆加特纳等知名学者所做的研究，都是基于这一共识。在他们的指引下，其他很多学者也遵循了这一逻辑，即把一项政策的持续性及其基于合法性的延续看作政策稳定的标志。林德布罗姆指出了多元民主环境下渐进性、增量政策变迁的基本规律。这种政策渐进变迁的模式，可能是政策延续最显著的特征之一。需要重点指出的是，林德布罗姆是在批评传统的理性决策模型时提出这一模型的，但是萨巴蒂尔并没有把渐进变迁理论作为政策过程理论来看待，而只是把渐进变迁作为政策稳定的一种显著特征，因而在其组织编写的《政策过程理论》中，并未涉及渐进变迁理论。④ 另外，有人认为，在美国政治中新政策无法实现，政策僵局也是原有政策稳定和延续的表现形式。⑤ 比如，美国里根政府正式提出的教育券计划⑥，一直到现在也没有获得国会通过。这实际上表明了传统的公共教育提供方式的继续。⑦

在少数研究中，有人提出了用政策体制这一概念来界定政策稳定，他们从权力配置（power arrangements）、组织安排（organization arrange-

---

① [美]托马斯·戴伊：《理解公共政策》，彭勃译，华夏出版社 2004 年版，第 2 页。
② Carlos Pereira, Shane P. Singh, and Bernardo Mueller, "Political Institutions, Policymaking, and Policy Stability in Latin America", *Latin American Politics and Society*, Vol. 53, No. 1, 2011, pp. 59 – 89.
③ [美]保罗·萨巴蒂尔等：《政策变迁与学习：一种倡议联盟的途径》，邓征译，北京大学出版社 2011 年版，第 16 页。
④ 参见[美]保罗·萨巴蒂尔编《政策过程理论》，彭宗超等译，生活·读书·新知三联书店 2004 年版，第 461 页。此书引用林德布罗姆的文献只有两处，都没提及渐进变迁理论。
⑤ 肖方仁：《价值多元与政策稳定：以美国教育券政策僵局为例》，《甘肃行政学院学报》2013 年第 3 期。
⑥ 在里根之前，尼克松就曾经在极少公立学校中试验教育券。
⑦ 维基百科对词条"school voucher"的解释指出，迄今为止的证据还不足以证明在广泛的基础上采用了代金券；然而，多种积极性探索还在继续。https://en.wikipedia.org/wiki/School_voucher。

ments）和政策范式（policy paradigm）三个维度对政策体制进行理解。[①]权力安排涉及行为体影响政策发展和维持的模式化方式。在美国教育政策发展中，就涉及国家与社会、联邦政府（全国性政府）与州政府、地方政府之间的权力关系，以及它们对政策发展的影响能力。组织安排属于政策所涉及的政府部门，比如联邦政府中相互分立、制衡的三部门。从本质上说，组织安排体现为一种制度性权力关系。而范式是关于世界的理解，是一个包括关于这个世界设想的概念性框架，政策范式显然涉及思想、话语，以及对政策的看法和对政策意义的理解。根据彼得·霍尔（Peter A. Hall）和简·詹森（Jane Jenson）的理解，一个政策范式是与政策子系统紧密相连的知识结构（intellectual construct），包括一系列政策行动者共享的思想。[②] 这些相关思想，陈述了政策目标，提供了政策问题、政策工具的"正确"定义。政策工具用来集合政策策略，以解决问题和实现目标。彼得·霍尔还指出，政策范式就是"政策背后的大致目标。决策者为了实现该目标必须解决政策背后的广泛目标以及相关的问题和难点。此外，在很大程度上将会用到各类手段以达到这些目标"[③]。彼得·霍尔按照他自己对政策范式的理解，指出了政策（范式）变迁的三个序列：第一序列是在总体目标和政策工具保持不变的前提下，对政策工具精确配置的调整；第二序列是在政策总体目标层次上保持原样，政策工具及其配置按照以往经验进行调整，甚至用一种新的政策工具来取代之；第三序列是政策总体目标的全面变迁。[④]

政策范式的本质是与政策相关的思想，它甚至构成了制度实践的意义系统，保证了政策行动体的角色和位置分配。这种共享的制度性意义系统，是一种对权力和利益关系的共同认知。政策的变化体现为一种利益关系的变化，实际上是一种权力/权利关系的变化。因此，如果用权力/权利关系解释政策的发展，或许是一个很好的视角，而其中的动力学

[①] Carter A. Wilson, *Public Policy: Continuity and Change*, Waveland Press Inc., 2006, p. 45.
[②] Dietmar Braun and Andreas Busch, *Public Policy and Political Ideas*, Northampton: Edward Elgar, 1999, p. 61.
[③] Peter A. Hall, "Policy Paradigms, Experts and the State: The Case of Macro – Economic Policy – Making in Britain", in Stephen Broos and A. – G. Agonon (eds.), *Social Scientists, Policy and the State*, New York: Praeger, 1990, p. 59.
[④] Peter A. Hall, "Policy Paradigms, Social Learning, and the State: The Case of Economic Policymaking in Britain", *Comparative Politic*, Vol. 25, No. 3, April, 1993, pp. 275 – 296.

机制，正好反映了各主体的行为能力和政策能力。本书对美国中小学教育政策发展的动力学解释，就是通过对政策过程中权力/权利关系和政策范式，包括思想、核心价值观的认识，来解释美国国家教育政策能力重构的基本逻辑。政策的稳定实际上是目标和思想的稳定与延续。从美国教育政策基本发展脉络以及各时期政策的基本内容（见表1-1）可以发现，20世纪50年代以来美国联邦政策很多时候呈现出基本的稳定性，但是其中的变化也是明显存在的。那么，这样的变化是如何实现的？

美国建国初期到20世纪50年代，是国家政府较少介入教育服务的时期，基本保持了宪法规定的教育属于地方和州（基本上在地方）所管理的事务这一基本逻辑。虽然联邦政府也在一定程度上对教育给予了关怀和资助，但数量极为有限，主要是通过对学校建设给予土地援助，或者以买卖土地所获收入进行捐助的方式。两次世界大战期间的联邦资助虽然有所加强，但局限于军事项目。至于其具体规划和用途，联邦政府较少干涉。从长期来看，联邦政府虽然认识到教育对国家的好处，但其非常有限的政策，只是提供极其有限的土地和资金，没有任何附加条件。在这个时期，联邦和州政府基本按照宪法规定的列举权力及其关系来进行，几乎没有任何权力关系上的僭越。20世纪50年代艾森豪威尔时期的"布朗案"判决和《国防教育法》的出台，似乎打破了这一格局。"布朗案"判决决定了教育政策中平等范式的发展，而《国防教育法》则开启了国家对优异教育质量的关注，以及正式确立了教育于国家利益的重要地位。艾森豪威尔时期的这两件大事，开启了美国国家教育的时代。

在艾森豪威尔的基础上，第一次国家教育政策的综合性立法发生于1965年，即《1965年中小学教育法》出台，美国联邦政府相较于之前百余年在权力上实现了极大的突破。这一时期出台的与中小学教育有关的政策法案还包括《1964年民权法案》《1964年经济机会法》，极大地增强了国家政府的调控能力和在教育资源上的分配能力。它们关注平等，其对象包括黑人、土著居民等少数民族在内的经济条件较差的弱势群体，从资源上对他们进行补偿。这个时期的系列法律，在提供教育服务的基本理念及其包含的平等范式上，国家实现了对州政府和地方教育政策的实际引导。从《1965年中小学教育法》出台到20世纪80年代初，虽然经历了几任总统，但《1965年中小学教育法》得以延续和执行。为实现教育机会平等、"向贫困开战"和建立"伟大社会"，联邦政府在教育政策中体现了国家的价值判断,通过思想和权力渗透实现了对州和地方教育政策发展的价值引导作用。1979年卡特总统甚至把联邦卫生、教育、福利部下的教育分部升格为内阁层次的部。

另一个教育政策的转变期,发生于1983年里根政府《国家处于危机之中》报告发布之后。里根政府认为,20世纪60年代以来的教育只注重投入而不注重产出,虽然国家投入大量资金但学生学习成绩没有取得理想的效果。因而,需要全方位扭转局势,在1981年他甚至打算撤销教育部。在80年代初的改革中,把原来分散的各种关于教育资助的项目合并为几个大项,并缩减资助经费,同时强调结果、绩效、责任,加大了对州和地方的要求。虽然裁减经费遭到了很多人的反对,但改革是相对成功的。这个时期虽然没有出台更多的教育政策法案,但是国家在引导各州教育政策思想和价值转向上取得了较为明显的效果。《国家处于危机之中》报告发布之后,州政府也开始认识到教育现状的严峻形势,把原来一直受地方政府控制的教育管理权力上移到州政府,从学习成绩、绩效标准方面进行了一些改革。不过,联邦政府似乎并不满意全国教育十分缓慢的质量改进,为了继续执行联邦政策,老布什在1989年召集州长召开教育峰会,基本定下了教育的国家目标,并强调对所有学生建立一致的高标准。虽然针对包含全国教育目标的《美国2000》(*America* 2000)的立法过程已经体现出联邦和州、联邦政府两党之间的合作,但终因一些关键问题的争论而致使立法夭折。克林顿时期的《2000年目标》和IASA立法中再次表现出政府之间、两党之间的合作,并通过立法强调了绩效和责任,为所有学生设立高标准、高要求及以此为基础的考试,要求对包括处境不利学生在内的全部学生实现高质量教育。但是由于受到一些阻挠,只好把这种严格标准和高要求交由各州自愿执行。

实际上,《1965年中小学教育法》以平等为核心价值观的政策范式,来源于"布朗案"判决的政策遗产,而基于国家竞争压力出台的《国家处于危机之中》报告中的政策建议也与《国防教育法》一脉相承。虽然"里根革命"之后相对于"伟大社会"时期的教育政策增加了对绩效和质量的强调,但是关注弱势群体的平等教育政策项目并没有实质性减少,反而增加了对以第一条项目为主的国家资助。直到2002年小布什时期,NCLB以国会立法的形式把教育责任和评价标准予以强化,要求每个州都为成绩设定具有挑战性的和严格的、对所有学生一致的内容标准,并且也加大了对教育资助的力度，把联邦经费资助与评价结果严格联系起来，强调各州对结果负责和资金使用上的灵活性。这些要求的目的就是保证到 2014 年所有学生在数学和阅读上达到 100% 的精通。对于那些不能达到学术标准的地区或学校予以严厉处罚，比如连续两年未实现年度进步（Adequate Yearly Progress，AYP）的学校将被视为需要提高的学校。学校官员要提供一个两年计划来扭转学校的局面，地区教育管理机构将保证这类学校得到必需的技术支持，在这类学校发展和执行提高计划的过程中，学生有转到其他学校上学的选择权；如果这个学校在连续三个年度未能达到 AYP 标准，它将继续被划为需要提高的学校之列，这类学校所在的地区必须为学校所有学生持续提供公共学校的选择权；如果连续四年不达标，地区必须采取必要的纠正行动来提高学生成绩，比如更换特定管理人员、师资，实施标准课程并给予足够的选择权，给低收入者提供教育辅助服务；连续五年不达标的学校，将被撤销，换掉所有师资，移交给学校管理机构。NCLB 没有放弃联邦政府对平等的强调，而只是改变了方式，通过提出高质量教育要求，把平等和优异充分结合起来了。在 21 世纪以来的十余年里，奥巴马继承了 NCLB 的政策，似乎强调更为严格的责任和要求，只是在 100% 这个几乎不能实现的目标上，做了一些基于灵活性原则的调整。

从前面所陈述的美国教育政策的发展脉络来看，其中有着很强的延续性。然而，政策也是有很大变化的，这是从实现手段、要求和权力关系上发生的改变。第一，20 世纪五六十年代，国家实现了对教育领域的大幅度介入，引领了全国对贫困学生平等教育机会的关注。第二，20 世纪 80 年代，从关注投入转向了结果，更为关注绩效，通过加强责任而实现了政策工具的转变。教育政策加强了对州政府和地方政府的要求，强调了更为严格的政策执行。第三，NCLB 之后，联邦政府和州政府之间，从原来的合作性要求上升为目标严格规定下的合作。NCLB 不仅继承了 ESEA 对平等的要求，也直接对质量责任要求更为严格化。

政策发展中的稳定和变迁总是辩证的。从稳定性上说，美国教育政策呈现出很强的延续性，为了实质性地提高教育质量、实现政策目标，联邦政府政策能力及其影响力是缓慢实现的。从执行要求来看，也是逐渐加强的。不过，从实现目标的方式上，实现了从原来单纯关注机会平等而忽略结果的联邦资助转向了对结果平等的严格要求，其目的是提高包括处境不利学生在内的整体学生教育质量的改善,缩小他们之间成绩差距的鸿沟,实现全国教育质量的整体提升。

(三) 研究问题

关于联邦制国家,特别是美国国家结构对政策的影响,有两种看法:

在澳大利亚、加拿大和美国,联邦制被看成政府能力低下的一个主要原因。[①] 按照这种逻辑,这些国家的联邦制度结构,限制了它们政策发展的持续性和连贯性。同时,他们还专门指出,美国弱化的官僚制是政策不稳定的重要机制。很多人从国家能力上来看,认为美国是"弱国家",因而缺乏维持政策稳定和延续的能力。当国家软弱、社会分裂的时候,政策效率是最低的,也正是在这种国家无力的情况下,会产生低效率和短视的政策。他们认为,正因为美国弱国家的表现,政策容易受到利益集团和精英人士左右,从而难以实现较为稳定的政策环境。[②]

不过,从"二战"后美国教育政策的发展规律来看,这类观点所解释的美国国家"低稳定能力",似乎与美国中小学教育政策发展现状不符。60多年来,美国中小学教育政策有着很强的延续性和连贯性,政策的每一次改变,都会经历一个艰难的过程。即使1983年《国家处于危机之中》报告发布之后,联邦和州的教育重点从只关注投入转向了注重教育质量和结果,但是,原来对平等内容的强调并没有被忽略。即使削减了大量的联邦资金,也遭到那些习惯了接受联邦资金资助的人们的反对,但并没有影响国家期望实现的教育政策所能带来的结果。这个时期州政府较好地按照联邦政府的计划,执行和实行教育政策的内容,按照联邦政府预想的方向前进。各州承担了更大的责任,稳步提高了他们的政策执行能力。正是因为联邦政府缺乏强硬的官僚体系,政策执行只得依赖各州,因而国家需要不断加强州的能力。虽然也存在变迁,但它是制度化的,其变迁一直存在体制性约束。那么,这种联邦制度稳定能力低下的理论与教育政策实践的不一致,该如何解释?对于教育政策而言,"低效率"是一个很难界定的概念。美国教育所取得的成绩,在世界上是有

[①] [美] 迈克尔·豪利特、M. 拉米什:《公共政策研究:政策循环和政策子系统》,庞诗译,生活·读书·新知三联书店2006年版,第106页。

[②] Michael M. Atkinson and William D. Coleman, "Strong States and Weak States: Sectoral Policy Networks in Advanced Capitalist Economies", *British Journal of Political Science*, Vol. 19, No. 1, 1989, pp. 47–67.

目共睹的。而联邦制国家的政策过程中，或许存在一些不同于威权国家和其他民主国家的所谓"低效率"，但是这正好保证了政策质量。这种政策质量是依靠政策过程中的充分讨论、争论和辩论实现的。

也有学者明确指出，美国开国元勋所设计的联邦宪法和在联邦宪法保证下的权力分立和制衡的制度安排，从总体上限制了国家任何单一部门左右政策发展的可能。[1] 这是一种基于"对抗性原则"[2] 所设计的政治制度。联邦宪法中明确列举了联邦政府的权力，没有列举的由各州保留。在联邦体制中，尽管有着很多现实性的优点[3]，但是这种体制有时候又近乎僵化，它不能很好地适应变化的社会现实和实际需要，特别是在需要对权力进行重新分布和调整时只能通过修宪。但按照联邦宪法规定的修宪条件[4]，这却是个极其困难的过程。在美国两百多年的历史中，已经提出了几千件修宪提案，国会仅讨论过31件，其中只有27件获得批准[5]，而这27件修正案中前10件是当时立宪后批准的权利法案。从这方面看，美国似乎是一个"弱国家"，因为各方面的制度性约束，它似乎缺乏自主性。

两种观点所得出的结论虽然不同，但都一致承认美国的"弱国家"特征。不过，从20世纪联邦教育政策发展来看，它确实发生了一些改变，美国也并没有体现出明显的"弱国家"的特征。它没有简单地受社会性团体和少数精英所左右，也没有完全为制度的囚笼所困，也并没有因为联邦宪法上没有提及教育，或者把教育规定为州和人民的保留权力

---

[1]　Brian F. Crisp, Scott W. Desposato, and Kristin Kanthak, "Legislative Pivots, Presidential Powers, and Policy Stability", *The Journal of Law, Economics and Organization*, Vol. 27, No. 2, 2009.

[2]　[美] 斯科特·戈登：《控制国家：西方宪政的历史》，应奇等译，江苏人民出版社2001年版，第316页。

[3]　See William M. Chandler and Herman Bakvis, "Federalism and the Strong – State/Weak – State Conundrum: Canadian Economic Policymaking in Comparative Perspective", *Publius*, Vol. 19, No. 1, 1989, pp. 59 – 77.

[4]　《美利坚合众国宪法》第五条规定，"举凡两院议员各以三分之二的多数认为必要时，国会应提出对本宪法的修正案；或者，当现有诸州三分之二的州议会提出请求时，国会应召集修宪大会，以上两种修正案，如经诸州四分之三的州议会或四分之三的州修宪大会批准时，即成为本宪法之一部分而发生全部效力，至于采用那一种批准方式，则由国会决定之"。参见《美利坚合众国宪法》。

[5]　[美] 詹姆斯·麦格雷戈·伯恩斯等：《民治政府：美国政府与政治》，吴爱明等译，中国人民大学出版社2007年版，第50页。

而被动地接受现实，而是在政策发展过程中相对自主地克服制度限制、促进新的制度安排，通过再制度化过程，实现了国家在政策发展中的方向性把握能力。"二战"后，联邦政府开始大规模地干预教育，实现了从一个相对的"局外人"到教育资源的提供者和标准的塑造者的转变。20世纪60年代，成功引领全国对处境不利学生的关注，并加大了对他们的资助。80年代之后的改革与六十七年代的政策导向有所不同，它把教育政策从聚焦于教育机会平等、促进全民富裕，转向了更为关注资金投入结果和责任以及国家教育质量提升。联邦政府在教育事务上的介入呈现出扩大化的趋势，从最初的无条件地、少量地提供土地和资金，发展到有条件、大额经费的资助，并逐渐深入到教育领域的某些功能核心，甚至干预课程设置、绩效、考试等权力敏感区域，直接引导教育政策发展。

问题是，在美国这种稳定的制度和基于"对抗性原则"的结构下，国家如何实现自主引导政策发展方向的能力。换句话说，国家是如何自主地引导各州政策思想转变以及把新的思想和要求加于政策发展之上的？

还有，在国家引导政策发展过程中，为什么一些总统任期内能够顺利把国家偏好转化为政策和立法，从而实现更大的自主，而其他时期却不能，只能维持现状？比如，在尼克松政府时期，很多计划都未能实现立法，老布什时期的《美国2000》近乎夭折，里根的教育券计划也成为政策僵局。不过，里根原本打算撤销教育部，反而更大地推进了全国对教育的责任。2002年的NCLB，是一个强调全国性责任机制和以考试为基础的成绩评价系统的立法，意想不到地获得大差额投票通过，不仅一直反对联邦角色的保守派接受了更大的联邦资金投入和更为严格的联邦处罚权力的规定，而且一直反对过度强调责任的民主党人也接受了优异教育的标准之类的规定。另外，为什么原来一直反对绩效标准和标准化考试的全国教育协会（NEA）之类的利益集团最终也接受了这个法案？美国政治制度设计决定了国家政策变迁的难度，但是美国很多时候似乎有自己的独立判断，并且在很大程度上能够引导政策发展。那么国家的这种权力以及与之相关的政策能力是如何实现甚至还不断得以加强的？

教育对于美国有着特殊的意义，其中存在重要的国家利益因素。教育政策与国家各方面发展息息相关，教育一直以来还被当成解决社会问题的工具，从而增加了国家政府关注教育的可能意愿。美国教育政策涉及联邦政府与州政府之间的关系，涉及国家与社会之间的关系，也涉对联邦政策的目标、工具及其相关内容的政策安排。在复杂的政治生活和政策实践中，其中隐含的是更为复杂的有关政策行动者在特定制度环境下的价值与知识、信念与态度、认知与理解、互动与博弈、对抗与妥协等政治因素。本书以国家为中心开展研究，重点考察美国政策发展的动力机制，以及国家如何通过一种再制度化过程实现国家教育政策能力的重构。即，如何促成并强化国家在教育政策中的合法地位，自主引导政策发展，甚至推动州和地方教育政策能力提升的过程。

三 研究意义

关于政策过程的理论研究依然是一个较新的话题，学者从不同视角对不同国家、不同领域的公共政策发展过程进行了系列的研究。不过，他们提出的理论解释，都存在一些争议。本书是把国家当成一个独立自主的行动者进行的研究，试图分析美国中小学教育政策发展的动力机制，探讨在权力受到严格约束的联邦制度下，国家（国家政府）是通过什么方式建构自身在教育政策中的合法性地位和能力，适时自主地引导全国教育政策发展的。为什么原来一些不能被接受的东西却慢慢变成了事实？为什么在一定时期国家政府能够很好地自主引导政策发展，而有时候相对不能？从本书的意义上来说，主要有以下几点：

第一，可以丰富政策过程研究文献，打破传统的几种占主导地位的政策过程理论的垄断地位。并且，这种以国家为中心的研究，可以突破传统的"以社会为中心"的研究途径的局限性。以萨巴蒂尔为代表的政策过程研究都为政策稳定与变迁的解释做出了理论上的贡献，而本书试图从国家和制度建构视角进行研究，以扩展研究的视野。已有的占据主导地位的政策过程理论，始终没有把国家作为一个独立自主的，有着独立偏好、利益和价值判断的行动者，即使涉及制度的影响作用，但都只是把制度当成给定的，没有重视制度本身可能的建构本质和动态本质，制度的变化意味着权力关系的变动。实际上，国家在引导政策变迁甚至制度变迁方面有着不可忽视的作用。为了实现国家利益，需要制度支持下的权力资源，因而，国家需要实际地把握机会，充分采取策略行动，实现再制度化逻辑。另外，从研究对象来说，大量以国家为中心的研究集中于后发展国家和新兴经济体的经济发展，而很少对民主国家甚至联邦制民主国家社会政策发展过程中的国家自主进行专门研究，本书可以弥补这方面的不足。也可以通过对联邦制度下国家如何处理政策变迁和稳定中各种关系的研究，实现对美国民主的进一步了解。

第二，从对美国某项政策领域发展的深入研究，可以较为全面地透视这个国家实际政治生活的全貌，也能较为充分地认识美国在政策问题上的成功与不足。特别是，通过对美国中小学教育政策发展过程的研究，可以认识国家利益和公共利益的关系，理解国家在履行宪法所做的承诺时是如何做出反应的。有学者就指出，政策稳定，或者政策资源的稳定，反映了政府在具体项目上的承诺和信念。[1] 通过对政策稳定、发展和变化的研究，可以发现权力受到制度严格约束下的国家行动者是如何实现并扩大权力，进而实现其政策能力的，它又是否能够简单地左右政策变迁。这些都有益于认识制度在民主国家中的真正作用。

第三，可以为中国学者提供政策案例。在以往中国学者对美国政策的研究中，很少对它的教育政策发展过程进行专门研究，对教育政策发展的解释性研究更是稀缺。虽然在美国本土的研究中，有一些研究把教育政策作为研究对象，但要么是纯粹对历史事实的描述，要么因为解释框架缺乏清晰明确性而使结论极具模糊性。这可能是由于教育所涉的利益关系具有复杂性，教育政策发展本身具有历久性，以及很多问题难以把握，特别是在"以社会为中心"的研究途径中，这一点会更加明显。教育关系着国家以及千家万户民众的根本利益，因而更适合探讨政治生活本身的复杂性。"教育即政治。"教育政策的发展反映了一个国家中的权力关系，即国家与社会、国家政府与其他层级政府之间的关系。已有的从教育学方面进行的研究，或者历史性地对美国教育政策进行的描述性研究，不可能对美国教育政策的权力关系做出解释，而本书致力于在这方面做出一些探索。

四 本书的基本观点

本书以国家为中心，基于制度支持理论和权力资源理论提出解释框架，从国家权力视角分析美国60多年教育政策发展的动力学，从中找出国家通过再制度化过程的逻辑，寻求教育政策中国家权力的合法性，并逐渐强化其政策能力的逻辑。

---

[1] Jiaqi Liang and Daniel J. Fiorino, "The Implications of Policy Stability for Renewable Energy Innovation in the United States, 1974 – 2009", *The Policy Studies Journal*, Vol. 41, No. 1, 2013, pp. 97 – 119.

20世纪50年代以来，教育始终是美国国家用以解决社会问题的工具，因而教育对国家利益具有极强的现实性。它是提高整个国民素质、实现更好的民主、解决社会问题、缓解社会矛盾、实现社会阶层流动的工具。同时，教育也与每个家庭息息相关，因而，它也关系到社会大多数人的利益。在一个价值多元的复杂社会，人们的思想观念不同，对待国家政策的利益观必然存在一定的差异。因而，在政策发展中始终存在国家利益与公共利益、社会各团体利益之间可能的张力。在政策发展过程的任何一个阶段，都存在反对和赞成的不同声音，有着阻碍和支持其运动的不同力量。在美国，国家介入教育、资助教育始终存在三大阻力，即种族（race）、宗教（religion）和担心国家控制（red），即所谓"3R"。在能否对种族隔离地区的学校学生进行资助和能否对宗教学校进行支持方面，始终存在极大的争议。另外，人们还担心，联邦政府过多地资助教育会加大国家对州政府、对地方政府以及对社会和民众的控制，从而可能带来集权主义。

对于美国国家而言，能否自主地引导政策发展，能否引导州政府和地方政策的价值取向及对国家政策的执行，以及能否引导社会对国家政策的支持，首先是能力问题，从本质上说是国家权力实现的过程。这样，本书的第一个观点是，美国权力分散的制度设置和权力约束的对抗性原则是国家政策稳定的最关键的因素，而基于制度支持的权力资源是实现国家引导政策发展这一自主能力的最核心要素。在国家有意愿并且能够实现制度支持从而获得权力资源的时期，就能很好地实现政策变迁，从而自主地引导政策发展。而其他时期，虽然国家有意愿，但是因为制度支持不够导致权力资源不足，在实现政策变迁上就相对不能成功，或者只能维持一种现状。联邦宪法规定了教育是州政府和地方的所属事务，国家政府只有实现制度和权力上的突破，才能自主引导政策发展，实现其政策能力。

国家教育政策在一定时期是以"平等教育"为宗旨，而在一定时期又以"优异教育"为重点，国家政府要自主地引导政策发展，并且能够根据其主导性价值观偏好对政策进行塑造，就必须处理好几种关系：第一是国家与社会的关系；第二是联邦政府与州政府之间的关系；第三，甚至还需在联邦政府内部形成较好的共识。这实际上需要各种行为体对国家政策有一种基于认知视角的意向性认同。当然，高压和威权是改变意向性的一种方式，以前人们就一直认为，强国家需要国家的军事权力、权力集中度与控制社会行动的权力和能力。①但是这在美国似乎行不通。第一，国家没有这个能力。不同于后发展国家甚至其他民主国家，美国国家权力是受到极大制度性限制的。美国的政治文化、美国的宪政和联邦制结构都限定了国家的行动空间。相对于那些可以随意使用威权的国家而言，民主国家所受的制度性约束，决定了他们不可能过多地使用威权。第二，国家也不可能有这个意愿。在美国，从初创时期到现在，他们所倡导的民主和自由，一直是主导整个社会的价值观。美国的建立就是在反对英国殖民统治的权威下实现的。他们早已认识到，合法性比强权更重要。②

随着社会的发展，人们意识到国家不可能过多地使用专制性权力，对于民主国家而言可能更是如此。根据迈克尔·曼对权力进行的基于专制性权力和建制性权力的区分③，建制性权力保证下的国家自主能力包括国家汲取资源的能力，独立于社会约束力量进行自主政策制定和执行的能力，以及对社会和其他层级政府进行权力渗透的能力。美国国家更多地需要建制性权力的使用，通过财政汲取力量、渗透能力的使用以及协商性力量，争取制度支持和权力资源。

建制性权力是一种基于制度支持的影响力，是一种基于民众认同的权力。虽然制度是刚性的，其变动略显困难，但是从制度的文化—认知要素视角进行思考，制度具有建构本质和动态本质，决定了国家在一定程度上也有实现制度突破，寻求权力资源，最后实现再制度化的可能。任何政策的合法性都需要人们的参与，任何权力的合法化都需要民众的支持。美国国家若要按照自己的偏好和意愿引导政策发展，实现国家利益和目标，首先需要社会多数的支持和认可，这是一种基于制度支持的权力。虽然制度不能决定行为，它只是为行动提供背景（context），但它

---

① ［澳］琳达·维斯、约翰·霍布森：《国家与经济发展：一个比较及历史性的分析》，黄兆辉等译，吉林出版集团有限责任公司2008年版，第4页。
② ［美］查尔斯·福克斯：《后现代公共行政》，楚艳红等译，中国人民大学出版社2002年版，第110页。
③ Michael Mann, "The Autonomous Power of the State: Its Origins, Mechanisms, and Results", in Archives Européenes de Sociologie, XXV, 1984, pp. 185–213.

能帮助我们理解为什么行动者要做出他们的选择。① 这一点对于社会行动者、州政府和国家政府都是如此。从根本上说，国家自主就是要引导人们对联邦政府角色和国家利益基于文化—认知上的转变，这是最为重要的制度建构逻辑。

布鲁斯·阿克曼（Bruce Ackerman）在研究美国联邦宪法改革时就指出，美国政治存在"宪法政治"和"常态政治"两个时期。"宪法政治"是在修宪时期实现制度上的大改变，须发动民众的支持；而"常态政治"时期实现渐进变迁。② 由于《美利坚合众国宪法》③ 规定了教育是各州的保留权力而不是联邦列举权力，因而，每一次政策变迁都涉及权力结构的调整，必须克服制度性限制，寻求制度支持，从而实现政策变迁的合法性。但是，制度和权力结构变化不可能每次都通过修改宪法，一是因为程序上很难实现，二是长期修改宪法会损害宪法的严肃性。这样，唯一可行的办法就是"类修宪"，也就是通过发动民众的广泛支持，形成对制度变迁的认同，即一种再制度化逻辑。由于各届总统时期的社会状况不同，个人能力不同，因而，希望政策变迁的总统可能存在结果上的差异。欲推动政策变迁的总统只能培育制度支持，寻求民众力量；而借势和造势正是总统为实现政策变迁寻求某种支持力量的策略行动之一，这也是克服利益集团阻碍和州政府反对的最好途径。不过，即使是基于制度支持的权力资源也是有限度的，因而国家不可能无限制地扩大自己的权力。在很多时候社会认知不足，权力资源不够，这样就很难实现更大的国家自主。

本书的第二个观点是从案例中体现出来的，即1954年最高法院"布朗案"判决和1958年的《国防教育法》是艾森豪威尔时期留给后人的重要政策遗产，它们所定下的平等和优异的教育政策价值基调成为国家的承诺，从而对美国后续教育政策发展产生了深远的影响。新制度主义理

---

① Ellen Immergut, "The Theoretical Core of the New Institutionalism", *Politics and Society*, Vol. 26, No. 1, 1998, pp. 5 – 34.
② [美] 布鲁斯·阿克曼：《我们人民：宪法的变革》，孙文凯译，法律出版社2009年版。
③ 美国宪法的正规说法是《美利坚合众国宪法》，不过一般也用联邦宪法或美国宪法指代之。除了美国联邦宪法，美国各州也有，因此联邦宪法、美国宪法、合众国宪法，即指代1787年制定的全国宪法。

论认为，很多时候的政策变迁实际上是一种政策创新[①]，新政策产生新的政治，这种已有的、成功实现了的政策成为后续政策选择的重要决定因素，它为后面的政策选择提供了新的制度基础。因为，一项成功的政策将会改变重复性的实践，即那些构成我们文化习惯和假设的不断重复的行为模式[②]，为在此范式基础上进行的政策选择、延续和加强提供了制度支持和合法性基础。

平等一直是20世纪50年代以来美国国家保证的、与教育政策相伴的基本范式，而80年代后对优异教育的关注则体现出为实现更为广泛而高质量的美国教育而采取的必要措施，需要从根本上闭合处境不利学生和其他条件优越孩子之间的成绩差距。"布朗案"判决决定了美国后续教育政策中价值观上的平等导向，而把"布朗案"付诸实施的直接结果就是约翰逊时期的一系列立法，包括1965年ESEA及其后的历次重新授权。原国家教育政策中心主任詹宁斯就认为，ESEA第一条是一个国家承诺。[③]而《国防教育法》决定了绩效价值观上的优异导向，它正式确认了教育中的国家利益。1983年所谓"里根革命"、1994年克林顿教育立法和2002年NCLB都是基于艾森豪威尔时期的政策遗产，是对高质量教育和缩小贫富学生之间成绩差距的严格要求。

第三个观点是，政策稳定或许值得期待，但必须辅之以政策质量，这种政策质量是靠思想和观点的争锋，通过争论、辩论、协商、妥协及合作过程实现的，虽然这个过程在一定程度上会影响政策"效率"。国家政策能力的增强不是以牺牲社会力量实现的；联邦政府权力的实现，也不是靠削弱各州和地方的权力实现的，国家和社会、联邦政府和各州政府的权力是同时增长的。一种强国家和强社会的政治制度环境，或许是政策质量和政策稳定的最好保证。任何单一行动者的绝对权威不可能形成好的政策。另外，社会现实和历史总是不断发展和变迁的，在一定时期被认为很好的政策，比如某一项教育政策，当时是为了解决一定时期

[①] 弗朗西斯·贝瑞、威廉·贝瑞：《政策研究中的创新和传播模型》，载［美］保罗·萨巴蒂尔编《政策过程理论》，彭宗超等译，生活·读书·新知三联书店2004年版，第225页。

[②] ［美］查尔斯·福克斯：《后现代公共行政》，楚艳红等译，中国人民大学出版社2002年版，第110页。

[③] John F. Jennings, "Title I: Its Legislative History and Its Promise", *Phi Delta Kappan*, Vol. 81, No. 7, Mar. 2000, pp. 516–517.

的问题，实现一定的目标；但是，随着时间的变迁，又会产生新的需要，或者出现了新的问题，因而需要对政策做出新的调整。不然，没有质量的政策稳定是没有意义的。公共政策涉及利益关系的广泛性和复杂性，不能简单地根据某一集团、个人或精英的观点来决定政策走向和政策结果。这就需要思考，在哪种制度环境下，才能更好地吸收广泛的观点，允许各种利益表达，从而实现最好的公共政策。在美国这种对抗性制度模式和允许广泛政策争论的环境下，国家既需要把握方向，引领政策发展，展现自主的政策能力，也需要为政策辩论的充分展开提供民主、自由的政治氛围，政策过程中需要汲取各种优秀的值得借鉴的观点。

五 研究方法

总体上来看，本书主要采用后实证主义的方法论。实证主义和纯经验主义因为忽视了思想观念、文化、价值、各种权力关系等内容，忽视了解释性研究在社会科学中的重要地位，因而在近些年遭到学界的诟病。

以往的很多政策过程研究都是基于实证主义的。比如，以萨巴蒂尔为代表的实证主义，总是宣称有一个可以被测量的客观现实，总是使用系统的、显然的、透明的、易懂的方法论技术，建立可检测的假设并且趋向于采用统计分析。[1] 从这种逻辑出发，萨巴蒂尔给公共政策分析所开的处方包括：在不同政策环境中都可得到检测的假设；因果关系理论；一种前后一致的模型；内部一致性；使用理论并邀请其他学者进行经验检测。最重要的一点还在于，研究者必须显示研究发现是基于可以复制的、反复应用的方法论程序。它似乎是一种对所谓"真理"的科学探究过程，试图建立一种能够解释所有政策领域的万能模型。萨巴蒂尔等对"阶段分析模型"提出严厉批评，认为其缺乏科学所需要的清晰概念、可以检测的假设和可证伪性。[2] 依照萨巴蒂尔的观点，后实证主义不是足够清晰，用后实证主义方法论来分析政策，本身就是错误的。[3]

萨巴蒂尔等人的观点遭到了很多人的批评，一个重要原因在于他的

---

[1] Michael D. Jones, and Mark K. McBeth, "A Narrative Policy Framework: Clear Enough to Be Wrong?" *The Policy Studies Journal*, Vol. 38, No. 2, 2010.

[2] [美]保罗·萨巴蒂尔等：《政策变迁与学习：一种倡议联盟的途径》，邓征译，北京大学出版社2011年版，第3页。

[3] Jones, Michael D. and Mark K. McBeth, "A Narrative Policy Framework: Clear Enough to Be Wrong?" *The Policy Studies Journal*, Vol. 38, No. 2, 2010.

框架完全排除了后实证主义。基于实证主义分析公共政策，导致了社会科学想象力的枯竭，还严重地影响了政府的公共政策和治理实践，无论是在经验的还是理论的方面都是如此。① 德博拉·斯通的研究就是对已有的不令人满意的政策分析的一种回应。她认为，这些政策分析过分地理性化、客观化，并被经济以及提供经济范式的理论如个人主义、交换和市场所支配。她对"策略性的巧妙论证"的理论化，有助于区分政治理性与理性主义基于效用最大化和原子个体的分析，有助于我们理解作为意义之战的公共政策。②

后实证主义是对传统实证主义方法论的挑战，它阐明了非技术决定论的再定位的含义。实证主义者尽力减少社会的和解释性的判断，后实证主义者却已经认识到社会的和解释性的判断在任何分析形式中的基础性和构成性的作用。没有通过转向更为严格的经验研究设计去控制或隐藏它们的影响，后实证主义也承认科学过程的中心性地位。对于后实证主义者来说，承认依据科学的产出或结果是没有任何损失的，它们只是寻求对作为科学来说已经发生了的更为精确的描述。按照这个逻辑，后实证主义试图对社会科学过程提供一种更好的经验解释。③

理解生活世界的意义，是解释性研究的宗旨。与寻求行为的因果说明不同，解释性研究增进了我们对社会环境中行动者的信念、意义、感受和态度的理解。④ 它不仅寻求增进研究者而且寻求增进那些参与现场的人对社会处境的理解。解释性研究关注人们在调节其互动的规范、规则和价值观念之上赋予的意义，其注意力不是放在把先前对规范、规则和价值观念的理解强加于世人身上，而是放在从人们的观点出发来理解人们的信念和行动。⑤ 引入对制度的解释，可能也是政策发展研究中的后实证主义方法使用的表现之一。

---

① ［美］杰弗里·亚历山大：《社会学的理论逻辑》（第一卷），于晓等译，商务印书馆2008年版，第11页。

② 参见［美］查尔斯·福克斯《后现代公共行政》，楚艳红等译，中国人民大学出版社2002年版，第109页。

③ Frank Fischer, "Beyond Empiricism: Policy Inquiry in Postpositivist Perspective", *Policy Studies Journal*, Vol. 26, No. 1, 1998, pp. 129–146.

④ ［美］杰·D. 怀特：《公共行政研究的叙事基础》，胡辉华译，中央编译出版社2011年版，第42页。

⑤ 同上书，第43页。

在后实证主义方法论的视野里，制度是一个更广泛的概念。它不仅包括传统观念里的正式规章制度，还包括人们的认知、思想意识形态所提供的环境性因素，以及一种基于意向性的共同理解。在后实证主义者看来，制度本身就是社会地建构的产物。社会性事务在于人们的共同理解，制度性事实不同于自然性实在，它们是基于共同意义基础上的认同，社会实践赋予社会行动以意义。在制度发展过程中，行动者通过互动建构制度，并可能引导人们对利益和偏好进行新的理解，从而影响其行动。利益不会存在，但利益的建构确实存在，这样的建构内在地是自我利益（self‐good）规范的、主观的和主体间性的（intersubjective）概念，行动者的行为不是物质利益的直接反应，而是他们对物质利益的特别认识的反射、反思（reflection）。[1] 随着学者对利益持更为广泛意义上的理解，利益不再局限于实证主义或经验主义认为的物质性利益，它更具有社会性理解的意义。它更多地体现为一种思想、一种价值观、一种意识形态，这些都能从根本上转变人们对利益的理解。通过强调思想，可以解释为什么人们有时候采用与他们直接的物质利益发生矛盾的立场。[2] 就比如对国家利益和共同利益的理解，它们本身不是完全等同和重合的。但是，在联邦政府与州政府、国家与社会的互动中，增加了对国家利益的理解和共识，它们是基于一致的理解和意义之上的。

后实证主义并非完全排除实证主义的内容，而是把问题放入一个更为规范性的给予结论以意义的背景中。现在也有很多学者已经证明了后实证主义方法论在政策研究中的重要性。他们分析研究了话语、叙事对政策过程的影响[3]，甚至还有人把话语分析和定量研究结合起来，探讨政策的稳定与变迁。[4] 叙事、话语不是娱乐大众的素材，而是影响民众的、

---

[1] Daniel Beland and Robert Henry Cox, *Ideas and Politics in Social Science Research*, Oxford University Press, USA, 2011, p. 70.

[2] Ibid., p. 5.

[3] 参见 Frank Fischer, *Reframing Public Policy—Discursive Politics and Deliberative Practices*, Oxford University Press, 2003, 以及 [美] 德博拉·斯通《政策悖论：政治决策中的艺术》，中国人民大学出版社 2006 年版。

[4] Elizabeth A. Shanahan, Michael D. Jones, and Mark K. McBeth, "Policy Narratives and Policy Processes", *The Policy Studies Journal*, Vol. 39, No. 3, 2011: See also Brian Steensland, "Why Do Policy Frames Change? Actor‐Idea Coevolution in Debates over Welfare Reform", *Social Forces*, Vol. 86, No. 3, 2008, pp. 1027–1054.

力量强大的策略性手段。① 制度和公共政策是社会建构的产物，也就是行动者把意义归于之上的那些成分，可以通过一种对联盟策略性地采用语词、形象和符号而策略性地精巧制作政策叙事和话语以达到和公众、相关利益者以及政府政策制定者的共鸣，其目的就是产生一个能够赢取胜利的联盟。当然，后实证主义研究并不完全等同于对话语、叙事的研究。我们的研究是，政府如何使用话语和思想等的影响来构建国家利益和政策问题，影响民众价值观，从而完成再制度化过程，实现和维持国家政策偏好，从而引导政策发展的。

政治是微妙的，政治行动更不可能为我们所简单理解。国家和政府应用话语和其他象征性符号影响民众。简单地通过实证研究，所带来的只是对政治行动的线性理解，其更为复杂的东西被我们忽略了。而"一门完整的社会科学需要的不仅仅是对社会行动进行阐释。我们想要理解我们正在审视的那些群体是如何看待他们自己的行动的"②。而在政策过程中加入时间或历史的维度，利于对利益的概念、权力的实现与强化，以及行动所基于之上的环境意义的理解。在后实证主义的视野里，利益是基于制度形塑的；偏好也不是给定的，偏好是形成的。

对长时期政策发展历史的考察，其实质是一种解释性研究。曼海姆认为，当有迹象表明思想并不是内在固有的和内在决定的，思想的起源、形式和内容明显地受到过非理论因素的影响，就可以认为思想是由存在决定的。用弗雷德里克·杰克逊·特纳的话说，就是："每个时代都要根据本身时代的基本环境来重写过去的历史。"③ 也有人明确指出，一切历史都是当代史④，或许是因为对历史事件及其意义的理解，都是当代人结合个人经历、知识等加以解释和诠释的。历史在于人们的解释，它与人们的资料收集、信息判断、价值观影响密切相关。不过，这种观点可能遭到人们的批评，认为这是他们所指的"相对主义"。但是，从事解释性

---

① Elizabeth A. Shanahan, Michael D. Jones, and Mark K. McBeth, "Policy Narratives and Policy Processes", *The Policy Studies Journal*, Vol. 39, No. 3, 2011.

② [美] 茱迪·史珂拉：《政治思想与政治思想家》，左高山等译，上海世纪出版集团2009年版，第84页。

③ 转引自 [美] 罗伯特·K. 默顿《社会理论和社会结构》，唐少杰等译，译林出版社2006年版，第739页。

④ Benedetto Croce, *History, Its Theory and Practice*, New York: Harcourt, Brace and company, 1921, p. 12.

研究的人关注环境、文化现象对组织成员行动的意义，以及这些意义如何界定生活于文化之中的人们的现实。[①] 对人类或社会的解释性途径把焦点从发现一套关于客观的、感知的事实的广泛规律转向了制造和互动意义上的人类能力[②]，在人类的或制度的主观知识和物理的或自然的类型的知识之间做出了区分。

本书基于后实证主义研究方法论，结合具体政策领域的案例，从历史维度对长时段的政策过程予以考察，寻找美国中小学教育政策发展的动力学解释，并分析国家权力以及政策能力是如何实现和强化，并引导政策发展的。本书主要采用以下几种研究方法：

第一，历史研究法。历史研究法是运用历史资料，按照历史发展的基本顺序对过去事件进行研究的方法。政治学家一般都承认历史研究的重要性和价值，而承认历史的态度和方法是政策过程研究的基础。本书通过对美国中小学教育政策过程的考察，分析了国家政府在其中的位置，以解释国家政府的权力在教育事务中是如何得到并强化的，并解释了国家权力和公共政策之间相互加强的关系。对美国国内不同时期的政策发展和状态进行比较，可以看出，国家政策支持度和国家政府在不同时期自主实现政策发展方面的能力差别。

第二，案例研究法。本书选取美国中小学教育政策作为主要分析对象，因为研究所涉及的教育政策历史跨度较长，历时60多年，所以根据政策范式将其分为两个变迁时期和两个相对稳定时期。《1965年中小学教育法》出台前后和1983年发布《国家处于危机之中》报告时期是两个变迁时期；而1965—1980年以及1983年至今，是两个政策相对稳定的时期。

第三，文献分析法。由于本研究所涉历史跨度较大，因而，需要对大量的领导人讲话、政策文本和立法历史记录等各种资料进行综合整理和分析，以做出适当的解释。对历史文献的分析虽然不能直接展示当时政策发展中的具体立法细节和权力关系，但是，对相关文献记载加以综合理解和比较分析，可以发现一些解释政策发展的重要因素，以及其他

[①] [美] 杰·D. 怀特：《公共行政研究的叙事基础》，胡辉华译，中央编译出版社2011年版，第47页。

[②] Dvora Yanow, *How Does a Policy Mean?: Interpreting Policy and Organizational Actions*, Georgetown University Press, 1996, p. 5.

一些在政策发展过程中的争论、辩论、协商、妥协等更为细节的内容。通过文献分析，可以为我们的解释性研究提供证据支持。

六 本书结构安排

全书分为八章。第一章是导论，主要提出研究的根本出发点、基本问题、基本观点和研究方法，并对美国教育政策的基本脉络及发展中的稳定和变迁状况做了一个基本的描述。

第二章首先评述已有政策发展过程相关理论研究文献，并指出其局限性；其次，对国内外关于美国教育政策的研究文献进行一个基本的梳理，指出已有研究中的关注点和存在的问题；最后，对以国家为中心，关于国家自主性以及政策能力研究方面的文献做出简要归纳，为我们的研究提供理论基础。

第三章主要分析约束美国国家权力的制度环境和制度安排，以及其他可能影响国家政策能力的制度性因素，并提出国家引导政策发展的理论解释和分析框架。国家要自主引导政策发展、实现政策偏好，需要资源和政策能力，需要制度支持与保障下的权力资源。国家通过思想、观念的引导，实现再制度化过程，从而重构权力关系。思想和权力等还会自我强化，成为新的制度环境，为国家更进一步引导政策发展提供动力。

第四章分析了美国民众对联邦政府在教育中角色认知的最初转变过程，指出艾森豪威尔时期的政策遗产：第一，奠定了平等和优异教育的政策发展基调。第二，从国家利益高度建构政策问题，寻求基于民众对国家利益和公共利益的认知和基于民众多数支持的权力资源，是国家自主引导政策发展能力实现的基石。

第五章主要涉及两个最为关键的教育政策转变时期，即 1965 年和 1983 年。重点分析了国家自主引导政策发展可能存在的阻力及其中的各种权力关系，以及国家是如何借助社会力量，甚至制造危机以影响民意，引导全社会和各州政府对利益的重新理解和认识，从而引导政策发展、实现政策偏好的。

第六章主要分析了两个相对稳定时期的案例。因为推动政策变迁和维持稳定的力量是同时存在的，虽然稳定期不能形成较大的政策变迁，但要么通过总统的坚持，在一定程度上对社会和各州政府产生了影响；要么通过协商、合作等渗透方式成功实现了国家建制性权力，引导了州政府、国会两党对政策的认同，维持了《国家处于危机之中》报告之后的政策偏好。在尼克松时期，既存"伟大社会"政策范式的主导性影响，以及民权运动的继续、利益集团的游说、民主党控制的国会两院，导致大量纷繁复杂的政策出台，平等范式呈现极大的延续性甚至不断被强化。虽然这一时期各州加强了对平等教育机会的关注，但是它们在实现教育质量和结果改善的政策能力方面没有得到实质性提升。不过，尼克松通过尽可能的努力和思想坚持，也在一定程度上影响了教育政策。而老布什和克林顿，顺应了《国家处于危机之中》报告的政策建议，较好地维持了国家政策偏好。

第七章主要分析了政策遗产对美国教育政策发展轨迹的影响，并对NCLB的立法做出解释。NCLB不是对原有政策的过度偏离，而是对美国教育政策思想的继承，是国家权力强化和对政策执行加强的结果。在美国制度环境下，不能简单地用渐进变迁来描述政策发展的状态，需要辩证地看待其中的稳定与变迁。美国是一个联邦制国家，其政策发展的历史，就如阿克曼所说的，是"我们人民"的历史。NCLB是基于民意支持、广泛争论和政治妥协的产物，是美国教育政策遗产在新世纪的体现，是政策能力强化的表现。在国家权力受到限制的制度环境下，总统采取策略行动实现了国家的自主能力。NCLB不仅对平等，而且对优异教育质量从法律上予以保证，它也加大了资金投入，关注对所有学生一致的高标准和严要求，从而进一步主导了全国中小学教育政策。

最后一章首先指出了NCLB执行中存在的问题及奥巴马总统的适应性反应，并结合历史和现实指出了国家权力及政策能力的限度。最后总结全书，并提出一些值得进一步研究的问题。

第二章 政策过程与政策能力：文献综述

对公共政策的阶段论分析的质疑和批评，导致了政策过程理论的勃兴，这方面的理论涉及政策发展过程的动力学。关于政策稳定和变迁的政策过程理论研究以萨巴蒂尔等人为代表，似乎已经成为当前政策研究的主流，他们提出的理论解释，也成为后续研究的基石。不过，任何理论都只存在一定范围和一定程度上的解释力，这些理论也不例外。那些所谓真理性、放之四海而皆准的理论是不可能存在的。最为关键的是，实证主义途径，忽视了政策过程中思想观念、文化、价值、各种权力关系等更为复杂的内容，忽视了解释性研究在社会科学中的重要地位。另外，已有研究中忽视了以国家为中心的视角。

第一节 政策过程理论：回顾与评价

一 政策稳定与变迁的一般理论

研究政策过程理论的学者，往往把政策稳定与变迁联系在一起，对它们的实现条件一并加以考察，产生了一些较有影响的研究成果。迄今为止，最为著名的解释政策稳定和变迁的理论框架有倡议联盟框架、多源流框架、间断—平衡理论框架和知识共同体理论框架。每一个框架都解释了特定的条件和过程，而这些条件和过程用于解释政策稳定和变迁。

第一，倡议联盟框架①。倡议联盟框架聚焦于共享政策核心信念团体的出现和稳定，强调政策导向性学习和用以解释政策急剧变迁的外在于系统的事件。倡议联盟框架的主要假设是，政策领域或政策子系统中的行动者存在几个倡议联盟。在每一个联盟里的各团体共享着一系列标准的和有因果关系的信念，以非竞争程度的合作行为来实现他们的政策计划和目标。根据萨巴蒂尔等人的论述，联盟的信念体系分为信念体系的深层核心、政策核心以及信念体系的次要方面。在这三者中，倡议联盟信念体系的深层核心与政策核心抵制改变；信念体系的次要方面最容易对新信息和事件做出反应而改变。一般而言，涉及政策核心方面的变化，都是剧烈的不安和扰乱性事件所致的结果。联盟信念体系的深层核心和政策核心方面被假设为有相当大的惰性，不容易改变。而次要方面被预料有改变的可能甚至必然改变。倡议联盟的信念是拒绝政策改变的致因，而政策导向的学习可能是政策渐进变迁的原因。

第二，多源流框架②。多源流框架指向相对独立的问题与政策过程内部的政策和政治溪流，并且通过"机会之窗"的开启，解释了政策变迁。在"问题流"中，震撼性的事件、政策的评估性结果，或者新的科学数据，都可能导致对问题的认识和建构或重新建构。"政策流"包括漂浮在政策原汤上的各种想法，这些想法是关于处理政策问题的各种方式。金登认为，很多公共官员和应用性研究者心中都持有很多想法，正欲寻找适合这些想法的问题。"政治流"，被理解为国民情绪、压力集团的行为和政治官员的任免或更替。如果很多人沿着同样的线索思考，就会形成国民情绪。人们期待政府官员和政治家对国民情绪做出敏感的反应。另外，利益集团的支持和反对，在很大程度上影响着政策被提上议事日程的可能性。人事变动，也往往成为重要的影响因素，持不同政见者的更替，可能导致政策的状况呈现出另一番景象。"政策之窗"的开启，似乎

---

① 参见 Paul. A. Sabatier, "An Advocacy Coalition Framework of Policy Change and the Role of Policy - Oriented Learning Therein", *Policy Sciences*, Vol. 21, 1988, pp. 129 – 168; Paul A. Sabatier, "The Advocacy Coalition Framework: Revision and Relevance for Europe", *Journal of European Public Policy*, Vol. 5, No. 1, 1998, pp. 98 – 130. 也见 [美] 保罗·萨巴蒂尔、汉克·C. 詹金斯 - 史密斯《支持联盟框架：一项评价》，载 [美] 保罗·萨巴蒂尔编《政策过程理论》，彭宗超等译，生活·读书·新知三联书店2004年版，第150页。

② [美] 约翰·金登：《议程、备选方案与公共政策》，丁煌译，中国人民大学出版社2004年版。

处于多源流框架的核心位置,也是理解政策变迁的关键。如果恰好三源流相遇,那就直接导致政策议程的启动和新政策的出台。反过来看,如果这三源流不能获得机会正好碰到一起,政策就很难形成变迁,而会延续。

第三,间断—平衡理论框架①。间断—平衡理论框架解释了处于垄断地位的政策形象对政策稳定的影响,以及新的政策形象的形成和在政治系统中因多种政治竞技场的开发而导致的政策变迁。大多数政策过程总体上呈现出长时期的稳定或者渐进变化,但会被短暂的、急剧的变迁所打断。鲍姆加特纳等人认为,一种处于制度化政策形象的垄断形式的存在是实现政策稳定的保证。政策垄断使得政策变迁很难发生,但是垄断也不是永恒的。如果政策反对者致力于使新的政策形象,即对紧要议题的新的感知被认识和构建而成为新的流行态势,并且成功地开辟出总体上能够在政策领域加以呈现的议定场所,那么政策变迁就能够产生。一旦新的政策形象吸引了广大的支持者,那么这个政策形象就会制度化,从而产生一个新的垄断。

第四,知识共同体理论框架②。知识共同体理论框架关注共享政策相关知识的个人网络,聚焦于解释政策制定中知识被运用的过程,强调知识共同体的出现、持续和影响。知识共同体由拥有被认可的专业知识,在某政策领域有胜任能力,并且拥有与政策相关知识的权威性的人组成。因为社会现实问题的复杂性、问题严重程度的不确定性、原因效果关系和综合政策选择的结果不可预知性,所以在很多政策领域确实需要求助、咨询、请教于知识共同体。特别是面对着更为复杂的社会和环境,政策制定者求助于知识共同体的机会还会增多。由知识共同体提出的政策,

---

① [美] 弗兰克·鲍姆加特纳、布赖恩·琼斯:《美国政治中的议程与不稳定性》,曹堂哲等译,北京大学出版社 2011 年版;[美] 詹姆斯·特鲁、布赖恩·琼斯、弗兰克·鲍姆加特纳:《间断—平衡理论:解读美国政策制定中的变迁与稳定性》,[美] 载保罗·萨巴蒂尔编《政策过程理论》,彭宗超等译,生活·读书·新知三联书店 2004 年版,第 125 页。

② P. M. Haas, "Introduction: Epistemic Communities and International Policy Coordination", *International Organization*, Vol. 46, No. 1, 1992, pp. 1 – 35. E. Adler, and P. M. Haas, "Conclusion: Epistemic Communities, World Order, and the Creation of a Reflective Research Program", *International Organization*, Vol. 46, No. 1, 1992, pp. 367 – 390. And Sander V. Meijerink, "Understanding Policy Stability and Change", Working Paper Series, Feb. 2005, Research Group Governance and Places.

一旦被采纳和制度化,就很容易获得正统的地位,并且很大程度上成为不可取消或者不可逆的,实质性地决定着后续的选择性优先安排,因而形成了一种依赖性。这说明,知识专家介入的影响是不容易改变的,甚至会被制度化和结构化。

二 主要理论评价

这几种政策过程理论有着很强的代表性和解释力,能够解释美国教育政策发展中的某些现象。比如,《国防教育法》的出台,就是苏联卫星上天给美国人带来恐惧性危机导致政策信念改变的结果,或者说苏联卫星上天开启了机会之窗;里根在没有担任总统之前就一直倡导小政府、攻击"伟大社会"计划、质疑教育联邦资助的实际效果,因而呼吁改革,而他的获选为之提供了机会。但是,它们却不能解释美国教育政策发展的整个过程。萨巴蒂尔等人就明确指出,对政策稳定和变迁过程的研究,需要基于十年甚至几十年的考察。

倡议联盟框架虽然指出了大型焦点事件的出现可能导致政策核心信念的改变,但是并没有指出政策变迁之后会发生什么,也未能解释没有发生重大震惊事件时发生的政策改变。倡议联盟框架虽然指出了信念体系是导致稳定和变迁的重要变量,但是各种层次的信念如何界定?行动者所表现出来的偏好或者利益方面的表达,可能作为信念的外在表现,但是在复杂环境下的人们,不仅存在偏好表达,还存在偏好伪装。[①] 这种情况下的信念更不好界定。于是,根本就不存在证实和证伪的可能。萨巴蒂尔作为一位崇尚和主张实证主义的学者,认为任何模型都需要有清晰的概念、可以检测的假设以及可证伪的结论,并且能够在更广泛的政策领域得到验证。这更显示出其观点的矛盾性。

另外,倡议联盟框架区分了政策核心和信念的次要部分,并认为重大变革是指政策核心方面的变化,而微小的变化则是指信念的次要部分的变化。[②] 但是许多政策不容易反映政策核心和信念的次要部分。政策本身就是各种力量的推力和拉力作用的结果,对于政策改变而言,政策信念是否发生了变化,我们不得而知。虽然它肯定了政策学习是实现渐进

---

① 余亚梅:《政府偏好与制度变迁:以收容遣送制度为案例的研究》,博士学位论文,复旦大学,2011年,第53页。

② 埃德拉·施拉格:《政策过程的框架、理论和模型比较》,载[美]保罗·萨巴蒂尔编《政策过程理论》,彭宗超等译,生活·读书·新知三联书店2004年版,第347页。

变迁的重要因素，认为重大事件的发生是形成剧变的重要条件。特别地，他们强调政策重大变迁是因为戏剧性的事件发生或者出现危机。但是，它无法解释国家主动推进政策变革的情况，特别是为了实现国家偏好自主地推进政策变迁、国家采用策略行动引导信念转变的情形。其实，在美国教育政策发展中，很多事件和话语本身就是国家为推进政策变迁而有意"制造"出来的。它的理论，也不能解释在两党实现总统交替时为何不能形成政策变迁，也不能解释同党派总统有的时候能实现政策变迁，而有的时候却不能。

多源流理论框架在解释美国教育政策发展方面也存在一些问题。多源流分析的方法探讨的是模糊性条件下的政策制定。① 它把政策议程的设置和政策形成，看成纯粹机会的产物，机会的出现意味着政策将会出现变迁，而机会不能实现或者所谓的问题不能被政府重视，则不能进入制度性议程，政策将维持现状。不过，即使机会出现，有时候也不一定形成剧烈的政策变迁。它忽视了更为广阔的历史时段的政策变迁。金登的理论缺陷是没能与历史长河联系起来，即长时期改变的问题流，也没能准确地指定什么时间变迁会发生以及为何发生。另外一个关键性的问题，和倡议联盟框架所忽视的问题一样，它们不能解释国家自主引导政策变迁和发展的情况。多源流理论框架认为，震撼性的事件、政策的评估性结果，或者出现新的科学数据，都可能导致对问题的认识和建构或重新建构，但它忽视了政策问题建构中的领导者的角色。在思考政策发展过程中，我们无须拒绝金登的"三源流"是政策行动的必要条件，但"机会之窗"理论过于强调政策三源流汇聚的时机性和行动者的被动性，而忽视了行动者，特别是在美国教育政策中国家作为行动者的能动性，或许在很多时候因为其主动性，带来了政策的变迁和发展。这一过程与国家自主性权力的使用是分不开的。

间断—平衡理论框架似乎是迄今为止解释政策稳定的最有影响力的理论。鲍姆加特纳等人就认为，已有的模型能够对变迁和稳定两者之一

---

① 尼古拉斯·扎哈里尔迪斯：《模糊性、时间与多源流分析》，载［美］保罗·萨巴蒂尔编《政策过程理论》，彭宗超等译，生活·读书·新知三联书店2004年版，第116页。

进行成功的解释,而他们的理论能够同时解释两者。① 然而,他们的理论能否解释美国教育政策发展? 鲍姆加特纳认为,与通过平稳适度调整来改变环境相反,国家政治系统的保守天性常常偏爱现状,只在需要重大变化时才进行斗争和付出更多努力。② 这个论断忽略了这样几个问题:什么叫作需要? 谁的需要? 是国家的还是社会的,精英的还是平民的? 自从美国国家政府介入教育以来的大部分时期,国家一直致力于主动推进教育政策的变化,试图促进更好的教育,因而他们的理论无法解释这种动力机制。特别是,美国60多年教育政策的发展,似乎也没有出现所谓间断式的变化。另外,在寻求政策变迁时期,为什么有的时候能够成功,而有的时候却不能? 对于不同的总统时期的联邦政府而言,其抱负和野心不同,对待教育政策的态度不同,导致有些总统可能没有把教育当作政府优先考虑的内容,但是,更多的总统把教育置于优先发展的序列之首。因而,教育政策中的这种状况似乎与所谓更保守的天性不符。特别是即使相对保守的共和党总统,也积极主动地致力于创新教育政策,为什么?

另外,即使有间断,但间断之后的平衡是一种自然规律,是生命进化的本质特征。这种源自生物界的有规律的间断—平衡,似乎是个万金油似的解释框架。在很多政治体制下,都是一段时间的政策稳定之后才会出现急剧变迁,只是时间长短不同而已。大多数政策本身都有其生命周期,在其完成使命之后,理应终止,从而出现间断,这对于社会发展而言也是如此。理论的提出者自己也承认,"我们不能预测间断出现的时间和出现之后所产生的结果。什么会导致下一次注意力的重大转移,维度上的变化,或者新的会议框架? 什么时候这些变化会发生在一个特定的政策领域中"。进而,他们也指出,"虽然间断—平衡理论预测了一种系统层次的稳定性模式,但是它不能够帮助我们在特定政策问题上做出

---

① 詹姆斯·特鲁、布赖恩·琼斯、弗兰克·鲍姆加特纳:《间断—平衡理论:解读美国政策制定中的变迁与稳定性》,载〔美〕保罗·萨巴蒂尔编《政策过程理论》,彭宗超等译,生活·读书·新知三联书店2004年版,第125页。也见〔美〕弗兰克·鲍姆加特纳、布赖恩·琼斯《美国政治中的议程与不稳定性》,曹堂哲等译,北京大学出版社2011年版,第4页。

② 詹姆斯·特鲁、布赖恩·琼斯、弗兰克·鲍姆加特纳:《间断—平衡理论:解读美国政策制定中的变迁与稳定性》,载〔美〕保罗·萨巴蒂尔编《政策过程理论》,彭宗超等译,生活·读书·新知三联书店2004年版,第127页。

预测"。① 并且，该理论没能解释，为什么一种政策形象要胜于另一种政策形象，也未能指出在政治体系内外因素的共同作用下，能够塑造政策影响的动力因素。那么，在这种政策演变中，能否找到一个作为相对自主的领导者形象的行动主体？

间断—平衡理论框架认为，政策垄断形成平衡，当变迁的压力出现的时候，垄断可以在一段时间内成功地与之对抗，如果压力足够大，就会导致以前并不包含在内的政治行动者和政府机构的大量干预。② 这种观点似乎认为，政策就是社会压力的产物，就是政府对强势集团利益的反应，从而忽视了国家自身利益和偏好的存在。因而，该理论不能解释为什么国家主动寻求变迁，以及国家如何成功实现引导变迁。至于影响政策改变的危机，在美国教育政策领域，有时候确实是危机，但更多的时候却是制造的危机。20 世纪 50 年代以来的国家教育政策过程事实表明，国家始终都在寻求对教育政策的改善，不过该领域也没发生间断式剧烈的变迁，它的变化始终是慢移的，只是其大小程度不同而已。因此，该理论无法解释，为什么国家有时候能够成功实现较大改变，而其他时候则不能。鲍姆加特纳使用的案例基本上是预算，始终没有涉及美国教育，更不可能认识到教育作为国家"解决社会问题的工具"这一特殊性。鲍姆加特纳和其他研究政策变迁的学者一样，虽然也或多或少地重视制度的重要作用，但是他们的理论把制度似乎看成一个僵化不变的、外生的东西，而没有研究国家在制度建构和问题建构中的能动性。实际上，国家为了突破制度限制，会引导社会再制度化过程，创造适合国家开展行动的制度环境，从而引领全国政策发展。

随着政府政策制定者实践经验的丰富和专业化，知识共同体理论框架的解释力也日益弱化。原来完全依赖政策专家的时代似乎已经淡去。特别是，针对教育政策这种在民主国家有着广泛民众参与的政策过程来说，专家的影响力形成的政策垄断，难以用来解释价值观判断之类的东西。总的来说，既有理论存在以下三个方面的问题。

---

① 詹姆斯·特鲁、布赖恩·琼斯、弗兰克·鲍姆加特纳：《间断—平衡理论：解读美国政策制定中的变迁与稳定性》，载［美］保罗·萨巴蒂尔编《政策过程理论》，彭宗超等译，生活·读书·新知三联书店 2004 年版，第 149 页。

② 同上书，第 131 页。

1. 忽视了政策稳定与变迁的辩证关系

虽然这几种代表性框架都介绍了概念和过程,以界定政策稳定和变迁的形成条件,为人们理解政策稳定与变迁开阔了思路,它们关于政策稳定之后的急剧变迁的某些假设也被一些不同的政策领域研究所证实,并被很多学者所运用,但是这些理论充满争议,甚至充满矛盾的发现。不同的研究聚焦于变迁和稳定过程的不同维度、政治活动的不同方面,以及政策变迁和稳定的不同类型。① 这些理论之所以不能很好地解释美国教育政策发展,其中一个原因是没能看到教育政策过程中稳定和变迁的辩证关系,往往把政策变迁和稳定截然相对起来。它们也忽略了对政策稳定其他形式的解释,比如对陷入立法僵局的政策过程,就没有给予充分的关注。虽然倡议联盟框架指出,跨联盟政策导向的学习是形成政策渐进变迁的原因,由此能够维持政策的基本稳定,但是如果没有一定的条件,这种政策学习很难发生。②

2. 忽视了国家是相对独立自主的行为主体

最为关键的是,这些理论忽视了国家在政策过程中的独特作用,把国家当成完全中立的,或国家就是社会利益斗争的舞台,或者干脆把国家看作强势团体实现利益的工具。倡议联盟框架提出完全反对"国家主义理论"的基本观点,从而否认存在一个统一的、相对自主的国家。③ 其实,国家或政府不是一个中立者,也不是社会斗争的舞台,也不是阶级斗争的工具,虽然也会对社会压力做出自主的反应,但它是一个相对独立自主的行动主体,有其偏好、价值判断,它在政策过程中发挥着重要作用。休·赫克罗(Huge Heclo)曾经指出:"当我们试图寻找这种掌权的少数时,我们却往往会倾向于忽视其他一些人的影响,而事实上,这些人的影响网络却常常在刺激和引导着权力的行使。"④ 也就是说,国家(政府)在对待公共政策时,不是置身事外的,它们的偏好、它们看待公众价值和民众影响力的态度,以及对来自其他时期或各州政策中的成功

---

① Carter A. Wilson, "Policy Regimes and Policy Change", *Journal of Public Policy*, Vol. 20, No. 3, 2000, pp. 247–274.
② [美]保罗·萨巴蒂尔等:《政策变迁与学习:一种倡议联盟的途径》,邓征译,北京大学出版社2011年版,第40—53页。
③ 同上书,第38页。
④ [美]理查德·J. 斯蒂尔曼二世:《公共行政学:概念与案例》,竺乾威等译,中国人民大学出版社2004年版,第667页。

与失败的案例的解读,都会影响着国家对公共政策价值的判断及其后的具体政策走向。伴随着公共政策过程的日益复杂化,其环境也在迅速发生变化。特别是公民意识的觉醒使得现代国家机关推行公共政策时,越来越多地依赖与政策利益相关者的合作,集中原本分散的社会资源,期待能在和谐的集体行动中解决政策问题。弗兰克·费雪、德博拉·斯通等对倡议联盟框架提出质疑[1],其一就是,联盟的存在不仅在于共同的信仰信念,也在于联盟共同协调合作的方式和形式。

3. 忽视了政策行动者对政策过程的能动性

在这些研究中,还可能存在一个根本问题。虽然它们也考虑到制度环境对政策的影响,但是没能考虑作为政策行动者在互动过程中对制度产生作用的能动性。制度既是行动者行动的约束力,也是行动者互动所塑造的结果。特别是,他们把制度简单地理解为规制性和规范性要素,忽略了制度的文化—认知要素。制度来源于人们的文化和认知,而文化认知可能被引导而改变,从而实现去制度化和再制度化。再制度化过程能塑造人们的偏好,以及对利益予以新的理解,从而为国家自主实现政策偏好创造条件。

三 其他一些解释政策发展的理论

有学者对倡议联盟框架、多源流理论框架、间断—平衡理论框架和知识共同体理论框架做过比较[2],认为倡议联盟框架是其他理论框架的基础,因考虑到单独每一种框架解释力的有限性,而试图提出一种更具综合性和解释力的框架。桑德·梅杰林克(Sander V. Meijerink)就历史性地考察了倡议联盟框架、间断—平衡理论框架,以及多源流理论框架单独解释中存在的问题[3],并利用各框架的互补性,解释了荷兰水灾防治政策的稳定与变迁。

---

[1] Frank Fischer, "Beyond Empiricism: Policy Inquiry in Postpositivist Perspective", *Policy Studies Journal*, Vol. 6, No. 1, 1998, pp. 129 – 146. And Frank Fischer, *Reframing Public Policy: Discursive Politics and Deliberative Practices*, Oxford: Oxford University Press, 2003。[美] 德博拉·斯通:《政策悖论:政治决策中的艺术》,顾建光译,中国人民大学出版社2006年版。

[2] Sander V. Meijerink, "Understanding Policy Stability and Change", Working Paper Series, 2005/2, Research Group Governance and Places.

[3] Ibid. .

有学者指出了话语在政策分析中的重要性[1]，也有人提出把政策叙事用于政策变迁研究。[2] 比如，伊丽莎白·沙纳汉等学者（Elizabeth A. Shanahan，Michael D. Jones，and Mark K. McBeth）把话语、叙事对政策观点、政策变迁和政策产出的影响作为重点加以探讨。他们首先指出了倡议联盟框架及其研究方法可能招致的批评，但认为，叙事研究也可用于量化和检验，从而把后实证主义的成分加入实证主义的研究之中。这类研究在一定程度上弥补了原来经验研究中对叙事成分和叙事策略的忽略。他们的研究是基于萨巴蒂尔等学者的倡议联盟框架，将政策叙事和倡议联盟框架进行综合、互补性运用。其他一些基于倡议联盟框架所做的研究，也是试图对倡议联盟框架进行适当的修正，以解释政策现象。

汉克·简金斯－史密斯等人在其研究中做出假设，如果政策子系统具有强烈的政治冲突的特征，那么稳固的倡议联盟将会持续更长时间。[3] 冲突激烈时，维持现状或许具有更强的制度合法性。也有一些人试图从不同于前面几种路径的视角，提出了自己的认识。有人甚至指出了官僚揭发（bureaucratic whistleblowing）与政策变迁的关系。[4] 告密或揭发的成功很大程度上依赖于支持性政策环境的存在，这样的变迁不仅需要技巧性的揭发，而且需要被内体所激发的公共观点的持续刺激、寻求改变的集团的有效游说以及可接受性的有实力的立法者愿意引领和发起矫正性的政策行动。它实际上强调了民众的不满导致了制度性政策变迁。政策本身的合法性以及发展变迁的合法性，都需要制度性的支持，需要的是民众的认可和赞同。魏泽特和郭金指出了密歇根医疗管理服务创新项目中一些政策领域的非渐进性变迁，也强调了政治支持的重要性，以及支

---

[1] 参见 Frank Fischer, *Reframing Public Policy—Discursive Politics and Deliberative Practices*, Oxford: Oxford University Press, 2003;［美］德博拉·斯通《政策悖论：政治决策中的艺术》，顾建光译，中国人民大学出版社 2006 年版。

[2] Elizabeth A. Shanahan, Michael D. Jones, and Mark K. McBeth, "Policy Narratives and Policy Processes", *The Policy Studies Journal*, Vol. 39, No. 3, 2011.

[3] Hank C. Jenkins-Smith, Gilbert K. St. Clair and Brian Woods, "Explaining Change in Policy Subsystems: Analysis of Coalition Stability and Defection over Time", *American Journal of Political Science*, Vol. 35, No. 4, 1991, pp. 851-880.

[4] Roberta Ann Johnson and Michael E. Kraft, "Bureaucratic Whistleblowing and Policy Change", *The Western Political Quarterly*, Vol. 43, No. 4, 1990, pp. 849-874.

持性政策和行政环境影响成功执行政策的重要意义。①

这几项研究典型地把制度用于政策过程的分析,指出了制度在其中的重要作用。相对而言,制度的稳定能够保证政策相对的稳定,其延续性更强。还比如,清晰而稳定的产权似乎能够带来更多的政策稳定,最起码在处理有关资源调配和决定时,必须权衡财产所有者的利益诉求。在自由主义思想家洛克等人那里,社会契约是政治制度的根本来源,其源于为避免战争状态可能对财产权的侵犯。战争状态总是威胁着处于自然状态的人们。避免战争状态,是人们从自然状态里脱离出来进入公民社会的主要原因。自然状态虽然脆弱,容易陷入战争状态,但是自然状态承认财产权。自然状态下的人们不会支持放弃自身权利进入政治社会的做法,除非这个政治社会能够完全承担起保护财产、惩罚违背财产权的人的责任。罗尔斯指出,他提出正义概念,是"把我们熟知的由洛克、卢梭和康德奠基的社会契约理论做了一般性的概括,并提升到更抽象的高度上"。然而,原始契约并不是要约定如何进入特定社会,或如何建立特定形式的政府。原始契约的目标是维护社会基本制度结构的正义原则。② 民主似乎更有利于政策稳定。有人就探讨了民主与经济政策稳定性和延续性的关系,其结论指出了民主和政策产出反复无常变化的负相关关系。③ 为了解释在民主社会稳定的经济增长绩效,作者把政治系统的部门权力分散作为民主的特征,从而验证了更大的民主导致更为稳定的政策选择。

从方法论和认识论上来说,任何政策发展都具有历史性特征,其分析必须被给予长时期的考察;从事政策过程研究的学者都假设政策变迁通常来自外部干扰性的、震惊事件的发生;一般也同意政治制度以及它们被嵌入的政策子系统是政策繁殖的主要机制;范式的变迁,也就是政

---

① Carol S. Weissert and Malcolm L. Goggin, "Nonincremental Policy Change: Lessons from Michigan's Medicaid Managed Care Initiative", *Public Administration Review*, Vol. 62, No. 2, 2002, pp. 206–216.

② [美]查尔斯·罗利编:《财产权与民主的限度》,刘晓峰译,商务印书馆2007年版,第292页。

③ See Dani Rodrik, "Participatory Politics, Social Cooperation, and Economic Stability", *American Economic Review*, Papers and Proceedings, Vol. 90, No. 2, 2000, pp. 140–144; Pushan Dutt, Ahmed Mushfiq Mobarak, "Democracy and Policy Stability", September 2007, INSEAD Business School Research Paper No. 2007/50/EPS.

策子系统中深层价值被改变的过程,被理解为只有在政策本身被改变的时候,政策发展的其他方面才会发生重组。在缺乏这类过程的情况下,任何政策变迁都被假设为遵循渐进模式。①

这些研究,已经开始认识到制度、思想和认知在其中的重要作用。引导公共认知,从而带来制度改变,或许能实现政策变迁所需要的支持。针对公共话语中的争议条款如何变得稳定下来,以及它们为什么又能变迁这样的问题,学者将答案归因于一系列政治中思想在其中的作用、社会问题的定义和它们的解决方式的定义,以及政治影响和权力的特征。与这些问题相关的有影响的成果检验了政策议题在媒体中是如何形成的。媒体话语形成普通公民关于政策议题的公共认知的来源,它能在公民政策偏好中产生实质性的影响。② 这样,可以设想,如果重视一个国家利益和国家行动者在其中所起的作用,或许能够理解国家在对社会及其他层级政府思想和价值观引导上的真正意义。

卡特·威尔逊(Carter A. Wilson)提出了政策体制的概念③,它聚焦于权力安排、组织安排和政策范式,它们都是运作以保持政策长时期稳定的重要因素。政策范式涉及思想、话语,以及对政策的看法、对所涉及政策意义的理解。从本质上,也体现为权力/权利关系。这样看来,政策稳定主要在于形成了一种稳定的政策范式和权力/权利关系。而政策变迁是政策体制改变的结果,与之相关的是权力结构与能力强弱的改变。与之密切相关的因素是制度,制度限定了行动体的权力和能力空间,制度是权力关系的外在表现。政策体制模型在理论上的贡献在于,它不仅强调信念和政策形象,而且把更为综合性的因素考虑进去了。政策体制视角的更新之处在于,它考虑了不同时期的权力安排对政策发展的影响。不过,这种视角和模型也只是在前人基础上做了一个更为综合性的重新阐述,并没有解释为什么会形成一种与稳定和变迁相关的政策体制,在这种体制中的具体的权力/权利关系如何。在我们的研究中,国家在建构

---

① Benjamin Cashore and Michael Howlett, "Punctuating Which Equilibrium? Understanding Thermostatic Policy Dynamics in Pacific Northwest Forestry", *American Journal of Political Science*, Vol. 51, No. 3, 2007, pp. 532-551.

② Brian Steensland, "Why Do Policy Frames Change? Actor-Idea Coevolution in Debates over Welfare Reform", *Social Forces*, Vol. 86, No. 3, 2008, p. 1027.

③ Carter A. Wilson, "Policy Regimes and Policy Change", *Journal of Public Policy*, Vol. 20, No. 3, 2000, pp. 247-274.

政策问题中本身就是最核心的行动者和引导者及掌舵者,拥有着不同于其他行动者的资源和便利,它会随着不同时期的偏好进行问题建构、思想引导与认知促成,以再制度化逻辑建构能强化自身影响力的文化—认知性制度环境。

第二节 文献世界里的美国教育政策发展

与美国教育政策有关的研究文献,可归纳为以下几类:第一,从教育哲学的视角,分析美国建国以来的教育思想。虽然这些文献并不与国家教育政策直接相关,但教育政策显然受到教育哲学的影响。第二,是从历史学的视角,按时间表、事件史的方式,对美国教育发展的线索进行总结。这类研究中,也会或多或少涉及教育政策,无论是联邦政策还是州政府的政策。第三,是对美国联邦教育政策发展的专门解释性研究。基于我们研究的问题,将前面两类文献放在一起,只作简要提及,而将更多的内容放在第三类。

一 教育哲学与教育发展

美国教育史专家乔尔·斯普林(以下简称斯普林)有着纯正的印第安人血统。作为美国少数民族的代表,他从自身独特的生活经历和政治价值观来看待美国学校和美国教育发展的历史。其代表作《美国学校》是一部教育史著作,其内容涉及丰富的对美国教育政策的价值观评价,为人们提供了关于美国学校发展历史的另一种解释,也使人们感受到一种"认识当前全球教育政策的洞察力"。[1]

斯普林的其他代表著作,如《美国教育:社会和政治方面的介绍》(*American Education: An Introduction to Social and Political Aspects*, 1978)、《反文化与追求平等的斗争》(*Deculturalization and the Struggle for Equality: A Brief History of the Education of Dominated Cultures in the United States*, 1994)、《文化的十字路口:美国多元文化教育》(*The Intersection of Cultures: Multicultural Education in the United States*, 1995)、《利益的冲突:

---

[1] [美]乔尔·斯普林:《美国学校:教育传统与变革》,史静寰等译,人民教育出版社2010年版,中文版译者序。

美国教育政治》(*Conflict of Interests: The Politics of American Education*, 2002) 等，都是从文化、种族等视角看待美国教育发展的。因而，在其著作中贯穿的与教育政策相关的重要思想就是"文化战争"。他指出，"学校乃是企图操纵社会中观念传播的诸多机构之一"，他把这一过程称为"文化统治""意识形态操纵"。[①] 他认为，美国公立学校历史的主体部分就是企图确保新教盎格鲁美国文化在美国的支配地位。虽然他的这种观点存在某些不太客观的评价，但他自己也承认，"历史没有正确的或公正的解释"；他也指出了一点我们应该重视的问题，那就是种族问题和文化冲突一直是美国历史和教育史中的一个核心问题。后来在美国教育政策发展中，长期处于争论之中的一个关键性问题就是关于种族的。20世纪前期，在白人统治的世界中，就一直存在能否为非洲裔美国人和其他少数民族提供公立教育的激烈争论。即使在联邦最高法院裁定种族隔离违宪以及《1964年民权法案》颁布之后，美国社会对国家是否应该对没有废除种族隔离的学校进行资助，成为严重影响教育政策发展的问题。而对以黑人为主的少数民族学生和其他贫困学生进行资助，是20世纪中叶以来美国国家教育政策的重要内容。

对国民施与教育，本身就是一个政治社会化的过程，而学校是政治社会化的当然场所，教育一直以来是实现国家利益的重要工具。斯普林认为，美国历史的主流一直在苦苦追求与探索着民主和平等的问题；然而，自英国定居者第一次登陆之日起另一股势力则是以种族的和文化的优越感作为标志的，因而，美国历史中最为暴力的和最为让人困惑的是种族主义和平等主义吁求之间的冲突。[②] 可以看出，关于国家能否领导政策发展，其中一个关键性的阻力就是关于种族的。因为长期的种族偏见，以黑人为主，包括其他少数民族在内的美国民众，经受了社会的歧视，遭受着不平等的教育机会。

与种族有关的，就是宗教。虽然第一批到达北美的人是为了躲避宗教迫害的逃难者，但是到达北美后，他们却没有完全地信仰自由平等的宗教观，而是认为新教优越于其他宗教。他们力图把"异教徒"和"尚

---

① [美]乔尔·斯普林：《美国学校：教育传统与变革》，史静寰等译，人民教育出版社2010年版，中文版译者序。第3页。

② 同上书，第6页。

未开化"的印第安人纳入新教和英国文化的模式之中。自此,与公立教育相关的就是 19 世纪一直把公立学校作为结束犯罪、贫穷和社会及政治冲突的工具。另外,在新教公立学校倡导者的思想中,"野蛮"的印第安人、不思悔改的犯罪、无可救药的贫民和"异教徒"的爱尔兰—天主教移民之间没有区别。对他们的教育实施国家资助,一直也遭到一些人的反对。基于此,美国教育发展过程中,关于宗教问题的纷争,就成为一个重要问题,也是一个重要的阻力。

斯普林是从他作为印第安人身份的视角看待美国教育问题的。斯普林的《美国教育》一书也是以批判的视角看待美国教育发展的。正如斯普林的《美国教育》结尾部分写道:"在学校中,总是存在着少数人的权利被忽视或被遗忘的危险。"[1] 这也是个事实,作为一个少数民族的代表,出于一种理想化的平等愿望是可以理解的。不过,作为一个激进的平等主义者,他确实没有认识到在建国后,国家在立宪和制度上所做出的争取自由和平等的努力。同时也没能客观地评价在 20 世纪美国教育政策中所表现出的、国家起着引导平等和优异的教育政策发展的重要作用。

在斯普林的教育发展视野里,教育政策的发展体现为种族斗争、文化冲突以及与之相关的政治争论,它们是白人统治少数民族的产物。政府对教育的资助,是自由社会中多数对少数施与控制的过程。[2] 不过,一些学者对美国教育所持的观点似乎与斯普林教育政治观和种族观有着根本的差异,他们承认美国作为一个民族大家庭,教育在其中起着文化融合的作用,而不是斯普林所认为的文化压迫。比如,埃尔伍德·帕特森·克伯莱(以下简称克伯莱)在《美国公共教育》一书指出,美国公立教育体系是体现美国"熔炉文化"的最好代表。[3] 而劳伦斯·A. 克雷明(以下简称克雷明)在《美国教育史:殖民地时期的历程,1607—1783》中也声称,自从殖民地时期欧洲移民就与北美的印第安人进行了

---

[1] [美]乔尔·斯普林:《美国教育》,张弛、张斌贤译,安徽教育出版社 2010 年版,第 387 页。
[2] Joel Spring, *Conflict of Interests: The Politics of American Education*, New York: McGraw-Hill, 2002, pp. 201–202.
[3] [美]埃尔伍德·帕特森·克伯莱:《美国公共教育》,陈露茜译,安徽教育出版社 2012 年版。

民族间的文化交流，从而提出了"民族融合论"。[①] 他们的观点遭到了斯普林激烈的批判。斯普林对"文化战争"的频繁使用，就是为了使他与克伯莱、克雷明等人划清界线。

克雷明的巨著《美国教育史：殖民地时期的历程，1607—1783》十分关注教育得以发展的各种环境，以及社会教育机构、广大的社会组织与个人对教育的推动作用；同时他也关注教育促进美国社会发展的核心作用。克雷明的论述更多的是从教育如何发展的视角进行描述。克雷明认为，教育是社会运动推动的结果，教育运动早在19世纪就清晰可见，到了20世纪更是加快了发展速度。教育不仅凭借自身力量成为美国社会一项举足轻重的事业，而且日益得到社会各界的认同，教育也因此获得了各种合理的价值。美国先有社会，再有国家，人们崇尚自由和民主，坚持地方自主，似乎有着天生的反政府、反国家的特征，因而美国社会组织异常发达，从而也决定了教育事业的发展在很大程度首先是社会力量推动的结果。从这一点来说，克雷明的教育史论就是一部社会史。

社会史论教育的另外一部力作是约瑟夫·沃特拉斯的《20世纪美国教育中的哲学冲突》，它认为发生于任何时间或地点的教育都是特定社会的一种反映。约瑟夫·沃特拉斯在著作中描述了20世纪教育改革者的思想以及20世纪的社会状况、哲学思想与教育改革之间错综复杂的关系和相互影响。在他的研究中，包括了"二战"之后教育如何平衡个人需要和社会需要以及国家需要之间的争执。教育者甚至要求学生进行军事预备训练，准备一些与战争有关的工业知识，以及培养他们的爱国情感以使他们能在这个需要帮助的时代里牺牲个人利益，在随后不稳定的和平时期，教育者试图使社会需要、学生个人需要和每个人理解民主理想的需要达到平衡。而詹姆斯·科南特认为，综合中学能调和与满足相互矛盾的需要，既为天资聪明的精英学生提供教育，帮助他们成长为能推动科技进步的科学家，也为那些将成为普通公民的学生提供教育。[②]

应该看到，教育事务在美国虽然本身是社会事务，但也慢慢地演化成了政治问题。不过，是政治的，总会有冲突；或者说，因为有冲突就

---

① [美]劳伦斯·A.克雷明：《美国教育史：殖民地时期的历程，1607—1783》，周玉军等译，北京师范大学出版社2002年版。

② [美]约瑟夫·沃特拉斯：《20世纪美国教育中的哲学冲突》，王璞等译，安徽教育出版社2009年版，第154页。

会产生政治。在"二战"期间以及在之后不稳定的和平时期,国家利益似乎日益凸显,而在追求优异教育以满足国家社会需要,为国家培养优异人才,以及促进社会平等等各种观念之间存在一定的争论。在很多人的研究中,就十分重视美国教育发展中的价值观冲突,比如肯特·科普曼等在《理解人类差异:美国的多元文化教育》一书中就是从美国教育中的文化冲突展开研究的。[①] 美国是一个多元化的社会,从美国的发展中第一批移民到美洲的人们开始,后来在各时期陆续有不同民族的人们迁入,他们或许怀着不同的梦想,但是有一点是肯定的,就是希望在这个新的大陆实现自己的梦想,并期许这个国家能够给他们提供更为自由的发展空间。但是,在这个多民族、多文化的环境下,人们的价值观和文化哲学存在极大的差异,这是一种冲突和融合的过程。甚至包括一些人对另一些人的歧视,一些文化似乎被认为优越于另一些人的文化。社会存在不公正是必然的,但是,人们确实在为实现平等而努力。正是在这种冲突中,教育也就呈现出多元化特征。在20世纪,联邦政府也采取了一些措施,比如肯尼迪时期的肯定性行动、废除种族隔离等。整个教育发展历程就是一种人类差异和多元化冲突与争论的过程。肯特·科普曼虽然也指出了文化冲突,但不同于斯普林教育激进主义"文化统治观"的是,他对美国教育政策是持多元文化主义观的。

还有一些也是从美国教育发展的哲学基础进行的研究。L. 迪安·韦布的《美国教育史:一场伟大的美国实验》从教育哲学的发展历史展开其研究。[②] 作者从对教育产生了深远影响的哲学入手,如文艺复兴时期的人文主义哲学,宗教改革时期的宗教哲学,启蒙运动时期对理性和科学的推崇,建国初期学校作为保存这个崭新的民族的重要制度的认识,为培育有教养、有秩序的公民和国家领导人的认识,以及后来进步运动时期把教育作为改造社会的工具等观念,用批判性的分析,论证了美国教育的哲学基础,回顾了教育的起源,论述了教育的发展,考察了当代美国教育的状况,揭示了美国教育的脉络,使人们认识各历史阶段不同的人物的经历、思想,诸多事件的发生、斗争、发展和变革,教育方法、

[①] [美]肯特·科普曼、李·歌德哈特:《理解人类差异:美国的多元文化教育》,滕星等译,中央民族大学出版社2011年版。

[②] [美]L. 迪安·韦布:《美国教育史:一场伟大的美国实验》,陈朝阳译,安徽教育出版社2010年版。

课程、教师等方面的发展。韦恩·厄本和杰宁斯·瓦格纳的《美国教育：一部历史档案》作为一本极具代表性的教育历史著作，也是一种对美国教育历史结合作者观点提出的叙事史研究。

虽然这两部著作都是以事件史和人物史视角进行研究，但是我们可以看出，建国初期的联邦政府对支持教育已经有深深的信念。教育是实现民主、培育合格公民、实现社会秩序的重要工具。同时，他们也认识到教育对于培育杰出领导人的功能。[①] 韦恩·厄本和杰宁斯·瓦格纳指出，杰斐逊建立统一教育的计划，既包含了民主的思想，也包含了能人治国的基本原则。[②] 美国的政治家和文化人开始关注教育，他们中间有些人一直坚信，假如有大量的人口不知"真生"的政府法律和社会秩序为何物，那么这个新兴的联邦将不会持续长久。杰斐逊极力主张公共教育，认为拥有教育和知识就拥有自由，自由只有掌握在那些受过教育的人们手中的时候，它才是安全的。杰斐逊还指出，这是国家应当去管理的事情，应当有一个总体的规划。在战争之前，本杰明·富兰克林就曾强调，教育必须是有用的，必须对年轻人在社会中的自我提升有所帮助。教育可以服务于政治、社会，也可服务于个体，对个人有益。[③]

这类著作为人们对美国教育思想、教育发展的认识和重新认识提供了较为翔实的内容，它们是综合性的，跨越哲学、教育学、政治学、历史学等学科领域，不过这类研究依然是关于教育史的研究，虽然可能会包含一些关于教育政策的内容，但毕竟是不全面的，也缺乏系统的解释。正如斯普林所认为的，无所谓正确的和错误的历史解释，只有不同的历史解释，大量研究著作的出现体现了对美国教育不同视角的、不同程度的解释，为加深我们对美国教育政策发展的认识提供更广阔的思路。特别是，能从这些著名的研究中，更为清楚地了解美国教育中思想的、哲学的和利益的冲突。

随着对美国关注的加强，中国学者也试图对美国教育政策进行一些适当的研究。史静寰等著的《当代美国教育》[④]，从《国家处于危机之

[①] 参见［美］韦恩·厄本、杰宁斯·瓦格纳：《美国教育：一部历史档案》，周晟等译，中国人民大学出版社2009年版，第109页。
[②] 同上书，第101页。
[③] 同上书，第99页。
[④] 史静寰等：《当代美国教育》，社会科学文献出版社2012年版。

中》报告敲响美国教育的警钟时期入手，从确立教育目标、提高教育质量、扩大教育选择等方面对美国20世纪80年代以来的教育状况进行了全景式描述。它是国内学者对美国教育状况的一部综合性的描述性教育史著作，可以为我们了解美国20世纪80年代之后的教育政策立法提供较为清晰的脉络。

在中国学者的研究中，也有专门针对某一个特定时期美国教育改革的研究。比如傅林在《当代美国教育改革的社会机制研究——20世纪60年代美国教育改革运动的形成》中认为，美国教育改革的社会机制体现了一个社会系统中政府部门、各组织、利益集团之间的相互作用，并最终影响和形成教育改革运动的过程和方式。① 这本著作为我们提供了审视20世纪60年代美国教育改革的社会视角。应该说，美国联邦教育政策的真正形成也就发生于这个时期，作者显然正确地抓住了美国教育改革大转折时期这一核心。作者对冷战、民权运动、反贫困之战等社会性机制对教育改革的推动进行了翔实的资料分析，对60年代联邦政府出台的几项大的政策进行了阐述。不过，如果简单地认为这个时期教育的重大改革是社会机制作用的结果，那么国家为什么以及在这个过程中起着一个什么样的作用，我们很少能够知道。因此作者也指出，她的研究是对那个时期的美国教育改革中形成的社会机制进行的探讨，重点不在于这些变化或教育改革的种种举措。②

当然，也有一些研究直接与教育政策相关。比如，马健生的《公平与效率的抉择：美国教育市场化改革研究》从美国教育哲学中的效率和公平争论视角阐释了美国教育改革以及市场化。③ 作者认为，在进行教育市场化改革方面，美国两党对于教育改革逐渐达成共识，并认为它主导着当前美国教育改革的趋势。作者虽然正确地指出了两党对教育改革的共识，然而，美国虽然崇尚市场，但是在中小学教育领域，公立学校至今依然占据美国教育的主体地位，90%以上的中小学生就读于公立中小

---

① 参见傅林《当代美国教育改革的社会机制研究——20世纪60年代美国教育改革运动的形成》，教育科学出版社2006年版，摘要。
② 同上书，第4—7页。
③ 马健生：《公平与效率的抉择：美国教育市场化改革研究》，教育科学出版社2008年版。

学校。① 美国大学相对来说因为其发展路径不同，私立大学发展较为成熟。美国之所以没有使中小学私有化和市场化，一是人民的反对，毕竟这是义务教育，是国家维持一种社会平等的重要再分配机制；二是中小学教育是美国民众培养竞争力的基础，需要为他们提供公平发展的基础教育。所以只能说，美国中小学教育中引入了市场机制，比如特许学校等学校的选择，但要说教育市场化，本身是值得商榷的。

张宇的博士学位论文《美国联邦政府干预学前教育的历史演进研究》②，虽然与联邦政府政策有关，也指出了联邦政府在其中的干预功能，但它是对20世纪美国联邦政府干预学前教育的历程进行的系统梳理，只是历史的叙事研究，而对于联邦权力的实现和扩展等问题没有做出解释。李敏的博士学位论文《美国教育政策问题研究：以20世纪80年代以来基础教育政策为例》③，是对美国教育政策问题，比如政府职责问题、课程问题、教师问题、教育机会均等问题、评价问题等进行的分析和研究，指出了80年代以来针对问题而推出教育政策的缘由。陈晓端、闫福甜《当代美国教育改革六次浪潮及其启示》④ 一文，指出了20世纪50年代以来美国教育中进行的"新课程"运动、促进教育机会平等运动、"恢复基础"运动、学校重建运动、教育选择与国家标准运动和学校教育与工作需要相结合的运动，这些政策性的应对主要是为解决社会问题，促进社会发展。陈如平的《效率与民主：19世纪末至20世纪50年代美国教育管理思想的历史研究》⑤，主要研究19世纪末至20世纪50年代美国教育管理思想形成与发展的历史过程。段素菊在其博士学位论文《20世纪80年代以来的美国公共基础教育改革研究：国家、市场与公民社会的视

---

① National Center For Education Statistics, *Digest of Education Statistics* 2011, June 2012, p.61.

② 张宇：《美国联邦政府干预学前教育的历史演进研究》，博士学位论文，东北师范大学，2010年。

③ 李敏：《美国教育政策问题研究：以20世纪80年代以来基础教育政策为例》，博士学位论文，华东师范大学，2006年。

④ 陈晓端、闫福甜：《当代美国教育改革六次浪潮及其启示》，《陕西师范大学学报》（哲社版）2007年第6期。

⑤ 陈如平：《效率与民主：19世纪末至20世纪50年代美国教育管理思想的历史研究》，博士学位论文，北京师范大学，1998年。

角》① 中指出，国家观念、市场逻辑、公民社会广泛参与是影响教育改革的重要因素。而国家、市场与公民社会三种力量的平衡是至关重要的。这项研究虽然提到了国家观念在20世纪80年代以来的美国教育改革中的作用，也强调了国家自主要求下的公平、绩效、责任等观念性内容，但是在美国联邦制结构下，国家自主如何实现，这些观念是怎么来的，以及国家的观念如何影响州政府和社会，以及政策如何形成，都没有提及。总的来说，这是教育学方面的论述。

张妹芝的博士学位论文《促进平等，追求卓越：战后美国联邦政府基础教育改革研究》②，对美国战后联邦政府教育改革的历史进行了阐述，指出20世纪80年代以来美国联邦政府的基础教育改革逐渐从以追求机会平等为主转到追求平等和促进优异并重。尽管所属党派和政治理念不同，但历任总统及其所领导的联邦政府在推动基础教育公平、提高基础教育质量等方面大都持有积极的态度。尽管三权分立的体制在实践中不可避免地会出现相互推诿和掣肘的现象，但就基础教育而言，这种体制却最大限度地确保了基础教育改革的稳定性。她虽然指出了稳定机制以及联邦政府在政策过程中的作用，但也是历史叙事，并没有对她指出的现象进行解释，因而需要进一步研究。

有关这方面的文献数量甚为巨大，我们不一一列举和评述。这些研究要么是从教育哲学出发，要么是关于教育政策发展历史的描述性研究。而可能涉及教育政策内容的，却缺乏一个结合政策发展过程的系统的解释性研究。

二 美国教育政策发展及解释

学者已经意识到，传统政策过程理论在美国教育政策发展方面的解释力欠缺，绝大部分研究都是另辟蹊径，仅有的可能就是借用前面几种政策过程理论的某些概念。虽然鲍姆加特纳和他的同事曾经宣称，间断—平衡理论框架能够同时解释政策稳定和变迁，而其他的理论只能解释一者，但麦克奎因（McGuinn）指出，或许间断—平衡理论框架有很大的说服力，但是他们的工作很大程度上聚焦于议程设置，他们对理解政

---

① 段素菊：《20世纪80年代以来的美国公共基础教育改革研究：国家、市场与公民社会的视角》，博士学位论文，北京师范大学，2004年。
② 张妹芝：《促进平等，追求卓越：战后美国联邦政府基础教育改革研究》，博士学位论文，河北大学，2011年。

策垄断被破坏之后会发生什么做出极少的贡献。① 麦克奎因同时也指出，鲍姆加特纳和他的同事低估了历史和时间的重要性。

麦克奎因的研究主要从政策体制视角和历史的维度对美国教育政策发展进行解释。政策体制是与政策范式、权力结盟和政策制定安排有关的概念，它与思想、利益和制度密切相关。② 政策体制的延续表明了政策的稳定性，而政策体制的改变就意味着政策的变迁。他的工作更多地关注政策作为公众压力、竞选竞争的结果，认为政策体制虽然受到保护并能够相对持久地维持，但是也几乎持续地受到各种力量的攻击，竞争性的政治行动者积极寻求界定和再界定问题，以寻求更好的公共政策或者选举优势，这样就形成了政策变迁。不过，麦克奎因研究中预设的变量和进行的论证似乎都是有问题的。到底是政策体制的变化决定了政策实践，还是政策的变迁形成了新的政策体制，它们之间的变量关系是怎样的，我们难以理解。他认为，60年代的民权运动和冷战破坏了原有政策体制，而1965年的ESEA为新的政策体制打下了观念的、政治的和纲领性基础；70年代末和80年代初的美国教育现状导致了民众的抱怨，从而又有了第二次政策体制的改变。③ 如果这样，那就不是政策体制变化带来了政策的变迁，而是政策的出台带来了一定时期的政策体制。我们也不能明白，一定时期的政策体制是如何形成的。什么原因导致了民众的抱怨？看来，麦克奎因研究中的政策体制只是可以界定政策稳定的一个概念，它似乎不能解释政策发展的真正原因。也就是说，他虽然借用了包含有权力关系的政策体制这一概念，但未能提供权力关系转变的动力学解释，而权力关系转变才是政策发展的真正动因。

麦克奎因的解释还存在三个问题。第一，他的理论解释不了在民众适应了以前的教育政策和教育福利，形成了一定利益关系格局之后，联邦政府为什么要主动进行改革。虽然他反复提到联邦，但没有把联邦政府作为一个真正的行动者对待，政策的形成似乎就是社会斗争的产物，是联邦政府对社会反应的简单应对。第二，他也就不能解释，为什么有时候联邦政府能够成功实现政策变迁，但另一些时候虽然联邦政府有意

---

① Patrick McGuinn, *No Child Left Behind the Transformation of Federal Education Policy*, 1965 – 2005, University Press of Kansas, 2006, p. 16.
② Ibid., p. 17.
③ Ibid., pp. 47 – 49.

愿，却不能成功。他也没有真正考虑联邦政府是如何引导州政府按照自己的意愿和规划而实现政策发展的。第三，虽然他正确地指出里根时期的改革是对 ESEA 的政策变迁，但他认为 NCLB 是对前面政策的极大超越和转变，是联邦权力向州和地方最大的侵入，因而美国教育政策的转变是革命性的而不是渐进性的。按照他的观点，其著作中按照时间划分为七个时期：1965—1988 年为平等政策体制时期，1988—1992 年为转移到全国教育目标的政策体制时期，1992—1994 年为一个新的责任体制奠定基础的时期，1994—1996 年为保守派攻击教育中联邦角色的时期，1996—2000 年为僵局时期，共和党在教育中的撤退以及寻求新的一致时期，2000 年为小布什奠定新的教育政治时期，2001 年以来为新的联邦教育体制时期。如果按照他的划分，美国教育政策体现为一些摇摆不定的问题，并且时常发生剧烈变化。

不同于麦克奎因的观点，我们的研究认为，NCLB 是对美国教育政策遗产的最大继承，也是共和党、民主党两党的最大妥协。另外，麦克奎因把总统作为个体和个人对待，纯粹为了获得成功竞选而随社会风向力量变化而动，根本没有考虑制度在其中的作用、国家自主性的可能存在和国家有着自己的利益与目标。同样，就不能解释总统在任职前和任职后的信念和价值观上的转变。另外，他也没有充分考虑到，很多时期虽然没有真正出台新的联邦政策立法，但是由于国家的引导和思想渗透，全国教育改革已经实质性地按照国家要求进行了。我们不禁产生疑惑，国家在其中到底起着一个怎样的作用。总之，他的研究依然是一种社会中心论的视角。

在其他一些文献中，研究者们也都不约而同地认为，思想为指导政策行动提供了模板、范式、世界观。"思想所创造的观念，经常像扳道工一样，决定着利益火车头的行动轨迹"，研究者们可能都能理解韦伯这句话的深刻内涵。安德森 1997 年的论文指出了思想意识与联邦教育资助政治的关系。[①] 他指出了原来一些反对联邦角色的人们，为什么后来能够接受现实，反对之声消失了，以及潜在于持续争论之中的思想意识的问题。梅塔 2006 年的博士学位论文就利用利益、思想和制度来解释 1980—2001

---

① Lee W. Anderson, *Ideology and the Politics Aid to Education 1958–1996*, Doctor of Philosophy (Political Sciece), Stanford LIniversity.

年的政策变化。① 他强调了思想在美国政治中的重要作用，指出为什么一些思想被赞同，而另一些思想却被边缘化，或被排除出争论领域，胜出者的思想就变成政策。并且他认为，1980—2001 年美国国家教育政策发生了巨大的改变，特别是在政策和制度性责任的分配上。

我们的研究并不否认思想、利益和制度在政策发展过程中的重要性，其实我们的研究也与这些内容密切相关。但是，我们需要关注，教育政策过程中，国家如何实现政策能力重构并能一直延续至今。作为国家利益的代表者和推动者，联邦政府如何自主地引导社会和州政府对国家利益的认同，又是如何促进和运用权力引导州政府执行联邦政策的。人们思想观念的转变是如何在国家的策略行动之后实现的。并且，我们也需要思考，为什么有些政府时期能够实现政策变迁，而有些政府时期有着同样的利益表达，却不能很好地实现政策变迁。

在其他一些与政策发展相关的文献中，人们从责任转移、政府间关系（联邦主义）入手，对联邦教育政策发展进行了论述。迪茨（Peter Dietz）在论文《从冷战到 NCLB 的教育：联邦政策制定者如何寻求把社会问题的责任转移到学校》② 中指出，在把社会问题的责任转移到学校的过程中，联邦政府使用了部分干预的政策，以平息公众对课程和实践的改革吁求。联邦政府干预之所以是局部的，是因为为变迁提供的经费是由州与地方共同承担的，而联邦政府只是一个监管者的角色。作者虽然正确地指出了联邦政府只是监管者并承担部分责任，但如果说联邦政府是因为不愿承担更多的责任而故意减缓对不合理的激进改革的需求，我们是不同意的。我们也承认在美国教育政策中，国家把责任不断施加于地方学校，不过研究发现，有些时候联邦政府不是不愿进行较快的改革，而是受到的阻挠过多，没有足够政策能力实现自己的意愿和偏好。

马纳从联邦政府和州政府关系视角研究了联邦政策议程设置，并探讨了联邦教育政策的发展。他探讨了联邦主义特征对议程设置的影响，认为"借势"是指联邦政府借州之势。这样的比喻指出，联邦政府给州

---

① Jal David Mehta, *The Transformation of American Educational Policy, 1980-2001: Ideas and the Rise of Accountability Politics*, Doctor of Philosophy (Political Science), Harvard University, 2006.

② Peter Dietz, *Education from the Cold War to No Child Left Behind: How Federal Policy Makers Have Sought to Transfer Responsibility for Societal Issues onto America's Schools*, Master of Philosophy (Political Science), State University of New York, 2010.

政府钱,增加了他们与州政府讨价还价的机会,而不是提供一个工具,以保证州政府执行联邦政策。马纳认为,联邦政府和州政府相互利用对方的许可和能力以促进各自的政策创意。[1] 按照美国宪政理论,联邦政府的教育方面的权力确实来自州和地方。作者也认为,20世纪80年代之后州政府是主动实现以绩效和标准为基础的改革,从而为联邦政府朝着绩效和标准方向的政策发展提供了"许可"的可能。不过,作者忽略了在美国教育政策发展过程中,联邦政府起着一个领导和去制度化和再制度化的作用。正是20世纪70年代尼克松政府的努力和思想渗透,特别是1983年《国家处于危机之中》报告中针对美国教育现状提出了最为严厉的控告和较为急迫的政策建议之后,各州才开始全面采取行动的。在这个过程中,国家对政策问题的界定,强调国家利益的政策话语,为实现国家政策偏好创造了制度基础,建构了制度环境,为国家在其中的领导作用提供了制度支持。另外,虽然有些州进行的改革确实可能为国家领导人提供了政策思想上的养料,然而,总统需要在众多思想中做出适合国家利益和国家政策偏好的审慎判断,联邦教育政策也需要一个合法化的过程。

从联邦主义视角进行的分析,有些研究只是从教育的现状分析联邦政府和州政府之间的关系,比如洛林·麦克唐纳的《教育中联邦主义改变的特征:悖论和一些未回答的问题》一文,就总结了通过教育政策所体现出联邦制特征。[2] 作者指出,过去几十年教育政策中所体现的联邦主义特征是工具性界定的和动态的,在任何给定的时间,联邦主义特征是围绕联邦和州政策发展的制度和利益的产物,政策本身是主要政治动力的结果。宪法原则已经把教育政策和治理置于一个历史的路径,被深深嵌入很难改变的制度之中。大量的利益集团,特别是那些倡议"教育平等机会"的团体,已经施压以寻求更为中心化的政策。然而,各州、州内各地区错综复杂的制度和机构,拥有它们自己的动力和自身的利益,又在反对重要的中心化。因此,存在中心化需求和分散化权威的悖论及

---

[1] Paul Manna, *Federalism, Agenda Setting, and the Development of Federal Education Policy*, 1965 - 2001, Doctor of Philosophy (Political Science), the University of Wisconsin - Madison, 2003.

[2] Lorraine M. McDonnell, "The Changing Nature of Federalism in Education: A Paradox and Some Unanswered Questions", Paper Prepared for The States' Impact on Federal Education Policy Invitational Conference, Washington D. C., May 9, 2008.

争论。几十年从上而下的政策在影响教师教学的制度规范方面的改变上只是带来了微弱的成效,政策制定者受挫于未能设计出政策并使之有效地到达学校以改变学校的教与学,这帮助解释了为什么依赖于高风险考试的运用。虽然分析了高风险考试最后成功推出的动力学,但作者认为,新的政策的出现主要是原来的利益没有被充分满足的团体和个人成功地推进了关于教育目标和战略的新思想而带来的结果。[1] 似乎未对国家行动者在其中的主动引导能力和作用予以很好的重视。

由于政策本身的复杂性和其他原因导致的复杂性,也有人从教育政策分析的生态隐喻及复杂性视角进行政策研究,对教育政策的转变是如何实现的进行了考察,分析了其中的规则和不规则。《国家处于危机之中》报告激起了各州的教育改革,这份报告继续形塑了共和党对联邦教育政策的路径。虽然技术上来说这只是一个报告,但是它产生了巨大的塑造生态的影响,因而可以把它叫作政策,它是美国国家引领教育发展,并取得良好效果的开始。[2] 作者正确指出了联邦政府在教育政策发展中的引导作用,并把复杂性引入政策研究,应该说是个较为新颖的视角,但是从更长的历史维度对这种复杂性予以全面把握似乎很难。

另外,还有一些研究是按照每任总统任期顺序对教育政策制定进行的基本描述,比如克里期托弗·T. 克罗斯的《政治的教育》[3],根据不同总统时期的教育政策,叙述了各时期政策制定中的一些细节,但是他们都不是从政策过程理论展开的分析,也没有具体分析国家在不同时期的自主能力以及为此做出任何比较,因而缺乏一个基于理论框架的解释。不过,他们的史料对我们的研究也是非常重要的。

虽然相关研究的文献较多,也从不同视角分析了联邦教育政策的发展,甚至也有如麦克奎因用政策体制这一概念来界定政策稳定和变迁的研究,但是真正把国家作为一个政策行动者并从国家权力的实现、如何引导政策发展等政策能力方面进行的解释依然很少。另外,我们的研究

---

[1] Lorraine M. McDonnell, "The Changing Nature of Federalism in Education: A Paradox and Some Unanswered Questions", Paper Prepared for The States' Impact on Federal Education Policy invitational Conference, Washington D. C., May 9, 2008.

[2] Marcus B. Weaver-Hightower, "An Ecology Metaphor for Educational Policy Analysis: A Call to Complexity", *Educational Research*, Vol. 37, No. 3, 2008, p. 153.

[3] Christopher T. Cross, *Political Education: National Policy Comes of Age*, New York: Teachers College Press, Columbia University, 2004.

对象是影响全国教育政策的联邦政策,因此不仅需要分析联邦政策的立法过程和政策文本,也需分析各州的政策反应和执行情况,依此判断国家的政策能力。

第三节 国家自主与政策能力：国家引导政策发展

已有研究不能很好地对我们的问题做出解释,主要原因在于忽略了国家作为一个最为重要的行动者及其政策能力的研究。为此,我们需要采用一个以国家为中心的研究视角,以便更好地理解国家在中小学教育政策发展中的位置,从而更好地把握20世纪50年代以来美国教育政策的发展动力。其实,作为与以社会为中心相对的重要研究视角,以国家为中心的研究以及政策能力问题,已经受到越来越多学者的重视。

一 以国家为中心的研究

很长时间以来,在一些人的观念里,国家或政府的任务只是反映社会集团之间演进的同意和一致,而国家的角色就是在这个基础上做出所谓权威性的分配。[1] 对于他们而言,国家只是利益集团斗争的舞台。同时,另一些人认为,国家是统治阶级实现统治的工具,它代表着统治阶级的利益。在多元主义和结构功能主义的视野里,在解释政治和政府的政策和行为时,都是采用社会中心论的方法,他们的研究始终不承认国家具有真正的自主性[2],国家（政府）本身也并没有被认真地看作一个独立的行动主体。

相应地,政策过程中的很多问题无法得到解释,其中一个重要原因是没有把国家当作自变量加以考虑,不认为国家也拥有自己的利益和偏好,以及为实现这些利益和偏好而表现出独立于社会的自主性。因此,依然是以社会为中心的理论解释。这些文献虽然指出了思想、利益和制

---

[1] Gregory Albo and Jane Jenson, "A Contested Concept: The Relative Autonomy of the State", in W. Clement and G. Williams (eds.), *The New Canadian Political Economy*, Montreal: McGill-Queen's University Press, 1989, p.181.

[2] ［美］彼得·埃文斯、迪特里希·鲁斯迈耶、西达·斯考克波编著：《找回国家》,方力维等译,生活·读书·新知三联书店2009年版,第6页。

度在政策过程中的重要作用,但是它们把社会因素当作独立变量,而把政治中的制度、现象及行为当作依赖变量。① 忽视国家和制度作为独立变量的研究,不利于美国教育政策稳定和发展的解释。它们不能解释为什么国家需要主动发起政策变迁,也不能解释为什么在不同时期,虽然国家有政策变迁的意愿,但是有的能成功而有的却相对不成功。

在认识到忽视作为行动体的国家的相关研究不足的前提下,人们对国家可能扮演的角色日益重视,很多关于公共政策的研究把视角逐渐转向了国家,彼得·埃文斯等的《找回国家》可能是他们对这种研究路径的宣誓。② 还比如,彼得·埃文斯的《嵌入性自主:国家和工业转型》③一书也是以国家为中心的研究。这种范式的出现是针对诸如马克思主义、多元主义和精英理论的缺陷而提出的,从而突破了传统研究把国家当成不重要,或者仅仅把国家当成工具或者仲裁者的研究途径。对国家作为一个行动者的关注,扩展了人们的视野,以国家为中心视角的最根本的一个特征就是把国家和社会分开。

最有说服力的以国家为中心的研究是西达·斯考克波1985年的著作④,他描述了大量国家的例子,它们能够独立行动,追逐自己的目标。普林斯顿大学教授索伊费尔在研究国家建制性权力的来源时,通过分析19世纪智利教育方面的证据,证明了地方和地区行政组织在将政策变迁转化成初等教育中真正的进步方面也是非常关键的。⑤ 在19世纪,当智利教育扩展,变得系统化时,地方国家官员⑥不仅有效地执行国家教育政策而且独立地改善它,甚至推动了更深入的教育发展,特别是对学校的系统化控制,从而补充了既存的以国家为中心的观点。不过,我们首先需要思考,国家是什么。

---

① [美]埃里克·诺德林格:《民主国家的自主性》,孙荣飞等译,江苏人民出版社2010年版,第1页。
② [美]彼得·埃文斯、迪特里希·鲁斯迈耶、西达·斯考克波编著:《找回国家》,方力维等译,生活·读书·新知三联书店2009年版。
③ Peter Evans, *Embedded Autonomy: States and Industrial Transformation*, Princeton University Press, 1995.
④ T. Skocpol, *States and Social Revolution*, Cambridge: Cambridge University Press, 1979.
⑤ Hillel David Soifer, "The Sources of Infrastructural Power: Evidence from Nineteenth-Century Chilean Education", *Latin American Research Review*, Vol. 44, No. 2, 2009, pp. 158—180.
⑥ 智利是单一制国家,地方官员是国家在地方上的代表。

根据罗格·金的观点，人们看待 19 世纪的国家时，把它们作为有目的的建构和制造的东西，包括几个方面的核心要素：在限定领土内的中心化权力；由一些保持权力和使用权力的部门组成；拥有建基于被看作合法性权威的同意之上的权力。① 罗格·金指出了国家的核心要素，即权力，为关于国家自主性的研究开辟了道路。诺德林格认为，国家是那些占据授予它们权威公共职位的所有个人②，独立地制定和使用那些对社会或社会部分进行约束的决策。诺德林格的观点虽然承认了国家在政策制定中的权力与权威，指出了国家自主的可能性，但是他似乎把国家人格化，意指所有拥有权威公共职位的个人，更何况占据公共职位的个人实在太多，这不利于我们对国家的理解。

马克斯·韦伯（以下简称韦伯）认为，国家是声称对一定的领土及该领土之上的人民拥有控制权的强制性团体。③ 在韦伯的视野里，国家就是基于抽象规则的、层级化的、有劳动分工的和非人格化的决策制定者。韦伯的国家概念是一种制度性存在，它是由复杂的政府人员构成的结构，它显然不是作为总统或其他国家领导人的个人行动。韦伯式的国家观的确也要求我们超越将国家视为纯粹的竞争舞台的视角。迈克尔·曼区分了国家理论中的"精英论者"和"国家主义者"，也就是所称的"真正的精英主义"和"制度国家主义"④，关注国家所拥有的自主权力。"真正的精英主义"强调国家精英支配社会的个别权力，而制度国家主义认为，国家自主性与精英自主性没有太大关联，而是与特定的政治制度的自律逻辑相关。这些特定的政治制度可能是在早先的权力斗争中产生的，然后变得制度化了，对后来的权力斗争起着制约作用。制度国家主义遵循了韦伯式国家自主性主要是集体权力而不是个别权力的观点。

正是因为把国家作为一种制度性存在，以国家为中心的视角与制度

---

① Roger King, *The State in Modern Society: New Directions in Political Sociology*, Basingstoke: Macmillan, 1986.
② ［美］埃里克·诺德林格：《民主国家的自主性》，孙荣飞等译，江苏人民出版社 2010 年版，第 10 页。
③ 参见［美］彼得·埃文斯、迪特里希·鲁斯迈耶、西达·斯考克波编著《找回国家》，方力维等译，生活·读书·新知三联书店 2009 年版，第 8 页。
④ ［英］迈克尔·曼：《社会权力的来源》（第二卷，上），刘北成等译，上海世纪出版集团 2007 年版，第 55—56 页。

分析的关系就密不可分。因而，很多人把以国家为中心的研究归于制度主义研究的范畴。① 比如，斯蒂芬·斯克夫罗内克所著的《总统政治：从约翰·亚当斯到比尔·克林顿的领导艺术》② 就是通过历史视角对国家总统制度进行的研究。规范制度主义③认为，政治行动者更多地反映了他们所属的组织的价值，而不是作为原子化的个人，仅仅反映他们的社会化及心理构成，或追求个人效用最大化。④ 这些个体虽然有着自己的价值观念，但是他们的行为被其制度成员的身份所塑造，也因制度成员的身份而改变。国家作为一种组织，其制度环境塑造了一定职位的个人，比如总统的行为。同时，职位总统又通过行动实质性地带来了新的政治，带来了制度变迁。克拉斯纳在其《捍卫国家利益》（Defending the National Interest）一书中研究对外政策时指出，国家行动者就是指职位总统和国务院，其最重要的组织就是白宫和国务院。一个问题是，相对于克拉斯纳所研究的对外政策中能够形成国家利益，并能够最好地体现国家自主的情况而言，在国内政策中，如何界定国家？单一制国家具有一个权力中心，其他政府的权力来源于中央政府的权威，地方政府是国家在地方的代表。而对于联邦制国家而言，因为存在多中心权威，联邦政府和州政府分享国家主权。不过一般而言，在联邦制国家中，只有联邦政府的权威是相对于全国而言的，联邦政府代表国家就在情理之中，所以又叫全国性政府（national government），只是联邦制国家政府间的关系更为复

---

① ［美］保罗·皮尔逊、瑟达·斯考克波：《当代政治科学中的历史制度主义》，载何俊志等编译《新制度主义经济学译文精选》，天津人民出版社2007年版，第174页。

② ［美］斯蒂芬·斯克夫罗内克：《总统政治：从约翰·亚当斯到比尔·克林顿的领导艺术》，黄云等译，新华出版社2003年版。

③ 盖伊·彼得斯在《政治科学中的制度理论：新制度主义》一书中提出，与旧制度主义、行为主义和理性选择理论相对应的7个新制度主义流派包括规范制度主义（normative institutionalism）、理性选择制度主义（rational choice institutionalism）、历史制度主义（historical institutionalism）、经验制度主义（empirical institutionalism）、社会学制度主义（sociological institutionalism）、利益代表制度主义（institutions of interest representation）和国际制度主义（international institutionalism）。彼得斯提出，马奇和奥尔森所代表的新制度主义是一种规范制度主义，正是这种规范制度主义的出现，才为其他6个新制度主义流派的出现奠定了根基。参见［美］盖伊·彼得斯《政治科学中的制度理论："新制度主义"》，王向民等译，上海世纪出版集团2011年版，第26页。

④ ［美］盖伊·彼得斯：《政治科学中的制度理论："新制度主义"》，王向民等译，上海世纪出版集团2011年版，第26页。

杂。比如，保罗·彼得森的研究就把美国联邦政府称为国家政府。[①] 本书的美国教育政策研究，正是从制度国家观出发界定国家，并在此基础上进行分析的；认同联邦政府指代国家，而总统和教育部在国家政策中起着最核心的作用，同时国会、最高法院都是重要的国家政策制定者；关心国家可能受到的制度性限制；在这个基础上，考虑国会中政党在政策过程中的影响。

与国家联系最紧密的概念是权力，对于以国家为中心的研究来说，最为关键的是国家能否实现自主、多大程度上实现自主，这是国家能力最重要的衡量标准。在多大程度上能够独立于社会团体的狭隘利益，这种国家能力成为研究的重点，人们把视线转向国家如何将偏好转化成政策，自主实现其政策目标的研究上来。

二　国家自主与国家能力

国家自主的一个核心是国家利益的存在。因而，在政策过程的研究中不同于已有的以社会为中心的视角。人们在政治经济比较研究中发现，处于同样发展前提下的国家，有些发展状况较好，而另一些发展得并不理想。在一些国家，虽然国家领导人有着发展经济的强烈意愿，但是因为国家能力不足，因而效果大打折扣；而另一些国家相对来说其自主性更强，它们能够更好地独立于社会利益集团的控制和干扰，从而实现国家利益和目标。

比如，《国家引导的发展：全球边缘地区的政治权力与工业化》就比较了韩国、巴西、印度和尼日利亚以及它们国内不同时期的经济发展状况和政治权力的关系。[②] 一些发展得更好的国家，比如韩国，主要表现为国家能很好地对社会进行渗透，实现直接统治[③]，国家的行动推动了工业化发展；而其他一些发展不太好的国家，可能是国家的行动不仅不能推动，反而阻碍了经济的发展。主要是因为，这些国家不能很好地独立于社会精英，反而被权力精英所渗透。《发展型国家》解释了东北亚地区几

---

① ［美］保罗·彼得森：《联邦主义的代价》，段晓雁译，北京大学出版社2011年版，第12页。
② ［美］阿图尔·科利：《国家引导的发展：全球边缘地区的政治权力与工业化》，朱天飚等译，吉林出版集团有限责任公司2007年版。
③ ［美］戴维·瓦尔德纳：《国家构建与后发展》，刘娟凤、包刚升等译，吉林出版集团有限责任公司2011年版，第2页。

个国家20世纪六七十年代以来的经济发展奇迹。① 发展型国家两个最为关键的特征是持续发展的意愿和具有高度自主性的核心经济官僚机构。他们的研究解释了在国家引导发展过程中，发展型政权是如何克服阻碍国家利益实现的一些社会力量的。这类研究实际上考察了国家政权在遭遇强势社会集团的现实或潜在的反对，或者是面临不利的社会经济环境时，如何突破障碍或者通过策略行动而自主实现国家目标的。

在另外一些人的研究中，比如戴维·瓦尔德纳的《国家建构与后发展》一书，研究了一些后发展国家如何突破制度本身对国家能力的限制，从而实现自主的。在这样一些发展中国家，代表国家的政治精英为了追求其偏好，为实现目标而创建新的制度。而其他一些国家却完全受制于自己制定的制度"牢笼"。戴维·瓦尔德纳关注结构性环境的约束与机会，而正是结构性环境决定了选择的可能性。在其研究中，叙利亚和土耳其的精英面对的结构条件，使其受到高度的约束，以至于事实上他们并没有多少选择余地。与之相比，韩国的精英在对制度选项进行选择时，具有更大的自由度。因而作者认为，结构和行为都是变量，而不是常量。② 即使是制度也可能突破。经济学家中有一种共识，即不恰当的公共选择（制度）而不是人力资本或者技术的缺乏，是国家后发展的主要原因。③

在这类以国家为中心的研究中，明确地指出了国家能够作为一个行动者，并且也正确地指出了国家能否实现自主与国家能力的关系。从本质上说，自主实现国家目标最为关键的是国家能力，而国家自主的能力与国家权力是相辅相成的。克拉斯纳区分了三种国家，即弱国家、强国家和自主性国家。④ 弱国家完全受社会压力集团渗透，中央政府完全服务于国家范围内特定的利益，而不是作为整体的公民的一般性目的。完全受控于社会团体，没有自主实现自己目标的能力的弱国家，当然是一种极端。从现代国家建立以来，它们掌握了军事权力和很大程度上拥有控制官僚的权力，因而完全受制于社会利益集团控制而弱化的国家早已不

---

① ［美］禹贞恩：《发展型国家》，曹海军译，吉林出版集团有限责任公司2008年版。

② ［美］戴维·瓦尔德纳：《国家构建与后发展》，刘娟凤、包刚升等译，吉林出版集团有限责任公司2011年版，第3—4页。

③ Jeffrey Sachs, and Andrew Warner, "Economic Convergence and Economic Policies", Paper was Sponsored by Stefan Batory Foundation, CASE Research Foundation, Warsaw, 1995.

④ Stephen D. Krasner, *Defending the National Interest: Raw Materials Investments and U. S. Foreign Policy*, Princeton University Press, 1978, p. 56.

存在。另一种极端是强国家，它完全被政治机构所渗透，这样的国家能够重塑社会及其文化。这种能够完全控制社会的国家也不会存在。国家为了获得合法性支持，都或多或少地给予社会一定的权力。因而，所谓的强国家和弱国家都只是相对的。作为一种对特定领土和人民主张其控制权的组织，国家可能确立并追求一些并非仅仅反映社会集团、阶级或社团需求或利益的目标，这就是通常所说的"国家自主性"。一般来说，在现代社会大多数国家既不属于至弱，也不是至强，这样的国家相对于社会有着很高的自主性。

对国家能力的探讨，显然是针对国家与社会关系而言的。米格代尔认为，国家能力是一国中央政府"影响社会组织、规范社会关系、集中国家资源并有效地加以分配或使用的能力"。[1] 他主张把国家这一组织"嵌入"社会组织之中，强调国家与社会不是彼此孤立的两个概念，既要看到国家对社会的影响，也要看到社会对国家的影响，在互动中实现国家与社会的相互改变与相互构成。有人指出，在规范的意义上，国家能力实际上是韦伯主义国家观中有关合法性问题的延续[2]，这是一个国家能力如何依靠社会支持得以实现和维持的问题。[3] 埃文斯等人的著作通过案例分析发现，国家能力更集中体现了国家与社会之间的合作而非强制的作用。[4]

如此，把国家与社会对立起来，过分强调国家在政策制定过程中的自主性，容易产生误导。[5] 其实，社会资本的积累有助于国家能力的实现。[6] 这样，国家能力理论就从早期的对国家自主性的强调，转向了国家与社会的互动视角，进而拓展出关于国家能力的制度基础等议题。国家能力的实现是通过国家与社会（组织）具有正和博弈性质的若干制度建

---

[1] ［美］乔尔·米格代尔：《强社会与弱国家》，张长东等译，江苏人民出版社 2012 年版，第 5 页。

[2] 曹海军、韩冬雪：《"国家论"的崛起：国家能力理论的基本命题与研究框架》，《思想战线》2012 年第 5 期。

[3] David Beetham, *The Legitimation of Power*, Atlantic Highlands: Humanities Press International, 1991, Part 1.

[4] Peter Evans, *Embedded Autonomy*, *States and Industrial Transformation*, Princeton: Princeton University Press, 1995, p.52.

[5] 欧阳景根：《国家能力理论视野下的政府危机管理能力》，《中国行政管理》2010 年第 1 期。

[6] 唐贤兴、肖方仁：《社会资本积累：社会管理创新的逻辑起点》，《学术界》，2012 年第 4 期。

构，在二者的良性互动中得以强化的。

三 国家政策能力的本质

应该承认，以国家为中心的研究，都是探讨国家能力的，集中关注现实问题的解决，不过其直接结果就是对公共政策过程的关注。早期著作通常把国家能力等同于公共政策过程中的国家自主性，认为国家自主性越高，国家能力就越强，反之亦然。[①] 在这种逻辑下，国家能力与政策能力密切联系起来，国家能力总体体现为国家政策能力。斯考克波就认为，国家能力是与国家自主性同等重要的概念，国家自主意味着国家会追求一些不受社会集团、阶级或社团利益影响的目标，但实施这些目标需要"国家能力"，即国家实施政策以实现其目标的各种能力。[②] 不过，也有其他学者把政策能力包括在国家能力之内，将政策能力作为国家能力的子集。[③] 那么，什么是政策能力？

阿尔蒙德与鲍威尔最初提到的"政策能力"指政策改变环境的有效程度、政府在适应和改变环境方面的成功程度。[④] 政策能力不是有或无的问题，而是程度高或低的问题。有学者认为，政策过程由六部分构成，那么政策能力应该体现在公共政策过程的各个阶段上[⑤]，即政策问题的确认能力、利益整合能力、政策规划能力、政策执行能力、政策输出能力和政策评价能力。[⑥] 彼得斯认为，政策能力关涉政策制定、执行与评估，包括政治体系对社会力量需求的回应，以及做出敢于主动改变现状、矫正较大偏差的更具战略意义的选择。[⑦] 他给出的这个定义非常综合，并特别承认概念化政策能力的难度。可能受这个观点的影响，中国学者也基

---

① [美] 埃里克·诺德林格：《民主国家的自主性》，孙荣飞等译，凤凰出版集团2010年版。

② [美] 彼得·埃文斯等编著：《找回国家》，方力维等译，生活·读书·新知三联书店2009年版，第10页。

③ Roberto Foa, "Policy Capacity: A Cross - Country Analysis", 2004, http://paperroom.ipsa.org/papers/paper_ 34659.pdf.

④ [美] 阿尔蒙德等：《比较政治学：体系、过程和政策》，曹沛霖译，上海译文出版社1987年版，第24—26页。

⑤ 参见 [美] 戴维·伊斯顿《政治体系》，马清槐译，商务印书馆1993年版；辛向阳《新政府论》，工人出版社1994年版。

⑥ 郭爱君：《论政策能力》，《政治学研究》1996年第1期。

⑦ B. G. Peters, "The Policy Capacity of Government", *Research Paper*, No. 18, 1996, Ottawa: Canadian Centre for Management Development. http://www.csps—efpc.gc.ca/pbp/pub/pdfs/P62_e.pdf.

本上遵循这种逻辑，将公共政策的能力聚焦于公共政策制定与执行等几个环节①，本书也遵循着类似的逻辑，但主要研究焦点放在联邦政府教育政策形成，以及影响全国教育政策的能力，而对政策执行的关注放在其次。

事实上，西方学术界对政策能力缺乏一个清晰的和被广泛接受的定义。定义之间有分歧，各自突出政策能力的不同维度，比如：影响政府做出明智选择的因素②；审视环境并设定策略性方向③；权衡与评价政策备选方案的影响④；在政策制定中充分运用知识的能力⑤；运用分析的方法论，来产生强健的、以证据为基础的政策的能力⑥；集中必要资源的能力⑦；将不同的组织和利益编织在一起⑧，并且协调跨政府和外在于政府

---

① 参见张荣昌《政府职能转变的条件探析》，《国家行政学院学报》2002 年第 4 期；李玲玲《政府政策能力论析》，《理论与改革》2006 年第 5 期。

② M. Painter and J. Pierre (eds.), *Challenges to State Policy Capacity: Global Trends and Comparative Perspectives*, New York: Palgrave Macmillan, 2005.

③ M. Howlett and E. Lindquist, "Policy Analysis and Governance: Analytical and Policy Styles in Canada", *Journal of Comparative Policy Analysis: Research and Practice*, Vol. 6, No. 3, 2004, pp. 225 - 249.

④ H. Bakvis, "Rebuilding Policy Capacity in the Era of the Fiscal Dividend: A Report from Canada", *Governance*, Vol. 13, No. 1, 2000, pp. 71 - 103.

⑤ W. Parsons, "Not just Steering but Weaving: Relevant Knowledge and the Craft of Building Policy Capacity and Coherence", *Australian Journal of Public Administration*, Vol. 63, No. 1, 2004, pp. 43 - 57.

⑥ See M. Howlett, "Policy Analytical Capacity and Evidence - Based policy – making: Lessons from Canada" (report), *Canadian Public Administration*, Vol. 52, No. 2, 2009, pp. 153 - 176. S. Oliphant and M. Howlett, "Assessing Policy Analytical Capacity: Comparative Insights from a Study of the Canadian Environmental Policy Advice System", *Journal of Comparative Policy Analysis: Research and Practice*, Vol. 12, No. 4, 2010, pp. 439 - 445. C. Scott and K. Baehler, *Adding Value to Policy Analysis and Advice*, Sydney: UNSW Press, 2010. A. M. Wellstead, R. C. Stedman and M. Howlett, "Policy Analytical Capacity in Changing Governance Contexts: A Structural Quation Model (SEM) Study of Contemporary Canadian Policywork", *Public Policy and Administration*, Vol. 26, No. 3, pp. 353 - 373.

⑦ M. Painter, and J. Pierre (eds.), *Challenges to State Policy Capacity: Global Trends and Comparative Perspectives*, New York: Palgrave Macmillan, 2005.

⑧ W. Parsons, "Not Just Steering but Weaving: Relevant Knowledge and the Craft of Building Policy Capacity and Coherence", *Australian Journal of Public Administration*, Vol. 63, No. 1, 2004, pp. 43 - 57.

的社会组织的政策制定的能力[1],以及和规划政策一样重要的政策执行的能力[2]等。同样,Holmberg 和 Rothstein[3] 以及 Rotberg[4] 将远远超出在强调善治的系统与结构的政策规划中的前提条件,比如诚实正直、法治、功绩任命(merit appointments)、社会信任与合法性,作为政策能力的关键组成部分。

这种针对政策能力的特定维度的定义,有其局限性。因为每一种定义只提供了一种特别但狭窄的视角。这种情况被一些学者注意到,他们将政策相关能力的三个维度(分析的、管理的和政治的)和政策能力的三个相关层次(个人的、组织的和系统的)相结合,以 3×3 矩阵模式加以呈现,试图提出一个能够包括政策能力所有因素、作为对这些限制的反应的分析框架,从而做出更具综合性的、多维度的解释。[5]

在政治学的视野里,政策即政治活动。政治总是围绕着权力关系进行,总是涉及某些人做出决定,而这些决定是一些人用来对另一些人施与权力的。按照一般认识,权力就是一个人要求另一个人按照自己的意愿行动的能力。因为国家有着自己的利益,它需要把自己的偏好转化为政策,并且需要使目标得以顺利实现。国家自主实际上就是国家能否具有把自己的偏好转化为政策并使目标得以落实的能力。有关国家能力方面的大量研究,针对的是那些后发展的威权国家,主要研究它们的经济

---

[1] See B. G. Peters, "The Policy Capacity of Government", Research Paper No. 18, 1996, Ottawa: Canadian Centre for Management Development. http://www.csps - efpc. gc. ca/pbp/pub/pdfs/P62_ e. pdf . M. Janicke, "The Political System's Capacity for Environmental Policy", in M. Janicke and H. Weidner (eds.), *National Environmental Policies: A Comparative Study of Capacity - Building*, Berlin, Aucoin: Springer - Verlag, 1997, pp. 1 - 24. P. Aucoin and H. Bakvis, "Public Service Reform and Policy Capacity: Recruiting and Retaining the Best and the Brightest?", in M. Painter and J. Pierre (eds.), *Challenges to State Policy Capacity: Global Trends and Comparative Perspectives*, Hampshire and NewYork: Palgrave Macmillan, 2005, pp. 185 - 204.

[2] G. Davis, "Conclusion: Policy Capacity and the Future of Governance", in G. Davis and M. Keating (eds.), *The Future of Governance*, St Leonards, NSW: Allen & Unwin, 2000, pp. 230 - 245.

[3] S. Holmberg and B. Rothstein, *Good Government: The Relevance of Political Science*, Cheltenham, UK/Northampton, MA: Edward Elgar, 2012.

[4] R. I. Rotberg, "Good Governance Means Performance and Results", *Governance*, 2014, http://dx.doi.org/10.1111/gove.12084.

[5] X. Wu, M. Ramesh and M. Howlett, "Policy Capacity: A Conceptual Framework for Understanding Policy Competences and Capabilities", *Policy and Society*, Vol. 34, 2015, pp. 165 - 171.

绩效与国家能力之间的关系,并进行国与国之间的比较。它们成功实现国家能力都依靠强制性制度变迁①,当国家偏好遭遇握有最重要政治资源的社会团体反对时,国家一般使用威权行动。② 人们不禁提出疑问:在一些国家权力受到极大约束的国家,是否也能实现国家自主与政策能力。他们甚至否认民主国家的自主性,因而提出了"权威危机"。他们认为,民主国家相对于社会而言显得软弱无力,会被社会诉求所湮没,被社会力量所包围,因而很难展现其政策能力。

诺德林格提出了相反的观点。他认为,无论从绝对程度上还是历史相对程度上,在民主国家,社会对国家所施加的压力都被过分夸大了。诺德林格声称,国家所受社会约束的假设有其边界和局限性③,民主国家的社会约束并不能说明国家不具有自主性。诺德林格认为,现代民主国家在将其偏好转化成权威性行动的时候通常都是自主的;甚至当它们与市场社会中政治上最重量级集团的观点不同,且公共政策决策权十分分散的时候也是同样自主的。④ 诺德林格进而指出,按照埃德蒙·伯克的观点,当公共官员的判断与他们的选民、支持者和整个社会相左时,他们更愿意根据自己的最优判断行动。即使会面临着随之而来的社会制裁,一些官员仍倾向于依照自己的偏好行动,因为他们要维护独特的公共官员形象并感知到了其所承担的公共责任。⑤ 因此,他明确指出,即使在受到了合法性脆弱、政治不稳定以及决策优柔寡断影响的情况下,当代民主国家也可能具有很高的自主性。⑥

在一些人的研究中,也证明了诺德林格的这一论断。像克拉斯纳的《捍卫国家利益》,就证明了国家在对外政策中相对于社会的自主性。在《找回国家》一书中,戴维·莱丁的文章《霸权与宗教冲突:大英帝国统

---

① 林毅夫把制度变迁分为诱致性变迁和强制性变迁两种类型,强制性制度变迁是由政府法令引致的变迁。参见林毅夫《关于制度变迁的经济学理论:诱致性变迁与强制性变迁》,载[美]科斯、阿尔钦、诺斯等《财产权利与制度变迁——产权学派与新制度经济学派译文集》,刘守英等译,上海三联书店1994年版,第371—418页。

② [美]阿图尔·科利:《国家引导的发展:全球边缘地区的政治权力与工业化》,朱天飚等译,吉林出版集团有限责任公司2007年版,第3页。

③ [美]埃里克·诺德林格:《民主国家的自主性》,孙荣飞等译,江苏人民出版社2010年版,第55页。

④ 同上书,第2页。

⑤ 同上书,第57页。

⑥ 同上书,第64页。

治与约鲁巴的政治分化》,引入了霸权控制模型,以证明一个有志于在弱国中建立秩序的外来强权,会乐于从该社会中挑选出一批具有高度合法性但行使权力的资源日渐枯竭的精英分子。随后该霸权会支持那些精英扩张其势力和控制权,同时借助于笼络牵制住精英自身。① 这样的民主国家在实现自主的过程中,运用策略性行动,从而为自己的自主提供了可能。也正是在这样的基础上,埃里克·诺德林格就主张,民主国家也能自主实现适合国家利益的公共政策,虽然它们的政治结构和民主环境对它们存在或多或少的限制。② 不过,这类对民主国家的自主性的研究,很多都集中于对外政策。那么,在国内政策中,民主国家是否也能自主实现其政策能力？特别是对于联邦制国家而言,能否实现自主？在民主国家,国家权力确实受到了不同于威权国家的各方面的限制,因而很多时候并不能简单地实现目标和利益。那么,我们需要思考,在权力受到极大限制的联邦制国家,其影响全国政策的能力是如何实现的？如果说民主国家是自主的,那它们在政策过程中的权力运用和威权国家有何区别？国家的政策能否为国家公共官员所简单左右？

权力（权威）实现的方式有两种,即强制和说服。③ 实际上,民主国家实现权威的方式是说服。按照韦伯对权威的研究,合理合法的权威是最持久的。不能依靠强制的现代民主国家,更多的是采用说服和再制度化实现权力。不过,依靠说服而实现的影响从广泛性上来说可能具有局限性。彼得·霍尔指出,当代的国家并没有表现得像以国家为中心的理论所揭示的那样具有足以摆脱社会影响的自主性。④因此,国家欲把偏好转化为政策的能力并不是绝对的,因而很多时候并不能简单地把偏好转化为政策,而可能只是引导政策发展方向。美国国家权力所受的约束和限制,似乎比其他民主国家都多,它的决策点相当分散,许多学者称其

---

① 戴维·莱丁:《霸权与宗教冲突:大英帝国统治与约鲁巴的政治分化》,载[美]彼得·埃文斯等编著《找回国家》,方力维等译,生活·读书·新知三联书店2009年版,第423页。

② [美]埃里克·诺德林格:《民主国家的自主性》,孙荣飞等译,江苏人民出版社2010年版。

③ W. Phillips Shively, *Power and Choice: An Introduction to Political Science*, New York: McGraw-Hill, 1997, p.6.

④ [美]彼得·霍尔:《驾驭经济:英国与法国国家干预的政治学》,刘骥等译,江苏人民出版社2008年版,第20页。

为"多中心性"。① 在一种权力制衡安排和"对抗性原则"下的美国国家,如何体现为一个统一国家行动并引导政策发展?这是本书需要重点做出的思考。

---

① [美]文森特·奥斯特罗姆:《美国联邦主义》,王建勋译,上海三联书店2003年版,第229页。

第三章　再制度化与国家政策能力重构：一个分析框架

美国国家权力所受的限制，主要是制度性的。首先是美国联邦制国家结构以及长期以来形成的政治文化。在美国，不仅存在国家与社会、联邦政府与各州及地方政府之间的关系，还存在联邦政府内三部门之间的关系。与美国"对抗性原则"的制度设计相伴的，就是民众对国家权力天生警惕的政治文化。与教育政策本身相关的问题包括：第一，由于联邦宪法中对教育事务规定上的含混性，或者说宪法中根本就没提及教育，从而导致对联邦介入教育事务权限上的争论。人们担心，随着国家在教育事务中角色的增加，会加大对民众自由、地方自主的控制，甚至会出现国家专制。第二，由于教育与美国人民的利益息息相关，各种社会成员、利益集团，不管是赞成者还是反对派，都在不断地对国家施加压力，试图影响教育政策的走向。第三，由于美国社会的复杂性，种族关系、宗教关系，一直是美国社会的敏感话题。联邦宪法明确规定了政教分离的原则，因而，国家教育政策中的自主性的另一个最大阻力来自国家对宗教学校资助的反对者。而这类约束，构成美国国家影响教育政策能力的制度环境。

教育是解决社会问题的工具，因为教育中国家利益的存在，决定了国家需要自主地引导教育政策发展，以实现国家利益。美国联邦制下国家的自主需要社会民众的支持，也是依靠民主责任机制予以保障的。国家教育政策能力的实现，需要一定的制度支持和权力资源，因而需要突破制度性的、公众认知性的限制以及为避开宗教、种族和权力控制等敏感问题而采取策略行动。为分析国家政策能力的实现，权力强化并自主引导政策发展，我们以制度支持理论和权力资源理论为框架，从国家利益建构政策问题、引导民众的利益认知赢取支持、采取策略实现渗透以及政策反馈强化国家能力四个维度进行分析，构建我们的分析框架。

第一节　制度的本质：文化—认知视角

　　制度是什么？如何理解制度？诺斯在其名著《制度、制度变迁与经济绩效》中，开篇就指出，制度是一个社会的博弈规则。[①] 因而，制度更多地隐含着一种权力（权利）关系，它规定了行为体之间的权力（权利）空间。制度是在行为体互动之中形成的，因而它是社会建构的产物。随着对制度取得更加多元化的认识，人们认识到制度不仅包括正式制度，而且包括更为广泛的非正式制度，甚至人们的思想观念、文化认知、习惯先例，都成为一种结构化的产物。盖伊·彼得斯指出了制度的四个典型特征[②]：第一，制度的内容在某种程度上是社会和（或）政治组织的结构特征，这种结构可能是正式的，如立法机关、公共官僚机构的组织或法律框架，也可能是非正式的，如由相互联系的组织构成的网络或一套共享的准则。第二，制度存在某种程度的稳定性。作为一种结构化模式的制度，它本身存在的惰性使其变迁显得尤为困难。第三，广泛存在的正式的或非正式的制度对个人、组织、群体的行动产生了深远的影响。制度虽然限定了人们的权力和行动范围，但在某种程度上也保证了某些类型的行动者采取行动、获得特殊权力和收益。[③] 第四，制度成员中应该有某种共享的价值和意义。制度虽然稳定，但也不是不可变化的。因而，制度不是完全僵化的，而是动态的。

　　理查德·斯科特在对制度的研究中，对制度含义进行了归纳和总结。他认为："制度包括为社会生活提供稳定性和意义的规制性要素、规范性要素和文化—认知性要素，以及相关的活动和资源。"[④] 他也指出，不同的理论家先后将规制性（regulative）、规范性（normative）和文化—认知性

[①] [美] 道格拉斯·诺斯：《制度、制度变迁与经济绩效》，杭行译，上海人民出版社2008年版，第3页。
[②] [美] 盖伊·彼得斯：《政治科学中的制度理论："新制度主义"》，王向民等译，上海世纪出版集团2011年版，第18—19页。
[③] [美] 理查德·斯科特：《制度与组织——思想观念与物质利益》，姚伟等译，中国人民大学出版社2010年版，第61页。
[④] 同上书，第56页。

(cultural – cognitive) 系统分别确定为制度的关键要素（见表 3 – 1）。①

表 3 – 1　制度的关键要素

	规制性要素	规范性要素	文化—认知性要素
遵守基础	权宜性应对	社会责任	视若当然、共同理解
秩序基础	规制性规则	约束性期待	建构性图式
扩散基础	强制	规范	模仿
逻辑类型	工具性	适当性	正统性
系列指标	规则、法律、奖惩	合格证明、资格承认	共同信念、共同行动逻辑、同形
情感反应	内疚/清白	羞耻/荣誉	确定/惶惑
合法性基础	法律制裁	道德支配	可理解、可认可的文化支持

斯科特指出，文化—认知（cultural – cognitive）性要素是一种深层次的制度性要素。它构成了关于社会实在性质的共同理解，以及建构意义的认知框架。认知是外部世界刺激与个人机体反应的中介，是关于世界的、内化于个体的系列符号表象。② 分析者要理解或解释任何行动，都不仅必须考虑行动的客观条件，还必须考虑行动者对行动的主观理解。

从最广泛意义上来说，制度的规制性要素和规范性要素最终都会对文化—认知性要素产生影响。文化—认知性要素并非仅与非正式制度有关。对正式制度的认同，也成为文化—认知性要素的重要组成部分。

一　制度的权力关系本质

权力关系是理解政治制度的本质，即使是在理性选择制度主义理论视野里，权力也是制度研究的中心话题。在对权力和政治制度的研究中，莫（Moe）指出，政治制度不仅意味着合作的结构，也意味着权力的结构。③ 因为权力就是一种行动能力，而制度就是对这种能力的基于共同理解的确认。国家对渗透性权力的使用，虽然可能基于一种合作，但本质上是一种权力的使用。正如维斯和霍布森指出的，是一种基于"协商"

---

①　［美］理查德·斯科特：《制度与组织——思想观念与物质利益》，姚伟等译，中国人民大学出版社 2010 年版，第 58 页。

②　同上书，第 65 页。

③　Terry M. Moe, "Power and Political Institutions", *Perspectives on Politics*, Vol. 3, No. 2, Jun. 2005, pp. 215 – 233.

维度实现建制性权力的"治理性互赖"。① 维斯和霍布森的这种"治理式互赖"观点,似乎综合了合作和权力的使用两种维度。在合作中实现权力,往往是民主国家权力实现和使用的重要表现。当然,通过权力关系理解制度,不是维斯和霍布森等人的独有观点,莱特(Jack Knight)在研究中也声称,制度主要通过分配性冲突和权力关系来进行解释。②

在皮埃尔·布迪厄的理论里,文化是一种认知性制度,是一种制度性权力关系。文化为人类的交流与互动提供了基础;它同时也是统治的一个根源。"无论是通过倾向(disposition)、客体、系统的形式,还是通过机构的形式,文化都体现着权力关系。"③ 在布迪厄的研究中,他反复询问的一个问题是,为什么各种形式的社会不平等没有遭到强有力的抵制而继续存在着。他认为,答案在于文化的资源、实践与机构以何种方式发挥功能,以维持不平等的社会权力关系。④

人们的话语系统、符号系统都隐含着一种制度化的权力关系。所有的符号系统,包括语言本身,不仅塑造我们对于现实的理解、构成人类交往的基础,而且帮助确立并维持社会等级。例如,在美国社会,长期以来白人对黑人等少数民族人们的歧视,形成了双方的文化——认知和认同,黑人一直以来很少反抗,而盎格鲁—撒克逊白人自恃高于其他民族。那些所谓"种族"之类概念本身就是一种权力/权利不平等的符号,被标签化为黑人(Negroes 而非 Blacks),预示着一种黑人遭受歧视的文化。文化的深层本质,是被掩盖的社会权力关系,并以一种制度化产物表现出来。

另外,从建国之日起,《独立宣言》就宣布了自由和平等的美国信条,因而长期以来对政府和国家权力的抵制形成一种文化和认同。在美国宪政设计中,就以权力约束权力,并形成了一种制度。制度具有约束和使能特征。制度可能存在对行动体行动的限制和约束,但是,制度也保证了行动体行动的空间,决定了行动体各自在社会行动舞台上的角色,

---

① [澳]琳达·维斯、约翰·霍布森:《国家与经济发展:一个比较及历史性的分析》,黄兆辉等译,吉林出版集团有限责任公司2008年版,第9页。
② Jack Knight, *Institutions and Social Conflict*, New York: Cambridge University Press, 1992.
③ [美]戴维·斯沃茨:《文化与权力:布迪厄的社会学》,陶东风译,上海世纪出版集团2012年版,第1页。
④ 同上书,第320页。

决定了在社会中特定位置的人们应有行为的模式或规范,也决定了他们应该具有的权力或权利。如此,对于政府和国家而言,基于文化—认知上的合法性,是一种"最深层次"的合法性,因为这种合法性是依赖于前意识的,被视为当然而接受的各种理解或认知框架。① 而这种合法性是以其不能超越人们文化—认知制度框架和界限为基准的。

另外,"场域"概念在关于组织的制度分析中占据着十分重要的地位。布迪厄的社会理论使用场域的概念,来表示"一个社会或文化再生产领域中的各种行动者总和、各种组织总和以及他们之间的动态关系"。根据"场域"来思考,就是从关系角度来思考,是一种权力和控制程序所依的环境。根据布迪厄的观点,"场域"并不是一种和谐、安宁和固定不变的社会空间,而是充满冲突的场所,在其中所有博弈者为了实现和扩大自己的利益(权力/权利)而相互斗争;某些博弈者能够在或长或短的时间内,向其他博弈者施加"博弈的规则"。② 正是在这种文化—认知性制度构成的环境中,权力斗争不断发生。

有人认为,制度是凝固的偏好。③ 制度提供了实现这种偏好的能力范围。制度的改变,将意味着权力关系和行动能力的改变。所以,试图改变制度,寻求制度支持下的更大权力,以及向对象施加更大影响,是每一个欲实现更大目标的政策行动者首先需要完成的工作。

二 制度的建构本质

社会理论的学者承认,制度是社会行动者互动的结果,是社会地建构的产物。例如,福柯不仅把人与人之间的任何关系都理解为一种权力关系,而且认为这种关系是建构的,进而属于制度化的产物;其他学者,比如约翰·塞尔还指出了语言(话语)在这种制度建构过程中的重要作用,"语言甚至是制度性事实的根本构成因素"。④ 社会交往与互动既能形成一种权力关系,也会制度化和结构化。在这种语境中的制度,不仅指

---

① [美]理查德·斯科特:《制度与组织——思想观念与物质利益》,姚伟等译,中国人民大学出版社2010年版,第70页。
② 同上书,第191页。
③ William H. Riker, "Implications from the Disequilibrium of Majority Rule for the Study of Institutions", *The American Political Science Review*, Vol. 74, No. 2, 1980, pp. 432–446.
④ [美]约翰·塞尔:《社会实在的建构》,李步楼译,上海世纪出版集团2008年版,第52页。

关于思想与文本（text）互动的产物，而且还指思想得以交流的制度化环境。①

人们对行动的共同理解，对社会实在的意义认同，都在建构制度。在界定制度、组织以及存在于其中的个体行为的本质时，价值和意义具有重要作用。② 帕森斯强调，规范框架独立于具体社会行动者而存在，而分析者需要考虑行动者对于他们自己的"导向"。③ 根据他的看法，在具有持续关系的行动者以共同规范标准系统或价值观范式作为他们自己的活动导向的意义上，行动系统就被制度化了。正是在人们建立的社会关系中，他们的价值和利益得到表达，他们的欲望得以实现。

舒茨也对"意义"通过个人互动而得以建构的方式进行了深入的研究。不过，他也探讨了更大的"社会世界的结构"，指出我们会逐渐卷入社会世界中大量的社会关系。他认为，除了亲密关系、面对面的关系，"汝"与人们的关系，"我们"与人们的关系，同我们与我们自己的关系是同样重要的。我们参与了同他人的多重"他们"关系，而这些他人，我们是间接或非个人地了解和知悉的。只有在我们形成一种"理想类型"概念，并使我们能够对待这些必要的他者的意义上，这样的关系才是可能的。这样的关系是以概念化他人，以及关于互动将要以当然而然的方式而进行的假定为基础的。在这种意义上，"意义"被高度制度化了。④

伯格和拉克曼在米德特别是舒茨的影响下，重新确定了知识社会学从早期对认识论的关注或知识史的关注转向更为主流的社会学关注。他们主张，社会实在是一种人类的建构，一种社会互动的产物。在对由社会过程所调节的语言（符号系统、话语）和认识的研究中，他们强调，对于行动过程得以产生、重复，逐渐在自我与他人中唤起稳定的、同样的意义等方面，都应坚持这样的建构性立场。他们把这种过程界定为制度化过程。⑤

---

① Daniel Beland and Robert Henry Cox, *Ideas and Politics in Social Science Research*, Oxford University Press, USA, 2011, p.48.

② ［美］盖伊·彼得斯：《政治科学中的制度理论："新制度主义"》，王向民等译，上海世纪出版集团 2011 年版，第 26 页。

③ 参见［美］理查德·斯科特《制度与组织——思想观念与物质利益》，姚伟等译，中国人民大学出版社 2010 年版，第 19 页。

④ 同上书，第 21 页。

⑤ 同上书，第 22 页。

而制度又能建构人类行为。虽然制度不能决定行为，它们只是为行动提供上下文，但它能帮助我们理解为什么行动者要做出他们的选择。[①] 韦伯的文化规则——本质上包括习惯风俗到合法确立的宪法或规则系统——界定了社会结构和支配着社会行为的方式。韦伯认为："当且仅当行动个体把一种主观意义赋予其行为时，行动才是社会的。"[②] 行动之前需要个人的理解，而这种理解可能是出于唯物主义者如马克思所强调的物质利益，也可能出于涂尔干强调的唯心主义的价值观，结合在一起构成行动动机并指导行动。[③] 应该说，制度建构行动者的性质，限定了行动者的模式。

传统上的新制度主义，比如理性选择制度主义，对利益的认识是物质上的。也就是说，是行动者的物质利益而不是他们对利益的感知，承担了他们行动的核心解释因素。而更新的制度主义者，比如话语制度主义者或者建构论的制度主义者却不这么看。他们认为，利益是通过思想意识的影响甚至争论的途径社会地建构的产物，这种制度主义对利益的重新界定持开放态度。根据建构论制度主义的观点，利益不会存在，但利益的建构确实存在。这样的建构，内在地是自我利益（self-interest）规范的和主体的或主体间性的概念。为此它将使个人获利，或者基于个人的利益无意中使他人受益。布莱斯（Mark Blyth）的核心主张是，行动者的行为不是物质利益的直接反应，而是对物质利益的特别认识的反思（reflection）的结果。[④] 是对利益的认知，而不是利益本身决定了行动的方向。

在这个意义上说，社会行动的意义在于人们对利益的共同理解，制度的内容是基于权力关系和利益关系共同理解的结果。在这种形成共同理解的过程中，象征、符号、话语、知识等共同起着引导社会的作用。对于文化—认知视角下的制度而言，它本身就是行动对于行动者的主观意义的形成。人们支持或不支持政府行为的行动，是由一种对这种行动意义的共同认识引起的，就是约翰·塞尔的"共同赋予功能"。约翰·塞

---

① Ellen Immergut, "The Theoretical Core of the New Institutionalism", *Politics and Society*, Vol. 26, No. 1, 1998, pp. 5–34.

② 转引自［美］理查德·斯科特《制度与组织——思想观念与物质利益》，中国人民大学出版社2010年版，第18页。

③ 同上书，第19页。

④ See Daniel Beland and Robert Henry Cox, *Ideas and Politics in Social Science Research*, Oxford University Press, USA, 2011, pp. 70.

尔把基于人们的同意，集体地赋予功能，作为形成制度性事实的关键，这种事实是社会建构的产物，它只有基于一种集体意向性才能获得。① 正如洛克所言，国家来源于社会的权力转让和人民的认可。本质上说，这是一种功能赋予和民众的共同认知，是集体地赋予国家以功能。在依存的文化—认知要素的制度范围内，政府有权在规定性范围内行事，但是，超出人们的文化和认知这一范围，人们就可能认为不存在合法性。因为人们对政府或国家行动合法性的理解，是基于一种文化和认知，而被社会建构的，实际上就是一种基于共同理解的意义构成。随着这样的规范系统逐渐内化于行动者，对它的遵守就成为行动者自己人格结构中一种内在需要倾向或习性。②

三　制度的动态本质

制度本身意味着稳定性，路径依赖决定了某一制度变迁上的困难。因而，以往制度主义的文献，往往把制度看成静态的、决定论的，把制度看作关键转折点（critical junctures）的"凝固的"残余物（the "frozen" residue），或者是作为以前政治斗争的僵化的遗产（"sticky" legacies）。③

正是因为把思想、话语、共同意义、互动等内容加入对制度的理解，才说明了制度的动态性本质，制度绝对不是僵化不变的。制度的稳定性是相对的，它有被突破的可能，即使是在民主国家甚至联邦制国家，也是如此。因而，结构和行为都是变量，而不是常量。④ 按照从文化—认知性要素对制度的理解，制度是意向性同意的产物，是社会地建构的。制度本身就是基于人们规定和认同的，制度也因此具有变动的可能性，不管是正式制度还是非正式制度。制度研究者认为，通过话语和思想的互动，在解释制度变迁方面，能够做出最好的解释。⑤ 它从根本上解决了其

---

① ［美］约翰·塞尔：《社会实在的建构》，李步楼译，上海世纪出版集团2008年版，第35页。
② ［美］理查德·斯科特：《制度与组织——思想观念与物质利益》，姚伟等译，中国人民大学出版社2010年版，第19页。
③ Kathleen Thelen, *How Institutions Evolve: The Political Economy of Skills in Germany, Britain, the United States, and Japan*, Cambridge University Press, 2004, p.293.
④ ［美］戴维·瓦尔德纳：《国家构建与后发展》，刘娟凤、包刚升等译，吉林出版集团有限责任公司2011年版，第3—4页。
⑤ Daniel Beland and Robert Henry Cox, *Ideas and Politics in Social Science Research*, Oxford University Press, USA, 2011, p.60.

他制度主义理解中关于制度变化解释上的难题。

制度结构和文化结构建立在由全体社会成员共享意义的社会规范基础上。在制度研究中，人们已经取得共识，虽然人类行动者——个体、有组织的群体、组织和国家——在他们的行动和互动中都要屈从于制度、文化以及物质条件的限制，但同时他们具有能动性，也许是主要的创造力或破坏力，塑造着或重塑着文化形态、制度以及物质环境。在社会重要的制度的建构过程中，行动者在现存社会结构存在的限制和各种机会条件下，进行斗争、结成盟友、行使权力、开展谈判和合作等互动。他们有意无意地改变自己行动的环境，也就是说物质和社会系统建构和影响着他们的互动。[1] 虽然可能由于背景性因素的影响，个体在某种程度上是相对被动的行动者，但凡勃伦坚持认为，个人的很多行为受习惯和惯例的支配，"个人的行为不仅只有紧紧依靠和沿着他与其他群体中的伙伴之间存在的习惯性关系才能进行并受这种关系的指引，而且这种关系还体现了某种制度的特征，并随着制度场景的变化而变化"[2]。但是，个体都是试图突破制度约束的，试图突破制度限制的边界，以便实现更大的行动空间。一些研究者着重分析了"个体试图突破制约力量的微观过程"，鉴别"社会结构中存在的空隙"，认为这些空隙使行动者即使面对这些"总体性的制度"时，也能建构出有意义的自我，并获得某种程度的自由。[3] 这是人们突破约束的本性使然，也是利益驱使的结果。

制度具有很强的持久性和稳定性，不过它不是僵化不变的。承认制度的动态性，实际地表明制度有变迁的可能。人们的行动受制于制度，同时也在不断地修正和改变着制度。在一定情况下，修改正式制度有一定程序上的艰难性，但是随着人们认识的加强，就会意识到如果从引导人们的文化和认知的改变实现制度的突破或许相对容易。特别是在特殊的历史环境下，由于某种"危机"的出现，形成了制度变迁的条件，从而铸就新时期新的文化和认知。"场域"是为了控制有价值的资源而进行

---

[1] [瑞典]汤姆·伯恩斯等：《经济和社会变迁的结构化：行动者、制度与环境》，周长城等译，社会科学文献出版社2010年版，第7页。

[2] Thorstein Veblen, "The Limitation of Marginal Utility", *Journal of Political Economy*, Vol. 17, 1909, pp. 235–245.

[3] [美]理查德·斯科特：《制度与组织——思想观念与物质利益》，姚伟等译，中国人民大学出版社2010年版，第15页。

权力斗争的领域。换言之,"场域"是争夺合法性的斗争领域。① 在制度理论学家眼里,"组织场域"就是一种"制度场域",人们在这个场域中发生着各种社会关系,形成权力和权利,铸就和重塑制度。不过,许多学者也已经证明了,在很多制度领域,制度的变化并没有表现出如鲍姆加特纳等人所说的"间断式"变迁和"间断—平衡",而是有着显著的延续性。②

第二节 美国国家能力的制度性约束

虽然在美国教育政策发展过程中,各行为体,包括各级政府、民众、利益集团等都会受制于制度的约束,同时也在制度保障下合法地行动;但是,在美国宪政环境下,国家权力(全国性政府权力)受到的正式、非正式制度的约束显得尤为明显。这些制度由规制性、规范性和文化—认知等要素内容共同组成,并且相互转化,呈现出一种包含着广泛的混合因素的制度化产物。马奇和奥尔森认为,制度不必是正式的结构,它最好被理解为一种规范、规则、协定和惯例的集合体,其中最重要的是惯例。③ 这样看来,不仅美国正式或非正式制度环境决定了国家的行动空间,限定了它的能力。而且,历史上已经形成的政策,通过文化—认知内涵上的社会化和制度化过程之后,或许又成为后面政策发展和国家"行动能力空间"的制度性约束因素。

一 政治文化:非正式制度的约束

一般来说,政治文化是指对公民与政府之间的关系以及公民之间的关系有着重要影响的、可广泛共享的信仰、价值观和规范④,它赋予一些价值以共同的意义和认识。维巴指出,"一个社会的政治文化是由经验、

---

① [美]戴维·斯沃茨:《文化与权力:布迪厄的社会学》,陶东风译,上海世纪出版集团2012年版,第142页。

② Kathleen Thelen, *How Institutions Evolve: The Political Economy of Skills in Germany, Britain, the United States, and Japan*, Cambridge University Press, 2004, p.292.

③ 参见[美]盖伊·彼得斯《政治科学中的制度理论:"新制度主义"》,王向民等译,上海世纪出版集团2011年版,第29页。

④ [美]詹姆斯·麦格雷戈·伯恩斯等:《民治政府:美国政府与政治》,吴爱明等译,中国人民大学出版社2007年版,第88页。

信仰、表达符号、价值观的系统组成的,这些内容界定了政治行为发生的环境。政治文化提供了政治的主观导向"[1],它被迈克尔·罗斯金等直接称为"政府的环境"[2]。政治文化是一种基于文化—认知核心要素的制度性构成,它是一种非正式制度,比如,美国精神所崇尚的自由、平等等价值维持了美国政治社会的有序性。

美国没有官方的意识形态。但是,经过两百多年的政治实践,在人们社会化的行动和交往中,逐渐形成了一种结构化的共享价值观体系。与欧洲大多数社会相比较,美国在基本政治价值和信仰方面存在着,而且过去一直存在着广泛的共识。这些价值和信仰往往被称为"美国信念",从历史上看,它正是美国民族认同的独特起源。这些信念一直指导着美国民众与权力抗争,争取自身权利,追求自由和自治。美国所信仰的自由主义、个人主义、民主主义、平等主义等价值观,为美国社会提供了基本的制度环境和民众稳定的政治心态。

然而,美国民众信仰的价值,本身又可能存在某些矛盾的方面。随着社会现实的发展,人们对这些价值观所持有的概念,也可能出现某些变化。也正是存在某些含混性,才会出现对同样的概念进行另一番理解的可能。

从严格意义上来说,美国先有社会,再有政府和国家,美国社会可能是实践洛克"国家—社会关系"思想中最为典型的"理想型"。因而,他们的政府建立过程也是先有自治的地方社区,然后才有州政府,最后才有联邦合众国家。美国最初的移民很多都是为逃离英国和欧洲社会高压统治的清教徒和持不同宗教信仰的少数派,他们来到美洲大地是为寻找一片自由的土壤。对于那些清教徒而言,他们"为寻找一片极其荒芜的土地,荒芜到未受到文明的污染,荒芜到被世界遗忘。这样,他们至少能在这块土地上以自己的方式生活,自由地向上帝祈祷"[3]。因而,相对于其欧洲母国而言,他们更为崇尚自由的信仰,美国社会从本质上是

---

[1] See Lucian W. Pye and Sidney Verba, *Political Culture and Political Development*, Princeton University Press, 1965, p.513.
[2] [美] 迈克尔·罗斯金等:《政治科学》,林震等译,华夏出版社2001年版,第130页。
[3] 转引自 [美] 查尔斯·罗利编《财产权与民主的限度》,刘晓峰译,商务印书馆2007年版,第334页。

反政府、反权威的。① 在美国这个自由主义实施最充分的国家，人们颂扬竞争秩序，恐惧政府权力过于庞大集中，认为管得最少的政府是最好的政府，这成为是美国传统的政治理念。因而，美国政府长期扮演着"消极政府"的角色，以"无为而治"维持着国家权力和社会权利间的平衡。因而，在国家对教育的支持上一个最大的担心就是，联邦政府可能会通过资金资助的方式加大对社会自主和人民自由的控制。

自由与平等相伴，美国所崇尚的言论自由、结社自由无不与平等这一价值观密切相关。自由主义需要宗教宽容，这是在信仰上的平等。那些逃离母国的人们，主要也是为了逃避宗教的迫害，因而，他们在美洲大地上的生活中，绝对地反对国教，反对国家对教会的支持，以示他们对国家—宗教分离的坚持。在这样的环境下，在国家对教育的资助上，永远就存在着这方面的争论：反对国家对任何宗教予以支持的人们，总是阻碍国家的资金流向宗教学校；而赞成对包括宗教学校在内的公立、私立学校一视同仁者，却因为国家不能对宗教学校平等资助而试图阻挠相关立法的通过。

虽然美国人从开始就崇尚平等，宣扬"人人生而平等"。但是由于各方面的原因，美国建国初期没能废除奴隶制，而奴隶制的存在也成为国家追求平等的重要障碍。由于白人受长期以来形成的盎格鲁文化至上主义的观念影响，他们认为黑人是肮脏的、低劣的，这些都导致了社会上出现的种族隔离和严重的种族主义。虽然法院裁定种族隔离和歧视少数族裔美国人的违宪性，但是，对黑人和少数族裔的歧视依然现实地存在。因而，在教育政策中就存在着能否对有种族隔离地区的学校进行资助的大量争论，甚至阻碍了国家利益的实现。

这些因素实际地构成了美国人的政治心理、心态与相应的社会制度环境。他们在人际互动中形成对这些因素的意义上的共识，从而形成对权威行动的约束，这些文化—认知性的制度要素构成了人们行动的指南。同时，也从根本上决定了他们的政治生活的延续性和稳定性，他们的制度和政策所体现的价值在很大程度上也是与他们一以贯之的政治文化相一致的。基于文化—认知性要素而认识制度的学者就强调了共同信念的日益客观化和结构化在制度化中的作用。

---

① ［美］塞缪尔·亨廷顿：《失衡的承诺》，周端译，东方出版社2005年版，第5页。

二 分权制衡的宪政体制：正式制度的约束

美国人所崇尚的信念和信仰，一直指导着美国人民为美好的生活而奋斗。建国伊始，美国人对政府权力和社会权利的认识便是建立在"社会契约论"基础之上的，他们生活中的一切都依靠严格的制度来保证和维持。美国人崇尚"法律的帝国"，不是"人的帝国"，从《"五月花号"公约》形成到宪法的制定，从人们的交往契约到公民参与制定法律并同意遵守，都体现出这种无处不在的法治精神。

在美国人眼中，政府和国家的存在是一种必要的恶。他们深切了解欧洲君主专制统治将无可避免地导致集权与暴虐政治，而联邦与各州的分权将可避免权力过度集中。因而，美国制宪先贤们最关切的，不仅是创建美国政府的架构以满足各州及人民所需，而且更欲避免政府权力过大的危险，从而在联邦宪法中规定了人民主权、正义等原则，也规定了美国政府的组织形式，其中联邦制是最核心的体现。

分权制衡的关键作用是以野心对抗野心，使每一个单一的部门不能简单决定政策走向。美国联邦制的第一个明显特征就是分权。联邦宪法列举了全国性政府（联邦政府）的权力，而未予列举的则是属于州政府和地方、人民保留的权力，教育就属于州政府和人民保留权力之一。联邦制要求联邦政府及其组成地区的政府的权力由宪法予以保证，这样，没有得到双方的同意，政府的权力就不会被随意改变[1]，当然，联邦制的分权不仅体现在联邦政府和州政府之间的分权上，还重要地体现为联邦政府内部行政、立法和法院三权分立。

立宪者也意识到单有分权的可能弊端，因而不仅需要分权，还需要各种权力之间的制约。权力是有限度的，在社会中，任何一个团体都没有至高无上的控制权。在联邦政府三部门中，行政部门不仅具有荣誉、地位的分配权，而且执掌社会的武力；立法机关不仅掌握财权，且制定公民权利义务的准则。建国之初的司法部门（联邦最高法院）既没有军权又无财权；既不能支配社会的力量与财富，也不能采取任何主动的行动；既无强制又无意志，而只有判断；而且为实施其判断亦需要借助于

---

[1] [美] 托马斯·戴伊：《理解公共政策》，彭勃译，华夏出版社2004年版，第237页。

行政部门的力量。① 因而,司法部门是三部门之中最弱的一个。他们认为,如果司法部门不独立,就没有自由可言。司法部门与其中任何一个部门合谋,则人民的自由将会严重受损。因而,只有使司法人员任职固定,再没有其他方法以增强其坚定性与独立性。这一项是宪法不可或缺的条款,在很大程度上可视为人民维护公正和安全的支柱。法院完全独立,在限权宪法中尤为重要。宪法有意使法院成为人民与立法机关的中间机构,以监督后者使其局限于其权力范围内按照宪法原则行事。解释宪法、法律,裁决法律是否违宪,是法院的基本职责。宪法与法律相比较,以宪法为准;人民与其代表相比较,以人民的意志为准。②

虽然如此,占主导地位的主张认为,法院作为一个机构不仅要独立,而且由于判案而形成的法律解释作为一套恰当的行为准则要有至上地位。因而才有了"法院就是权威,由大法官组成的联邦最高法院就是最高权威"③的说法。这个立场由约翰·马歇尔在"马伯里诉麦迪逊"一案中的判断依据予以认可。因而,美国联邦宪法还包括判例的后续作用。它相当于确立了一个没有政府可以超越受保护的个人的权限范围。依此看,联邦宪法实际上是一部规定性和约束性的行动中的制度。正如理查德·普赖斯论证说,如果那些在政府中的人"不受其宪法的控制,那么自由的思想将不复存在,而选择代表的权利也就沦为仅仅掌握在少数人手中的、一种在某个时期为他们自己以及共同体中的其他人选择一帮主人的权利"④。正是如此,才会出现诸如"为什么我们美国人应当维护我们的宪法?"⑤这样值得深思的问题。

美国分权—制衡的宪政制度已经在人们心中成为深深的烙印,美国人从文化上、认知上,都予以充分的支持和维护,认为这是实现自由的保障,是美国社会的优良传统。比如,在美国教育政策发展中,就一直

---

① [美]汉密尔顿、杰伊、麦迪逊:《联邦党人文集》,程逢如等译,商务印书馆2004年版,第391页。

② 同上书,第393页。

③ 参见任东来等编《美国宪政历程:影响美国的25个司法大案》,中国法制出版社2005年版,王辑思所作序言。

④ 转引自[澳]菲利普·佩迪特《共和主义:一种关于自由与政府的理论》,刘训练译,江苏人民出版社2006年版,第38页。

⑤ [美]罗伯特·达尔:《美国宪法的民主批判》,钱镇译,东方出版社2007年版,第1页。

深深地坚守着宪法所规定的教育事务由各州和地方自主的传统，因为教育事务不是联邦的宪法列举权力。这种权力之间的严格限制，既保证了任何单一部门不能简单决定和改变一项法律，保证了制度和政策的稳定性，但是，也阻止了国家在特殊情况下需要采取措施，进行结合实际的政策变迁的能力。在美国历史上，很多政策无法通过或者形成僵局，其中一个主要原因就在于，各种权力制衡影响了国家政策能力。

制度具有稳定性和惰性，惰性是沉淀成本、既得利益和习惯化行为等的产物。[1] 特别是美国，以制度约束了权力关系的任意改变和政策的随意变迁，限制了国家的政策能力，导致政策变迁的难度。权力约束机制的存在，致使美国政治制度似乎呈现出鲍姆加特纳所称的保守天性[2]，各种权力关系很难得到改变，制度分权通常是加强保守主义的，促进了政策过程中的稳定性。

三 利益集团和政党政治

试图研究民主国家政策过程特征的任何努力，必须同时包括对国家组织和那些试图影响国家的组织派系、政党和利益集团的分析。[3] 前面已经对政治文化和国家结构进行了基本的总结，这里需要提及作为影响政策过程的重要行动者的利益集团和政党。可以说，集团属于美国政治的一个部分，承认美国政治中集团的重要意义，很少遭到人们的反对。[4] 利益集团政治，也成为美国政治生活的制度环境的重要组成内容。虽然对政治过程中集团的功能没有明确说法，但是人们能够取得一致认同，它们确实在所有政治决策中发挥着重要影响作用。[5] 一个关于利益集团政治

---

[1] ［美］理查德·斯科特：《制度与组织——思想观念与物质利益》，姚伟等译，中国人民大学出版社2010年版，第135—136页。

[2] 詹姆斯·特鲁、布赖恩·琼斯、弗兰克·鲍姆加特纳：《间断—平衡理论：解读美国政策制定中的变迁与稳定性》，载［美］保罗·萨巴蒂尔编《政策过程理论》，彭宗超等译，生活·读书·新知三联书店2004年版，第128页。

[3] Frank R. Baumgartner and Jack L. Walker, "Educational Policy Making and the Interest Group Structure in France and the United States", *Comparative Politics*, Vol. 21, No. 3, 1989, pp. 273 - 288.

[4] ［美］戴维·杜鲁门：《政治过程：政治利益与公共舆论》，陈尧译，天津人民出版社2005年版，第50页。

[5] Roy Adam, "Interest Groups in American Education", *Comparative Education*, Vol. 11, No. 2, 1975, pp. 165 - 172.

的公理是，利益集团的结构影响着任何国家的真实权力结构。[1] 这些团体形成他们自己的组织，以在与目标相关的决定层次产生最大化的政治权力，因而显示出利益集团的复杂性。更有甚者，它们的利益表达和行动可能使国家自主能力大打折扣。利益集团也总是试图把相关思想渗透进政府和国家，为实现政策中能够包含利于集团利益的内容。

在世界各国，利益集团影响教育政策的现象很普遍，它们是出于利益需求和偏好维持而组织起来以集体表达的组织。在自由思想的指引下，美国人们崇尚思想自由、言论自由和结社自由。可能的情况是，在美国政治中利益集团可能更为活跃。美国每年会产生很多问题导向的利益集团，它们为公众提供各种不满意观点的表达渠道，通过各种出版物影响教育议题上的公众观点，以及通过信件、游说支持政治家竞选，对政府官员进行思想渗透和利益渗透，从而影响教育政策。

美国大多数教育利益集团既不是太狭窄也不是临时的。每一个都代表一种关于教育的基本一致的态度和观点，它们的目标覆盖广阔的教育问题。比如，美国最大的教育利益集团全国教育协会（National Education Association，NEA），成立于1857年，已有100多年了。截至2007年，它拥有320万个成员，51个州级层次的附属组织、14000个地方附属组织（其中800个高等教育组织）[2]，看起来比政府都复杂。虽然如此，这个协会也只能代表58%的教师，因而也不能简单地研究这个协会对教育政策产生的具体影响，而只能得出"它产生了影响"这样的观点。正因为它是教育领域最大的利益集团，它有着建构思想和行动的权力和威望。有人认为，它甚至可能影响总统选举。[3] 事实也表明，它确实能够在很大程度上影响政策，国家也会在一定程度上考虑到这个最大的教育利益集团的利益。

与教育相关的还有其他一些组织。比如美国教师联盟（American Federation of Teachers，AFT），也是美国第二大教师联盟组织。截至2010

---

[1] Harry Eckstein, "The Determinant of Pressure Group Politics", in Mattei Dogan and Richard Rose, *European Politics*, Boston, Little Brown and Company, 1971, pp. 314 – 333.

[2] 参见维基百科，http: //en. wikipedia. org/wiki/National _ Education _ Association # cite _ note—autogenerated2 – 12。

[3] National Education Association, *1973 – 4 N. E. A. Handbook*, Washington D. C., N. E. A., 1973, pp. 6 – 8.

年，它拥有大约 150 万个成员，其中 25 万是退休者。它成立于 1916 年，是劳动工会运动的一部分。这个联盟和商业联盟有着密切联系，它不断地攻击更老的教师组织比如 NEA，以证明它的存在。它给 NEA 的标签是"老板联盟"或者是"雇主的工具"，只因为 NEA 采纳更为保守的政治立场。因为为教师争取更高工资和改善条件方面的表现，AFT 在 20 世纪 60 年代对教师罢工的领导强化了它的名声。可以说，肯尼迪总统竞选时欲为教师加工资与这次罢工不无关系。美国另一个大的利益集团是父母和教师全国代表大会（National Congress of Parents and Teachers）。不过，这个协会因为父母对教育关注度的短期化，容易出现一些问题。另外还有美国学校行政人员协会（American Association of School Administrators）和全国学校董事会（委员会）协会（National School Boards Association）。前者为学校监管者和学校校长提供所需，在行政工作的研究和培训课程等方面，它保护那些被雇用来管理学校和学校系统的人们的利益。而全国学校董事会（委员会）协会，成立于 1940 年，以促进人们对学校委员会的公共理解，为教育行政新发展方面的信息提供交换所。它研究和解释美国国会可能影响学校董事会运作的立法。它拥有 90000 多个全国地方学校董事会成员，这些地方官员治理 13600 个地方学区，服务于 5000 万名公立学校学生。[①] 当然还有其他各种大大小小的关于宗教、商业等方方面面的利益集团。

相对于欧洲统合主义国家，美国多元政治的实际状况决定了，美国的利益集团要大得多、多得多。按照一般观点，统合主义国家结构中的利益集团更容易实现合作。但实际上，相对于美国而言，欧洲某些国家，比如法国的利益集团之间的冲突要大得多，而美国利益集团却更具有合作态度，在目标上共享一般的合意性和一致性。[②] 杜鲁门指出，美国利益集团的多样化，以及人们属于不同利益集团导致重叠性，决定了较为公平竞争和平衡的社会环境。[③] 丁学良也认为，在美国，没有哪一个部门独

[①] 参见协会网站，http：//www.nsba.org/site/page.asp? TRACKID = &CID = 84&DID = 216#sthash.a5Wgcw6P.dpuf。

[②] Frank R. Baumgartner and Jack L. Walker，"Educational Policymaking and the Interest Group Structure in France and the United States"，*Comparative Politics*，Vol. 21，No. 3，1989，pp. 273 - 288.

[③] [美] 戴维·杜鲁门：《政治过程：政治利益与公共舆论》，陈尧译，天津人民出版社 2005 年版。

大到能够简单左右政策的发展。① 权力的广泛制衡和对抗,权力的分散化、多中心化在美国社会得以广泛体现,使得任何一个部门和其他行动者一样,都不可能简单左右政策。在美国,团体的合作允许了和政府之间的合作性,虽然政府本身不是一个完全的整体。

美国社会的价值多元化从利益集团的多样性可以看出。各种利益集团和组织在社会和政治活动中都在表达他们的观点和偏好,促进政策制定者考虑的范围更具广泛性。林德布罗姆的渐进理论和杜鲁门的利益集团理论就是基于利益集团的广泛存在而进行的研究。虽然我们的研究不赞同林德布罗姆社会中心论的研究路径。但利益集团的各种影响,政府不得不需要实际地考虑。在每一次政策决策中,不同的利益集团都欲表达自己的声音,都试图通过影响公众舆论,制造政治压力,从而对政策走向产生影响。

为此,有一种观点认为,利益集团在政策过程中,很大程度上决定了政策的发展方向。② 不过,这种观点遭到了持国家自主观点的人们的质疑。虽然资本主义国家发展离不开工商业等经济集团的参与和强大的影响,但是,国家自主能力也越来越受到关注,并表现得越来越明显。至于教育政策中,工商业集团在其中发挥着一种什么样的作用,需要进一步探讨。但是有一点可以看出的,那就是政策中的国家自主,需要克服各种利益集团的干扰。正是因为社会中利益集团存在分散而广泛的影响,才为美国社会的多元形态奠定了进一步的基础。虽然利益集团不一定如社会中心论者所坚持的是政策的直接来源,或者说政策直接反映了利益集团的利益,但是社会组织对国家权力的制约和影响,在很大程度上成为国家自主权力的约束因素之一。

政党是另一种社会组织,政党政治是美国政治的核心。压力集团和政党通常被归类为"非正式"政治机制。③ 政党与压力集团又有着不同的特点,压力集团可能只是试图影响政策,而政党不仅通过意识形态的教化影响普通党员,而且还企图掌控政府。国会内政党成员的政策主张和

---

① 丁学良:《利益集团绑架国家政策》,FT 中文网,2008 年 10 月 17 日,http://www.ftchinese.com/story/001022530? archive。

② Jacob S. Hacker and Paul Pierson, "Business Power and Social Policy: Employers and the Formation of the American Welfare State", *Politics Society*, Vol. 30, No. 2, 2002, p. 277.

③ 刘世忠:《美国政府与政治》,台北五南图书出版公司 1996 年版,第 195 页。

价值观判断很大程度上受着政党前后基本一致的意识形态的影响。虽然随着政党分肥制的废除，以及总统选举制度的改变，总统和行政相对于政党的独立性更强，简单接受政党意识形态的现实已经有所改变；但是，政党在影响政府和政策过程中依然发挥着重要作用。

美国政党的存在以及政党之间意识形态的差异，长期以来的发展和历史原因形成的共和、民主两党的保守和自由的特征，加上两党轮流执政，决定了两党在国会的价值观争论。不过，在两党为了获得更多的选民支持而竞争中，为增强民众的政党认同，两党领导人和候选人在竞选表达政策主张时可能逐渐将他们的主张走向更为"不偏不倚"，因而，这样的政治环境和政治现实，可能导致两党政策在某些问题上的趋同性。国家欲采取的任何激进改革，似乎都很难获得成功。

虽然不能只是把国家当成团体斗争的舞台，但是也应该认识到，利益集团和政党的广泛存在却是一个不争的事实。它们的广泛利益要求，国家不得不加以考虑。从这点来说，它们约束了国家和政府自主采取行动的可能能力。正如詹姆斯·麦格雷戈·伯恩斯所总结的美国政府"四党制"特点，即共和党总统和民主党总统、共和党国会议员和民主党国会议员"各自分开而又相互交叉"。[①] 同时，两党之内又分为不同的派别，比如共和党内就有着持中间立场的共和党人和保守的共和党人，而民主党内也有着自由的民主党人和"新民主党人"。各种派别都有着自己的选民基础和支持力量。因而，更不可能形成一个具有凝聚力的全国性政党。在这种状况下，与政党及其派别分化相伴随的意识形态和价值观的不同，决定了政策偏好之间存在着或大或小的差别，并存在着各种制约和竞争。正是存在这种广泛的竞争，使国家政策过程中的非激进变化对于争论各方更具可接受性。

"对抗性原则"似乎是美国政治和社会中的典型特征。[②] 正是如此，就有人用"失去活力""政策的破碎解体""僵局和无所作为""权威性地不作为""行动迟缓、犹豫不决""政策过程中相互牵制而造成的不连贯妥协""政策不一"来形容在制度和结构约束下的美国政策过程现实。

---

① 参见［美］维尔《美国政治》，王合等译，商务印书馆1981年版，第49页。
② ［美］斯科特·戈登：《控制国家：西方宪政的历史》，应奇等译，江苏人民出版社2001年版，第316页。

他们指出，美国联邦制度和多元民主社会的最大问题包括拖延和丧失活力。① 正如詹姆斯·麦格雷戈·伯恩斯所指出的，制衡制度和政府各个部分之间的相互制约，要求在国家行动之前，许多集团和领导必须达成一致意见。② 但是，这种一致意见并不能简单达成，如果从政策先例和制度允许范围内寻找解决方案，或许还能够达成妥协。这样的过程致使政策变化显得尤为缓慢和困难。不过，制度化的权力分散决定了任何政策的形成都要经过广泛的讨论，这为美国政策优化提供了重要的保证机制。实际上，正是这种对权力约束和限制的制度，以及多元民主社会的环境，很大程度上保证了制度性的政策稳定效果，并且在充分竞争和反复讨论中，提高了政策的质量。一些学者在探讨政治制度和政策质量之间的关系时就指出，决策权威的分散，往往能够导致良好政策的出台。③ 如果政策是少数几个人合谋的结果，那么这样的政策的合理性是值得怀疑的。

四 小结

由于国家权力受到各方面限制，政策能力可能会大打折扣。只有符合政策先例或在政策范式之下，政策选择才符合既存权力结构，才具合理性和合法性。确实，"制度不仅对行为体的选择构成了约束，还在很大程度上限定了行为体的偏好。正是通过这两种方式，从历史中演化而来的制度结构对当下的政治冲突发挥了影响作用"④。

"新政策产生了一种新的政治。"公共政策是对社会资源、价值做的权威性分配。新政策的出现，急剧地形塑了社会的、经济的和政治的条件，形成了新的社会文化和认知，继而实现制度化过程。主要的公共政策本身已经成为重要规则的一部分，将会实际地约束权力/权利关系的变迁，从而成为对下一步改变的约束力量。政治制度作为一种规则体系和意义结构，影响政治生活的方式有两种：其一，经由惯例形成行动的制

---

① [美]埃里克·诺德林格：《民主国家的自主性》，孙荣飞等译，江苏人民出版社 2010 年版，第 172—173 页。

② 参见上书，第 171—172 页。

③ James A. Robinson, "Theories of Bad Policy", *Journal of Policy Reform*, Vol. 3, No. 1, 1998, p. 46.

④ [美]彼得·霍尔：《驾驭经济：英国与法国国家干预的政治学》，刘骥等译，江苏人民出版社 2008 年版，第 1—7 页，代译者的话。

度化；其二，经由意义演变产生的价值与信念的制度化。① 很多人在政策过程的研究中都指出，美国政治制度的结构是政策稳定的维护器。鲍姆加特纳就认为，美国制度一直都能保持稳定，只是，一旦形成制度变迁，政策将会出现极大的改变。

虽然制度有着较强的稳定性，但制度不是固定不变的。从制度的文化—认知要素方面进行理解，制度的权力关系本质、建构本质和动态本质决定了社会中各种政治力量形塑制度、推进政策变迁的可能。制度是语言在其中起作用的社会建构，而同时各方利益主体作为行动者也都欲寻求推动制度创新或努力维持制度稳定，突破或者维持一种权力关系。在美国这种严格的权力约束的政治结构之下，虽然正式制度变迁显得尤为困难，但是，通过适应性的解释和一定时期的社会经济压力，也会出现一些与本身规定性和认知定式有所出入的政策。国家为了实现自身利益，在很多情况下，能够采取一些必要的措施，通过去制度化和再制度化，从而形成国家权力与政策能力实现突破的条件。

制度本身具有后续作用力，它决定了政策可能的选择范围，但是政策的变迁很多时候又是突破制度限制的结果，新的政策或许又成为制度化的原因，那么这样容易陷入自变量和因变量之间关系颠倒和错位的两难困境：到底是制度决定了政策的选择，还是依存的政策选择决定了制度化的结果。这样就需要分析，美国国家权力和教育政策最初是如何从制度的限制中突破的：在以国家为中心的分析中，国家如何突破这些制度性限制和社会性力量的抵制，实现政策能力重构的。

第三节　再制度化与政策能力重构：一种解释

正是因为美国国家权力遭受各种制度性约束，国家政策能力才可能被削弱。人们对民主国家，特别是联邦制国家的自主性产生怀疑，忽视或否认国家对公共政策的独立影响力。教育不属于联邦政府的宪法列举权力，这似乎更是坚定了他们的判断。实际上，有关"民主危机"或

---

① ［美］詹姆斯·马奇等：《重新发现制度：政治的组织基础》，张伟译，生活·读书·新知三联书店 2011 年版，第 52 页。

"权威危机"的判断，低估了联邦制美国国家在实现国家政策偏好和目标上的自主性，低估了其政策能力。民主国家中国家与社会的关系、联邦制国家内部权力分化所导致的所谓"行动无力"并不直接带来低下的政策能力。美国联邦政府并没有因为联邦宪法的规定性而在教育上碌碌无为，为了实现自己的偏好，为了实现国家利益，一直不断努力，实质性地形塑了全国教育政策的价值观，实现了国家政策能力的重构。

在本书中，政策能力，特指政策发展中呈现出的国家能力，即为了实现国家利益，联邦政府能够按照自己独立的价值判断引导全国政策发展，并将政策偏好转化为权威行动的能力。政策能力重构，是基于历史维度的定义，是指国家政策能力在一定时期实现突破，并不断强化。本节正是基于此而提出的解释框架。因为国家政策偏好和自主能力密切相关，在提出解释框架之前，需要对国家政策偏好做一定的说明。

一　国家政策偏好

按照一般的理解，偏好（preference）通常是与心理学上的"倾向于"（preferring）具有相同的内涵，偏好包括了个人的"整个价值体系，包括对价值观的估价"。[①] 偏好这一概念往往涉及几个不同的目标，包括精神满足、欲望、选择和价值观。[②] 虽然承认对偏好的理解存在多样性有着重要的意义，但是在公共政策分析中，政策偏好一般是指基于某种价值观倾向而选择。选择本身就可能意味着选择某一种，而放弃另一种。不过，有时候也可能基于几种价值观之间的联系，对它们予以兼顾，在政治生活中往往要求这样，这是政治生活中所说的妥协。人们在评论偏好时，不自觉地把它和利益（interest）联系在一起。"interest"也有兴趣的意思，表明偏好实际上与兴趣有着很大的联系。偏好显然是人们对兴趣和价值排序的产物，而"preference"本身也有"优先权"的意思。

在已有涉及偏好的相关研究中，理性选择理论与其他新制度主义，比如历史制度主义、社会学制度主义和话语制度主义，在偏好的形成问题上出现了分歧。理性选择将偏好的形成看成外生的，而历史制度主义

---

① ［印度］阿玛蒂亚·森：《理性与自由》，李风华译，中国人民大学出版社版2006年，第10页。
② 同上书，第284页。

把偏好看成内生的。① 理性选择理论是在假设的层面上处理偏好问题的，认为偏好稳定不变，因而他们在理论上将偏好的形成问题放在一边。他们假定政治行动者都是理性的，假定理性行动者的偏好始终一致，并且会通过自己的行动来实现自我利益的最大化。而其他的制度主义则把个人和集团如何界定他们的自我利益看成是一个问题，认为不但政治行动者的策略，而且其所追求的目标也受到制度背景的塑造，因而提出了社会和政治对偏好的建构观念。这种观念在早期经济学制度历史主义者的著作中就有表现。凡勃伦就认为，"现代生活中个人主义的相互竞争的特征，必须被看成我们在发达资本主义国家中构建出的特殊经济制度的产物"②。从这个角度看，偏好是一种基于制度环境和制度安排下的价值选择，它是一种基于利益考虑的结果，因而偏好不是恒定的。

虽然价值和偏好都源于特定的制度背景，不断被制度塑造；但反过来，在很多时候，价值和偏好也对制度的运作和变迁产生影响。制度暗含了国内行动者在日常政治实践中不断表达其偏好的努力。③ 在制度学派那里，国家（政府）处于某种重要的（甚至是核心的）地位。无论是强制性变迁还是诱致性变迁，都涉及国家和政府在面对制度变迁的需求时，如何对这些需求做出回应的问题。④在复杂社会状态下，每个人对各种事物都有自己的偏好，由于信息获取的差别和利益的矛盾，这些个人之间的偏好不是完全一样甚至是矛盾地存在着。对于民主社会的政策制定者而言，如何适应各种偏好，并且把有差别的个人偏好汇聚成一个最终的社会偏好，是一个难以把握的问题。按照阿罗不可能性定理，如果众多的社会成员具有不同的偏好，而社会又有多种备选方案，那么在民主的制度下不可能得到令所有人都满意的结果。⑤ 这样，公共政策中实现基本

---

① ［美］凯瑟琳·西伦、斯温·斯坦默：《比较政治学中的历史制度主义》，载何俊志等编译《新制度主义经济学译文精选》，天津人民出版社2007年版，第153页。

② 转引自上书，第152页。

③ ［美］戴维·瓦尔德纳：《国家构建与后发展》，刘娟凤、包刚升等译，吉林出版集团有限责任公司2011年版，第3页。

④ 余亚梅、唐贤兴：《政府偏好与制度起源——以1950年代后的收容遣送政策为例》，参见中国改革论坛网，http://www.chinareform.org.cn/gov/system/Forward/201205/t20120510_141326.htm。

⑤ ［美］肯尼斯·J.阿罗：《社会选择与个人价值》，陈志武等译，四川人民出版社2010年版。

第三章 再制度化与国家政策能力重构：一个分析框架 | 97

一致的利益和偏好选择，似乎成为一种困境。

这样，公共政策的决策，无论多么民主，都会凝聚成政策制定者少数人的意志，完全民主的政策制定是不可想象的。熊彼特就认为，民主方法就是那种为做出政治决定而实行的制度安排，在这种安排中，某些人通过争取人民选票取得做出决定的权力。① 我们以国家为中心的分析视角，强调国家政策偏好及国家的自主性，而总统的偏好可能是决定国家政策偏好的最关键的因素。美国联邦宪法规定，总统应不时地提出他认为必要和妥善的措施供国会审议。20世纪的美国，形成了强总统制，总统更是在引领政策问题界定和政策议程设定，以及领导社会道德方面发挥核心作用。约翰·肯尼迪总统曾言，只有总统"代表国家利益"，"整个国家、政府所有部门，世界上与美国国家相关的所有利益和渴望都集于他一身"，"只有总统能从政治、法律、道德上领导'全国选民'获得最大幸福"。② 肯尼迪在1960年经常说，"总统是行动的中心，是美国制度的主要动力和力量源泉"，而两院所掌握的改进国家和社会的权力是多么有限。③

作为国家利益的代表，总统显然不是一个人，而是一个受美国联邦宪法和政治制度给予权力保证和约束的职位。伴随着这一职位的有庞大的智囊和咨询团队以及内阁政府。他的政策偏好表达不是随意的，其偏好能够得以体现为国家政策偏好，是在充分考虑国家利益的前提下，对各种因素综合地审慎判断的结果。在民主和价值多元的制度环境中，民众自由的价值表达所形成的各种舆论及利益集团的呼声，对于国家政策制定者的影响都是不容忽视的。另外，国会和法院，各种社会团体，甚至社会现实都会对国家偏好产生影响。例如，政党可能是影响国家政策偏好的重要因素，毕竟现代政治基本上都是政党政治。美国总统的竞选造就了美国的两党制④，美国选举权的扩大则推动了美国政党的发展。按照这种逻辑，总统很大程度上体现了他所属政党的意识形态。总统由政

---

① [美] 约瑟夫·熊彼特：《资本主义、社会主义与民主》，吴良健译，商务印书馆2009年版，第396页。
② 参见 [美] 詹姆斯·麦格雷戈·伯恩斯《总统领导力》，吴爱明等译，中国人民大学出版社2012年版，第41页。
③ 参见 [美] C. 索伦森《肯尼迪》，复旦大学世界经济研究所译，上海译文出版社1981年版，第51—52页。
④ 高新军：《美国政党政治的特点和社会关系》，《马克思主义与现实》2005年第1期。

党代表大会提名，总统更有可能代表政党的利益。一般来说，国会中两党意识形态差别表现得尤为明显，而国会对总统权力的制约也很大，他们可以行使立法否决权。国会虽然无权指挥或操纵总统去接受它所要求的某项改革，但是在为总统设置障碍、修正或改变其计划方面，国会的权力是很大的。

不过，从实践来看，美国政党体制较为松散。为了获得更多选票实现成功当选，两党总统候选人的政策偏好也可能会和政党意识形态有些偏差。特别是，要对一个国家进行有效的民主治理，总统需要领导一个"负责任的政党"。总统可以通过各种办法操纵国会，也可以充分拉拢国会中自己党派的议员，以支持自己的政策偏好；他也可以向公众呼吁，利用他们的威信和地位来控制大众媒体。虽然国会是核心立法机构，但相对于总统的集中权威和集中支持的选民而言，单个国会议员分散的权力和分散的选民支持群体在形成集中一致的偏好可能性上，要大打折扣。

另外，联邦最高法院的司法解释和判决，也会对国家偏好产生重要影响，例如"布朗案"判决就影响了国家行动者以及美国社会的价值观。还有，利益集团通过对国会议员进行游说或资助、社会运动所带来的对国家的压力，寻求对政策产生影响。此外，某一时期特定的社会现实，对国家政策偏好的影响也较大。很多学者已经指出，焦点性事件、震惊性事件对于政策议程和政策偏好都会发挥作用。也就是说，各种因素在某种程度上都会对国家价值判断及其政策偏好产生影响。

国家自主，实际地意指国家能独立地表达自己的偏好，并能把这种偏好转化为政策或权威行动的能力。作为体现国家自主能力的标志，每位总统要力求排除束缚这一职位的政治障碍[1]，总统应该成为政策中事实上的领导者。在我们研究的大多数时间里，是总统代表国家表达政策偏好，并坚持偏好。从理论上说，公共政策所追求的终极价值应该是公共利益，因而它并不是政府人员绝对无限地实现个人的野心和抱负，也不是简单地受制于强势集团或者简单地随着社会运动的方向发展。国家政

---

[1] Richard E. Neustadt, *Presidential Power and the Modern Presidents: The Politics of Leadership from Roosevelt to Reagan*, New York: The Free Press, 1991, p. 8.

策偏好，可能受到各种因素的影响，包括利益集团的游说、州政府的某些成功与失败的政策试验，但总统代表国家需要在其中独立做出审慎的判断。

国家要实现自主，实现其政策能力及政策选择，关键是要有合法性，其最重要的条件是获得制度支持和基于制度支持的权力资源。为了突破对国家权力的制度性约束，去制度化和再制度化可能是最为关键的逻辑。从制度的文化—认知要素视角来看，公民社会及人们思想观念所形成的政治态势，是非正式制度的一种形式。利益决定于思想，思想和价值观决定了个人对其利益和偏好的可能理解，而社会文化—认知的变化，将意味着对利益做出新的理解，也将意味着对新的权力/权利关系的承认，即对国家政策能力的认同。

二 政策过程中的国家自主：制度支持与权力资源

民主国家不同于威权国家，其中一个重要原因是权力的来源不同。民主国家强调了国家权力来源于人民的授权，并且在宪政、制度结构或国家组织结构上设置了严格的障碍，使得国家各级政府在很大程度上承受着各种权力上的约束。相对于其他民主国家，美国似乎更是处于弱国家的状态。联邦制下美国全国性政府的自主性，面临更多的限制。美国社会有着天生的、稳定的对国家权力高度警惕的政治文化，这成为国家政策能力的制度性约束力量。人们对美国国家自主性的怀疑，不仅在于社会对国家权力的约束，也在于其组织结构上。它的正式制度创造了一种相对分散的政治权力格局，决策权分散、否决点多，这种状况既发生在国家政府之内，也发生在联邦政府与州政府之间。另外，联邦政府的行政能力相对虚弱，没有如英国那样的一批训练有素、享有声望的以及有一定自治权的文职人员，这些又会影响国家政策的执行。联邦政府（国家政府）的政策执行，只得依赖于州政府。因而，人们经常这样认为，"美国是独一无二的"。[①]

然而，一个肯定的答案是，美国国家确实有着很强的自主性。虽然国家权力处于分散状态，但社会组织也是分散的，从而形成了一种多元化的社会局面，这是美国的重要特征。这种局面导致利益集团之间的利益和价值观本身就可能存在差异。一个分散的国家面对着一个分散的需

---

① 保罗·皮尔逊：《拆散福利国家》，吉林出版集团有限责任公司2007年版，第32页。

求集团①，这为国家通过策略性行动争取权力资源，从而实现政策能力提供了可能。

政策发展就像一种竞争性利益集团之间的权力斗争一样，是一个在复杂的社会环境当中如何行动的疑难问题。② 作为政策行为体的国家自主，始终是一个权力问题，是一个能否合法地争取权力而提升政策能力的问题，这是国家实现自主的根本条件。它隐含着国家能够将自身偏好转化为权威性行动，并以政策形式予以体现，要求其他行为体按照国家的偏好和要求进行活动。政策能力需要权力来保证，制度支持下的权力才具有合法性。民主国家，特别是美国联邦制国家要实现自主，更需要合法性和制度支持的权力资源。正是如此，本书的解释框架就是围绕制度支持理论和权力资源理论构建的。

（一）制度支持理论

制度支持理论本是研究一些为实施必要改革的社会组织或企业（比如一定时期的股票市场），为实现自己的目标或实施计划，寻求国家制度支持而提出的理论。③ 其实，作为行为体，国家本身的改革也需要制度支持。为此，一些研究把这个理论加以运用，用于解释福利国家计划的实施。④

一般认为，政策需要政治可行性、行政可行性以及其他可能的支持。对于任何组织，权力资源不仅需要获得，更在于以合法性方式获得。因而，美国联邦政府干预教育，需要权力上的合法性和解释上的合理性，而且在具体政策内容或方向上也需要制度支持，需要社会或民众的认同。在教育政策中，国家利益是一直存在的，支持国家利益的学者都承认国家目标与社会需要的关系。一般认为，在民主国家国家利益和社会需要

---

① ［美］埃里克·诺德林格：《民主国家的自主性》，孙荣飞等译，江苏人民出版社2010年版，第176页。

② ［英］保罗·皮尔逊：《拆散福利国家》，舒绍福译，吉林出版集团有限责任公司2007年版，第14页。

③ See "Awaiting Institutional Support", *Economic and Political Weekly*, Vol. 21, No. 36, Sep. 6, 1986, pp. 1566 – 1567, and "Lost Without Institutional Support", *Economic and Political Weekly*, Vol. 25, No. 7/8, Feb. 17 – 24, 1990, pp. 358 – 359.

④ Elim Papadakis and Clive Bean, "Popular Support for the Welfare State: A Comparison Between Institutional Regimes", *Journal of Public Policy*, Vol. 13, No. 3, 1993, pp. 227 – 254.

捆绑在一起。① 弗里德里希·美耐克（Friedrich Meinecke）曾经指出："规制者在满足国家利益时，也必须在一定程度上服务于社会主体的利益，因为整个权力体制的存在依赖于他们；一个感到满意的民族，就是权力资源，他们也将能够满足加之于上的要求。"② 因而，把国家利益和社会利益紧密结合的主张可能是赢得制度支持、国家采取行动的首要条件。国家要向人民表明，它是为促进公共利益和社会利益的。

但是，国家利益和社会利益也存在区别，国家利益和社会利益都不是简单的个人利益，把社会特定个人或者集团的需要加总以作为国家利益是完全错误的。帕累托对"共同体的效用"和"为共同体的效用"做了明确的区分。"为共同体的效用"涉及共同体成员个体的偏好加总，而"共同体的效用"涉及对共同体作为一个总体的福利做出的判断。③ 作为教育政策的主导者，国家在做出这个判断的过程中，如何对国家政策偏好和国家利益做出解释以及对其他行动主体实施引导，这是实现制度支持的关键。在这个对国家利益和社会利益的界定过程中，国家可能会通过策略行动，以及话语、修辞、符号等的掌握，引导社会对国家利益的理解，以及对社会利益的重新认识。或许正如共和主义理论家所认为的，基于一种对话和协商的政治氛围，它比简单的同意具有更强的合法性。④

借助一定的历史时机、通过一定的策略行动，国家可以达到塑造社会文化和认知，实现再制度化之目的，为权力关系调整提供条件。也就是说，通过国家与制度的互构，实现民主社会的制度调整。在教育政策"场域"中，作为行动者的国家不仅和其他社会行动者互动、建构制度；而且还通过话语、符号、形象的使用引领制度建构。政府不仅反映一些人的需要，它也"制造"公共需求和信念。⑤ 改革是个去制度化的过程，

---

① Stephen D. Krasner, *Defending the National Interest: Raw Materials Investments and U. S. Foreign Policy*, Princeton University Press, 1978, p. 11.

② Friedrich Meinecke, *Machiavellism*, New Haven: Yale University Press, 1957, pp. 10–11.

③ Stephen D. Krasner, *Defending the National Interest: Raw Materials Investments and U. S. Foreign Policy*, Princeton University Press, 1978, p. 12.

④ ［澳］菲利普·佩迪特：《共和主义：一种关于自由与政府的理论》，刘训练译，江苏人民出版社2006年版，第254—255页。

⑤ Kenneth M. Dolbeare and Murray J. Edelman, *American Politics: Policies, Power, and Change*, D. C.: Heath and Company, 1971, p. 456.

去制度化实践解释了属于不同政策领域的各种力量和事件互动以产生深远影响的方式。① 而之后是一个再制度化的过程,它们都依赖于民众的思想、认知与认同。而作为国家核心主体的总统可以通过政策问题界定,引导教育中的国家利益认同;法院可以通过司法解释和诉讼判决实现权力/权利关系变化;最为关键的是,国家会充分利用某些事件或制造某种事件,达到影响社会之目的,实现"借势"之功效。这是国家政策能力实现最直接的制度支持因素。

国家不是中立的,它们有自己的偏好和价值判断。然而,国家或政府权力的行使必须在制度范围内进行,否则就会为所欲为。在制度支持上并不需要正式制度的完全变化,而是需要民众某种态度上的支持。这样,国家可以通过"类修宪"、司法解释等方式实现制度上的重新安排和重新调整,从而拓展政策能力。

1. 借势与"类修宪"

严格限制下的联邦政府要实现更大的权力,只得依靠权力关系调整,而按照美国联邦宪法规定的联邦制特征,为调整权力关系,只有依靠修宪。② 但是,由于联邦宪法规定了宪法修正程序上的困难性和复杂性,因而不可能长期通过修宪获得。另外,宪法的随意修正将会损害美国联邦宪法的严肃性和权威性。因而,在美国政治实践中,并不需要通过修宪,人民的支持可能是最好的实现合法性的途径,这可能是阿克曼所谓"类修宪"的实现途径。阿克曼在美国联邦宪法改革的研究中指出,美国政治生活可以分为两个时期,即宪法政治时期和常态政治时期。③ 宪法政治时期是实现制度较大变革的时期,这个时期,主要是通过发动人民大众的力量,增强他们对制度改革的认识和认知,通过一定程度的话语引导,以及政府与民众的互动,从而实现制度变迁。而在常态政治时期,则是制度上的渐变期。从权力资源的来源来看,人民的支持或许是不需要通过修宪获得国家权力的最好途径,这可以被称为"借势"。不过,借势的机会并不是总是存在,有时候需要国家制造的某些事件,使某个问题更

---

① David Mechanic and David A. Rochefort, "Deinstitutionalization: An Appraisal of Reform", *Annual Review of Sociology*, Vol. 16, 1990, pp. 301 – 327.

② Joseph F. Zimmerman, *Contemporary American Federalism: The Growth of National Power*, State University of New York Press (2 edition), 2009, p. 6.

③ [美] 布鲁斯·阿克曼:《我们人民:宪法的变革》,孙文凯译,法律出版社 2009 年版。

具可见性。

谢茨施耐德指出,在自由社会,政府的生命力在于冲突,冲突的扩散性构成了政治的核心特征。政治的要旨是公众于冲突扩散过程中的参与方式以及通过何种方式控制公众与冲突间的不稳定关系。① 冲突各方的成败取决于它是否成功地使旁观者或者潜在的参与者进入或退出冲突。民主政府作为冲突社会化的工具,为寻求更大的政策性支持力量,往往寻求使冲突社会化,使国家倡导的政策问题明晰化。冲突范围的改变会带来一种新的竞争模式、力量平衡和一种新的冲突结果。例如,为实现国家政策偏好,肯尼迪总统对民权运动的支持(这一点遭到一些保守势力的反对和攻击);约翰逊总统借助民权运动的势力成功推动《1964年民权法案》《1964年经济机会法》《1965年中小学教育法》等;里根时期最初的教育改革遭到反对,但是通过贝尔部长及国家优异教育委员会的《国家处于危机之中》报告的发布,为他的改革带来了合法性和制度支持,虽然后来的改革并不完全顺应里根最初的逻辑发展,但至少把教育政策的方向转向了对质量和结果的关注。这些使本需要修宪才能实现的权力关系的转变通过冲突的社会化和利益关系的重构而实现了,达到了实现国家政策能力的目的。

2. 司法解释和判决

国家权力的另一个制度支持途径通过司法解释和司法判决实现。"一旦事情成为法律问题,法院就是权威,由大法官组成的联邦最高法院就是最高权威"②,这一原则贯穿美国"依法而治"的两百多年历史。最高法院也是政策制定机构,要么通过它的决策的直接影响,要么通过这些决策对公共舆论和政治观点产生的间接影响。联邦最高法院的终审判决能够改变公民权利、经济权利、个人自由以及公共权力的范围。③ 因为宪法规定本身的原则性和模糊性,在执行过程中需要司法解释,这个过程可能带来权力结构的重新调整。

---

① [美] E. E. 谢茨施耐德:《半主权的人民:一个现实主义者眼中的美国民主》,任军锋译,天津人民出版社2000年版,第1—3页。
② 参见任东来等编《美国宪政历程:影响美国的25个司法大案》,中国法制出版社2005年版,王辑思所作序言。
③ Benjamin Farnham, *Models of Supreme Court Decision - Making: Measuring Justice Ideology and the Validity of the Attitudinal Model*, https://www.politicalscience.uncc.edu.

按照一般逻辑，依法而治的法院应该是去政治化的，因而人们低估了美国最高法院在政治系统中的重要性。其实，美国最高法院的政治功能，在20世纪国家政策的争议性问题中甚至起到决定性作用。① 罗伯特·达尔分析指出，在很多情况下，法院似乎成为被社会所忽视的少数人权利的维护者，成为维护公平正义的政治性组织。"在某种不确定的情况下，如果我们把'政策制定中的多数'看作全国多数的等价物，那么检验这样的假设是可能的，即法院是少数群体用来抵制和反对多数人侵害的防护物和保护者。"② 法院维护了多数人的利益和受到社会忽视的少数人的利益。它也是防止多数暴政的保护神。主持正义、维护宪法原则，是联邦最高法院工作的旨归。不过，达尔的研究所用的经验案例来自1957年以前的历史事实，因而他认为，虽然法院有违宪审查功能，但是从直到1957年的历史来看，法院的这种能力并没有得到很好的体现。卡斯珀（J. D. Casper）在达尔研究的基础上，针对1957年之后最高法院的工作所做的研究，指出了联邦最高法院在国家政策中所起的作用。1957—1976年短暂的时间内，在28个案件中最高法院宣布了联邦法律中的32条违宪。而1790—1957年，只在78个案件中86条被宣布为违宪。从频率上来说，在1957—1976年20年最高法院比过去168年更为积极。③

这种情况下，法院通过违宪审查，宣布经国会多数通过、总统签署的法律违宪而实现其功能。另外，最高法院通过裁定州和地方行为的违宪，防止国家问题中地方利益对多数人权利的损害。④ 在一定程度上说，法院的这种政策功能可能有效地减少甚至抵制了国会议员受到利益集团控制，而维护了立法代表者代表国家利益和公共利益的形象。通过违宪审查，维护了宪法的原则，体现了国家的自主。但是，美国法律判决也可能会受到金钱、舆论、法官个人的党派色彩和信仰等多方面的影响，因此绝非总是完全公正无私的。不过绝大多数情况是，在三权分立制衡

---

① Robert A. Dahl, "Decision Making in a Democracy: The Supreme Court as a National Policy - Maker", *Journal of Public Law*, Vol. 6, No. 2, 1957.
② Ibid..
③ J. D. Casper, "The Supreme Court and National Policy Making", *American Political Science Review*, Vol. 70, 1976, pp. 50 - 63.
④ Ibid..

机制和司法独立的制度安排下，法院能够相对地做到代表宪法和国家的价值观。在这种前提下，宪法和最高法院具有最高的权威，最高法院对宪法作出适合国家方向的解释，成为一种宪法性规定。

虽然最高法院在很大程度上保证了国家的自主，但是司法判决也可能与总统、国会偏好不一致，甚至相反，这在一定程度上影响了国家作为统一行动的效力。尼克松时期法院裁定要求继续实行学校融合，并强调用校车运送学生以促进废除种族隔离，实际上与尼克松支持的补偿性教育思想不一致。不过，司法裁定其目的也是执行宪法平等条款和"布朗案"判决，这样尼克松时期的国家自主性在总统和法院的观点冲突中打了折扣。可见，联邦政府三部门观点趋于一致并遵照国家利益的政策，才能增强国家的自主能力。

作为一种对宪法的解释和运用，司法判决作为先例也成为重要的政策遗产，成为后续立法和政策的基础。研究制度支持，我们需考虑"新政策产生了新的政治"这一经典所蕴含的深意。基于既存范式所做的选择不仅具有选择和决策成本上的方便，更在于既存范式为国家政策能力提供了制度基础和合法性。前面的重要公共政策也成了重要的规则，本身也在公众文化—认知框架内产生了影响。

3. 总统的策略行动

20世纪的美国政治，是伴随着强总统制而出现的。国家政策能力，依赖于制度支持和权力资源；而制度支持的获取和权力资源的获得，往往在于作为国家政策核心行动者的总统不失时机地采取策略行动。总统的政策倡议要实现立法，必须通过国会，但是公共观点是形成国会支持的有用工具。① 总统不仅要制造公众舆论使其支持国家行动，也需要回避争论点。威廉·多姆霍夫就指出，权力精英塑造大众舆论，制造一种民众倾向于这种或那种政策的印象。② 主动采取行动是必须的，总统或行政部门或许在如何争取大众支持上是一个关键性角色。公众有现实公众和潜在公众，有时候通过一种象征、符号和话语解释能够激发潜在公众从而起到赢得更大支持的异样效果。约翰逊总统通过把教育和整个国家的

---

① Paul C. Light, *The President's Agenda: Domestic Policy Choice from Kennedy to Clinton*, Johns Hopkins University Press, 1991.

② [美]威廉·多姆霍夫：《谁统治美国：权力、政治和社会变迁》，吕鹏等译，译林出版社2009年版，第255页。

贫困问题紧密联系，并借助民权运动的力量，成功地实现了政策偏好；里根政府在改革遇到阻力时，应允教育部部长贝尔成立优异教育委员会对全国教育状况进行调查研究，发布《国家处于危机之中》报告，为进一步改革提供合法性，在一定程度上实现了国家的政策能力；里根政府欲扬故抑地使用类似于"休克疗法"的行动策略，首先提出欲废除教育部，进而通过《国家处于危机之中》报告所揭示的美国教育"平庸"绩效现状带来的震惊事件的影响，为80年代至今国家权力的实现和引导政策发展提供了条件。

如何尽可能积极动用现有资源，为权力实现的制度支持创造条件，可能是最为关键的行动策略。保罗·C. 莱特强调，资源是总统国内议程的关键。[①] 这样的资源可以分为两类，即内部资源如时间、信息、专门知识和能量；外部资源如国会支持、公众赞同和选举差额优势（electoral margin）。不过这些资源是稀缺的，能否主动地、充分地利用这些稀缺资源实现制度支持和权力资源，是国家实现政策能力的关键。

紧急情况下国家特权的使用，从国家利益高度建构政策问题，通过模糊的意义实现重要的政治功能，也都是通过策略行动实现国家自主的途径。在紧急情况下或者危机之中（实质的或建构的），国家在教育问题上发动政治动员以使人们支持国家利益；依赖人们对国家利益的一致认同，为政策赢得更多的合法性。为了减少社会组织的反对力量，政府政策经常包括一系列模糊的声明和逻辑上不一致的行动。模糊性经常使合作更为便利，使妥协成为可能。模糊性可以帮助回避、阻止同意建立的障碍。另外，为了实现国家偏好，而适当地加入总统可能本不太愿意接受的修正，尽量扩大政策的支持力量；国家通过策略行动，通过对政策做出另一种解释，而避开政治敏感的争论。比如，约翰逊总统把资助的对象转向孩子，而不是学校，很好地避开了长期以来的争论。

总之，"制度铁笼"并没有完全限制住国家的手脚，而只是约束了公权力的滥用。民众的认知和宪政结构共同构成了美国社会法制的传统。国家权力的使用，必须在这种法治和传统结构下实现。另外，国家权力的实现与国家的民主责任相辅相成。

---

① Paul C. Light, *The President's Agenda: Domestic Policy Choice from Kennedy to Clinton*, Johns Hopkins University Press, 1991.

（二）权力资源理论

学者在对西方福利国家进行的比较研究中，用到了权力资源理论。它用以解释，为什么那些具有相似的基本结构和相似的社会的、政治的和制度特征的工业市场经济国家在社会保障、社会保险和再分配方面发展了不同的体制。[1] 在排除了宗教信仰这个可能的变量之后，最有效的能够解释这种差别的理论就是权力资源理论。是工人运动的压力和社会支持的不同，导致了民主国家在福利政策上的差异。虽然已有研究已经指出，用工人运动的差别解释美国和瑞典在经济大危机时期的福利政策的差异具有可商榷性[2]，但是把权力资源作为国家政策的合法性来源这一点是值得我们借鉴的。

权力是理解社会的支点，实际上也是一种具有支配性力量的社会资源。权力涉及影响其他行动者以及影响政策过程的能力，需要其他行动者按照权力持有者的偏好和意愿行动。马克斯·韦伯对权力的定义："权力意味着在一种社会关系里哪怕是遇到反对，也能贯彻自己意志的任何机会。"[3] 政策过程中的国家自主，需要权力资源。相对于其他国家而言，民主国家有着更少的权力资源，而美国联邦制国家可能是学者所认为的最典型的弱国家的唯一代表。

关于权力特征的对立观点，成为社会合意和冲突的基础。[4] 一般认为，权力的实现方式有两种，即强制和劝服。迈克尔·曼把国家权力作专制性权力和建制性权力的划分，可能就表达了这种特征。如果说专制性权力体现为威权形式，并牢固地控制着社会[5]，那么建制性权力则是一种更为民主的权力运行方式。为了实现目标，国家可能需要采取极端的

---

[1] Bo Rothstein, Marcus Samanni and Jan Teorell, "Explaining the Welfare State: Power Resources vs. the Quality of Government", *European Political Science Review* / First View Article / November 2013, pp. 1 – 28.

[2] ［美］彼得·埃文斯等编著：《找回国家》，方力维等译，生活·读书·新知三联书店2009年版，第149—150页。

[3] ［德］马克斯·韦伯：《经济与社会》（上卷），林荣远译，商务印书馆1997年版，第81页。

[4] Walter Korpi, Julia Sila O'Connor, Gregg Matthew Olsen, *Power Resources Theory and the Welfare State: A Critical Approach: Essays Collected in Honour of Walter Korpi*, University of Toronto Press, 1998, p. 37.

[5] ［澳］琳达·维斯和约翰·霍布森：《国家与经济发展：一个比较及历史性的分析》，黄兆辉等译，吉林出版集团有限责任公司2008年版，第8页。

高压手段①，或深深地嵌入社会中。这种依靠威权力量的所谓的强国家可以导致对社会破坏性的高能力，会造成社会能量不稳定以及浪费，所以选择它作为长期发展手段实在是不可取的，它所实现的自主也只是暂时的。再说，对于民主国家而言，权力的这种实现方式也似乎不太可能。自主性国家不一定是强大的或高效的。随着人们对专制性权力可能带来的负面效应越来越深刻的认识，人们把视线转向了国家建制性权力的使用。真正意义上的强国家行使建制性权力而非专制性权力，真正的强国家不是打压和弱化社会。

琳达·维斯和约翰·霍布森在对国家和经济发展之间关系所做的研究中指出，国家建制性权力的使用不是零和博弈，强国家令社会更为强大的规律。也有其他研究指出了大众民主如何加强了国家的权力。② 这样的观点打破了传统所认为的，国家自主性越高，与社会组织的距离就越大，只能通过削弱社会力量来强化国家能力的观念，从而为民主国家权力资源的获得提供了可能实现的条件。维斯和霍布森把建制性权力分为三个维度，即国家对社会的"渗透"力量、财政等资源的汲取力量和建制性权力的"协商维度"。③ 实际上，随着社会民主化程度的提高，国家权力的实现不再是对社会的专制和控制，而是更多地需要"治理式互赖"，强国家和强社会是"互构"的。这一点，不仅体现在国家和社会的关系上，也深刻地体现在联邦制国家的全国性政府和州政府以及地方政府之间的关系之中。

与美国教育政策相关的，是极强的国家利益。理论和实践已经证明，教育与一国经济发展有着密切关系。因而，美国要保持国际领先的经济、科技水平，必然要加大资源投入以改善和提高教育。不仅国家政府自己会如此，它也会想方设法引导州政府关注教育的资金投入和质量。由于美国社会中不平等现象的广泛存在，严重影响了政权的合法性，也似乎违背了联邦宪法的精神。国家为了培育和获得合法性，需要照顾到弱势

---

① ［澳］琳达·维斯和约翰·霍布森：《国家与经济发展：一个比较及历史性的分析》，黄兆辉等译，吉林出版集团有限责任公司2008年版，第268页。
② Samuel DeCanio, *On the Autonomy of the Democratic State: How Mass Democracy Promotes State Power*, Doctor of Philosophy (Political Science), Ohio State University, 2008.
③ ［澳］琳达·维斯、约翰·霍布森：《国家与经济发展：一个比较及历史性的分析》，黄兆辉等译，吉林出版集团有限责任公司2008年版，第4—9页。

群体的利益，增强社会的平等。毕竟，政治民主是国家获得合法性的主要途径。[1] 因而，教育是国家解决社会问题的工具。国家欲实现其利益和自主引导政策变革，需要更大的行动空间，从而需要权力资源。另外，美国国家特殊的联邦制结构，决定了联邦政策执行中的困难。联邦政府没有较为庞大的官僚团队和力量，因而需要与州合作，通过建制性权力的使用和思想渗透，达到州和地方对联邦政策的认同和严格执行，以实现国家目标。在对美国国家政策能力的研究中，我们不仅要考虑国家权力的使用，而且要充分考虑国家内部各部门之间的关系。建制性权力越大，对国家利益的把握、实现国家利益与公共利益结合的程度越高，引导公众思想和认知的能力就越强，联邦政府各部门达成一致认同的可能性也越大。依照建制性权力的特征，可以对美国国家教育政策能力实现的权力资源条件进行分析。

1. 财政资助

美国国家在教育政策上的自主性，首先需要联邦政府具备较为雄厚的财政和税收支持能力。不过在20世纪初，美国国会已经基本实现了这一步。在1913年通过的《联邦宪法修正案》第16条中规定："国会有权对任何来源的收入规定和征收所得税，无须在各州按比例进行分配，也无须考虑任何人口普查或人口统计。"[2] 可能也是伍德罗·威尔逊总统时期的美国政府意识到长期以来国家自主权力缺乏的困境，它明智地在宪法上为国家财政能力提供了保证，为其自主行动能力打下了坚实的基础。鲍姆加特纳指出，在美国公共政策中一个最为明显的特征是这个国家对教育特别的保证。社会福利和健康保健的比较研究已经显示，美国的开支落后于大部分西欧国家，但是美国在教育上的投入相比于它们却是很大的。[3] 没有一定的财政汲取能力，这一点无法做到。

美国中小学教育政策最为关键的是通过联邦财政资助这一政策杠杆发挥重要作用，其中第一条是核心。不过也需承认，美国国家财政资源也是有限的，这一点决定了依靠财政资助的政策杠杆实现建制性权力能

---

[1] 罗伯特·达尔：《论民主》，商务印书馆1999年版，第67页。
[2] 《美利坚合众国宪法》，http://www.usconstitution.net/const.html。
[3] Frank R. Baumgartner and Jack L. Walker, "Educational Policymaking and the Interest Group Structure in France and the United States", *Comparative Politics*, Vol. 21, No. 3, 1989, pp. 273 – 288.

力上的限度。因而，需要将思想和权力上的渗透能力与协商能力作为重要的也是必要的条件来保证。

2. 渗透能力

在维斯和霍布森的观点里，"渗透"力量是指国家进入社群并能与人民直接互动的能力。建制性权力更多地表现为劝导，而劝导更多的是思想上的。思想形塑人们理解政策问题、界定目标和策略的方式，作为互动和交流的媒介，它对人们理解政治过程中的利益，有着非常重要的影响。学者已经指出，通过强调思想，可以解释为什么人们有时候采用与他们直接的物质利益发生矛盾的立场。① 思想是认知的产物，也是认知的来源。受思想的驱动，人们可能接受某种观念，采取某种行动，或者接受某种控制。思想没有恒定性，它是流动的；制度不是僵化的，它也是动态的；它们都会随着时间发展甚至变化。可以通过思想的影响，实现认知的转变，从而实现再制度化进而实现权力关系变化。在本书中，这种"渗透"力量主要是指以总统和教育部官员借助话语的途径、通过思想和观念的影响，与社会及其他层级政府互动，实现国家影响社会、民众和州政府及地方政府认知的作用。如果一个国家通过思想的渗透、利益的引导，实现一个更广泛的能渗透到社会和其他层级政府的能力，使国家权力在其中可能施与更大影响的话，它将可能拥有更大的自主性。在国家对教育政策的引导上，主要是通过对政策问题的界定、适时通过思想引导使得国家所持有的价值观，通过一定的方式被州政府接受，并得以较好地实行，在州政府制定的辅助性政策中能够得以体现，进而实现政策目标、实现国家利益。

3. 协商能力

"协商"也是一种实现建制性权力的重要方式。维斯和霍布森的"治理式互赖"的概念就是针对这种通过协商与合作方式实现权力的，它是一种具有高度战略性和制度化的合作方式。在全国性目标的设定以及引导州政府对国家政策的执行上，特别需要这种协商与合作。从根本上说，协商也体现为一种"渗透"力量；或者说，通过协商与合作，国家达到渗透性作用，进而实现建制性权力。但是渗透能力的实现途径不仅仅是

---

① Daniel Béland and Robert Henry Cox, *Ideas and Politics in Social Science Research*, Oxford University Press, USA, 2011, p. 5.

协商，其实现方式更为广泛。全国性政府运用思想渗透，对州政府进行政策价值观上的引导，并与之协商和合作，形成国家主导政策的局面。国家的协商能力，体现在国家政府和州政府以及联邦政府内各部门或者两党之间的协商，有时候也表现为国家与强势反对利益集团的协商。在美国，政府是支持利益集团成长的，甚至对其给与财政补贴，虽然并不一定很积极。因为社会组织的分散性，国家可能采取策略性行动有针对性地支持某些组织。鲍姆加特纳的研究就指出，国家教育部应适时对最有影响的利益集团予以财政资助。国家在不同时期、有选择地对较大的利益集团进行资助，以寻求他们对国家政策的支持，这可能是美国国家策略中最重要的一个组成部分。毕竟，教育对国家不同时期而言，重点是不同的。在肯尼迪和约翰逊时期，国家政府就大力支持全国有色人种促进会（NAACP），以寻求更大的权力资源，实现国家利益和目标。

总之，国家影响教育政策发展过程中，能否充分争取权力资源，是一个重要变量。实现政策偏好和维持政策偏好，都体现出国家的自主，是政策能力之重要表现。联邦政府在引导政策发展过程中，通过财政能力与资助政策杠杆、渗透性力量和协商力量实现建制性权力。这三种权力使用方式没有绝对的界限，在政策过程中往往会同时使用。

通过这种方式实现的国家权力，不会导致零和博弈。苏珊·富尔曼等人（Susan H. Fuhrman and Richard F. Elmore）在研究中证明了，虽然州政府在教育改革中对地方施与了重大的影响，然而地方和州之间关系并不是零和博弈。[①] 可能正是因为州政府建制性权力的使用，双双加强了他们各自的权力，从而实现了教育的发展。联邦政府在引领教育发展过程中，对教育领域的介入可能会遭到抵制；州和地方可能会通过抵制和矫正联邦教育政策以保护他们所认知的利益。[②] 不过，联邦通过建制性权力的使用，引导了州和地方政府对利益的重新认识，而且也加强了州政府和地方政府的权力，从而实际地加强了联邦政府的政策能力。

三 历史维度中的政策发展与政策能力

对时间和历史的关注，近些年成为政策研究中一个重要视角。不过，

[①] Susan H. Fuhrman and Richard F. Elmore, "Understanding Local Control in the Wake of State Education Reform", *Educational Evaluation and Policy Analysis*, Vol. 12, No. 1, 1990, pp. 82-96.

[②] Sandra Vergari, "The Limits of Federal Activism in Education Policy", *Educational Policy*, Vol. 26, No. 15, 2012, p. 15.

在很多社会科学研究中,过去主要是作为一种经验材料的来源,而不是作为严肃考察政治是如何随着时间发展的场所。① 非历史性视角下的研究一般会聚焦于当时的政策选择,或者是针对历史上某一时间点上的政策立法。这种排除时间性或事件的前后历史逻辑的路径,忽视了社会发展的前后逻辑。

在政策研究中加入时间和历史的维度,主要基于这样一种认识,即社会世界是一个随着历史不断展开的过程。它既能解释由于不同时期的社会环境和国家需要而进行的政策选择,也能解释在无法实现政策急剧转变时期的持续政策发展。与之相关的概念有正反馈、自我强化、路径依赖、政策遗产、关键连接点、震惊性事件等。威廉·斯威尔(William Sewell)给路径依赖所下的定义是,在早期一个时间点上发生的事件,将会影响后续时间点上发生事件的可能结果。② 更为明确地理解就是,一旦一个国家或者一个地区开始进入一个轨道,那么逆转的成本会很高。虽然可能也会有其他的选择,但特定的制度安排阻止了政策安排上的轻松改变。

路径依赖这一概念被广泛地用来分析制度或政策过程,特别是在关于历史制度主义或政策发展历史的研究中,它强调了政治系统中的自我强化或正反馈的动力。一旦一种特定的路径得以确立,自我强化将使逆转变得非常困难。比如,政治动员模式、游戏规则的制度化、公民的文化和认知、思考政治世界的方式,都将会产生自我强化的动力学。即使是一种权力关系以及与之相关的政策能力,也会因为社会的建构过程而实现制度化,深深地嵌入与之相关的制度性安排之中,深深地嵌入组织和政治行动所理解的占据优势地位的模式里。有学者指出,思想为行动者提供动力,并且一旦思想嵌入制度之中,它们也会制度化,甚至合法化这种权力差异。③ 思想和制度之间相互加强的效应,依据路径依赖的解释应该是:思想导致行动,形成路径,从而形成制度,从而进一步形塑

---

① Paul Pierson, "The Study of Policy Development", *Journal of Policy History*, Vol. 17, No. 1, 2005, pp. 34–51.

② William Sewell, "Three Temporalities: Toward an Eventful Sociology," in *The Historic Turn in the Human Sciences*, McDonald and J. Terrence, Ann Arbor: University of Michigan Press, 1996, pp. 262–263.

③ Daniel Beland and Robert Henry Cox, *Ideas and Politics in Social Research*, Oxford University Press, USA, 2010, p. 9.

信念和利益认同,这成为国家政策能力得以实现,甚至不断强化的原因。

系统地思考政策是如何随时间而发展的,能够界定关于现时政治的可能性及所受的约束。特别是,它能够帮助我们理解国家政策能力实现的可能路径。保罗·皮尔森指出,自我强化过程确实能够帮助我们理解为什么组织和制度的实践经常特别持久和稳固,而这样的持续性是社会世界的显著特征。[1] 这种不断自我强化的过程,就是政策或制度的稳定性。从最广泛意义上来说,制度包括正式制度和非正式制度,这些制度一旦形成一种文化和认知,它将对所有人产生影响甚至约束。即使是基于制度而形成的公共政策也会随着时间的变迁而制度化,这些都会对行动者的行动有着限制作用。"新的政策产生新的政治",每一项政策都会产生支持者,也会产生一种固定的权力关系和利益关系。这种关系还会随着时间的变迁而制度化。比如,虽然"伟大社会"在历史的发展中已经足以证明其非现实性,但是围绕"大社会"而留下来的 ESEA 所能提供的对社会处境不利学生的资助项目不可能简单删略,它已经在 1965 年以后随其制度化而深深地嵌入人们的思维和对未来的希望,以及美国社会制度之中,它形成了美国国家对社会的一种坚定承诺。

由于路径依赖或自我强化,在原有权力关系和政策范式指导之下,必然产生一种为维护和保持一种稳定性现状的力量,并不断生长,它们会抵制改变,甚至会不惜使用斗争和运动来维持现状。在一定的权力关系和政策范式内所制定的政策代表着与前面逻辑相似的权力关系和利益分配关系,这样的模式能够被容忍。但是,在权力关系和利益关系的博弈之中,也呈现出一种渐进的变化。比如,在美国教育政策发展中,两党之间政策主张的竞争,以及各种社会组织在与政府的博弈和讨价还价过程中,也会对政策思想和范式产生影响,会加入新的元素,加入新的理解,从而在某一点上形成新的平衡。这样一种权力关系的动态平衡需要基于一种辩证关系的理解。正如经济学家,比如保罗·萨缪尔森指出的:"在经济学家的研究中,'动态'和'静态'这样的单词不过是像好和坏、现实与非现实、简单与复杂一样,是一组相对和辩证的关系的词。"[2]

---

[1] Paul Pierson, *Politics in Time: History, Institutions, and Social Analysis*, Princeton University Press, 2004, p. 52.

[2] Paul A. Samuelson, *Foundations of Economic Analysis*, Cambridge, MA: Harvard University Press, 1947, p. 311.

斗争辩证法和矛盾辩证法是社会的本质特征，稳定和变迁能够用相对的行动实体之间的权力平衡关系加以解释。[1] 行为体为保持相对于其他行动者之间的现状而进行的斗争和适应的努力，产生了稳定性；而发展和变迁发生于相对的价值观、力量或事件为获得足够的权力而去改变现状时。

实际上，国家要实现引导政策发展的能力，必须克服强大的制度性障碍，包括权力关系去制度化和再制度化过程。在美国的政治环境之下，由于所谓传统"弱"国家的特征，要实现制度的急剧变迁只得借助于危机事件对传统文化认知再生和繁殖机制的破坏，或者通过利益关系引导，转变民众的文化和认知，从而能够借助社会的支持力量实现政策变迁。比如随着"伟大社会"计划遭到质疑以及本身呈现的大量问题，已经证明原有的政策和制度再生机制已经恶化，必须加以改变。这样，特别的反馈圈被外部事件或者制造的事件所打破，这样的事件成为政策发展中最为关键的转折点。这样的转折点通常归功于外部震惊事件，它打断和颠覆了特定的繁殖以前既存路径的机制。

政治生活的转变，需要制度支持和权力资源。正如皮尔森所言，一些社会过程可能没有什么重要性，直到它获得关键多数的支持，然后才能触发主要的改变。[2] 但是，在美国政治环境下和历史上，这种剧变实际上是很少的。美国教育政策发展中存在可以算作剧变时期的，第一个是20世纪五六十年代由于公民权运动和苏联卫星上天，以及国家领导人的偏好等因素的结合，导致了一系列政策的出台。第二个是1983年借助《国家处于危机之中》报告，实现了从盲目强调平等和资金投入向注重绩效结果和优异教育的转变。不过，这一次更多的是通过国家危机的再次提醒，加强了原来忽视的内容，实现了国家政策能力。

传统上，研究者认为，政策是政治力量的结果。不过，政策也可以被看成政治力量的原因。公共政策在某一点上的突破，是权力关系结构改变的结果，对于美国教育政策而言，是国家政策能力变化所致。按照路径依赖和政策反馈原理，在这一政策范式基础上的权力关系会不断强

---

[1] Andrew H. van de Ven and Marshall Scott Poole, "Explaining Development and Change in Organizations", *The Academy of Management Review*, Vol. 20, No. 3, 1995, pp. 510 – 540.

[2] Paul Pierson, "The Study of Policy Development", *Journal of Policy History*, Vol. 17, No. 1, 2005, pp. 34 – 51.

化,因而政策能力也会强化。应该说,美国政治和政策,基本上呈现渐变和发展状态,也就是社会生活的"慢移"维度。美国的政治制度和公众的文化—认知等非正式制度对各种权力关系的限制,决定了美国的这一政策发展状况,这是最为根本的结构性原因。但是,在政策发展的过程中,国家通过渗透性权力的使用,也能够自主地引领政策的发展方向,并在这一方向上实现能力强化。而这一过程是依靠总统及其行政的特定地位实现的。总统是唯一拥有全国多数选民支持而获选的官员,通过他的领导,至少能够产生非直接的影响。总统能够通过其"天字一号讲坛"传达其政策思想,影响政策发展。[1]

在政策过程中,加入时间和历史维度,从而探讨政策发展和政策过程的前后逻辑,探讨在时间维度里政策范式如何得到延续,以及在这一过程中权力关系如何得到进一步调整,政策能力如何得以强化而呈现出当前的状态的,是非常重要。

前面已经论述,美国基于对抗性原则的制度设置、分散化权威的国家结构以及与之相伴的美国社会长期以来形成的政治文化,决定了国家政策能力低弱。教育中始终存在国家利益,教育是国家用来解决社会问题的工具。国家要自主地引导政策发展,需要制度支持和权力资源,而借助于最高法院司法判决和总统或行政部门的策略行动,可以实现社会对国家利益的认知与认同。国家重要决策者在政策过程中不断地通过思想和权力的影响,引导全国教育政策发展。在需要政策转变的关键时期,借助社会力量的支持,使得国家政策能力得以重构,政策范式得以转变。而在政策的继续发展中,通过权力的渗透和思想上的影响维持国家政策偏好。为进一步展开研究,在后面几章内容中,本书根据不同时期的国家权力状况和教育政策发展,进行具体的结合案例的解释。

---

[1] Paul Light, *The President' Agenda: Domestic Policy Choice from Kennedy to Reagan*, Johns Hopkins University Press, 1991.

第四章　国家利益与问题建构：艾森豪威尔的遗产

在接下来的四章我们需要基于美国中小学教育政策的发展过程，结合具体案例，对美国国家政策能力重构过程进行全面考察，对相关问题做出解释。

第一节　政策问题建构的逻辑

对问题的界定是政策议程设置的第一步，也是可能实现政策变迁最为关键的一步。不能对"问题"达成共识，将很难有政策的产生和发展或者对既有政策的修正。一般认为，政策问题是能通过公共活动得以实现，但还未实现的需要、价值或改进的机会。[1] 政策问题的建构，首先得益于利益相关者对社会问题的反应。不过，问题是观念的产物[2]，因为利益就是社会地建构的，建构问题具有极强的主观性。在后实证主义政策分析范式里，问题的建构是在行动者之间达成对决策可能的一种共享的理解，这种共享的理解被用作对一种决策行动协商和谈判的基础。[3] 在建构政策问题的过程中，利益相关者可能进行基于政策问题的社会学习，从而转变他们对利益的看法。对于德博拉·斯通而言，"问题界定"的本

---

[1] David Dery, *Problem Definition in Policy Analysis*, Lawrence, Kansas: University Press of Kansas, 1984.

[2] Sussel Akoff, *Redesigning the Future: Systems Approach to Societal Problems*, Hoboken: John Wiley & Sons Inc., 1974, p. 21.

[3] D. Shaw, M. Westcombe, J. Hodgkin, and G. Montibeller, "Problem Structuring Methods for Large Group Interventions", *The Journal of the Operational Research Society*, Vol. 55, No. 5, 2004, pp. 453–463.

质是"因果故事"。① 在这里，政治行动者把困难的条件转化成人类应该负有责任的公共问题。这个因果故事确定了损害和困难；描述了是什么导致了它们；给予个人和组织道德上的责备；主张政府有责任开展行动以阻止伤害和困难继续发展。正是这个完整的原因故事，界定了政策问题。韦斯（Weiss）在德博拉·斯通研究的基础上附加了一条，即关于人们是否应该行动、应该如何行动的争论在因果故事里起着重要作用。②

安德森认为，"不得不求助于政府"似乎是政策问题产生的必要条件。③ 某些状况要成为政策问题，它必须被看作适合于政府行动的议题，而且政府有解决问题的能力和方案。但是，在美国传统观念和制度性规定中，联邦政府根本就没有介入教育的权限，对教育无偿的经费支持是可行的，但在控制性权力上时刻受到制度的约束和限制。要实现自下而上的问题建构，只能借助于社会问题和焦点性事件，使民众自觉地寻求制度变迁，从而求助于政府。

从本质上说，问题建构的逻辑也形成了制度的文化—认知基础。虽然决策是在政府小范围内进行，但没有问题建构基础上的一致认同，政府的政策过程不可能开展，政策变迁不可能形成。约翰·塞尔在区分了无情性事实和制度性事实之后指出，集体意向性是对某种现象赋予特定的地位以及与之相联系的一种功能。④ 这是其合法性和成为制度性事实的基础。要想实现适合联邦政府行动的问题界定，必须从社会制度的文化—认知上取得突破。只有形成集体意向性，才能实现社会观念的转变，实现再制度化过程。美国联邦宪法规定，没有列举作为联邦政府权力管辖的内容，都由州和人民保留。在传统的观念和文化—认知里，公共教育就不是联邦政府的责任。对于教育政策而言，没有整个社会对联邦政府在其中所应起到作用的期待，联邦政府不可能拥有超越于制度性限制的权力。虽然到底是公共舆论塑造了公共政策，还是公共政策塑造了公

---

① Deborah Stone, "Causal Stories and the Formation of Policy Agendas", *Political Science Quarterly*, Vol. 104, 1989, pp. 281 - 300.

② Janet A. Weiss, "The Powers of Problem Definition?" *Policy Sciences*, Vol. 22, 1989, pp. 97 - 122.

③ ［美］詹姆斯·安德森：《公共政策制定》，谢明译，中国人民大学出版社2009年版，第98页。

④ ［美］约翰·塞尔：《社会实在的建构》，李步楼译，上海世纪出版集团2008年版，第96页。

共舆论，一直是一个有争议的问题①，但是公共舆论为国家政策的转变形成了新的制度环境，这可能是一个值得肯定的结论。任何政策变迁都需要基于民众支持的合法性。18 世纪的政治学家埃德蒙·伯克就认为，在决定公共政策问题时，民主的代议者应该服务于人民的利益，而不是一味顺从他们自己的意愿。②一项公共决策若没有得到政治支持，则无论其专业化程度多高都难以持久，寻求公众支持可能是公共政策合法性的最为关键的途径。也正是在这种情况下，联邦政府才可能具有解决问题的权力资源和能力。不过，这种认知和观念上的转变，在美国却经历了很长一段历程。

从美国建国到 20 世纪初，联邦政府只是象征性地给予教育以支持，或直接以土地，或以土地换取的资金予以支援。这完全是一种无条件的资助，很少对州政府教育上的价值观和理念加以任何形式的干预，似乎从未试图打破宪法的规定性。"布朗案"和苏联卫星上天之类事件的发生，改变了全国对教育的政策态度。"布朗案"判决裁定原来"隔离但平等"的原则是不合宪法的，学校和其他公共设施（场所）必须废除种族隔离，从而确定了教育中最基本的平等价值观；而艾森豪威尔时期的《国防教育法》源于苏联卫星给美国人带来的震动，因而需要从国家层面加强教育。这一系列改变还不完全是联邦政府主动推动的，更多的因素在于整个社会对该事件与科技和教育在构建问题上的联系。但恰恰是这种从下而上推动政策问题的建构，为后来美国联邦政府引导政策问题建构提供了一种经验性策略。

艾森豪威尔的遗产主要有两个方面：一是形成了美国联邦教育政策发展的基调，即平等和优异；二是为后来联邦政府政策制定提供了典范，即教育政策问题建构和国家利益紧紧地联系在一起，并且可以利用公众对国家利益的认同实现公共政策。不过，20 世纪初的社会现实，为人们对政府职能观念认识上的改变提供了条件，也为美国国家政府干预教育提供了制度性背景。

---

① ［美］托马斯·戴伊：《理解公共政策》，彭勃译，华夏出版社 2004 年版，第 29 页。
② 参见上书，第 29 页。

第二节　社会危机与国家责任：政策能力重构的历史背景

制度的文化—认知要素观认为，行动者的社会建构，界定了行动者关于他们的利益是什么的思考。[1] 立体的"经济人"不是一种人类本性的反映，而是一种特定历史环境中出现的社会建构。也就是说，利益不是"自然而然的"，利益会因制度背景而变化。制度逻辑对于制度性秩序的存在十分重要。19世纪末20世纪初美国的社会现实，为美国民众的认知转变带来了可能，而这种转变首先是以对联邦政府角色的看法转变为主要特点的。这种情形也为联邦政府的能力扩张提供了制度基础。

一　进步主义运动：社会问题与公众认知转变

对于美国而言，19世纪末到20世纪初是一个"躁动不安的时代"。社会问题大量而密集地出现，是这段时期美国社会的主要特征，它们与工业化、城市化和移民运动的现状息息相关。同时，社会问题的恶化，使人们的价值观和对利益的看法、对社会问题和国家权力的认知都逐渐发生改变。这段时期，也被称为美国社会的转型期，史称"进步主义时代"。

内战后工业化中不受约束、放任的资本主义终于使美国尝到了它所带来的苦果。美国工业从自由竞争发展到了垄断资本主义时期，托拉斯为了获得某一行业或领域内的独占地位和有效的控制地位，无视消费者的需求或工人的要求，成为社会的特权阶级；不断增强的财富集中于这些巨型托拉斯，使它们构成了不受控制和不负责任的权力堡垒。不断增长的大型垄断企业损害了个人在经济上可能的机会，阻碍了小型企业可能的发展和进步，最终损害了美国传统社会所崇尚的自由竞争和平等机会。特别是，这些垄断企业为了保证其垄断地位，已经俘虏并腐蚀了政府官员和行政手段，使得社会更为不公。

由于垄断企业和政府官员占据着重要的经济资源和政治资源，整个

---

[1]　[美]理查德·斯科特：《制度与组织——思想观念与物质利益》，姚伟等译，中国人民大学出版社2010年版，第75页。

社会贫富悬殊。美国社会财富分配上的两极分化在 19 世纪末已经趋于极点。人们意识到美国社会的机会已经变得不再平等。[1] 新世纪[2]最初十年,像旧世纪最后十年一样,明显的城乡贫困迹象激起了人们对美国社会的不断批评。对于非白人、非新教徒以及妇女普遍的偏见和歧视也不断遭到批评,当时的妇女不分种族和宗教信仰,均无真正的机会平等可言。工业的发展是以其他社会和政治价值观为代价而取得的,人们在无节制地追求经济进步的过程中牺牲了这些价值。内战后人们的信心集中于美国所取得的物质成就,但是对世纪之交社会的道德水平的猛然下降,开始警醒。财富增长所凸显的社会冲突迫使美国人开始思考进步与贫困的关系。[3] 美国人认为,财富并不可恶,关键在于有产者如何处置财富,仅仅诉诸富人的自律是远远不够的。

进步主义时代是一个城市和中产阶级进行抗议的时代。[4] 在进步主义标签下,集结着各种不同的改革声音。人们反对扩大工业化、反对不受任何约束的金融资本主义势力。由于进步主义代表的是增长最快的那部分人口,因此它对整个国家都产生了重大的影响。问题的大量涌现,也导致了人们对传统联邦政府角色的思考,人们试图求助于国家干预。正如历史学家理查德·霍夫斯塔特所指出的,进步主义运动"扩大并重新界定了"农业人口的不满,推动了工业变革和政府体制的变化,"显著地影响了美国政治生活的整个基调"。[5]

在这种情形下,西奥多·罗斯福及后来的伍德罗·威尔逊都提出了治理社会问题和经济问题的举措。罗斯福的"新国家主义"的核心是"国家",他认为,国家的利益高于任何党派、阶级和个人的利益。联邦政府有权干预经济、规范经济,使之服从于国家和人民的整体利益。[6] 他

---

[1] [美] 西德尼·米尔奇斯、迈克尔·尼尔森:《美国总统制:起源与发展》,朱全红译,华东师范大学出版社 2008 年版,第 209 页。

[2] 这里的新世纪,是指 20 世纪。

[3] 钱满素:《美国自由主义的历史变迁》,生活·读书·新知三联书店 2006 年版,第 68 页。

[4] [美] 西德尼·米尔奇斯、迈克尔·尼尔森:《美国总统制:起源与发展》,朱全红译,华东师范大学出版社 2008 年版,第 209 页。

[5] 参见上书,第 210 页。

[6] 钱满素:《美国自由主义的历史变迁》,生活·读书·新知三联书店 2006 年版,第 76 页。

认为，对付垄断巨头的方法是授权政府对它们进行规范。而伍德罗·威尔逊提出了规范垄断巨头的另一种方式。他提出"新自由"的口号，希望采取措施打破经济垄断，并主张通过支持小型企业和鼓励竞争，而不是通过政府规范来恢复经济活力。① 他的最终目的是保护自由竞争的格局。

虽然进步主义运动时期政府只是实现了有限的改革，但它毕竟标志着民众自觉依靠政府权力来遏制资本垄断认知转变的第一步，也是走出古典自由主义向现代自由主义认识过渡的第一步。美国人改变了以前消极的国家观，在全美国社会也开始形成了一个新的共识，其核心就是国家（联邦政府）可能的作用。

二 新政改革：经济危机与国家责任的兴起

进步主义运动时期民众思想最主要的转变就是人们对利益有了重新的思考，原来美国一直信奉古典自由主义与有限政府，虽然说进步主义运动并没有真正取代这样的传统，但它的意义是深远的，人们对国家政府的理解与认知开始有了改变。罗斯福新政是进步主义运动的延续，不过这次更是确立了新世纪联邦政府在社会问题和公共问题上的责任。

20 世纪二三十年代的经济危机是史无前例的，这次"大萧条"对整个西方世界的影响比历史上任何一次经济衰退都要来得深远。以往的经济下滑一般仅限于几个国家或特定的地区，而"大萧条"则不同，"大萧条"是个全球性的现象。与过去相对短暂的经济恐慌不同之处是，这次大萧条似乎要一直延续下去，看不到尽头。大萧条所带来的崩溃是广泛而惊人的，而与其他国家相比，美国的形势更为严峻，持续的时间更长，失业率更高。詹姆斯·柯比·马丁描绘了美国"大萧条"时期人们生活的惨状：

> 排队买面包、厨房里只能熬汤、铁皮搭成的简陋居所、油毡盖顶的小房子，人们称之为胡佛村（Hoovervilles）。人们完全丧失了自尊心，饥饿的儿童甚至在垃圾堆上翻来翻去，搜寻腐烂的食物；许多家庭因交不起房租而被强令迁出，因此漂泊流浪者陡然大增；失

---

① 参见［美］韦恩·厄本、杰宁斯·瓦格纳《美国教育：一部历史档案》，周晟等译，中国人民大学出版社 2009 年版，第 269 页。

业人口不断攀升；大萧条在心理上沉重地打击了那些无业者。……在1929年美国失业人口还不到300万，而到1930年达到400万，1931年达到800万，1932年达到1250万。全国有四分之一的家庭连一个受雇领取工资的成员都没有。[①]

在传统观念里，救济属于慈善机构和私人事务，政府没有对民众福利关注的先例。因而在借助微薄的慈善机构帮助的情况下，一些家庭之间只得建立起更为密切的关系，想方设法度过这段艰难时光；许多家庭的亲戚们一起过，以节省开支；许多家庭从宗教信仰中求得慰藉，把希望寄托于相信一切最终会好起来，而另一些家庭则坚信自我的力量。但是严重的大萧条，仅仅依靠慈善机构的救济和个人之间的团结已经无济于事，人们对改革的要求变得不可抗拒，他们越来越指望政府伸出援助之手。然而，胡佛总统总是对经济形势保持乐观，他认为大萧条只是经济周期必然的一部分。他甚至认为，并没有人真的在挨饿，那些无业游民甚至比任何时候吃得都好。胡佛政府始终死守传统的思想与对放任自由主义的忠诚。和主流经济理论认为的一样，他认为政府的干预是不必要的，也是不明智的。胡佛是一个认真对待美国体制、坚守自由主义信仰的人，也不愿要求国会出面干预，因为他"不想联邦政府的权力扩大到这个种步"。[②] 对胡佛来说，他的目的是保障每个美国人享有尽可能发挥其才能的自由和机会。他也承认放任无序的个人主义会有危险，但是他认为，美国的个人主义受到机会均等的制约，不至于走向极端。但是，在这个特殊时期，从传统的道德和价值观看待政府的观念似乎过于理想，人们现在需要的是生存下去。全国人民对胡佛政府兴起了强烈的不满，人们对他的"形势一片大好"的宣言提出了强烈批评，指责胡佛对失业者和一无所有者的遭遇麻木不仁。面对大萧条严峻的经济和社会形势，非洲裔美国人甚至南方的民主党人在不同程度上致力于主张建立一个干预性的政府。

面对令人灰心绝望的形势，美国没有仿照苏联模式，也没有完全采

[①] [美] 詹姆斯·柯比·马丁等：《美国史》（下册），范道丰等译，商务印书馆2012年版，第1052页。
[②] [美] J. 布卢姆等：《美国的历程》（下册），第一分册，杨国标译，商务印书馆1988年版，第356页。

纳欧洲福利资本主义国家的观点，而是实用性地、实验性地摸索走出经济危机之路。在美国人对胡佛政府彻底失望之后，1933年富兰克林·罗斯福受命于危难。他上任后的第一件事就是恢复美国人对自由和对美国政府的信心。先前罗斯福在于芝加哥举行的民主党代表大会上接受总统候选人提名时的演说中，就许诺"为美国人民实施新政"。虽然当时他在演说中没有提到什么具体的建议，罗斯福却充满信心，也让许多绝望的选民看到了希望。在其就职演说中，他再一次表示，他对在他领导下的行政部门能结束大萧条充满信心。他宣称："我们唯一必须感到恐惧的就是恐惧本身。"他要求国会召开特别会议，请求国会授予他"广泛的处理紧急情况的行政权力，这权力要大到就像处理国家遭到外国侵略时那样的权力"。[①]

在就职后的头百日，罗斯福总统就敦促国会通过了15项重大议案，这些议案将对经济进行全方位重组。罗斯福新政期间通过的很多法律，为规范市场、为美国经济的复苏做出了特别的贡献。罗斯福及新政的实施者深受20世纪初进步主义改革的影响，并且他们认为，联邦政府不仅有权力，而且有义务干预经济生活的所有领域，目的是改善美国人的生活质量。除了坚信实用主义，他们一致反对经济的自由放任，罗斯福总统还试行他那些旨在推动救助、复兴和改革的政策和计划。

有学者把进步主义运动和新政改革进行了比较。霍夫斯达特认为，罗斯福是典型的进步主义者，不过有个重要方面罗斯福等新政实施者与进步主义迥然不同。[②] 新政面对的是大萧条，要解决更紧迫的现实问题，而进步运动基本上是向垄断兼并发起攻势，是要解决经济概念上的问题。中国学者钱满素也正确地指出，新政完成了一次政府职能的转变，它从两个方面永远地改变了美国的自由主义，一是政府对经济的干预，二是政府对人民福利的责任。[③] 进步运动的改革有着强烈的道德色彩，而新政

[①] 参见［美］詹姆斯·柯比·马丁等《美国史》（下册），范道丰等译，商务印书馆2012年版，第1062页。
[②] ［美］理查德·霍夫斯达特：《改革时代：美国的新崛起》，俞敏洪、包凡一译，河北人民出版社1989年版，第264页。
[③] 钱满素：《美国自由主义的历史变迁》，俞敏洪、包凡一译，生活·读书·新知三联书店2006年版，第91页。

者更为务实。① 道德改革是不能推动新政实施的。新政及新政所孕育的思想，代表了走出经济危机和人类超越传统观念及禁忌的胜利②，是以罗斯福总统所说的"大胆的、不屈不挠的实验"精神来设想和实施的。进步运动时期的立法显得缩手缩脚，而新政时期则以国家名义出台了大量的对经济进行干预、对民众实施保障的相关立法。进步时期的那些改革并没有把美国的政治和政府从19世纪末的状态中带出去多远，而新政的全部改革却使美国政治和政府的面貌焕然一新。③ 大萧条和新政的遗产注定了联邦政府要在社会安全、失业保障、工资和工时以及住房等问题上承担更大的政府责任。新政的核心不是一种哲学，而是一种态度，是国家应当负责的态度。新政对下层人物持一种普遍的温柔的态度，而进步主义更多地还是为了维护传统的、保守的美国价值传统。

虽然胡佛试图向传统的古典自由主义回归，但经济大危机的解决只能期待国家政府，是罗斯福总统领导的新政把国家权力真正确定下来了。新政不仅令人振奋地重新发现了这个国家富有人性的本质，而且恢复了美国人的古老兴趣，那就是对确确实实的成就感兴趣，对在世界上脚踏实地地干一番事业的兴趣。④ 不过，也正是罗斯福政府的自律和负责任的态度，保守主义者对传统的坚守，才不至于离真正的自由主义太远。

三 从进步主义运动到新政改革：政策能力提升与国家自主

从进步主义运动到新政改革，美国社会和政治完成了两次重要的转变。首先，进步运动完成了对"联邦政府是美国自由主义和个人主义道德价值观保护者角色"的认同。其次，从经济和福利上说，新政开启了政府是民众幸福的保证者的认识，提升了国家在社会事务方面的指导和保护能力。这两项改革为20世纪中后期国家自主奠定了基于文化—认知的制度性基础。

进步主义运动的最主要任务是恢复经济上的个人主义和政治上的民主，实际上是对传统美国价值的维护。人们普遍相信，19世纪末20世纪

---

① [美]詹姆斯·柯比·马丁等：《美国史》（下册），范道丰等译，商务印书馆2012年版，第1063页。
② [美]理查德·霍夫斯达特：《改革时代：美国的新崛起》，俞敏洪、包凡一译，河北人民出版社1989年版，第264页。
③ 同上书，第252页。
④ 同上书，第272页。

初的经济现实和政治现实摧毁了美国社会弥足珍贵的经济上的个人主义和政治上的民主，而进步主义运动时期的改革似乎能够复兴这种失去了的道德和公民的纯洁。[1] 虽然进步主义运动已经开始涉及政府的积极职能，也提出了一些积极的方案。但这些方案试图在全国范围内实施的时候，却激起了十分强烈的反对。在社会原来对国家（政府）的职能定位的观念与认知中，国家（政府）的概念首先是消极的，其次是保护性的。[2] 这一切足见人们思想观念转变上的艰难，思想的转变不会轻而易举，特别是对于美国稳定的社会结构和稳定的制度方面的认识而言。而思想是嵌入制度之中的，从而显见制度变迁的缓慢。如果不是严峻的社会现实出现，人们对联邦政府的介入一直都是持消极态度的。从道德上说，政府是道德的维护者，是自由主义的保护者，这是进步主义的任务。它开启了民众对利益、社会价值和道德与政府角色之间的关系的认识，使民众对国家权力的认知有了初步的转变，从原来完全排斥国家权力，到现在的认同国家在有些时候能够解决一些问题。特别需要提出的是，在 1913 年伍德罗·威尔逊总统时期为缓解财政危机而通过的联邦宪法第 16 修正案，极大地改变了联邦政府税收和资源汲取能力，为后续的教育政策中的国家政策能力突破奠定了较为稳定的基石。

而"大萧条"的出现确实最为彻底地使民众把个人利益与国家利益紧紧地联系在了一起，从而自由放任的自由主义走向了现代的自由主义。如果没有大萧条的绝境，从 20 世纪 20 年代的情势和胡佛坚守传统自由主义的态度来看，民众是不可能再会想到把联邦政府推到战斗的最前沿的，美国的传统体制不会轻易退让。一个例证是，即便存在"大萧条"，最高法院也宣布《全国复兴法》等新政立法违宪，许多保守派也对新政时期的政府改革提出了反对意见，认为罗斯福的计划侵犯了个人的权利，认为他是独裁。罗斯福总统充分认识到，不借助于民众的势力和舆论的力量，大的改革和政策变迁实难发生。为了更重要的国家利益和更紧迫的需要，需要灵活地采取一切可能的方法。为了实现国家自主，推进适合国家和社会需要的改革，为了赢得对他的计划的支持，罗斯福直接求助

---

[1] ［美］理查德·霍夫斯达特：《改革时代：美国的新崛起》，俞敏洪、包凡一译，河北人民出版社 1989 年版，导论。

[2] 同上书，第 255 页。

于民众。他多次通过电台进行"炉边谈话",后来通过电视,以朴素无华的简明语言,告诉听众他已经做了哪些事,要求公众要有信心和勇气。为了自主地实现国家目标,他毅然寻找机会撤换了最高法院的几名大法官,从而实现去制度化的改革过程。正是因为有着广泛的社会认同和民众支持,他的改革更具合法性。同时,罗斯福漫长的任期为他的各项计划的实施提供了充分的时间和时机保证,也奠定了后续发展的制度性基础。如此看来,新政改革的成功依赖于三个条件,即时间、总统个人的能力和民众的支持。不过即使罗斯福政府权力大增,在美国体制下搞个人独裁也是很困难的。虽然大萧条的社会现实和民众的支持明显增强了国家政府的能力,但美国制度的稳定,就在于权力约束的基本架构上的不可动摇性和民众对国家权力的警惕。虽然罗斯福挽救了自由主义,使新的自由主义更为人性化,更注重社会的正义但国会已经意识到总统权力过大的危险,进而修宪规定总统任期最多只能两届。

总的来说,从进步主义运动到新政改革,美国政治生活发生了重大的改变。这一改变是与国家责任和能力提升、总统权力增强和与之相适应的民众文化—认知上的转变相一致的。可以说,这一过程的艰难发生,从根本上带来了民众对传统自由主义的重新认识,即从消极自由主义走向了积极自由主义。因为,在现代性的废墟上,在后现代的视野中,传统的自由主义国家观念并未取得预想中的成功。寻找一种通过国家权力的合法行使,通过宪政限制国家权力,而更好地发挥国家的可能作用,才是根本解决之道。最为重要的是,经过进步主义运动和新政改革,美国国家增强了能力,不管是政治、行政和财政方面,联邦政府在排除各种利益集团的干扰以后,更是增加了国家的自主。

第三节 "布朗案"判决与国家承诺的平等

美国在 20 世纪上半叶,经历了进步运动时期社会的混乱和新政时期经济上的大萧条,为国家责任和民众认知转变创造了条件,也为国家在社会事务上的介入提供了机会。如果说进步主义和新政使人们把个人利益与国家政府联系了起来,那么艾森豪威尔时期则把教育上的国家利益与公众利益更为紧密地联系在一起,并企图从国家利益高度建构政策问题，期待通过国家的力量来完成公众所期盼的目标。

一 种族问题：美国一个遗留问题

奴隶制和种族歧视问题一直是影响美国国家统一和破坏国家形象的重要因素。冈纳·缪尔达尔在关于美国种族关系的经典研究中，也明确指出了这种"美国困境"，即"美国信念对自由、平等、个人主义深信不疑，而美国社会对黑人却不公对待"①，这成为美国政治的切肤之痛。

种族问题在美国社会很长时间一直存在，它的历史要早于美国国家成立。虽然国家也在一定程度上做出了努力，但一直迫于强大的社会压力，特别是由于南方蓄奴州的强烈反对和抵制，也顾及国家的统一与稳定，因而始终不敢做出直接废除奴隶制的决定。支持奴隶制的南方势力根深蒂固、势力强大；南方地区的人们认为，奴隶是私有财产的一部分，这是他们极为重视和需要维护的。奴隶制的保留是美国建国立宪时南方和北方妥协的结果。内战虽然本不是直接为了解放黑奴，但其起因却是因为奴隶制争论的问题而造成国家面临分裂的危险，而林肯政府为了维护联邦制美国的统一而采取了必要的国家行动。

南北双方在奴隶制问题上的争论，以及美国职邦宪法模糊地承认的这种"一国两制"状态一直持续到1850年"斯科特诉桑弗特案"联邦最高法院判决。随着西进运动和新州不断加入联邦，反对蓄奴的北方州和支持蓄奴的南方州之间的矛盾急剧加深。美国联邦政府为了控制奴隶制在新州的蔓延，国会立法规定了新加入联邦的各州禁止实行奴隶制。1820年出台的《密苏里妥协案》，就严格规定密苏里以北地区禁止奴隶制，而以南地区继续保留原有制度不变。而矛盾的激化，起因于"斯科特诉桑弗特案"的最高法院判决。作为奴隶和此案的原告，斯科特随其主人在禁止蓄奴州居住过一段时间后再返回原居住地。按照联邦法律的规定，斯科特随主人前往新州应该按照适应于新州的法律恢复自由身，并且一旦获得自由将永远自由。但是斯科特并没能获得自由，而是继续为奴，并且在主人去世之后被作为财产由死者的遗孀继承，遗孀改嫁后又由原主人的兄弟继承。斯科特为此感到不服，在相关法律程序保障下，斯科特把主人的兄弟桑弗特告上了最高法院。不过以坦尼为首的联邦最

---

① 参见［美］塞缪尔·亨廷顿《失衡的承诺》，周瑞译，东方出版社2005年版，第46页。

高法院在南方势力的强大压力之下，裁定原告败诉，并且判决《密苏里妥协案》违宪，从而实质性地从法律上支持了奴隶制在全国的合法性。这一昏庸失误的判决不仅带来了坦尼法院在北方的威信丧失，也阻碍了联邦政府和平解决奴隶制问题。最严重的是，直接造成了南北对立甚至共和国面临可能分裂的危险。因为，在那个州权强大的年代，按照南方州对宪法的理解，如果对联邦政府不满，似乎就可以脱离联邦。面对美国宪政危机，林肯总统为了维护国家统一而展开了行动。

南北战争结束后的南方重建时期，为了从法律上废除奴隶制，1865年12月联邦国会和各州共同批准了联邦宪法第13修正案。[①] 它规定，在合众国内受合众国管辖的任何地方，奴隶制和强制劳役都不得存在。显然，这一次不再像最初联邦宪法使用奴隶的隐讳词（比如"服劳役的人"）那样，而是直接使用了"奴隶"一词。1868年，为了解决美国黑人的公民权问题、保障黑人的宪法权利，美国国会和各州批准了联邦宪法第14修正案，承认所有在合众国出生或归化合众国并受其管辖的人，都是合众国和他们居住州的公民。另外，1869年提出并于1870年批准的联邦宪法第15修正案保证了黑人的选举权；1875年的《民权法》也禁止在公共设施方面歧视黑人。林肯政府内战时的《解放奴隶宣言》以及内战后的法律规定，使黑人在争取权利方面有了更强的斗争武器和更为充分的正义理由。

奴隶制虽然废除了，但黑人实现平等权利的路途并不平坦。南方社会从心底对黑人的歧视，依然根深蒂固。在联邦宪法第14修正案之前，黑人根本就没有被看作美国公民，因而包括受教育权在内的公民合法权益就根本谈不上。"有色人种在这个国家里永远不能从奴仆的地位上崛起，他们不应该被允许从这里站起来，他们是低人一等的人，永远也不应该被承认与白人平等"[②]，这或许是种族主义者最为直接的表达。虽然在这些宪法修正案和联邦法律的基本保证下，南方地区的公立学校逐步发展起来，但黑人的处境并没有因为这些规定而实质性得到改善。1880年以后，黑人在南方重建时期所获得的各种权利逐渐丧失，开始重新陷

---

① 其实，一些人质疑这次修宪程序上的合法性，因为参与这次修宪的各州中，不包括南部蓄奴州。
② [美] J. R. 波尔：《美国平等的历程》，张聚国译，商务印书馆2007年版，第162页。

第四章 国家利益与问题建构：艾森豪威尔的遗产 | 129

人被奴役的地位。

1896 年"普莱西诉弗格森案"判决中，联邦最高法院裁定了对黑人"隔离但平等"的原则。最高法院认为，路易斯安那州的法律并不违反联邦宪法第 13 和第 14 修正案，因为"隔离但平等"并不意味着对黑人的歧视，而只是确认白人和黑人之间由于肤色不同而形成的差别。虽然最高法院意在解释宪法，保证黑人学校和白人学校在师资和硬件设施上的平等，但实际上是很难平等的。并且，承认"差别"给白人的印象就是对歧视的默许，这实际上从宪法上确认了种族隔离的合法性。按照全国有色人种促进会的观点，这种判决是给黑人强加的污名，严重伤害了黑人的尊严。对黑人的压迫，不仅是个种族问题，而且同样是个阶级问题。[1]

在"普莱西诉弗格森案"判决之后，南方各州更加肆无忌惮地推行种族隔离制度，在"隔离但平等"的幌子之下，制定了系统全面的种族隔离的歧视性法律，它们甚至要黑人为白人让座、走路为他们让道。如此，南方黑人的处境更为艰难，它们的尊严遭到严重打击。不仅如此，广泛的其他有色人种也都遭到歧视，从车站到剧院，从学校到洗漱间到处明显地标明"仅供白人使用"这样的字条。在 19 世纪 90 年代，黑人所受折磨和私刑每年几乎超过 100 起，在一些年超过 200 起。[2] 南方州知道获得解放的黑人奴隶没有资产也没有文化，他们故意基于财产以及文化测试设置参加选举的资格条件，尽可能地阻止黑人拥有选举权。在这种情况下，大量的黑人迁往北方，同时大量的移民从欧洲和亚洲迁入，加重了北方白人对传统盎格鲁—撒克逊文化的忧虑，从而淡化了他们对种族隔离的反对，在一定程度上滋长了南方种族隔离的气焰。

不可否认，在美国南方州，对黑人的歧视并不能用法律简单解决。并且，基于美国 20 世纪以前的社会现实，不管是立法和行政，联邦政府也不可能做出激进的强制禁止歧视的举措。林肯虽然旗帜鲜明地抨击奴隶制的道德基础，但他也认为："奴隶制建立在不公正和有缺陷的政策之

---

[1] Waldo E. Martin, *Brown v. Board of Education: A Brief History with Documents*, Bedford/St. Martin's, 1998, p. 15.

[2] Michael J. Klarman, *Brown v. Board of Education and the Civil Rights Movement*, Oxford University Press, USA, 2007, p. 3.

上,但是颁布废止奴隶制的宣言,看来只会增加而不是减少灾难。"① 对于最高法院而言,也不可能做出更为激进的裁决而直接废除种族隔离。其实,从重建后期国家颁布的联邦宪法修正案以及"布朗案"裁决之后南方白人的强烈抵制,足可以看出种族歧视问题的复杂性。艾森豪威尔也指出,法律不能简单地解决问题,种族问题的解决需要人心渐变。②

二 国家利益与"布朗案"判决

不过,长期遗留的种族问题,已经严重影响到国家利益。不管是国家领导人还是广泛的社会民众,都已经认识到种族隔离的非正义性。它的继续存在势必影响美国作为典型民主国家的形象,从而也降低了其价值输出以及与共产主义国家争夺世界的说服力。另外,长期允许存在的种族之间的不平等也与建国初期的《独立宣言》和《美利坚合众国宪法》之平等理念相违背。不管最初平等所指的"人人"包不包括黑人,但是非正义的国家必将失去民心。随着重建时期之后黑人就业机会的增多以及教育水平的提高,他们也在不断通过各种方式抗争,而这个过程对于美国社会稳定和经济发展显然也是非常不利的。

"二战"可能是美国社会的一个分水岭,这次战争的意识形态就是反法西斯、亲民主的。富兰克林·罗斯福总统也意识到种族问题的严重性,它催促美国人要加快这方面问题的解决速度。海军部长弗兰克·诺克斯(Frank Knox)宣布,一支声称为民主而战的军队应该是实践不民主的种族隔离之最后一块地方;法官弗兰克·墨菲(Frank Murphy)也告诉他的同事,法定的种族区别是与我们为之而战的正义原则不一致的。③ 国家各层领导人也都意识到国内种族歧视的严重性,特别是感到这种现实在美国国民和世界人民的心中造成了极不光彩的形象。

许多黑人对战争所持的民主目标更是冷嘲热讽,指责美国人是带着被种族隔离的军队去反法西斯,认为这本身就是自相矛盾的。有些黑人还痛苦地幽默了一次,建设性地把他们对种族隔离的愤恨看作加入了这

---

① 转引自[美]霍华德·津恩《美国人民的历史》,许先春等译,上海人民出版社 2000 年版,第 161 页。
② 参见[美]威廉·曼彻斯特《光荣与梦想:1932—1972 年美国实录》(第三册),广州外国语学院译,商务印书馆 1988 年版,第 1036 页。
③ See Michael J. Klarman, *Brown v. Board of Education and the Civil Rights Movement*, Oxford University Press, USA, 2007, p. 27.

次战斗的第二条战线，认为美国军人在外是在反法西斯，在内也是在反法西斯。《匹兹堡信使》清晰地表达了类似观点，"我们的战争不是在反欧洲的希特勒，而是在反美国的希特勒"[1]。

随着世界反法西斯战争不断取得胜利，美国国内黑人争取权利的斗争也在不断加强；加上新政时期国家在其他政策领域表现出对权利的关注，美国受压迫民众的权利意识也不断高涨。有色人种促进会南卡罗来纳州分会主席詹姆斯·新登（James Hindon）称，"在20世纪上半叶，黑人权利意识前所未有地被激发起来了，并且我们期待随着这样的觉醒，更多的事情将会到来"。厌倦了被种族主义者侮辱的南方黑人不能再接受在电车、汽车、学校被场合隔离、被歧视的现状了，他们不断加入有色人种促进会。这个组织在"二战"期间人数突然增加了九倍。新政改革和"二战"似乎已经唤醒了有色人种的希望、志气和要求。应该说，世界范围受压迫人民的权力意识都觉醒了。

"二战"胜利后，美国作为一个超级大国在世界崛起。它和苏联作为主导东西方的两个超级大国争夺对第三世界的控制权。在这个关键时刻，它需要一个更为良好的国际形象，美国的国际关系也需要国内和谐的种族关系。美国民主正在经受着严峻的考验，领导人也越来越重视南方地区迟迟不能解决的种族问题。美国国防部专家预计，几乎有一半的苏联宣传媒体都在指责美国。[2] 他们质疑，作为一个在国内本身就存在极大问题的国家，如何能够领导世界民主。国内媒体也不断报道世界范围内的民族独立和民权运动，这些不仅强化了黑人的权利意识，也使美国白人甚至少数南方地区白人传统的种族观念不断销蚀，他们希望国家能够妥善解决这一美国社会的遗留问题。也正是在这种广泛的国际国内的舆论压力之下，美国人已经认识到种族问题背后重要的国家利益。

在"二战"后，虽然随着白人社会观念的改变，黑人情况已经有所改善，但是在南方地区的种族隔离仍然大量存在。并且由于学校中长期以来的种族隔离、种族歧视以及不平等的教育条件带来了极大的负面影

---

[1] Michael J. Klarman, *Brown v. Board of Education and the Civil Rights Movement*, Oxford University Press, USA, 2007, p. 27.
[2] Ibid., p. 30.

响，黑人接受着比白人条件差得多的教育。① 在理查德·克鲁格（Richard Kluger）的著作中，就描述了黑人教育资源的不平等现象。

> 如果你打算在美国找到这样一个地方，自从废除奴隶制后那里的黑人生活改变最少，那么请到克拉伦登县（Clarendon County）去看一看。在1950年，这个地方三分之二以上的黑人家庭仅赚取1000美元。这个县有12所白人学校和61所黑人学校，但是一半以上的黑人学校是棚屋，并且每个学校只有一两个老师，和一些分布于不同年龄段、不同教育水平的黑人学生。在1950年，黑人学校的总资产是194575美元，而白人学校是673850美元。在1949—1950年这一学年，这个县教育委员会对每个黑人孩子人均支出只有43美元，而白人学生的人均支出是179美元。黑人教师赚取的工资比白人同事的三分之二还低。②

并且，美国黑人遭到歧视，致使他们在很多领域的机会丧失。而美国人长期以来一直将良好的教育视作普通民众实现社会流动、通往社会上层的工具，显然这种教育条件的巨大差距所形成的机会不平等直接成为阻碍黑人孩子成功的最关键因素。教育机会的不平等将会影响孩子的一生，如果"隔离但平等"的原则得不到彻底扭转，那么黑人的处境还将会继续恶化下去。不过，即使总统和其他联邦政府成员提出采取行动，也需合理合法，需要有法律依据。而联邦政府也面临着南方白人的攻击和抵制的强大压力，甚至如内战前出现白人暴动。在杜鲁门时期，总统就承诺给予黑人权力，准备废除种族隔离，但是最终导致了1948年的南方民主党的反叛。南方白人甚至以关闭公立学校相威胁，这样黑人孩子将更不可能接受任何教育，因为白人家庭更为富裕，他们可以找任何一所私立学校让其孩子接受最好的教育。

不过，形势似乎有了转机。在1952年12月9日，美国联邦最高法院第一次对堪萨斯州的布朗案、南卡罗来纳州的布里格斯案、弗吉尼亚州

---

① Waldo E. Martin, *Brown v. Board of Education: A Brief History with Documents*, Bedford/St. Martin's, 1998, pp. 1 – 2.

② Richard Kluger, *Simple Justice: The History of Brown v. Board of Education and Black America's Struggle for Equality*, New York: Knopf, 1975, pp. 4/6/8/14.

第四章 国家利益与问题建构：艾森豪威尔的遗产 | 133

戴维斯案、特拉华州博林案、华盛顿特区的格布哈特案五起有关学校种族隔离的案件一并予以审理。这五个案子，如果按照首字母排序，"布朗案"排在最前，因此一般用"布朗案"一词予以代表。美国最高法院每年接受审理的案件数量很有限，这次能把系列类似的案件集中起来一起审理，意义非同一般，它意味着学校种族隔离和种族歧视已经正式成为一个国家问题，而不仅仅是美国南部的问题。[①]

布朗是美国堪萨斯州中西部托皮卡镇的一名黑人牧师，居住在以白人为主的社区。虽然就近就有白人学校，但根据堪萨斯州法律规定，年幼的女儿必须每天穿越交通复杂的街区去远处黑人学校上学。他为此很是不满，决定为了孩子公平的教育而诉诸法院。在当地有色人种促进会主席的帮助下，布朗把托皮卡教育委员会告上法庭。在联邦地方法院审理中，虽然有色人种促进会的律师明确指出，隔离制度严重损害了黑人儿童的身心健康、剥夺了他们与主流社会儿童交流的机会、严重损害了黑人学生的自尊心，但法院的观点仍然坚持认为，学校虽然保持隔离，但是设施和条件是平等的，并没有做出推翻"隔离但平等"原则的判决。

"布朗案"一直到了最高法院，希望最高法院能够推翻"隔离但平等"的原则，并做出公正的判决。为了确保成功，有色人种促进会组成了由著名黑人律师瑟古德·马歇尔[②]为首的律师团。社会对这一审判关注度极高，就连美国国务院的外交官也翘首以待，因为美国国内种族歧视的社会现实，大大损害了他们为冷战的需要而在亚洲和非洲宣扬美国式民主、自由平等价值观所做的努力。[③]

瑟古德·马歇尔使用了30多位社会学者和心理学者对种族隔离问题所做的社会调查成果以证明种族隔离制度所造成的严重后果，从而证明隔离从根本上造成的不平等。为了取证而进行的相关调查和实验结果表明，因为长期遭受歧视，几乎所有黑人孩子已经对自己的肤色，即黑色，有着一种下意识的憎恨。由于第一次法官投票的结果是主张取消和保留

[①] 傅林：《当代美国教育改革的社会机制研究——20世纪60年代美国教育改革运动的形成》，教育科学出版社2006年版，第90页。

[②] 瑟古德·马歇尔后来被约翰逊总统提名并任命为联邦最高法院首席大法官，是美国历史上第一位黑人首席大法官。

[③] 任东来等：《美国宪政历程：影响美国的25个司法大案》，中国法制出版社2005年版，第214页。

隔离的各占一半，大法官费利克斯·法兰克福特聪明地提出等一段时间再做宣判，并到时进行第二次庭辩。他也希望在种族隔离问题上几位大法官的态度能够取得完全一致的意见，以显示最高法院认识上的统一性和权威性，从而也能更好地抵制南方种族隔离维护者利用可乘之机进行反抗。就在第二次庭辩前夕，保守的首席大法官弗雷德里克·摩尔·文森心脏病突发并于1953年9月8日去世，共和党总统艾森豪威尔提名厄尔·沃伦继任首席大法官。沃伦虽是一位忠实的共和党人，曾经破纪录地连任三届加州州长，但却坚信进步主义，注重公正独立，深受选民爱戴。在沃伦法官的努力之下，最后全体法官一致同意，宣布"隔离但平等"原则违宪。

虽然有色人种促进会在其中发挥了很大的作用，但是法院一致同意的宣判结果，似乎没有受到其他压力，可见在这个问题上国家态度上的高度一致。就是在"布朗案"进入最高法院之初，杜鲁门总统就曾呈交了一份32页的辩护状以支持原告，并对大法官的审理起到了作用。行政和司法两个部门联合起来反对种族歧视，更是表明了国家的态度，这给改革者点燃了希望，感到种族隔离制度终于被击溃了。[1] 而艾森豪威尔总统在很多方面的犹豫并不表明他不支持民权，而是担心裁定废除"隔离但平等"的原则可能引发的社会动荡。看到历次执行平等政策时所面对的抵制甚至暴动，他内心深处的保守思想使他害怕剧变。[2] 从"布朗案"判决之后执行过程中所面对的南方白人的报复性反抗行动这类现象足以看出，艾森豪威尔的判断在一定程度上是正确的。不过，他也相信黑白人合校是必然的。他也比谁都明白，美国在世界上的领导地位正因其国内的种族主义而大受影响。欧洲人结束了在亚非两处的殖民政策，全世界人民争取自由的战斗已经打响，必然会在美国引起反对种族歧视的日趋高涨的呼声。艾森豪威尔认为，法院的判决需要坚决执行，不惜使用一定的强硬手段，坚决地从国家利益高度严格遵照执行，也争取能够为全国各地区种族合校做出表率。[3]

---

[1] [美] 西德尼·米尔奇斯、迈克尔·尼尔森：《美国总统制：起源与发展》，朱全红译，华东师范大学出版社2008年版，第324页。

[2] [美] 威廉·曼彻斯特：《光荣与梦想：1932—1972年美国实录》（第三册），广州外国语学院译，商务印书馆1988年版，第1036页。

[3] 同上。

最高法院的判决已经在黑人心中点亮了希望，而社会行动的动力正是希望。"布朗案"判决为各色人种争取权利的斗争提供了最为直接的正向激励，为美国民权运动提供了更为稳健的推动力量。它也远远超出了对学校种族隔离裁定为非法这一简单的司法判决，它标志着战后时期的一个关键转折点的重要性，重塑了国家作为社会价值"校准器"的功能，也表明其在世界各国中的国家自我形象。[①] 它也决定了国家对"平等"基于宪法的承诺，而且为教育政策的发展奠定了最为根本的价值基石。

三 "平等教育"的国家承诺

最高法院的判决最后是一致同意废除种族隔离制度，虽然其中的一致可能是沃伦法官做了很多工作的结果。"布朗案"判决的影响广泛而深远，它不仅颠覆了1896年最高法院判决以来实行的"隔离但平等"原则，并宣布其违宪；也实质性地把其他领域、其他形式的排挤黑人的种族歧视推进了坟墓。

最高法院"布朗案"判决是美国历史上最重要的一次从国家利益高度建构政策问题的典型案例。"问题"不只是状况或外部事件本身，也存在一种解释性的知觉因素。[②] 即使是所谓一种客观的存在，人们出于不同的价值观，对之也存在不同的看法，常常有着各种不同的解释。一个人带入某一观察中的价值观在问题界定中具有重要的作用。所观察的状况与一个人对某一理想状态的知觉之间的不相配就成了问题。20世纪之前，可能也存在对种族问题的或多或少的认识，但是一直难以作为政策问题。前面也已经指出，某些状况要成为政策问题，它必须被看作适合于政府行动的议题，而且政府有解决问题的能力和方案。美国在经过进步主义运动和新政时期的社会现实的考验以及与之相关的改革之后，对政府的职能、国家的权力方面的观念发生了根本性转变，并对自由的概念有了更为清楚的界定，民众的权利实现需要政府的作用，从而也为国家行动提供了基于文化—认知要素的制度支持和权力资源。种族隔离与种族歧视问题在20世纪以前之所以难以从国家高度进行问题建构，其中最重要

---

① Waldo E. Martin, *Brown v. Board of Education: A Brief History with Documents*, Bedford: St. Martin's, 1998.

② ［美］约翰·金登：《议程、备选方案与公共政策》，丁煌译，中国人民大学出版社2004年版，第138页。

的原因在于，虽然它可能是个问题，但不能形成广泛的共识，也不一定适合政府采取行动，是基于"二战"时期世界性的权利运动、美国实现世界大国的国际地位的需要、美国国内各色人种对问题严重性的广泛认识才得以实现的。当然，问题能否从国家层面解决，也依赖于进步运动和新政改革时期得到极大提升的国家行动的能力和自主性，使它在行动时能够克服各种阻挠，从而实现国家利益和政策目标。

"布朗案"判决对美国社会各领域的意义深远，但它是针对教育做出的，它实质性地影响了日后美国教育政策的长期发展，也为国家教育政策能力重构，为国家在其中的领导作用提供了转折性机会，这可能是联邦最高法院为美国教育做出的最为根本性的贡献。一般而言，在公共政策过程中，美国法院的能力极其有限，它仅限于解释宪法，注重的是事实、证据和法律的公正性，维护宪法的权威。但是它的能量又是巨大的，它们做出的判决就相当于宪法。不过，法律也是人所制定的，需要人们的共同遵守，需要广泛的社会认同和支持。

厄尔·沃伦法官从公立学校应该平等的角度出发，反复强调平等的公共教育在现代生活中的重要性。法院也拒绝把联邦宪法第 14 修正案与其起草者本意是否愿意在学校中实施平等的观点联系起来，而是认为公立学校中的种族隔离违背了 1868 年联邦宪法第 14 修正案的平等条款。[1]"隔离但平等"原则即使表面上给予黑人学生教育条件的平等，但是隔离对黑人孩子所造成的伤害是非常严重的，本身也是最为不平等的。判决中也强调，战后联邦宪法第 14 修正案其目的就是消除所有法定的差别，以保障"美国社会人人生而平等、自然平等"。在联邦宪法第 14 修正案出台的当时，南方地区的公立学校还未得到确立，当时不可能做出专门针对公立学校的更多规定，因而联邦宪法第 14 修正案本身就包括了一切公共设施中的平等。在 1954 年 5 月 17 日的宣判中，法官专门指出了"平等教育"的重要性：

> 今天，教育可能是州和地方政府最为重要的职能。义务教育相关法律以及教育上巨大的资金投入，都足以证明我们已经认识到教

---

[1] Michael J. Klarman, *Brown v. Board of Education and the Civil Rights Movement*, Oxford University Press, USA, 2007, p.57.

育对我们民主社会的重要性。在我们大多数基本公共责任的表现方面，教育投入是需要的，甚至对我们的军事力量而言，都是如此。它是好公民的基础，它是唤醒孩子文化价值观的一个主要工具，它能为孩子将来的职业培训做好准备，也能帮助他更好地适应他们的环境。在现代社会，任何希望实现成功的孩子如果教育机会受阻，他所期望的成功可能就是有疑问的。这样的机会，也就是州已经开始提供的机会，是一种权利，应该基于平等条款公平地给予每个人。①

这是第一次真正从国家高度，通过宪法解释和司法判决对"平等教育"的确认，也是艾森豪威尔时期国家对人民平等的根本承诺。虽然艾森豪威尔可能出于对当年内战以及废除奴隶制后社会出现的动荡不安的顾虑而试图缓行，但是他对"布朗案"判决的执行并没有任何怠慢，从而从总统行政层面加强了这一承诺。这一承诺，成为美国教育发展的奠基石，也成为艾森豪威尔政府留给教育的最大遗产，为国家自主、为教育中国家政策能力重构提供了极大的空间。

第四节 《国防教育法》：国家需要与优异教育

"二战"之前，美国联邦政府虽然也试图对教育进行资助，但一般仅限于军事项目，只是适当予以经济支持或给予一定的土地援助，几乎没有超越宪法规定的职权范围，因而教育一直都属于各州和地方性事务。但是，"布朗案"判决划时代地开启了联邦政府从基本价值层面对教育的干预。与规定学校废除种族隔离保证平等的"布朗案"司法判决有些不同的是，《国防教育法》的出台标志着联邦政府更进一步、从更核心的功能领域介入了教育。苏联卫星成功发射对美国民众心理造成的极大震惊，直接导致再一次从国家利益上建构政策问题，从而以国会正式立法的形式出台了《国防教育法》，而《国防教育法》对优异教育的关注，成为艾

---

① Waldo E. Martin, *Brown v. Board of Education: A Brief History with Documents*, Bedford/St. Martin's, 1998, p. 173.

森豪威尔时期重大的教育议题,以及美国后期教育政策发展中的重要指针。如果说"布朗案"判决只是因为国家利益需要的司法判决,那么《国防教育法》则是因国家利益需要而直接出台教育政策立法的典型案例。

一 国家安全与公共教育

大萧条时期的美国教育似乎陷入一种不同于往日的艰难困境。因为全面的经济崩溃,社会各领域都遭到了重创,公立学校尤其受到严重影响,学校教育机会因为学校收入的明显减少而显著缩减,教师工资得不到保证,导致了优秀教师锐减,教育质量更是得不到保障。不仅如此,人们把生活适应教育与进步主义教育相联系,成了一群批评者的靶子。这些批评者认为,进步主义教育是造成人们察觉到的教育标准下滑的原因,进步运动时期所主张的生活适应教育、以学生为中心的教育不再适合时代要求。[1]

在大萧条之前,政府与教育的关系是很明确的:资助教育是州政府和地方学区的责任。但是,大萧条时期的新政改革为国家政府的权力、能力、活动和责任增强做出了贡献,也直接带来了民众对国家责任的认同,也为美国国家可能介入教育带来了机会。新政改革者试图从各方面对教育给予力所能及的资助。新政虽然不是直接针对教育的,但是新政时期的每一项方案中都包含了教育的部分,或者是与学校一起合作来实现目标。[2] 不过,人们总是担心联邦政府的资助会催生一种全国性的教育制度,从而削弱地方权力。

"二战"时期的美国国土安全遭受的影响是巨大的。"珍珠港事件"使美国人民坚定了"我们的国家"的信念,社会不同层面的个人和团体突然前所未有地对公立学校显示出不同寻常的兴趣[3],特别是对减轻地方教育委员会因为大萧条所带来的一些财政困难感兴趣。教育对美国的最高目标和理想的贡献是如此的宝贵,以至必须给予学校最大限度的自由和稳定,国家需要一个优秀的公立学校系统。面对国家突然对智力的关

---

[1] [美] L. 迪安·韦布:《美国教育史:一场伟大的美国实验》,陈朝阳译,安徽教育出版社2010年版,第310页。

[2] 同上书,第249页。

[3] [美] S. 亚历山大·里帕:《自由社会中的教育:美国历程》,於荣译,安徽教育出版社2010年版,第280页。

注以及不断增长的对科学和数学技能的需求，人们对传统的联邦在教育中的角色提出了质疑。全国教育协会（NEA）联合教育政策委员会（1942）和美国学校管理者协会共同建议，联邦政府应成立一个机构来促进和协调政府机构和学校、学院的相互关系和作用。联邦政府做出回应，从而建立了美国教育办公室战时委员会。

"二战"结束后，一些人希望国家支持的战争时期的科学研究项目继续下去。比如，西弗吉尼亚参议员哈利·基尔格（Harley Kilgore）就建议联邦对科学研究的支持应该继续，并且应该更加鼓励基础性研究和应用性研究的结合。虽然他在1942年、1943年、1945年分别提出的以这一建议为基础的议案并没有获得通过，但是这类观点引起了更多人的关注。曾经领导美国战时科学管理部门——"科学研究与发展局"的美国资深工程师凡纳瓦·布什在1945年向杜鲁门总统提交的《科学：永无止境》报告特别强调，战争虽已结束，科学研究仍要加强。报告强烈主张，政府应当继续支持科学研究，应该建立一个国家科学基金会。他认为，最好的科学研究是建立在最优秀的科学家的基础之上的。凡纳瓦·布什率先提出了"二战"后美国的科学教育与培训问题，认为国家支持科学研究、科学教育有利于国家安全、经济增长和个人发展。[①]

"二战"结束即冷战的开始，而苏联与美国在意识形态、军事、科技等方面的竞争和较量是冷战的核心，而冷战也促使人们对美国传统教育进行了深入了思考。军备竞赛使政府和工商业界向学校提出培养更多科学家和工程师的任务；科学家也认识到教育对于培养和提高国家竞争力方面的重要作用；冷战时期的商界人士抱怨专业教育者控制和管理的学校不重视发展学生智力，造成了教育在与苏联的军备竞赛中的无能。各种观点开始对国家政策、人力资源发展和教育问题产生越来越重要的影响，直接把教育本身作为一个议题上升到国家利益高度。人们甚至大声疾呼，要求学校提高学生的学术教育质量，要求加大科学和数学的教学力度，希望以此赢得与苏联进行的军备竞赛。[②]

在1952年两位候选人对教育议题表现出以往总统竞选中难有的关注，

[①] 参见傅林《当代美国教育改革的社会机制研究——20世纪60年代美国教育改革运动的形成》，教育科学出版社2006年版，第28页。

[②] ［美］乔尔·斯普林：《美国学校：教育传统与变革》，史静寰等译，人民教育出版社2010年版，第513页。

他们都把教育作为一个核心议题。① 艾森豪威尔指出了1952年170万学生没有学校设施,存在教室短缺的问题。他也明确指出,这个问题的答案是"联邦资助"。桑德奎斯特（Sundquist）注意到,为了消除人们对联邦资助教育将会意味着联邦控制的担心,艾森豪威尔把对学校建设的资助比作联邦对各州公路、医院和精神病研究所等建设的资助。② 不过,他也认为,联邦控制不是一个简单的问题,因而需要把钱仅仅用于支援教室建设,这样可以让联邦政府远离"什么被教以及谁来教"等教育核心问题。

两位总统候选人确实已经感觉到教育不仅是社会关注的热点,也更深刻地体会到教育是重要的国家议题,也能意识到加强教育对于冷战期间的国家安全的必要性。其实,艾森豪威尔当年任职哥伦比亚大学校长期间,还曾经反对1949年有参议员提出的对教育的一般性支持的提案。在这短短几年之内,艾森豪威尔观念上的转变,与冷战期间的国际形势不无关系,也与他个人参与总统竞选,准备承担更大国家责任的地位转变不无关系。虽然1952年总统竞选时两党意见分歧很大,但对支持教育在很大程度上来说没有了往日的反感。

在艾森豪威尔就任总统之后,他准备召开教育会议,提议联邦对教育的支持,但是,迫于各种反对观点的压力,只能暂且搁置。有人注意到,艾森豪威尔在1953年国情咨文中谈到了教育,但是之后他没有再和国会继续纠缠这个议题,甚至当国会两院都是共和党控制的时期也是如此。③ 在政府行政人员中,也有很大一批人还是把对教育的资助看成州政府的责任,并且他们也不想陷入"哪些州应该分配多少联邦资金"的烦恼之中。艾森豪威尔相对保守的姿态,遭到了很多人的批评,甚至有人指出,艾森豪威尔对教育似乎根本就不热心。其实,从"二战"之后到1957年,扩大联邦政府在教育中的作用的呼声在联邦政府内部持续不断,总统和某些国会议员就曾经考虑过多种联邦资助教育的途径,但即使是

---

① 参见 Christopher T. Cross, *Political Education: National Policy Comes of Age*, New York: Teachers College Press, Columbia University, 2004, p.7。1952年的总统竞选是在罗伯特·塔夫脱和艾森豪威尔之间进行的。

② J. L. Sundquist, *Politics and Policy: The Eisenhower, Kennedy, and Johnson Years*, Washington D. C.: Brookings Institution Press, 1968.

③ Christopher T. Cross, *Political Education: National Policy Comes of Age*, New York: Teachers College Press, Columbia University, 2004, p.7.

关于学校建设的联邦支持的计划,也最终没有在国会获得通过。批评者认为,如果总统在其中能积极行动,或许成功立法的机会要大得多。不过,我们应该看到的是,艾森豪威尔把原来只是一个由联邦安全总署管辖的教育办公室转为联邦卫生教育和福利部(U. S. Department of Health, Education and Welfare)的一个重要组成部门,就已经证明这些批评者有些过火。

1953 年,正是与"布朗案"相关的种族问题不断激化的时期。艾森豪威尔在教育问题上的行动迟缓与此背景有关,主要表现为:第一,作为共和党人的艾森豪威尔依然担心联邦资助可能导致联邦控制学校。正如艾森豪威尔所说:"当一个事业本质上属于地方事务时,联邦政府的介入应该被限制以避免联邦化。"[①] 第二,他担心联邦资助可能流向宗教学校或教区学校,这主要是总统对制度风险的回避。第三,他试图阻止 20 世纪 50 年代联邦资助教育的议题,特别是激进的废除种族主义的议题。在"布朗案"审理期,这个问题更是敏感。如果联邦政府对实行种族隔离的南方地区进行资助,那似乎表明了国家对种族隔离的支持态度,这一点艾森豪威尔应该明白。另外,联邦教育资助肯定会增加纳税人的负担,这可能会激起一些人的反对。

也正是在全国对教育问题的认识陷入僵局之时,一个重大事件即苏联卫星成功发射,把对国家利益的关注直接与教育政策问题联系了起来,成为开启这一政策过程的"机会之窗",打破了政策僵局,从而导致了《国防教育法》的出台。有学者认为,苏联卫星上天最为重大的教育上的后果是,它推动了联邦财政对公立学校的拨款,这一影响从长远来看甚至比人们对学术科目的关注更为重大。[②] 斯普林也指出,冷战所带来的恐

[①] James Duran, "The Beginnings of Ambivalence: Dwight D. Eisenhower and the Federal Aid to Education Issue, 1949–1953", *Kansas History*, Vol. 13, No. 3, 1990, pp. 166–177. See also Don T. Martin, "Eisenhower and the Politics of Federal Aid to Education: The Watershed Years, 1953–1961", *Midwest History of Education Journal*, Vol. 25, No. 1, 1998, pp. 7–12; and James C. Duram, "'A Good Growl': The Eisenhower Cabinet's January 16, 1959, Discussion of Federal Aid to Education", *Presidential Studies Quarterly*, Vol. 8, No. 4, 1978, pp. 434–444.

[②] [美]韦恩·厄本、杰宁斯·瓦格纳:《美国教育:一部历史档案》,周晟等译,中国人民大学出版社 2009 年版,第 402 页。

惧，导致了美国联邦政府试图影响公立学校为国家利益服务。① 不过，机会之窗的开启可不是随意的，它发生于特定的历史时期，国家在其中发挥着重大作用。并且，社会和民众对国家介入教育政策问题认知上的巨大转变是以进步运动、新政时期所产生的国家能力提升、民众文化—认知的制度支持为基础的。基于文化—认知要素的制度转变，是随着历史发展而不断加强的。

二 苏联卫星上天与问题建构

1957年10月4号，苏联发射了世界上第一颗人造卫星"斯普特尼克"（Sputnik Ⅰ）。这颗卫星每96.2分钟可以围绕地球转一圈，并且似乎可以用望远镜和无线电装置监视世界上每一个角落。尽管苏联早就向世人公开过其人造卫星计划，但是美国中央情报局（CIA）却对苏联卫星的成功发射大为震惊，似乎这一切来得太早了。媒体为苏联的成功也大加渲染，暗示这样的事件给美国带来的耻辱，以及苏联卫星可能对美国造成的威胁。波特兰《俄勒冈人报》评论说，"让苏联卫星在空中盯着我们，这实在太可怕了"。美国《时代周刊》指出："美国人一向以自己在科学技术各方面的进步和能力感到自豪，可现在因为苏联人的一颗卫星在全国出现了强烈的悲观和沮丧情绪。"美国联邦政府对苏联卫星也存在不同态度。国会中的民主党人对艾森豪威尔的共和党人充满愤慨，华盛顿州参议员亨利·杰克逊甚至还要总统宣布"国耻民危周"。美国政府中有些人似乎表现出相对的淡然，刚准备退休的国防部部长查尔斯·欧文·威尔逊②称，苏联的这一成就就是"一个巧妙的技术花招儿"。③

其实，艾森豪威尔总统心里清楚，美国并没有落后于苏联。苏联把科研项目和军事项目分开，只公布了卫星的科学项目；其军事部分是研发一个间谍卫星，是一个秘密项目。其实，美国也准备于1958年12月发射卫星，以此作为参与国际地球物理年的一部分。他也知道，苏联卫星并没有意味着广泛的值得担心的危机，苏联的洲际导弹项目仅在发展和

---

① 参见［美］约瑟夫·沃特拉斯《20世纪美国教育中的哲学冲突》，王璞等译，安徽教育出版社2009年版，第155页。

② 查尔斯·欧文·威尔逊1953年1月28日至1957年10月8日任美国国防部部长。

③ ［美］威廉·曼彻斯特：《光荣与梦想：1932—1972年美国实录》（第三册），广州外国语学院译，商务印书馆1988年版，第1108页。

部署的初级阶段。① 因而，在苏联发射人造卫星之后，艾森豪威尔总统还很坦然地向苏联科学家表示祝贺，并且告诉人们卫星只是科研项目的一部分，美国卫星项目的设计从一开始就是为了实现科学研究最大化的结果。在苏联斯普特尼克一号卫星发射三天后，艾森豪威尔解释：美国卫星没有很早发射，是为了和国际地球物理年会保持一致；苏联卫星并不等同于他们的弹道导弹成就，在人造卫星方面的进步不能被看作他们弹道导弹工作进步的指标，以此来减轻社会把苏联卫星上天和国家安全直接联系起来所带来的恐惧。不过，艾森豪威尔也敏锐地意识到苏联卫星事件对教育政策议程的可能作用，开始在讲话中谈到国家缺乏高质量的科学家和工程师。② 艾森豪威尔转移话题：其一是为了减轻国人对苏联卫星可能带来的军事恐慌；其二是为了推动很长时间以来一直争论的教育政策问题。

苏联在发射了第一颗人造卫星一个月之后，在1957年11月3日又成功发射了第二颗人造卫星，卫星上还带了一只名叫莱卡（Laika）的狗。人们认为，这次能够把狗带上太空，预示着将来有可能把人送上宇宙。美国国内民众因为媒体的渲染和本身对人造卫星的无知，而呈现出前所未有的震惊。在那样的年代，很多人还只是停留在对传统武器的认识上，新式武器在苏联成功研制，确实令人人心惶惶。"无知往往能够造成更大的惊恐。"他们担心哪一天苏联用火箭带着核弹头打到美国本土。这时，科学家也沉不住气了，表现出前所未有的惊慌。《纽约时报》在社评中提出，美国真需要拿出点能够证明国家实力的内容了，在下一个十年，如果美国不能实现登月计划，苏联人肯定会。帝国之梦似乎因苏联的超越而破灭。美国人还一直沉溺于对原子弹、航空技术和工业成就的自豪之中，哪知时代日新月异，已经把技术发展与生命和死亡联系在了一起。美国民主也受到严峻考验。一直处于民主优越感的美国人，在共产主义苏联的现实逼迫下，产生被边缘化的感觉。他们感觉在心底遭受了苏联人给予的一次最为沉重的打击，蒙受了巨大的羞辱。一向自信于美国各

---

① Charlotte A. Twight, *Dependent on D. C. : The Rise of Federal Control over the Lives of Ordinary Americans*, New York: Palgrave Macmillan, 2002, p. 144.
② Dwight D. Eisenhower: "Statement by the President Summarizing Facts in the Development of an Earth Satellite by the United States", October 9, 1957. Online by Gerhard Peters and John T. Woolley, *The American Presidency Project*, http: //www. presidency. ucsb. edu/ws/? pid = 10925.

方面强于苏联的美国人，尝到了低人一等的滋味。① 这时候，美国民众出现了对国家的信心危机。政府中已经有人把苏联卫星发射的成功归功于苏联良好的教育体制。②

艾森豪威尔显然抓住了这一机会。1957年11月7日，就是苏联第二颗人造卫星发射四天之后，艾森豪威尔利用广播和电视发表了讲话，多次强调科技和国家安全的关系。他还指出，科学家已经向他担保，美国的核能力不管是在数量上还是在质量上都将超过苏联。不过他也警示，尽管美国现在具有整体的实力和良好的国防发展势头，但是未来也可能落后，并且重申：

> 我们可能落后——除非我们马上面对并满足这些要求。……我们不是任何种类的游击队员，我们是美国人！我们应该作为美国人团结一致起来，开始从事应当做的工作。我们最大的、最刺眼的不足是这个国家的失败，是没有给予科学教育以足够高的重视和优先权，也没能把它放在全国生活的应有位置。③

他的讲话强调了教育在国人生活中的重要地位，虽然美国科学家恰当地假定，随着美国生产的加快，将继续拥有最充分数量的最现代的武器，但是，一个将来可能的危险是，即使有再多的金钱或资源也无济于事，教育需要时间、激励与有技能的教师。艾森豪威尔相信，第二个关键性的需要是给予基础性研究以更高的优先性考虑。而这需要在科学、技术和导弹领域各方面建立最密切的行政—立法合作关系。艾森豪威尔强调了国会的立法权威，要求国会针对每项可行的行动加速立法进程。

---

① [美] 威廉·曼彻斯特：《光荣与梦想：1932—1972年美国实录》（第三册），广州外国语学院译，商务印书馆1988年版，第1109页。
② Roger D. Launius, John M. Logsdon, and Robert W. Smith, *Reconsidering Sputnik: Forty Years Since the Soviet Satellite*, Harwood academic publishers, 2000, p. 327.
③ See Dwight D. Eisenhower: "Radio and Television Address to the American People on Science in National Security", November 7, 1957. Online by Gerhard Peters and John T. Woolley, *The American Presidency Project*, http://www.presidency.ucsb.edu/ws/?pid=10946.

1957年11月13日，艾森豪威尔再次向美国公众发表讲话。[①] 这次把重点转向了教育与成千上万民众之间的关系。

> 科学已经为我们去除了辛勤劳作的负担……利用所有过去的文化、飞速发展的科学，我们走出了一条路，每个人能够成为他自己的竞争对手，不断挑战自己，并且同时成为一个和谐共同体的乐于奉献的成员。

他认为，在40年内苏联实现了从一个农业国向一个工业国的巨大转变，得益于他们严格的教育体制和科技成就。美国人也需要朝这方面努力，但是"提供这种防卫需要钱，需要很多钱"。

> 过去五个财政年度，我们在安全方面已经花费了2110亿美元，平均每年420亿美元。这包括我们自己的三军、共同的军事资助和原子能委员会。而加强国防需要税收，需要纳税人的同意。

这似乎在向人民表明，加大联邦教育投入，必然向纳税人增税，这是一个关键。同时，这两颗斯普特尼克人造卫星已经激发了美国人各种广泛的建议，包括从加速导弹计划，到发射围绕月球的火箭，再到不加选择地增加军事种类和科学支出。艾森豪威尔再一次强调：

> 钱虽然不能解决一切，但是在诸如实验室和高能加速器等设备方面的明智投资能够极大地增加科学家的效率。虽然政府正在增强对基础研究的投入，但是70%的研究支出及最大份额的工作都在工业和私人组织手中，美国不能把基础研究只留给私人部门了。

他建议政府支持基础研究，而培养科学家需要时间和金钱，时间比钱更有用。一棵树成长需要时间，思想完成需要时间，学生成为科学家

[①] See Dwight D. Eisenhower: "Radio and Television Address to the American People on 'Our Future Security'", November 13, 1957. Online by Gerhard Peters and John T. Woolley, *The American Presidency Project*, http: //www. presidency. ucsb. edu/ws/? pid = 10950.

需要时间。在两个长期的问题上——科学教育和基础研究,时间是一大因素。

> 苏联现在有着比美国更大数量的科学家和工程师,并且以一种更高速度培养这方面的毕业生。这样的趋势是令人不安的,对于美国人民来说,这是所有问题当中最关键的问题了。在未来十年,我们需要科学家,需要比我们现在计划多得多的科学家。……联邦政府能够处理的,可能只是这个难题中的一小部分,但是它必须尽到自己的责任,并发挥重要作用。这样的任务是一个需要合作的任务。联邦政府、州政府和地方政府以及整个公民团体,都必须做出自己的贡献。

艾森豪威尔反复强调教育在科技发展和国家安全方面的重要性,强调各级政府之间的合作和共同责任。艾森豪威尔对责任的关注最初使他倾向于接受党内某些人的观点,即应该恢复总统与国会之间的平衡。作为总统,他似乎更加强调行政与立法的合作,以促进现有问题的解决。或许,艾森豪威尔认为,在这个时候提出联邦政府的完全职责还不完全成熟。另外,如果联邦承担更大责任,必将需要更大的经费,纳税人是否同意呢?可见,在宪法严格的限制之下,这一步走得是多么艰难。但是,总统已经在对全国纳税人和各层次政府循循诱导了。

在苏联第二次成功发射卫星之后,虽然很多人已经把苏联的成功归功于良好的教育,但是,美国是否要直接模仿和学习苏联教育体制,还存在争论。也就是说,人们对联邦政府的介入仍然是持排斥态度的。他们认为:

> 摆在美国人面前的基本问题是如何提高和加强我们的教育结构,而不是盲目地艳羡苏联模式而重铸我们的教育。……不明智的模仿将会是灾难性的。[①]

---

① Roger D. Launius, John M. Logsdon, and Robert W. Smith, *Reconsidering Sputnik: Forty Years Since the Soviet Satellite*, Harwood Academic Publishers, 2000, p. 340.

共和党总是相对保守的，他们一直以来的政治主张是政府尽量少地介入社会事务。传统上，教育就是社会事务。新政时期民主党在超越宪法方面已经做得够出格了，共和党总统再激进也不能让民主党的主张放任自流。

不过，在美国自己发射人造卫星失败之后，全国的关注点确实已经转到美国的教育上来了，并把目光直接瞄准联邦政府。1957年12月6日，美国试验性发射了人造卫星，但是先锋号（Vanguard TV3）运载火箭在发射过程中发生爆炸而损毁。美国发射火箭的失败，似乎证明了很多人对美国实力的判断。人们也不再相信有些人所说的"苏联发射人造卫星只是创造了一种加速发展的军事实力的假象"这一断言了。苏联两颗人造卫星的成功发射，加上美国提前发射的人造卫星的失败，直接导致人们把它与美国的科技教育上的失败联系了起来，认为这是美国科学家和数学家本身的缺陷造成的问题。人们认为，美国在科技和教育方面确实落后于苏联了。

在这个时期，为了国家安全，支持联邦教育立法加强教育质量的人们认为，进步主义教育是导致美国教育质量糟糕、太空技术方面落后于苏联的主要原因。比如阿瑟·贝斯托（Arthur Bestor）就认为，进步主义教育颠覆了教育的主要目的，即培养学生的思考能力。历史学家斯考特·李·蒙哥马利（Scott L. Montgomery）也认为，进步主义教育只是好心的、缺乏想象力的、反智主义的教育。[①] 在《国防教育法》进入政策议程之后的1958年3月和4月，《生活杂志》（*Life Magazine*）发表了《教育中的危机》报告，更是强调了进步主义教育的持续负面影响，以及教育和国家安全的联系，需要加快立法改变原来的教育模式。报告通过比较芝加哥一所高中学校的学生和莫斯科一所高中学校的学生，指出：美国学生的教育因为受进步运动时期教育理念的影响似乎更为充满人性化，重视人文学科，忙于诸如运动这类课外活动，导致学生竞争力的缺乏；而苏联学生的课堂是自然科学，他们的爱好是下棋和阅读。报告也指出了没能关注教师待遇和生活所导致的问题。长期为生计发愁的美国教师只能依靠两份兼职为家庭增加点收入，很少有时间来为学生提供有挑战

---

① See Jordan D. Marche, *Theaters of Time and Space: American Planetaria 1930—1970*, New Jersey: Rutgers University Press, 2005, p.120.

性的课程。① 这份报告推动了人们对一个更高的科学、数学和语言能力方面教师待遇问题的关注，它也呼吁为那些想取得成就的学生提供一个更具智力挑战性课程的机会。

应该说，国会和艾森豪威尔在苏联卫星发射之前就曾多次考虑过多种联邦资助教育的途径，是苏联卫星成功发射加速了美国政治家在教育政策方面的行动。在1957年12月，总统召集了一批政策制定者和安全专家，要求他们为相关问题提出观点。几周后，这个团体发布了盖瑟（Gaither）报告，并且对处于改革需要之中的美国教育提出警示。1958年1月，艾森豪威尔支持盖瑟委员会的建议并再次支持教育立法。

三 《国防教育法》与国家优异教育

苏联斯普特尼克卫星将政策问题从科学问题转向了政治问题，并直接指向美国教育。政策问题的建构过程有着广泛的社会参与，其中包括普通民众的反应、媒体的紧张、利益集团的关注以及各方的争论。而总统艾森豪威尔和其他赞成联邦资助教育的支持者正是主动利用这一机会，推进了《国防教育法》的通过。夏洛特·推特（Charlotte A. Twight）认为："《国防教育法》的通过涉及联邦政府内各层面的欺骗（deception）和政治操纵（meneuver）。传说中的危机并非如许多专家判断中的危机，然而联邦政府中对扩大教育的支持者利用卫星事件成功地推销了他们的计划。"② 如果用"欺骗"，或许有些偏激，但是必须承认，国家正是利用这一机会把握了引导政策发展的主动权，增强了政策能力。

在经过多次讲话引导公众舆论之后，艾森豪威尔在1957年11月13日的讲话中就强调了他对高质量教育的要求，以及将优质教育与国家安全需要紧密联系的观点：

> 美国应该有一个针对全国范围内高中学生的考试系统，一个为高资质的学生提供激励并使其从事科学或专业性研究的激励系统，

---

① See Peter Dietz, "Education from the Cold War to No Child Left Behind: How Federal Policy Makers Have Sought to Transfer Responsibility for Societal Issues onto America' Schools", a collection of related papers submitted in partial fulfillment of the requirements for the degree of Master of Arts, State University of New York, 2010, p. 22.

② Charlotte A. Twight, *Dependent on D. C. : The Rise of Federal Control over the Lives of Ordinary Americans*, New York: Palgrave Macmillan, 2002, p. 143.

一个激励高质量从事数学和科学教学的计划,并且需要方法和人员以增加师资的产出。另外,当你做这样的事情的时候,请记住:一个毕业于高中的俄国人,他有五年物理学习经历、四年化学学习经历、一年天文学学习经历、五年生物学习经历、十年数学学习经历和五年外语学习经历,而我们的时间要少得多。我们现在大学的年轻人必须有能力生活于"洲际导弹"的年代(冷战的时代)。然而,我们需要的不仅是工程师和科学家,而且需要那些在每个领域保持清醒头脑、具备实力的人,和能够用其聪明才智和勇敢处理复杂的人类问题的领导者。总而言之,我们不仅需要爱因斯坦和斯坦因梅茨(Steinmetzes),也需要华盛顿和爱默生……总而言之,我们从来不是侵略者。我们只是想要足够的安全。①

1957年12月30日,艾森豪威尔在给处于俄亥俄州西北部城市迪法恩斯的迪法恩斯学院校长凯文·麦卡恩(Kevin McCann)博士的信中赞扬了他们教学中对科学和数学的重视,并号召加强扩展和提高科学和数学项目,同时也要求绝不要忽视一般性教育的更多需要与永恒价值。②

为此,1958年1月29日,政府行政部门提出了一部法案——《教育发展法》(Education Development Act)。1月30日,参议院委员会主席、民主党人利斯特·希尔(Lister Hill)参议员,介绍了《国防教育法》(National Defense Education Act)。虽然两个法案相似,但民主党参议员介绍的那个法案包含更大的财政支持。两部相似的法案都不是直接提出教育法,而是与国防紧密联系。把教育和国防事业联系在一起,借助于国防和冷战的压力,更易于法案被接受,使得保守的反对者的反对更加乏力。

从根本上说,《国防教育法》主要是对大学和研究生阶段的学生进行资助,其目的是为国家培养更多的科学家和工程师,并加速科学研究的发展。因而,它本质上是以国家优异教育为目的。不过,并非所有的利

---

① See Dwight D. Eisenhower, "Radio and Television Address to the American People on 'Our Future Security'", November 13, 1957. Online by Gerhard Peters and John T. Woolley, The American Presidency Project, http://www.presidency.ucsb.edu/ws/? pid = 10950.

② See Dwight D. Eisenhower, "Letter to Dr. Kevin McCann on the Teaching of Science and Mathematics", December 30, 1957. Online by Gerhard Peters and John T. Woolley, The American Presidency Project, http://www.presidency.ucsb.edu/ws/? pid = 10969.

益集团都同意这个时期的重点，比如全国教育协会（NEA）虽然大力支持联邦政府对教育的资助，但反对《国防教育法》片面聚焦科学和技术的做法，他们也反对此法依靠代表学院和大学的国家科学基金会，而舍弃代表教育的美国教育办公室，并且他们要求更大的联邦教育拨款，但是《国防教育法》似乎只关心几个与国防有关的科目，比如数学和科学。[1] 不过，立法者为了更加顺利地通过联邦资助教育的法律，也不得不这么做。只有借助国家安全的名义，才会有更强的理由去抵制各种反对联邦资助的声音。

这部借助国防安全和冷战时期空间竞赛的危机而出台的法律，经讨论和修正之后，众议院以233∶140，参议院以62∶26获得通过，并于1958年9月2日由艾森豪威尔签署。在这个过程中，许多边疆和南方州的众议院民主党人，即曾投票扼杀了《建设学校法》的那些人，被记录为赞成。反对票者的观点是，如果采纳这个法案，将标志着资助的获得与监督以及最后可能出现联邦政府的控制，而这是他们不愿看到的。

《国防教育法》似乎是个权宜之计。艾森豪威尔在签署讲话中，强调四年之后它将自行终止。[2] 但是，不可忽视的是，这四年足以在人民心中形成稳固的思维定式并结构化。《国防教育法》引言中指出："本法的目的是加强国防，鼓励并资助教育项目的扩展和改进，以满足紧要的国家需要和为其他目的。"[3] 它总体上是为加强自然科学、数学、现代外语和其他重要科目的教学和研究而提供财政援助，从而分配经费给各州，给予非营利的私立学校以贷款，给予地方教育机关以补助金，为它们提供指导、咨询，强调测验，以及发现和鼓励有才能的学生。

不过，一旦立法，联邦政府不对资助接受者进行适当的控制是不可能的，这种控制可能还会随着时间而强化。从《国防教育法》的内容来看，资金接受者首先需要提交含有必要详细内容的申请书，以保证经费的合理利用，保证对其职责的忠实履行。除了第一条的一般条款外，第

---

[1] ［美］韦恩·厄本、杰宁斯·瓦格纳：《美国教育：一部历史档案》，周晟等译，中国人民大学出版社2009年版，第405页。

[2] See Dwight D. Eisenhower, "Statement by the President Upon Signing the National Defense Education Act", September 2, 1958. Online by Gerhard Peters and John T. Woolley, *The American Presidency Project*, http://www.presidency.ucsb.edu/ws/?pid=11211.

[3] 转引自瞿葆奎主编《美国教育改革》，人民教育出版社1987年版，第117—133页。

二条是贷款给研究所和高等院校学生,第三条是为加强科学、数学和现代外语教学研究的财政资助,第四条是提供国防奖学金,第五条是提供指导、咨询,识别和鼓励有才能的学生,第六条是语言发展,第七条是更加有效地利用电视、广播和影片进行研究和实验,并且加强以教育为目的的相关媒体的使用,以及地方职业教育项目。[1] 联邦政府利用国家权力,实质性地引导了政策发展。并且,联邦政府在原来教育者本身依然争论的问题上采取了直接的立场,规定了对数学、科学和外语教学和研究给予特别的关注,以及使用现代教学设备等。[2] 更多的经费将用于支持最有前途的学生,给研究生的贷款和奖学金,对特别志愿于将来从事教学工作的学生给予还款优惠和奖学金。也对实验室、公立中小学数学、科学和外语教学与指导提供资助。

虽然《国防教育法》重点强调国家的竞争力,要求从科学、数学和外语方面加强教育,但是,国家并没有忽略教育的机会平等,指出机会平等是针对所有有天赋的学生,而不管其种族、肤色和信仰。早在1957年11月18日的相关倡议中,艾森豪威尔就强调了平等对于美国国家和社会的重要意义。他指出:

> 当我们的国力在每一点得到检验时,这个传统(平等)将更显紧迫。我们国家的经济承担不起任何因种族、肤色或者教义的歧视而导致的人才浪费。因为每一个有助于使法律和经济平等成为一个活生生的事实的公民,都会帮助美国,有助于美国。11月19日,是林肯总统葛底斯堡演说纪念日,已经被指定为美国平等机会日。用林肯的话说,"这是完全合情合理的",我们应该用今天来再次把我们奉献给所有的人们,为他们创造稳固的平等机会。让我们每个合众国公民,不管是雇主还是雇员、农民还是商人,加入维护每个公民根据自己的功绩和优势发展的权利以及消除歧视的努力之中去。[3]

---

[1] *National Defense Education Act*(NDEA).

[2] Roger D. Launius, John M. Logsdon, and Robert W. Smith, *Reconsidering Sputnik*:*Forty Years Since the Soviet Satellite*, Harwood Academic Publishers, 2000, p. 342.

[3] See Dwight D. Eisenhower, "Statement by the President:Equal Opportunity Day", November 18, 1957. Online by Gerhard Peters and John T. Woolley, *The American Presidency Project*, http://www.presidency.ucsb.edu/ws/?pid=10953.

这将保证所有有能力的学生都不会因缺乏财力而失去受高等教育的机会，保证尽可能迅速地纠正美国现有教育方案中存在的不平衡状况。优异和平等应该是相伴相生的，没有优异的平等是庸俗的。

虽然反对联邦资助教育的理由似乎被国家利益和安全威胁削弱了，但是反对的呼声从来没有停止过，从20世纪中后期的历次教育立法的艰难可见一斑。不过，《国防教育法》确实为美国后来的教育政策开创了一个很好的先例，也使人们不得不重新思考联邦在教育中的角色，联邦政府真的需要在其中发挥一个不同于往日的作用了。在美国历史上，没有哪一件事能像1957年10月苏联卫星上天那样给教育带来如此强烈的冲击：美国各界惊呼，苏联教育和科技发展水平的速度已经超越美国；美国在世界上的领先地位正在迅速地丧失；它似乎证实了美国在冷战中与苏联进行科技和军事竞争的失败。① 这样的社会舆论恰恰正是国家所需要的。正如阿克曼所认为的，每一次宪政政治时期对宪法体制的突破，只能借助于民众的广泛参与和讨论。卫星危机之中联邦政府的作为似乎是一种民众广泛要求之下的无奈之举，其实这正好是政治家的"阴谋"。1959年1月，芝加哥大学校长哈清（Robert Marynard Hutching）在《纽约时报》上被引证的话非常有道理：

> 历史将嘲讽，这个伟大的国家对教育轻微的、临时的感兴趣，也只是因为俄罗斯的技术进步的威胁，然后才得以作为一个国家而采取行动，仅仅是因为冷战，并且只得借助于冷战，而且把教育法叫作国防法。②

不管怎么说，利用冷战这一契机，利用国家安全需要，国家已经在教育政策领域迈出了一大步，它为后来的教育法开创了一个先例。

---

① ［美］L.迪安·韦布：《美国教育史：一场伟大的美国实验》，陈朝阳译，安徽教育出版社2010年版，第312页。

② See Christopher T. Cross, *Political Education: National Policy Comes of Age*, New York: Teachers College Press, Columbia University, 2004, p.13.

第四章　国家利益与问题建构：艾森豪威尔的遗产　153

第五节　艾森豪威尔的遗产

进步运动和大萧条时期新政推动的联邦政府能力扩张，为艾森豪威尔时期在政治上定下了大政府的基调，为在教育领域真正实现联邦政府更大程度介入提供了历史背景。艾森豪威尔对"布朗案"最高法院判决的坚定支持，为之后教育中的平等价值作出了国家承诺。在他的积极推动下，《国防教育法》成功实施，从而把教育和整个国家命运紧紧地联系在了一起。艾森豪威尔作为一个相对保守的共和党人虽然可能也担心联邦政府和国家权力对社会、对教育的控制，但是从总体上来说，他是愿意在教育上进行支持的。在关键时刻，他树立了一个总统代表国家利益，并能在其中很好发挥领导作用的形象，为后人留下了宝贵的遗产。

第一，"布朗案"判决和《国防教育法》的政策过程，明晰了国家在教育中的利益，并为教育政策问题从国家利益高度建构提供了一个示范、开创了一个先例，从而在这个基础上实际地重构了国家的政策能力。"布朗案"判决和《国防教育法》直接把国家教育问题的建构与国家利益以及公众利益联系起来，奠定了美国国家教育政策议程设置的特定逻辑，它影响和引领了20世纪60年代国家教育政策发展的基本路径。而这一联系是依靠联邦政府，或最高法院，或总统所做的工作实现的。教育资助上的党派意识形态之争、宗教问题之争、种族问题之争，一直阻碍着国家对教育的资助进程，是"布朗案"判决和《国防教育法》把全国的注意力引向了教育中的国家利益，使政策问题浮现并明晰化，使各方能够搁置争议，从而达成较为一致的意见。以前的教育政策虽然也与国家利益相关，但是从来没有从问题建构和议程设置的角度来真正实现政策合法程序。从我们后面的案例中可以看出，在美国政策发展过程中，如果能够很好地把握国家利益这一话语，相对就能较好地引导和促进教育政策发展。

第二，加强了人们对教育中联邦角色的认知，实现了明显的制度安排上的转变。桑德奎斯特就把《国防教育法》的通过称为民众和社会的一次心理突破①，是社会认知转变的关键，从而实质性地取得了制度性突破。这种认知上的转变，为美国国家自主奠定了制度支持和政策能力提升基础。虽然《国防教育法》更多的是针对高等教育和科学研究，但对各州财政支持以及对中学教育中科学、数学以及外语教学和研究也予以强调。

第三，为日后教育政策的发展奠定了政治基调。美国教育的发展，在艾森豪威尔时期，开启了一个国家教育的时代。"布朗案"判决奠定了美国教育中平等的国家教育观，而《国防教育法》则显然地把国家教育绩效与政策的价值指导原则联系了起来。艾森豪威尔也强调改善教师工作状况，扩大奖学金的范围，注重投入的产出效率，只不过总统权力是缓步扩大的。② 人们已经从心底慢慢接受了联邦政府在教育中的角色，虽然并不是全部。为了实质性地改善美国教育，联邦政府在其中做了很多象征性和实质性的工作，也对州政府起到了示范和引导作用。另外，艾森豪威尔时期，强化了"教育是解决社会问题的工具"这一基本认识。把社会矛盾引向教育，使改革的成本最低，为日后国家引导政策发展、实现策略行动提供了行动指南。

在思考这些问题的过程中，我们虽然同意萨巴蒂尔等学者的观点，即核心信念体系改变的一个最为重要的推动力就是焦点性事件的发生。但是，我们不能理解这样的焦点事件为什么一定就对应着这个政策领域的信念，而不是另一领域。也就是说，是什么因素导致了这个焦点事件与某个特定政策领域的联系。一个本来不属于教育问题的事件，却因为最高法院判决，决定了教育中的核心价值，一个本来属于两国冷战军事实力的较量，却因为某种原因指向了本不属于联邦政府权限的教育。萨巴蒂尔等学者没能充分考虑国家在其中的影响，没有考虑国家在主动引导政策问题建构，引导信念转变中的作用。他们的理论不能解释为什么是国家来承担这个责任，是什么因素把社会的关注转向了国家。"布朗案"判决和苏联卫星上天仅仅是一个催化剂，它们所带来的影响只是国家政府全面资助教育的一个制度支持，是为扩大基于权力资源的政策能力的制度支持。

---

① J. L. Sundquist, *Politics and Policy: The Eisenhower, Kennedy, and Johnson Years*, Washington DC.: Brookings Institution Press, 1968, p. 174.

② "Strengthen Education", *The Science News–Letter*, Vol. 75, No. 23, Jun. 6, 1959, p. 357.

第五章　借势与国家自主：国家偏好的两次转变

美国中小学教育政策发展史上，存在两次重要的政策偏好转变期：第一次是20世纪60年代，实现了《1964年民权法案》和《1965年中小学教育法》的通过，这两部法律以教育机会平等为主要范式，规定了对处境不利学生教育上的特殊支持。第二次是1983年里根时期的《国家处于危机之中》报告，奠定了20世纪80年代以后国家从绩效标准、优异教育结果促进全国教育发展的政策范式。并且，这两次国家政策偏好的实现，都是借助于社会的支持和认同。国家偏好的实现以及自主引导政策发展的能力，需要制度支持和权力资源。公众支持是公共政策实现的重要制度性源泉[1]，不管这种公共观点是如何形成的，或许它本身就是国家"制造"的。

第一节　民权运动与"平等教育"：国家偏好第一次转变

一直阻碍联邦政府介入教育的三大因素是：担心联邦政府介入会带来国家对教育的全面控制；抵制联邦政府资助有种族隔离现象的学校和学区；关于国家能否对教区学校或者宗教学校予以资助的争论。虽然在1958年艰难地通过了被时任参议院多数党领袖约翰逊称为"历史上的里程碑"[2]的《国防教育法》，实现了20世纪60年代以前最大的一次国家

---

[1] Alan D. Monroe, "Public Opinion and Public Policy 1980—1993", *The Public Opinion Quarterly*, Vol. 62, No. 1, 1998, pp. 6–28.

[2] See Christopher T. Cross, *Political Education: National Policy Comes of Age*, New York: Teachers College Press, Columbia University, 2004, p. 12.

权力的突破；但它是以国防为目的的。并且，这部法律更多的是针对高等教育，对大学生和研究生提供贷款和奖学金，并加强数学、科学和现代外语的教学与研究。关于中小学教育的部分只是附带性的，并且也同样只是为加强数学、科学和外语的教育，而增加这方面的师资投入，以此为美国发现和培养更多的科学家和工程师。《国防教育法》的通过，不亚于一场战争，而要真正实现更为全面的国家政府介入教育，将会面临更多困难。

另外，联邦最高法院的"布朗案"判决的执行情况实际上并不理想。最高法院的判决似乎激起了某些激进种族主义者的义愤，加剧了对黑人的歧视和压迫。虽然出于冷战时期的需要以及其他原因，美国白人社会种族观念出现了一定程度的改变，但是黑人的生活状况依然糟糕。黑人等少数民族实质性地受到不平等待遇，致使他们在社会生活中缺乏平等机会，加剧了其生活品质的恶化，大量地生活在贫困之中。黑人等少数民族也因为"布朗案"判决为他们点亮的希望而不断掀起一阵又一阵民权运动的高潮。在这种状况下，强调教育平等以促进贫困等社会问题的解决，成为20世纪60年代的国家偏好。

一 "布朗案"判决之后：国家自主的严重挑战

一直到20世纪50年代，在美国生活中仍然只有地方政治机构才公开以普通美国人的语言谈论民族问题[①]，更不用说从国家层面废除种族隔离了。"布朗案"判决在向着废除种族隔离方向迈出了最为关键的一步，但是，执行中面临着很多问题。"布朗案"判决的消息在广泛存在种族隔离的南方的每个角落都引起了愤怒的评论和反应。1954年9月，在特拉华州米尔福德（Milford），成百上千愤怒的白人父母强迫关闭废除了种族隔离的学校并要求放弃学校融合。这一幕吸引了全国公众的注意力，类似的情况在南方很多地区都广泛存在。

考虑到执行第一次判决所受阻力太大，沃伦法院在第一次判决之后，于1955年5月31日宣布了另一个命令，需要各州根据地方条件"以审慎的步伐"（with all deliberate speed）解决种族隔离问题。而有色人种促进会施加压力，希望直接地废除种族隔离，认为以1956年秋季为最后期限

[①] 〔美〕西奥多·怀特：《美国的自我探索：总统的诞生1956—1980》，中国对外翻译出版公司1985年版，第42页。

是够宽容的。① 这类持"立即执行"观点的人们提出警告，执行上的渐进主义将会鼓励抵制，"很大程度上将会弱化法院的道德立场"。渐进主义执行观点持有者则认为，这样可以避免实现强制性秩序。法官也担心，立即迅速地废除种族隔离将会导致暴力和公立学校关闭。艾森豪威尔和司法部显然也担心激进地废除种族隔离可能带来的社会不稳定，因而公开支持渐进执行。

正是艾森豪威尔的担心和相对保守，加剧了执行上的困难；法院最初的决定激起了南方白人的种族主义，许多地方出现了反对"布朗案"判决的白人市民协会，南方国会议员对判决根本不予支持，许多州长和立法机关成员也都发誓要抵制这一判决。他们在1956年通过了一份声明，宣称"布朗案"判决是没有根据的、不符合宪法的，是对司法权力的滥用。② 密西西比州的参议员詹姆斯·伊斯特兰告诉他的选民们，这一裁决破坏了美国联邦宪法。他还认为，没有责任去执行它的裁决。在南方各州，三K党人焚烧十字架，还有自称是"白人美国"的保护者发誓说："即使不可能让每个拥护取消种族隔离的黑鬼找不到工作、贷不到款，或是不能延长抵押期，也要给他们设置重重困难。"③

在"布朗案"判决之后10年间，在废除种族隔离中每年都发生暴力性抵制事件。④ 比如：1954年发生在特拉华州的米尔福德（Milford）事件；1955年阿肯色州的荷克希（Hoxie）等事件；1956年还发生了一连串的事件，它们分别发生在亚拉巴马州的塔斯卡卢萨（Tuscaloosa）、田纳西州的克林顿（Clinton）、得克萨斯州的曼斯菲尔德（Mansfield）、肯塔基州的克雷（Clay）和斯特吉斯（Sturgis）两县；1957年的阿肯色州的小石城事件，田纳西州首府那什维尔（Nashville）事件；1958年在田纳西的克林顿事件；1960年路易斯安那州的新奥尔良事件；1961年佐治亚州的阿森斯（Athens）事件；1962年密西西比的牛津事件；1963年亚拉

---

① Michael J. Klarman, *Brown v. Board of Education and the Civil Rights Movement*, Oxford University Press, USA, 2007, p. 80.

② ［美］韦恩·厄本、杰宁斯·瓦格纳：《美国教育：一部历史档案》，周晟等译，中国人民大学出版社2009年版，第410页。

③ 参见［美］詹姆斯·柯比·马丁等《美国史》（下册），范道丰等译，商务印书馆2012年版，第1199页。

④ Michael J. Klarman, *Brown v. Board of Education and the Civil Rights Movement*, Oxford University Press, USA, 2007, p. 189.

巴马州的伯明翰（Birmingham）事件。而小石城事件只是更多的抵抗法院判决中影响较大的事件之一，它起源于阿肯色州小石城 9 名黑人中学生在以白人为主的中心中学注册入学时受到阻拦，并遭到白人种族主义者的报复性驱赶。该州州长福布斯为了获得白人选民的支持，争取连任，积极支持白人种族主义者的主张，一致反对法院判决并阻止联邦政府的合校计划。

在"布朗案"判决之后，小石城学校在市长伍德罗·曼的带领下，制定了一个有计划的执行措施，拟订七年完成合校计划，按部就班地执行联邦最高法院决定。1957 年，曼市长预备先让 9 名黑人学生到小石城中心中学注册上学。为了防止可能出现的白人示威活动，曼派遣了 175 名警察维持秩序。但是，福布斯州长在根本没有征求市长意见的情况下，直接调动国民警卫队，命令他们制止 9 名黑人学生注册入学。虽然很多有正义感的人劝告福布斯，但这没能阻止他的一意孤行。于是，赞成入学者和反对入学者之间发生了冲突。福布斯州长把全部的责任推向拥护学生顺利入学的人们，并打电话给艾森豪威尔总统。总统的反应是"我能给你的唯一保证是，我将利用我能利用的一切合法手段来维护联邦宪法"。①

虽然联邦地方法官和小石城市长强行将 9 名学生送入学校，但直接的后果是学校内外形势的恶化。黑人学生遭辱骂；黑人记者被殴打；国民警卫队对无辜群众进行袭击，形势极其紧张，迅速恶化。阿肯色州的联邦法院警官报告称，法律的执行遭到了极大的破坏，暴徒控制了中心中学。曼市长只得安排 9 名学生先离开学校。艾森豪威尔也因小石城事件引起的危机而烦恼，在如何处置上有些进退两难。他最终做出决定，"作为美国总统，有责任使法律得到贯彻执行"。艾森豪威尔批准了一项强硬的声明：

> 联邦法律和联邦法院的命令，决不允许任何个人或任何恃强行凶的暴众任意加以轻侮。本人将使用国家的全部力量，包括一切必要的力量，制止一切违法活动，使联邦法院的命令得以贯彻执行。②

---

① 参见［美］威廉·曼彻斯特《光荣与梦想：1932—1972 年美国实录》（第三册），广州外国语学院译，商务印书馆 1988 年版，第 1127 页。

② 参见上书，第 1131 页。

小石城也要求华盛顿予以干预，司法部部长小赫伯特·布劳内尔认为，美国总统具有权力和责任，完全可以使用军队来强制执行联邦法律。总统的声明为他派遣军队开辟了道路。为了响应这项声明，国防部部长查尔斯·欧文·威尔逊将阿肯色州国民警卫队置于联邦政府的统辖之下，不让福布斯插手；陆军参谋长马克思韦尔·泰勒派遣101空降师第327战斗大队，前往小石城平定骚乱，维持秩序。八架C－130和C－123式运输机由肯塔基州的坎贝尔要塞向阿肯色州运送伞兵。1957年9月25日，伞兵手持带着刺刀的步枪护送黑人学生进入中心中学。自重建以来，南部因在种族问题上违抗联邦政府而导致军事管制的，这还是第一次。即使是联邦军队的到来，种族主义者仍然抱有侥幸心理，与之对抗。艾森豪威尔作为总统也不希望种族问题长期宣而不解，不管是从国家利益高度还是出于个人正义的考虑，艾森豪威尔的态度都是明确的、坚决的。

然而，自从联邦军队撤出后，激进种族主义者恢复到之前的状态。联邦政府在小石城的行动也遭到南部地区种族主义者的一致抗议。佐治亚州参议员理查德·拉塞尔谴责艾森豪威尔的行动，认为这"是从希特勒发给冲锋队的手册中抄袭来的"。南卡罗来纳州参议员奥林·约翰逊说："我要是福布斯州长，我马上就会宣布起义，把国民警卫队动员起来，然后我倒要看看在我的这个州到底谁说了算。"[1] 作为最重要的一次国家对教育机会平等做出的承诺，"布朗案"判决在州和地方层面的执行情况确实不理想。在执行问题上，联邦政府面临着巨大的障碍，其中一个原因是，联邦政府缺乏具有足够能力的官僚执行集团，但是更重要的原因在于白人种族主义者的顽强抵抗。除了小石城事件之外，另一些发生于肯尼迪时期的为坚持种族融合和执行法院判决而发生的事件，也是派遣联邦军队才得以平息。比如著名的"詹姆斯·梅雷迪斯事件"中，肯尼迪总统和罗伯特·肯尼迪司法部部长在多次和州长交涉无果后，不得不再次动用联邦军队来压服当地以州长为首的种族主义者的对抗。

即使是确实得到执行的地方，也往往谨慎有余。在艾森豪威尔离任之时，也就是在"布朗案"过去6年之后，在前南部邦联[2]的11个州内，

---

[1] 参见［美］威廉·曼彻斯特：《光荣与梦想：1932—1972年美国实录》（第三册），广州外国语学院译，商务印书馆1988年版，第826页。

[2] 大陆会议于1777年11月通过《邦联条例》，1778年经各州批准后该条例生效。根据条例，原来的大陆会议解散，新建立的邦联政府实际上是一个松散的各州联合体。

只有 1% 的黑人在校学生是与白人同学一起在公立学校上学的。① 在北方，非洲裔美国人也遭到侮辱和歧视。到 1960 年，非洲裔美国人的状况依然改善不多，他们的孩子只有一半的机会能完成高中学业；只有三分之一的机会进入一种专业职业；非洲裔美国人的平均收入只有白人美国人的一半，而他们失业的机会几乎是白人美国人的两倍。最高法院第二次做出的"以审慎的步伐"执行的命令，似乎成为一些地方拖延执行的借口。但是，种族主义对法院判决的抵制和黑人等少数民族争取权利、反对歧视和支持融合的行动交织在一起。在一个高度分化的世界中，个体与群体为了维持或突破自己在不平等地构建的社会空间中的相对地位而斗争。② 极力维持特权的人和争取平等权利的人之间，不断地争斗，形成了肯尼迪政府时期美国社会的重要特征。

肯尼迪在当选美国总统之前，还反对大规模社会民权运动，而在他竞选和当选总统之后，他的态度随着民权运动以及他个人对黑人生活状况的了解而发生改变，开始积极支持民权运动。③ 1960 年 7 月 10 日，肯尼迪在全国有色人种促进会的集会上发表演讲并明确表态："在保证宪法赋予美国公民的权利方面，比如公民的投票权、废除种族隔离、消除各方面种族歧视方面，下一届总统将运用道德和法律的力量来保证它们得以实现。"④ 不管是为了争取更多选民支持还是出于社会正义，肯尼迪真正从国家利益高度考虑问题了。毕竟"布朗案"判决已经作出，这个判决激励了争取权利的人们。而之前的艾森豪威尔，虽然对废除种族隔离及其激进执行可能带来的后果的担忧，导致他在执行问题上或许有些优柔寡断，但是，他两次推出民权议案，并在小石城事件上果断处理，体现了国家利益考虑的优先性。1957 年艾森豪威尔政府提出民权法修正案，还将有关禁止学校实行种族隔离的部分删去。1959 年 1 月，艾森豪威尔提出一项民权议案，其中包括给予实行种族融合的学校以财政和技术上

---

① [美] 詹姆斯·柯比·马丁等：《美国史》（下册），范道丰等译，商务印书馆 2012 年版，第 1298 页。
② [美] 戴维·斯沃茨：《文化与权力：布迪厄的社会学》，陶东风译，上海世纪出版集团 2012 年版，第 165 页。
③ [美] 詹姆斯·麦格雷戈·伯恩斯：《总统领导力》，吴爱明等译，中国人民大学出版社 2012 年版，第 58—60 页。
④ See Theodore C. Sorensen, "Let the Word Go Forth": The Speeches, Statements and Writings of John F. Kenaedy, N. Y. Delacorte Press, 1988, p. 185.

的支持。虽然这些政治家出于争取更多选民支持的考虑，但是不可否认的是，这也是制度性环境下表现出的国家偏好，如果他们需要担任政治性重要职位，必须获得选民支持，必须更多地从国家利益和公共利益考虑问题。

有研究显示，在"布朗案"判决之前，已有一些存在种族隔离学校的北部州开始废除种族隔离制度，以作为对"二战"后社会和政治力量的反应。比如新泽西州通过了一个宪法修正案以禁止种族隔离学校的实行，并且州长激进地推进这个修正案的执行，包括从坚持种族隔离的地区撤回州资助的教育经费。[①] 类似的情况也发生在伊利诺伊州。因此，这类研究声称，如果没有"布朗案"判决，州政府支持的种族隔离也会最终走向消亡，联邦法院的判决只是加快了结束种族隔离的进程。不过，这种观点忽视了一个问题，那就是，即使"布朗案"裁决之后，南方州和北方少数地区依然坚持种族隔离原则，顽强抵抗最高法院的判决决定，"布朗案"判决也会给予争取权利的人们以动力和法律支持。

二 民权运动与《1964 年民权法案》

即使最高法院"布朗案"判决宣判了种族隔离违宪，但黑人和少数族裔的美国人充分认识到平等的权利不会像魔法一样自动实现。真正的平等，需要全社会的关注及人们思想意识的转变。他们也知道，权利不是给予的，而是依靠自己的不断努力争取的，为平等而奋斗的路途依然遥远。不过，"布朗案"判决确实给予他们信心，越是遭受种族主义者的抵制，对充分平等的渴望越强烈，为争取权利平等的社会运动也随处可见。

黑人民权运动和其他少数民族参与的社会权利运动最为突出，他们相信美国梦，他们普遍相信自由、公正和平等对于黑人的意义。[②] 民权组织所使用的最具戏剧性的斗争方法是非暴力对抗，他们的领导者马丁·路德·金将非暴力对抗推向民权运动的中心舞台。金是非暴力的信徒，是奉献于人道主义的社会运动家，在其一生的活动中赢得了广大的美国黑人民众和一些白人社区人们的支持。在 1954 年获得神学博士学位之后，

---

① Michael J. Klarman, *Brown v. Board of Education and the Civil Rights Movement*, Oxford University Press, USA, 2007, pp. 213 – 215.

② Jacob U. Gordon, "Black Males in the Civil Rights Movement", *Annals of the American Academy of Political and Social Science*, Vol. 569, 2000, pp. 42 – 55.

他被接纳为亚拉巴马州蒙哥马利市德克斯特（Dexter）浸信会①教堂的牧师团成员。1955—1956 年他领导了著名的蒙哥马利公共汽车抵制运动，不久就被地方所熟知。蒙哥马利抵制运动之所以著名，主要在于：第一，它提供了一种其他南方黑人遵循的抵制模式：拒绝给白人让座。而公车抵制运动代表了"黑人反抗的开始"。② 罗莎·帕克斯拒绝给白人让座事件就是最为著名的例子。第二，蒙哥马利抵制运动为这位黑人领导的出现提供了一个环境，在之前金不是特别出名。尽管大量白人采取恐怖主义式报复，蒙哥马利市的黑人市民继续抵制直到法院禁止在公车上存在种族歧视。这次抵制活动持续了一年多。是金使用甘地的消极反抗原则，把蒙哥马利市的黑人团结起来的。这次运动之后，金成为全国的焦点，民权运动似乎找到了它的核心领导人。1957 年，金组织了南方基督教领袖联合会（SCLC），这个组织成为民权斗争的主要组织。1957 年 5 月 17 日，即"布朗案"判决三周年纪念日，金在华盛顿特区发表第一次全国性演讲："给我们选举权，我们就会安静、合法、非暴力、捐弃前嫌地执行 1954 年 5 月 17 日美国最高法院的判决。"③ 对于金来说，真正地结束美国社会种族隔离、实现属于他们的真正平等取决于黑人选民的力量。1960 年，马丁·路德·金的声音表达了这种情绪："我们经过了作表面文章、渐进主义和'你们已经够不错了'的阶段；我们也经历了别人认为我们不知足的阶段。但是我们不能再等下去了，现在时候到了。"④

虽然民权运动伴随着美国种族关系一直存在，但是最具影响力的时期是 20 世纪五六十年代。南方对黑人反抗的反应是通过立法和暴力加强对黑人的压迫以及保持白人的特权。白人对公民抗议运动的反应主要有两种：第一，经常性地使用逮捕、起诉和其他形式的"合法骚扰"来镇压不满。第二，甚至使用恐怖和私刑。前一种方式是利用他们的立法优势取得的，后一种方式则根本不会通过任何程序。马丁·路德·金就因为领导民权运动被关押好几次。"布朗案"判决之后执行的情况不理想，

---

① 浸信会，即 Baptist Churches，乃浸信教会之简称，又称浸礼会，乃基督教新教主要宗派之一。
② Jacob U. Gordon, "Black Males in the Civil Rights Movement", *Annals of the American Academy of Political and Social Science*, Vol. 569, 2000, pp. 42 – 55.
③ 参见［美］乔尔·斯普林《美国学校：教育传统与变革》，史静寰等译，人民教育出版社 2010 年版，第 563 页。
④ 参见［美］詹姆斯·柯比·马丁等《美国史》（下册），范道丰等译，商务印书馆 2012 年版，第 1298 页。

并不意味着这个判决不重要。应该说,"布朗案"判决成为国家确定平等权利的奠基石,它不仅提高了南方黑人的希望和期待,也唤起了北方白人的良心。而且,"布朗案"判决产生了这样一种政治气候,即南方白人越是暴力镇压,黑人的反抗越是强烈。特别是,"布朗案"判决之后,美国黑人日益增加的政治和经济机会,为黑人整体权利的实现提供了更多的可能。南方黑人虽然可能继续被种族隔离,但是,他们已有机会接受更多的教育,使他们能够通过法律诉讼和其他途径为民权扩展提供压力。

20世纪五六十年代大众传媒的发展在民权运动中是一个重要因素,因为它使地方问题转变成全国性问题,激起了更多潜在公众的注意。一些漠不关心的人也开始加入到呼吁国家改善民权状况、加快民权立法的进程之中。一些民权组织试图通过电视等媒体的曝光,使民权问题具有更大的关注度。通过电视转播,人们看见了种族主义者的暴行:在参与民权运动的人中,有成百上千的人被地方政府逮捕,又有不少人遭杀害。每一次民权运动制造的镇压与反镇压都通过媒体的报道,传向全国公众、政治家,使他们认识到,必须要解决这一问题了。联邦政府官员和北方白人见证了南方立法者通过立法残酷地镇压非暴力的公民权示威游行。而作为美国国家领导人,不管是考虑到国家形象,还是为了社会的稳定,都感觉到必须要采取行动了,竞相提出民权议案已成为民主党和共和党政治较量的一种手段。1959年1月,作为民主党领袖的约翰逊刚提出一个民权法案建议不久,艾森豪威尔也提出了一项民权倡议,其中包括给予实行种族混合的学校以财政和技术上的支持等条款。只不过,这几个民权法,没有什么实际效果。

虽然整个社会因为政治的、社会的和经济的原因继续推进国家向着种族关系改善的方向发展,但是进步的步伐过于缓慢。面对白人种族主义者的顽强坚持,直接行动的反抗使黑人在废除种族隔离要求方面更具有进攻性。在这段时期,有关权利问题的各种诉讼更是大量增多。联邦政府也不愿这种状况拖延下去,民权运动也坚定了肯尼迪的信心,他意识到种族问题不会消失。他宣布:"不仅要勇敢地面对自己,也要让国家面对,并最终解决问题。……现在国家实现诺言的时候到了。"[1] 在肯尼

---

[1] 转引自[美]詹姆斯·麦格雷戈·伯恩斯《总统领导力》,吴爱明等译,中国人民大学出版社2012年版,第60页。

迪总统呼吁采取行动的公开支持下，美国黑人等少数民族权利运动、女权运动等社会运动轰轰烈烈地开展。

从20世纪60年代初的公众民意调查结果来看，当社会运动产生了暴力和社会失序之后，人们已经开始把公民权问题排在了国家最重要的议题之上，而公民权利问题一直都属于州和地方事务。或许是在肯尼迪"这个国家必须行动起来"[1]的号召指引下，肯尼迪政府在1963年将"民权法案"草案送到国会。基本表达了欲彻底废除学校中的种族隔离，还黑人、少数族裔美国人真正法律上的平等权利的思想。南方民主党人持激烈的反对态度。辩论拖延了很长时间一直没能有一个结局。时任副总统约翰逊还曾经严厉地批评过肯尼迪对民权的处理方式。他认为，需要号召全国意识到民权是一个道德问题，还需要组织利益集团对立法者施压，不仅包括民权激进分子，而且包括劳工领袖、教育家、商业社区，甚至平民。如果没有这些努力，法案将会遭到惨败。[2]

为了能够使"民权法案"早日在国会通过，肯尼迪在国会两院做了大量的工作，并且呼吁普通民众、教育家等在内的各界人士共同努力以解决民权问题。他坚信，通过"民权法案"美国社会能够得到改变。为了能够较为顺利地通过立法，肯尼迪还劝阻马丁·路德·金不要继续把事情闹大，不要继续"向华盛顿进军"的行动。作为支持民权运动的最重要的组织，全国有色人种促进会也不断对政府施压，希望更加快速地解决问题。在民权运动的强大要求下，肯尼迪支持他们的力度加大了。1963年8月28日，有20多万黑人和一些白人参加的"向华盛顿进军"大规模游行示威活动展开，马丁·路德·金激动人心的演讲《我有一个梦想》再一次叩响美国社会人道主义的灵魂。肯尼迪在白宫接见了马丁·路德·金，认为这次"大进军"促进了民权事业。相对保守的美国，从开国之日起到建立宪政，最重要的担心就是多数暴政。民权运动虽然是正义的，但是运动所导致的后果或许不能得到很多美国人的认同。马丁·路德·金以及肯尼迪的行为遭到反对民权运动以及打算阻止"民权法案"通过的人们的强烈反感。1963年11月22日，肯尼迪遭到了反对

---

[1] [美] C. 索伦森：《肯尼迪》，复旦大学世界经济研究所译，上海译文出版社1981年版，第81页。

[2] [美] 詹姆斯·麦格雷戈·伯恩斯：《总统领导力》，吴爱明等译，中国人民大学出版社2012年版，第75页。

者暗杀,当天身亡,为民权立法留下了未竟的事业。当日,副总统约翰逊在空军一号飞机上宣誓就职,接替去世的总统。他举起右手,发誓继承已故总统的遗志。

肯尼迪去世三天后,马丁·路德·金对新总统建议:"我们能够作为纪念肯尼迪总统的一个最好的礼物就是尽力使一些他一直努力寻求的、伟大的、进步的政策成为法律。"① 约翰逊总统当场发誓,他将决不放弃,寸步不让。在接替总统职位并宣誓就职五天后,约翰逊在国会的一次联席会议上发表讲话,明确表明自己的态度,建立了人们对他领导能力的信心。他说:"没有什么致辞和赞语能够比最早立法通过肯尼迪总统为之长时期奋斗的民权提案更能表达我们对他的缅怀之情的了。在这个国家里,我们花了足够长的时间来谈论平等的权利问题,已经为之谈了整整100年,甚至是更长的时间,现在该是书写下一个篇章,即把它写进法律典章里去的时候了。"② 约翰逊总统似乎更懂得政治的策略,在其接替已故总统之后,就是通过他当初给肯尼迪建议的方式,发起民众和社会支持,对规则委员会施压,从而实现民权法案通过的。

七个半月之后,也就是1964年7月2日,约翰逊总统坐在白宫东厅的桌边,签署了《1964年民权法案》。很多人,包括马丁·路德·金、司法部部长罗伯特·肯尼迪和其他一些民权运动活动家见证了这一历史性时刻。许多人通过电视和广播观看或收听了总统的演讲。《1964年民权法案》总论中指出:

> 为了贯彻宪法赋予公民的投票权利,为了赋予合众国地区法院在对公共设施发生的歧视现象提供强制禁止令救济的司法管辖权,为了授予首席检察官即司法部部长提起诉讼来保护使用公共设施和公共教育各领域的宪法权利,为了扩展民权委员会的权力范围,为了阻止在联邦资助项目中的种族歧视,为了建立一个平等就业机会

---

① *The Presidential Recordings: Lyndon B. Johnson: The Kennedy Assassination and the Transfer of Power, November 1963 - January 1964*, Max Holland, New York: Norton, 2005.

② John A. Andrew III, *Lyndon Johnson and the Great Society*, Chicago: Ivan R. Dee, 1998, p. 23.

委员会，以及其他目的，特制定此法。①

这是一个全面保障平等权利的成功立法，是美国历史上具有标志性意义的大事。除了规定在公共设施和一切公共场合禁止歧视，对于公立中小学校和公立大学而言，也作出了相关重要的规定。主要在第4条，它涉及保障教育平等机会；为帮助废除种族隔离提供技术援助；为学校废除种族隔离而培训教师和其他学校人员；授权校务委员会聘请专家服务于培训机构，规定司法部长可以提请有关种族隔离方面的诉讼。另外在第6条规定，凡是接受联邦资助计划的项目，都必须废除基于种族、肤色或民族血统的任何歧视。各学区为了得到联邦资助，必须提供证明，以表明没有因为种族、肤色或民族血统而实施歧视。② 《1964年民权法案》第6条中对此进一步作了一个更加明确的法律规定：对那些拒不服从（废除种族歧视）的机构，将强制性地收回联邦资金。

美国民权运动走过了一段漫长而艰辛的历程。从1865年"联邦宪法第13修正案"、《1866年民权法案》、1868年"联邦宪法第14修正案"、1896年的"普莱西诉弗格森案"判决确定的"平等但隔离"原则，到1920年"联邦宪法第19修正案"、1954年"布朗案"判决、《1957年民权法案》、《1960年民权法案》，最后到《1964年民权法案》，经过了几代人的努力，才使美国少数民族权利得以较为健全地实现。③ 民权运动和民权立法是相互促进的。"布朗案"判决，给黑人权利争取行动提供了最为关键的动力，从而不断兴起的民权运动促进了1964年的成功。其中肯尼迪被暗杀也可能是一个重要的推动因素。但是，整个社会对民权的看法和认知的转变是最为核心的。

这不禁使人再次思考，什么是国家利益？什么是国家政策问题？国家利益显然不是领导人个人的考虑，而是出于一种基于全国公众认知和思想的利益认识，是一种基于共同理解的行动指引。启蒙运动所倡导的自由、民主思想，为美国人所继承和发展。自由和权利平等成为北美各

---

① *The Civil Rights Act of 1964* (Pub. L. 88 - 352, 78 Stat. 241, enacted July 2, 1964), http://www.ourdocuments.gov/doc.php?flash=true&doc=97.

② *Transcript of Civil Rights Act of 1964*, http://www.ourdocuments.gov/doc.php?flash=true&doc=97&page=transcript.

③ *Civil Rights Legislation*, http://www.core-online.org/History/history_links.htm.

殖民地据以声言有权放弃他们对英国的效忠并建立独立国家的原则。① 实现公民权利和平等是《独立宣言》和《美利坚合众国宪法》确认的原则。自由和平等是美国人可以舍命珍惜的两种价值，对于一直遭受歧视的黑人和其他少数民族更是如此，他们上百年来所作的斗争，正是为了获得自由和实现平等。黑人的遭遇在考验着美国最古老的思想，即"法律面前人人平等，人人生而平等"。黑人一直是被剥夺权利的美国人，但是，在美国20世纪中叶以前，不平等要么没有成为政策问题，要么国家暂时还没有把实现平等权利作为首要偏好和需要优先考虑的内容并试图予以解决，或者国家欲解决平等问题但存在着能力上的问题。50年代中期"布朗案"判决之后，黑人权利意识觉醒、民权运动逐渐高涨，给国会和美国社会生活所带来的冲击和影响是难以估量的。"布朗案"判决和民权运动，使权利平等不折不扣地成为国家的核心问题之一，也成为国际社会关注的焦点。

对不平等的关注，主要是从道德角度和政治上作出的反应。② 从道德上看，平等与社会正义体现了一个社会的基本人道价值观；如果从政治上看，不平等甚至可能导致一个国家的分裂和崩溃。平等被构想为主要是政治权利，它通过赞同来确定政府和国家存在的正当性。③ 对于任何一个国家的统治而言，民众的支持与遵从、社会的正义，都是国家和政府的合法性基础。罗伯特·达尔将平等权视为政治参与必须拥有的政治资源。他认为，为了实现政治平等，一个发达民主国家可以有意识地制定其社会、经济与政治制度。然而，即使是做得最好的发达民主国家，这些国家的公民在政治资源、参与能力和参政机会方面也仍然存在严重的不平等。因此，发达民主国家民主化的目标应该是"致力于减少那些会引起严重政治不平等的可以补救的原因"。④

能否给予民众自由和平等的权利，是评判一个社会是否正义的准则。而《美利坚合众国宪法》制定的目的之一就是"树立正义"。⑤ 公民权的

---

① [美] J. R. 波尔：《美国平等的历程》，张聚国译，商务印书馆2007年版，第1页，前言。
② [美] 亚历克斯·卡利尼克斯：《平等》，徐朝友译，江苏人民出版社2003年版，第16页。
③ 同上书，第26页。
④ [美] 罗伯特·达尔：《民主及其批评者》，曹海军译，吉林人民出版社2006年版，中译本导言，第8页。
⑤ 参见《美利坚合众国宪法》，http://www.usconstitution.net/const.html。

不断实现与扩大，也是民主进程中的一个重要阶段[1]，是践行美国联邦宪法的根本。《1964 年民权法案》无论在历史上还是在政治上都是一个分水岭[2]，它是国家借助社会运动的力量实现的，是在各种民权运动组织的支持下，在民权运动声势浩大的推动下实现的。它负有规定人们行为准则的任务，其目的是改变美国人民的习惯和态度，更进一步奠定了国家自主的制度支持。相对于"布朗案"判决，这一次是以国会立法的形式，更为明确地对废除种族隔离与保障平等权利和机会予以具体规定的，它再一次把联邦政府介入教育向前推进了一步。

三 "伟大社会"与 ESEA

人们总是对约翰逊在担任参议员前后对待民权立法的态度反差进行过多的评论。[3] 主要原因在于约翰逊在竞选得克萨斯州参议员时的演讲中猛烈攻击民权立法，而在获选之后极力主张机会平等并促成民权立法，并在其后"伟大社会"计划的政策主张中一直坚持其理念。1948 年，他在初次竞选得克萨斯州参议员时的演讲中说，"这个民权立法，你们已经听得够多了，它不过是一场闹剧，一场欺骗，它是要以自由为幌子建立一个警察国家。我反对这一计划，我要在国会里和这个计划斗争"[4]；但是，一旦当选，作为参议员领袖和后来的总统，考虑更多的是如何治理一个国家以及作为一个总统在美国历史中留给后人的评价。

不过，一些学者对约翰逊的这一反差进行了适当的解释：民权立法的最大阻力来自南方民主党议员，反民权是他们的集体意识，约翰逊处于其间，自然深受影响。[5] 他的政治背景是他早年反民权的根本原因，由于南部地区的选民主要是白人，只有少数的黑人有投票权。约翰逊的政治生涯是从得克萨斯州开始的，进入政坛离不开得克萨斯州白人选民的

---

[1] Jasper B. Shannon, "Political Obstacles to Civil Rights Legislation", *Annals of the American Academy of Political and Social Science*, Vol. 275, 1951, pp. 53-60.

[2] [美] 西奥多·怀特：《美国的自我探索：总统的诞生 1956—1980》，中国对外翻译出版公司 1985 年版，第 126 页。

[3] 张立平：《林登·约翰逊与民权法案》，《美国研究》1996 年第 2 期。

[4] 转引自 [美] 西奥多·怀特《美国的自我探索：总统的诞生 1956—1980》，中国对外翻译出版公司 1985 年版，第 128 页。

[5] 张立平：《林登·约翰逊与民权法案》，《美国研究》1996 年第 2 期。

支持。① 得克萨斯是南方州，大多数选民本身就反对民权立法，支持种族隔离。约翰逊为了赢得选举，迎合他们的偏好是有可能的。他在担任参议院民主党领袖以及总统竞选中大差额完胜戈德华特之后，极力主张社会机会平等并希望在这方面的立法上大有作为。这与时代脉搏和民众呼唤相一致。正是借着社会提供的力量，加上策略，他成功实现了作为国家的政策偏好。

（一）完成前总统未竟的事业

肯尼迪总统遭到刺杀之后，约翰逊接替总统职位并宣誓就职。在1963年最后一个多月时间里，虽然由于两院内反对人士的阻挠而对法案进行了大面积修正，但是约翰逊完成了肯尼迪任期内一直强调但没能实现的对教育支持的意愿。

在1960年的选举中，教育就成为两党候选人的主要议题，只是在观点上存在一些差别。肯尼迪打算全面支持教育，特别是改善教师工资，而他的竞争者尼克松只愿意支持学校建设。② 在总统竞选时，有人怀疑肯尼迪可能会因为罗马天主教信仰而在国家利益和对罗马教廷的虔诚之间无法取舍，但肯尼迪总统始终把国家利益作为重点提出。他指出，"问题不在于我信奉的是什么宗教，因为这只有对我个人才是重要的事；问题在于我信奉的是一个什么样的美国"。他还发誓："没有任何天主教的高级教士会在这个国度里针对总统指手画脚、发号施令。并且，如果他是一个天主教徒的话，也不会有任何新教的牧师告诉他所在教区的选民应当投票给谁。"他说道："在这个国家，宗教自由是如此重要的一个组成部分，以至于针对某一教会的任何一个恶意举动，都会被看作针对所有人的恶意举动。"最后，他总结说，一旦发觉自己的良心与整个国家的利益发生冲突，他将辞去总统职务。③

肯尼迪在1961年提出一个一般性学校资助法案，准备兑现他竞选时

---

① 傅林：《当代美国教育改革的社会机制研究——20世纪60年代美国教育改革运动的形成》，教育科学出版社2006年版，第138页。

② Christopher T. Cross, *Political Education: National Policy Comes of Age*, New York: Teachers College Press, Columbia University, 2004, p. 15.

③ 参见［美］克里斯·马修斯《硬球：政治是这样玩的》，林猛等译，新华出版社2010年版，第154页。

的承诺,增加教师工资和支持教室建设①,特别考虑针对没有脱离贫困的地区和城市贫民地区。在其教育立法倡议中,没有关于支持私立学校和教会学校的内容。不过,不管如何回避,宗教问题在肯尼迪时期本身就决定了其敏感性。如果不对宗教学校和私立学校进行资助,宗教利益集团就会成为阻碍立法通过的关键力量。在法案进入众议院讨论时,被规则委员会予以否决,主要原因在于担心这一法案卷入纠缠不清的对私立学校和教会学校支持的问题之中。肯尼迪在众议院教育和劳工委员会任职时,就曾于1949年提出过一个关于资助私立学校和教区学校的议案,他的这种姿态当时受到天主教选区的热烈欢迎,但也终因国会中一些人反对联邦对教育的资助,以及关于种族、宗教问题的争论而搁浅。

在1963年1月14日的国情咨文中,他指出了教育中存在的问题,并提出了关于教育立法的倡议。他指出:

> 首先,我们需要通过投资于我们的年轻人以加强我们的国家。这个国家的未来依赖于公民的意志和智慧,而这被无可修复地破坏了。从小学到研究生教育,无论什么时候,我们的小孩都没有接受足以达到实现其天赋程度的教育。今天,五年级大约每十个学生中就有四个不能完成高中教育,这是我们承当不起的浪费。②

1963年2月,肯尼迪把《国家教育提高法》草案送至众议院,这部法案把教育的成功和更好生活联系起来,欲增加教师工资和加大教室建设投入,为贫困地区提供临时性资助,刺激和支持地方行动,并在草案中承诺此次资助将在四年时间内逐渐停止。这似乎是在遵循《国防教育法》四年期限的先例,以表明不是永久性联邦支持,以打消一些人对联邦过度权力干预的顾虑。然而,立法再一次受挫,这一部法案无法得到众议院通过。这次立法也和前面失败一样,面临着三大现实问题:资助与不资助种族隔离学校的争论;对宗教学校资助与否的争论;担心联邦

---

① Maris A. Vinovskis, *The Birth of Head Start*: *Preschool Education Policies in the Kennedy and Johnson Administrations*, University of Chicago Press, Nov. 15, 2008, p. 15.

② John F. Kennedy: "Annual Message to the Congress on the State of the Union", January 14, 1963. Online by Gerhard Peters and John T. Woolley, *The American Presidency Project*, http://www.presidency.ucsb.edu/ws/?pid=9138.

第五章　借势与国家自主：国家偏好的两次转变 | 171

权力干预的争论。虽然《国防教育法》作为教育立法有先例，但是它终归是以国防名义出台的，并且在《国防教育法》中，根本性地回避了联邦政府与州政府之间的关系，而只是注重对数学、科学和外语教育与研究的资助。最为关键的是，《国防教育法》更多的是对高等教育的投入。肯尼迪这一次却涉及最为敏感的国家公立（中小学）学校系统，人们担心联邦对中小学教育的资助必然带来对教育的控制，不管是民主党还是保守的共和党都有此顾虑。

长时间的争论之后，肯尼迪总统还没等到什么实质性结果，就被暗杀了。虽然在肯尼迪任期内没有出台一部有代表性的教育法案，但是在约翰逊总统的帮助下，国会出于对已故总统的最好纪念，最终通过了被反复修改的《高等教育设施法》（Higher Education Facilities Act），由约翰逊总统在1963年12月16日签署生效。之所以能够以高等教育的名义实现通过，其中一个最主要原因是有1958年《国防教育法》的先例。18日，《职业教育法案》（Vocational Education Bill）也由约翰逊总统签署生效，而这一部法律显然地遵循了1917年《史密斯—休斯法》（Smith-Hughes Act）的先例。除此之外，在经过了七个多月的努力之后，约翰逊通过超强的立法策略和手段，促成了《1964年民权法案》，完成了肯尼迪总统最大的心愿。同时，《1964年民权法案》也成为约翰逊总统"伟大社会"政纲的重要基础。

（二）"伟大社会"与ESEA立法

由于受到一些学者关于贫困文化研究报告[①]的影响，肯尼迪和约翰逊两位总统都非常强调教育在彻底消除贫困文化方面的重要作用。而约翰逊总统因为其平民出生和生活经历，对此更为重视。在弗兰西斯·凯佩尔（Francis Keppel）回忆约翰逊的口述史中，他认为，约翰逊的出身以及他的工作经历和生活经历，对他的偏好产生了重要影响。在他接任总

---

① 肯尼迪和约翰逊都受到迈克尔·哈林顿的"贫困文化理论"的影响。肯尼迪去世后，约翰逊总统要求总统经济顾问委员会主席沃尔特·赫勒调查贫困的成因。他们于1964年1月拿出了调查结果，即《赫勒报告》，此报告秉承哈林顿的观点，认为"贫困循环"与教育关系巨大。另外参见冈纳·缪尔达尔很早对黑人贫困的研究结果，即1944年的《美国的两难处境：黑人问题和现代民主》。参见John A. Andrew Ⅲ，Lyndon Johnson and the Great Society，Chicago：Ivan R. Dee，1998，pp. 56 – 63。

统之后，他真心地、热情地为争取贫困人民的教育机会而努力。①哈罗德·豪（Harold Howe Ⅱ）也指出，约翰逊就是"通过教育解决问题"的，他的真正兴趣就在教育。② 他将教育作为重要工具以解决社会的贫困问题。

约翰逊时期的政策是对民权运动延续的反应，主要就是以"伟大社会"为核心的政策计划，注重向贫困开战和加强教育，实现机会平等，从而实现社会的整体富裕。约翰逊总统在1964年1月8日第一次国情咨文中，号召：

> 让我们这次国会因为如下内容而著称：为公民权做得比过去一百年都多；为我们整个时代通过一个最具深远意义的减税计划；全力以赴与贫穷和失业开战；认识到我们所有老年公民的健康需要；改良我们混乱的交通和运输政策；完成最有效、最有效率的对外援助项目；帮助建设比以往共和国任何一届国会更多的房屋、更多的学校、更多的图书馆、更多的医院。③

这是他作为总统第一次提出他的未来执政的基本政策方向。民权和教育成为这次国情咨文的最为核心的内容，约翰逊也表现出对解决这两大紧迫任务的强硬姿态。

约翰逊"伟大社会"计划的思想起源于肯尼迪时期的国内政策，但是他的"伟大社会"计划似乎超过了肯尼迪的遗产。约翰逊把"向贫困开战"和教育提到了国家利益和公共利益的高度，并且使教育与经济之间的关系更为明晰，其目标更为明确，方向更为清楚，从而获得了社会的认同和支持。1964年5月22日，约翰逊在密歇根大学，在第一次国情咨文基础上提出了建设"伟大社会"方略，其目的就是弥补过去的不公

---

① Francis Keppel, *Lyndon Johnson Oral History*, http://millercenter.org/scripps/archive/oral-histories/detail/2660.

② Harold Howe Ⅱ, *Lyndon Johnson Oral History*, *Gift of Personal Statement*, By Harold Howe Ⅱ, to the Lyndon Baines Johnson Library, October 29, 1968, http://millercenter.org/scripps/archive/oralhistories/detail/2601.

③ Lyndon B. Johnson, "Annual Message to the Congress on the State of the Union", January 8, 1964. Online by Gerhard Peters and John T. Woolley, *The American Presidency Project*, http://www.presidency.ucsb.edu/ws/?pid=26787.

正。"伟大社会"计划主要针对三个领域,即城市、农村和教育。城市中心区主要聚集着黑人和外来移民,中产阶级的白人很多都转向农村或郊区。城市学校的发展面临着极大的困境,长期的种族隔离以及不平等教育导致黑人教育水平低下。

在这次演讲中,约翰逊以国家强盛和人民幸福作为其演讲的出发点,提出了他的政策目标,即"不仅要走向富社会和强社会,而且要上升到'伟大社会'"。按照他的构想,"伟大社会"不仅关乎养活穷人并结束所有人的经济忧虑,而且重点关注通过教育改进生活质量。他指出:

> 保护我们国家的生活,坚持我们公民的自由,其目的是追求我们人民的幸福。我们在追求这方面的成功就是一个国家成功的最好检验。……下半个世纪的挑战就是,我们是否能够拥有智慧来使用我们所创造的财富以充实和提高我们国民的生活,并且改善我们美国公民的生活质量。伟大社会需要实现所有人的富足和自由,需要结束贫困和种族不公,为此我们需要全身心投入。[1]

他重点强调,在这个"伟大社会"中,每个孩子能够丰富他的思想、扩展他的聪明才智,它有着充分的受欢迎的闲暇而不是厌倦和不安,但是最重要的,"伟大社会"不是一个安全的港湾、一个休息之所,不是最终目标,也不是一件完成了的工作,它是持续更新的挑战。因而他选择了在城市、农村和教育方面开始建设他的"伟大社会"。约翰逊认为,教育是提供充分自由和平等机会,实现自由的重要途径。

约翰逊的主张赢得了广大民众的支持。在1964年的总统竞选中,约翰逊大差额竞选成功,同时国会两院也为民主党增加了席位,参议院增加了2个议席,众议院增加了38个议席,在一定程度上降低了约翰逊立法倡议成功实现的难度。这在很大程度上反映了社会的期待和向往。另外,1964年7月2日《1964年民权法案》签署生效,为约翰逊政府后续政策提供了一个较好的制度环境。虽然如此,约翰逊并不敢怠慢,要实

---

[1] Lyndon B. Johnson, "Remarks at the University of Michigan", May 22, 1964. Online by Gerhard Peters and John T. Woolley, *The American Presidency Project*, http://www.presidency.ucsb.edu/ws/? pid = 26262.

现他的教育计划以及"伟大社会"计划仍需面对一直阻碍教育政策立法过程的"3R",其路途或许并不顺畅。考虑到肯尼迪在教育政策倡议上的失败,约翰逊不仅在演讲中强调教育与战胜贫穷于国家利益的重要性,加大力度渲染以博得更多民众和政治家的支持,而且采取了不同于肯尼迪的行动策略。

为了能够成功地实现"伟大社会"政策理想,他任命了一个比肯尼迪时期更为庞大的特别工作组,由约翰·加德纳(John W. Gardner)领导。考虑到肯尼迪时期的工作组所产生的政策思想在每一次公开后,给反对者寻找对策提供了时间,约翰逊的工作组是非公开工作的。并且,他们力求把"教育"体现为政策而不是政治,尽量把教育政策以去政治化的内容加以呈现。[1] 他们指出,其政策不是对任何学校的支持,而是针对孩子,是为了孩子将来能够自由地、更好地发展,实现更大的成功,试图以此减少国会中反对的声音。在这种情况下,不管是私立学校与公立学校的区分,还是天主教会学校与新教学校的差别,都不是法律考虑的内容,统一按照学生数和处境不利孩子的比例进行资助。另外,约翰逊努力促成《1964年民权法案》的签署,清除了种族隔离问题在教育立法中可能会带来的阻碍。《1964年民权法案》已经作出规定,不能对不执行废除种族隔离的地区进行资助。

在经过几次磋商和讨论之后,1964年9月24日,加德纳递送给工作组成员一个九页纸的草案,反映了他们集体基本达成一致的计划的优先权排序。排在第一位的就是反贫困计划,核心就是发展教育:美国教育面对的最大挑战是为处境不利的学生提供平等的教育机会,特别需要通过一个综合性计划对城市贫民区教育的不足予以弥补。[2] 其他内容包括建立辅助教育中心,以服务于教区学校和公立学校;建立教育研究和发展实验室,并与大学和实验学校建立紧密联系;也包括对学院的援助和对有需要的大学生的资助以及贷款。他们甚至还希望能够成立一个正式的教育部,不仅是把教育从原来的健康、教育和福利部分离出来,而是要建立一个完全的新的内阁部级单位,以统管来自政府的所有教育项目。

---

[1] Beth R. Sanders, *School Leaders and the Challenge of the Elementary and Secondary Education Act*, 1960—1968, Doctor of Philosophy (Education), The University of Michigan, 2010, p. 19.

[2] Hugh Davis Graham, *The Uncertain Triumph: Federal Education Policy in the Kennedy and Johnson Years*, University of North Carolina Press, 1984, p. 66.

这些政策建议中的大部分成为 1965 年 ESEA 和《高等教育法》中的某些条款。

在 1965 年 1 月 4 日的国情咨文中，约翰逊第一次公开介绍了他的教育计划，再一次从国家利益出发讨论教育政策问题，他指出，"对于一个国家、一个民族而言，教育似乎决定了一切"。为了国家的利益，或许反对者会更少一些。在国情咨文中，他指出，教育将不仅能提高单个美国人的生活质量，而且最主要的能够提高整个国家和民族的生活质量，"每个孩子必须拥有这个国家所提供的最好的教育。杰斐逊说过，没有一个国家会同时无知和自由。今天我也指出，没有一个国家能同时无知和伟大"。[①] 约翰逊准备第一年对教育投入 15 亿美元以帮助任何阶段的孩子的学习，包括资助条件较差的学前的孩子以鼓励他们爱学习；资助家庭收入低的中小学学生，以及针对大学生的奖学金，为有前途的高中生提供贷款，加强新实验室的建立，提供额外的培训等项目。虽然政策建议明确表明不是对学校的资助，而是直接针对孩子，从而策略性地避开了宗教问题和种族问题，同时尽量强调教育政策问题而避开政治争议，但一旦进入立法程序，同样面临国会议员对联邦资助带来教育控制的质疑。因此，在草案中，他删除了关于建立教育部的条款。

1965 年 1 月 12 日，约翰逊向国会递送了包含有 ESEA 主要内容的草案，其第一条是为贫困学生的教育而资助地方教育部门；第二条资助学校图书馆资源、课本和其他教学资料；第三条是资助辅助性教育中心和服务；第四条是资助教育研究和培训；第五条是提供资助以加强州教育部。同时，向国会专门作了《走向完全的教育机会》的特别报告。他在报告中强调："在 1787 年的《西北法令》中大陆会议就宣布，'学校和教育的手段将永远被鼓励'。美国 178 年来之所以强大、繁荣和自由，最主要的是我们拥有这一荣幸的承诺。不过，在个人生活中，教育总是一个没有完成的任务。并且在这个国家的生活中，教育的发展总是一个持续的挑战。"他列举了美国教育上面临的一系列迫切需要解决的问题，并指出："这种长期忽视的成本是高的——不管是对年轻人还是对于我们国家

---

① Lyndon B. Johnson, "Annual Message to the Congress on the State of the Union", January 4, 1965. Online by Gerhard Peters and John T. Woolley, *The American Presidency Project*, http://www.presidency.ucsb.edu/ws/?pid=26907.

而言。"为了打消一些人为联邦资助可能带来的控制的忧虑,约翰逊在报告中声明"在所做的一切中,我们意在加强我们各州和社区教育体系。联邦资助并不意味着联邦控制——就像过去所证明的那样。已故参议员罗伯特·塔夫脱(Robert Taft)曾声明过,'教育主要是州的功能,在教育领域,就如在健康、救援和医疗服务方面一样,联邦政府只有次要责任,以保证拥有一个为所有美国成人和孩子提供教育的基本平台'"。①

这份针对全美中小学教育进行资助的计划最关键的就是,为处境不利的孩子提供更高质量的教育,为他们提供更为平等的机会。这是为实现"伟大社会"计划和建立强大国家的基础。为了这一目的,需要最好的教育设备和教育思想,进行各种探索性改革,加强师资培训,为孩子准备更好的师资。当这个法案交到众议院时,总统和一些有声望的民主党人希望这一法案尽快通过,能够不加修正地递交参议院,这是最为理想的。原来一直是教育立法最大阻碍的众议院规则委员会这次似乎没有带来任何麻烦,其主要原因是在 ESEA 介绍给国会两个半月前,众议院采用的新规则保证了这个法案不会在规则委员会搁浅。② 众议院教育和劳工委员会举行了听证会,政策的介绍者支持这个法案,认为它既是必要的,也是降低贫困的方便途径。

在听证会上,共和党人首先提出了反对意见。来自纽约州的共和党众议员查尔斯·古德尔(Charles Goodell)指责公立学校的监管者想得到联邦资金,而不顾可能跟随这些资金的联邦控制。除此之外,他也对这些资助怎么花表示疑虑。除了共和党领导者提出的问题之外,民主党人也提出了一些尖刻的问题,比如把教育作为破除贫困圈的可行性问题;是否有足够的有经验的教师;国会如何相信花掉的经费将实际地导致了教育质量的改善;是否有证据支持这个法案的执行方法,等等。关于这些问题,虽然工作组成员一一作出解释,但疑问和争论犹在。比如,共和党人批评指出,第一条会更多地有利于富裕地区而不是贫困地区,钱

---

① Lyndon B. Johnson, "Special Message to the Congress: 'Toward Full Educational Opportunity'", January 12, 1965. Online by Gerhard Peters and John T. Woolley, *The American Presidency Project*, http://www.presidency.ucsb.edu/ws/? pid = 27448.

② Joseph M. Galligan, Politics 364. Term Project Professor Craig Allin. "The Most Important Measure I Shall Ever Sign" L. B. J. *The Elementary and Secondary Act*, 1965, http://www.medicarepdfs.org/tag/secondary/。约翰逊在其中做了很多工作。

没有集中于发挥其最大的优势,并且联邦政府的权威不正当地扩展至地方学区的事务了。①

这个法案也在某种程度上在众议院教育委员会内得到了修正,这些修正主要是需要对第一条计划的有效性作出评价;加强第二条和第三条中公共部门对于教区学校教育绩效的权威;增强第五条的权威,等等。因而,这些修正要么被看作不重要的,要么是为了使其更为强大而受到表扬。② 如此的修正更是加强了人们对 ESEA 的认同。ESEA 最终在众议院以 263∶153,在参议院以 73∶18 获得通过。③ 这个立法的成功是 1964 年总统和国会选举带来的结果,更是约翰逊以及其工作团队采取策略行动的结果。他们恰当地回避了一直阻碍教育立法的最大绊脚石,从教育政策本身处理问题,以唤起更多人的支持。更为重要的是,约翰逊以建立强盛国家和"伟大社会",统一了人们的认识,实现了制度支持、赚取了权力资源。从根本上说,这也是从国家利益建构政策问题的一个典型案例。

约翰逊选择他当年上学的教室签署 ESEA,并且由他曾经的老师陪同。他认为,国会两院各政党中支持 ESEA 通过的人将永远被世人所记得,这是一部伟大的法律。这部法律的第一条是核心,为了低收入家庭孩子的教育而对地方教育机构进行财政支持,以促进教育机会的平等。这一条,是国家对全国平等教育机会再一次更为明确的承诺④,并一直延续至今。

约翰逊的生活经历影响了他的政策偏好,也使他相信加强教育以改善人民生活和强化国家实力的坚定信念。而约翰逊借助 20 世纪 60 年代的民权运动时期的社会支持促成了这一立法的成功。在 ESEA 形成过程中,游说者几乎没有机会对之产生重大影响,部分原因在于约翰逊的政治力量和个人立法策略;也因为游说者可能认识到,任何修正都可能破坏赞同者之间本身存在的不确定的协约。毕竟,在教育政策形成过程中的利

---

① Bailey, Stephen Kemp, and Edith K. Mosher, *ESEA: The Office of Education Administers a Law*, Syracuse University Press, 1968, p. 62.
② Ibid..
③ Charlotte A. Twight, *Dependent on D. C.: The Rise of Federal Control over the Lives of Ordinary Americans*, New York: Palgrave Macmillan, 2002, p. 368.
④ John F. Jennings, "Title One: Its Legislative History and Its Promise", *Phi Delta Kappan*, Vol. 81, No. 7, 2000, pp. 516–522.

益集团都是教师、教育协会,他们只是为尽力促成这一立法。① 不过,一旦 ESEA 获得通过并开始运行,这些利益集团就会寻找机会为了他们所代表的民众而试图使政策向他们中意的方向调整,从而增加联邦项目。20 世纪 70 年代基于 ESEA 不断膨胀的种类繁多的立法项目就是证明。

四　肯尼迪与约翰逊:简单评价

早在 19 世纪 30 年代,贺拉斯·曼就声称,贯穿于整个学校教育过程的机会均等,是一个巨大的社会平衡力量,有利于缓解贫富之间的紧张关系。一个人如果相信学校能够给予每一个人取得财富和权力的平等机会的话,他就可能对那些在社会、经济和政治上的明显不平等现象不那么计较了。② 教育是解决社会问题的工具,教育是缓解社会矛盾的途径。正是认识到这一点,美国 20 世纪以来的政治现实,注定了国家需要通过教育缓解社会矛盾。

1961 年 1 月 20 日肯尼迪总统在就职演讲中就强调消灭贫困,他提出的试图实质性解决民权问题的法案,也在很大程度上提出了教育政策倡议,但是,肯尼迪总统至死没有看到自己的努力开花结果。肯尼迪总统把教育立法当成了政治问题,因而加大了立法通过的难度。而约翰逊通过转变话语,加强人们对教育于未来生活的意义的理解,以及人们对解决贫困问题的认识,增加了法案通过的可能性。约翰逊不仅帮助肯尼迪实现了民权法案的通过,完成了肯尼迪对教育的某些倡议,同时还走得更远。

肯尼迪选择一个和他竞争民主党候选人资格的南方民主党人作为自己的副总统,完全是出于总统竞选的策略。但是,肯尼迪并没有像当年艾森豪威尔给予他的副总统尼克松一样的权力和权威。肯尼迪没让约翰逊发挥一个副总统应有的立法掌管人(overseer)的作用。其实,肯尼迪没能很好地领导国会发挥立法的作用③,使立法陷入僵局。奎伊(Quie)认为,肯尼迪如果活着,这种僵局也不会打破,立法依然不会成功,甚

---

① Gareth Davies, *See Government Grow: Education Politics from Johnson to Reagan*, University Press of Kansas, 2007, p. 51.

② [美]乔尔·斯普林:《美国教育》,张弛、张斌贤译,安徽教育出版社 2010 年版,第 39 页。

③ Albert Quie, *Lyndon Johnson Oral History*, *Gift of Personal Statement*, by Albert Quie, to the Lyndon Baines Johnson Library, April 30, 1969, P. 6 – 8, http://millercenter.org/scripps/archive/oralhistories/detail/2888.

至可能更糟。① 因为政治问题会更恶化，校园内所表达的仇恨将更为流行，这一点从 1964 年的总统选举可以看出。

对于同样的立法，为什么肯尼迪不能获得通过，而约翰逊却能？肯尼迪的去世，导致很多人内疚是一个重要的方面。约翰逊的立法能力和策略也是一个重要因素。约翰逊使"向贫穷开战"更为具体化，并以让人们更加容易接受的"伟大社会"计划引导民众认知，使目标更为清晰，人们似乎更能感受到这种政策带来的好处。另外，约翰逊遇到了一个最好的立法时机，也就是国会两院中民主党占多数。他凭借着自己的立法能力和策略行动，把问题加以转化，为立法成功提供了更多的可能。为实现"伟大社会"，在其任期内也通过了《1964 年经济机会法》，为人们提供更多、更为平等的经济机会保障，其中的重要条款，即早教项目（Head Start）成为教育政策领域重要的、延续至今的内容。它旨在对学前儿童的教育提供资助，为处境不利家庭的孩子尽量消除因起点不公带来的发展障碍。应该说，他一手促成了美国历史上第一部一般性资助的教育法案，开辟了联邦政府教育历史新纪元。

托马斯·詹姆斯认为，包括《国防教育法》在内的之前关于教育的法律，都只是资助性，而不是规制性的。只有到了民权运动和 ESEA 之后，联邦政府才对州和地方进行规制，即都是有条件的资助。② 约翰逊时期的教育法虽然没有传统威权意义上的强迫，但是实际地通过有条件资助，从而有效地引导了州和地方教育政策中的思想和价值观。

第二节 《国家处于危机之中》与教育责任：第二次偏好转变

《1964 年民权法案》《1964 年经济机会法》《1965 年高等教育法》和 ESEA 等与"伟大社会"计划相关的法律和政策在很大程度上是国家偏好

---

① Albert Quie, *Lyndon Johnson Oral History*, *Gift of Personal Statement*, by Albert Quie, to the Lyndon Baines Johnson Library, April 30, 1969, P. 6 – 8, http：//millercenter.org/scripps/archive/oralhistories/detail/2888.

② Thomas James, "State Authority and the Politics of Educational Change", *Review of Research in Education*, Vol. 17, 1991, pp. 169 – 224.

与民权运动、社会经济现实互动的产物。尼克松上台后的美国政治气候明显地向保守化转变,但尼克松并未逆转联邦政府加强教育机会平等和教育投入的趋势。在 20 世纪 70 年代,虽然经历了两个共和党总统时期和一个民主党总统时期,但一直延续着约翰逊时期的教育政策体制。特别是,在尼克松时期,联邦政府在教育中的角色有增无减[1],而且还巩固了约翰逊时期的教育政策。吉米·卡特总统成立内阁部级的教育部,就表明了联邦政府不断加强其在教育中的角色的趋势。里根政府与他们不同的是,国家行政部门(教育部)充分利用机会和策略,较好地实现了国家的偏好,引领了美国教育政策的发展,体现了国家的政策能力。

一 国家政策偏好又一次转变

欧美资本主义经过了凯恩斯主义的狂欢,享受了二十几年经济上的繁荣,到了 20 世纪 70 年代,福利经济出现了滞胀。对于美国而言,早在 1968 年,约翰逊就感受到了这个世界上最富有的强国所面临的财政压力。而在 1972—1981 年,美国的很多指标都显示经济出了问题。[2] 在"伟大社会"建设时期,国家各政策领域通过的法案不计其数,不仅造成了巨大的财政压力,而且造就了复杂、庞大、低绩效的官僚系统。另外,由于《1964 年民权法案》的鼓舞,各种寻求权利的运动、年轻人文化运动、反对越战运动被彻底激发了起来。一系列干扰事件使得人们感觉到美国社会可能正在瓦解。[3]

尼克松、福特作为保守主义者虽然向"新政"和"伟大社会"的某些政策发起过挑战,但最终都顺应了新政自由主义的气候,最多只是努力抑制它的过度发展。[4] 民主党人吉米·卡特一方面继承了前面两位共和党总统的某些政策主张,另一方面又重新拾起 20 世纪 60 年代由肯尼迪和约翰逊总统确立的自由主义思想,在很大程度上使得美国经济陷入难以

---

[1] New York State Education Department, *Federal Education Policy and the States*, 1945—2009: *A Brief Synopsis*, New York State Archives, Albany, January 2006, revised November 2009, p. 23.

[2] [美]保罗·约翰逊:《美国人的历史》,秦传安等译,中央编译出版社 2009 年版,第 179—180 页。

[3] [美]韦恩·厄本、杰宁斯·瓦格纳:《美国教育:一部历史档案》,周晟等译,中国人民大学出版社 2009 年版,第 428 页。

[4] [美]西德尼·米尔奇斯、迈克尔·尼尔森:《美国总统制:起源与发展》,朱全红译,华东师范大学出版社 2008 年版,第 373 页。

第五章　借势与国家自主：国家偏好的两次转变 | 181

为继的困境。里根似乎是一位忠诚的保守主义者①，他不仅感受到了经济衰退所带来的社会问题，也看到政府项目不断扩大所造成的成本不断上升以及责任问题。里根就任总统之初就决心要完全改变其前任总统吉米·卡特的政策路线和社会状况。

1980 年 7 月 17 日晚，在底特律共和党全国代表大会上接受总统候选人提名的演讲中，里根就反复强调美国人始终珍视的自由；美国人必须摆脱政府的束缚。他反对歧视妇女，并决心和 50 个州长一起消除对妇女的歧视；期望经济繁荣，并决定采取有力措施；指责联邦政府控制，准备进行大刀阔斧的公共管理改革。他指出：

> 我希望以我的候选资格来重新唤起美国的精神和使命感；我的信息将传递给每一个美国人，不论其党派归属。在美国历史上，从来没有面对这样三个严重威胁，即经济的瓦解、国防的弱化和一个基于资源稀缺的能源政策，其中任何一个都可能毁灭我们。

为此，他强调了作为领导者的道德责任：

> 我将不会袖手旁观这个国家在平庸的领导者手上遭受一个又一个的危机甚至毁灭，也不会容忍我们民族的意志和决心受到侵蚀。在 1976 年，吉米·卡特对人们说"相信我"，人们信了，但是他给人们带来了失业、带来了收入不断被通货膨胀所吞噬。"相信我"之类的政府叫人民把希望寄托于某一个人、一个党，叫我们信任他能够为我们做得最好。而我们不一样，我们不会要求把信任寄予某一个人或某一个党，而是超过个人和党派的那些价值观念。信任的最终归属之地是人民，而被选出的领导者不辜负这种信任，才是它的真正归属。②

---

① [美] 克里斯·马修斯：《硬球：政治是这样玩的》，林猛等译，新华出版社 2010 年版，第 60 页。

② Ronald Reagan, "Address Accepting the Presidential Nomination at the Republican National Convention in Detroit", July 17, 1980. Online by Gerhard Peters and John T. Woolley, *The American Presidency Project*, http：//www.presidency.ucsb.edu/ws/? pid = 25970.

里根认为，人民和领导者之间的关系是一种特殊的契约关系，是相互之间的责任。而这是从 1620 年敢于漂洋过海来到普利茅斯的第一批人，准备在这个新世界寻找他们新的希望时就已经形成了的东西。

> 我发誓恢复这种合作自愿服务的美国精神。作为候选人，我发誓恢复联邦政府的能力，做人民需要的事情，而不是控制他们的生活。我也向你们保证一个不仅工作出色，而且精明的政府。首先我们必须克服现任政府所带来的问题——经济衰退、通货膨胀、高失业率以及巨额赤字，使美国经济社会繁荣，更具竞争力。我们必须有使政府处于控制之下的胆量，并使之为人民所接受。我相信联邦政府确实是过于庞大了，现在是该"节食"、降低政府成本的时候了。因此，一切可以由州和地方政府更高效地运行的事情，我们将转交给州和地方政府，而联邦政府给予资金。作为立即的行动，我们必须取消无用的办公室，必须消除不必要的政府功能，我们必须巩固政府部门，就像私人部门一样，放弃那些我们付不起的奢侈。①

在 1980 年的大选中，里根相对于吉米·卡特和约翰·安德森以明显优势获胜。里根赢得 43899248 张普选票，占美国人投票总数 86495678 张的 50.75%，而吉米·卡特获得 35481435 张，占投票总数的 41.02%，约翰·安德森占 6.61%。里根和吉米·卡特获得的选举人票数为 489：49。② 而且，国会两党席位分布发生明显改变，在参议院共和党占优，民主党丢掉了 12 个席位，这是自艾森豪威尔以来，共和党在参议院第一次成为多数党。在众议院，共和党虽然席位不占优，但也增加议席 34 个。③ 1980 年大选的结果，在一定程度上反映了社会对改革的期盼和对未来的希望。

在 1981 年 1 月 20 日总统就职仪式演讲中，里根向人民表达了一以贯之的政策偏好和改革方向：决心维系一个比其他任何一个国家都更能保

---

① Ronald Reagan, "Address Accepting the Presidential Nomination at the Republican National Convention in Detroit", July 17, 1980. Online by Gerhard Peters and John T. Woolley, *The American Presidency Project*, http://www.presidency.ucsb.edu/ws/?pid=25970.

② [美] 西奥多·怀特：《美国的自我探索：总统的诞生 1956—1980》，中国对外翻译出版公司 1985 年版，第 475 页。

③ Christopher T. Cross, *Political Education: National Policy Comes of Age*, New York: Teachers College Press, Columbia University, 2004, p. 72.

证个人自由的政治体制；面对陷入困境的美国经济和人民繁重的税收负担，必须减税，还人民一个健康和成长的经济，还国家一个整体的繁荣；没有歧视地为所有美国人提供平等的机会，让美国运转就是意味着让所有美国人有工作。在演讲中他再次强调：

> 在当前的危机中，政府不是解决问题的办法，政府本身就是问题。我们是一个有政府的国家，而不是一个有国家的政府。除了人民赋予的权力，政府没有任何特权。现在，人民对此不满的迹象已经日益凸显，到了遏制和逆转政府规模增长的时候了。我的目的是限制政府编制的规模和影响，让人们认识到各个州或人民的权力与赋予联邦政府的权力的区别。我们所有人都不应忘记，不是联邦政府创建了各个州，而是各个州创建了联邦政府。我们面对的问题与政府的过度增长对我们的干预和践踏成正比。让我们调动一切积极性，开创国家振兴的新时代。给人民提供机会使他们经济上独立，享受事实上的平等而不是理论上的平等。①

为了节约政府开支，他试图堵住联邦政府项目不断膨胀的通道。他甚至打算撤销于1979年卡特时期提升为内阁部级单位的教育部。教育政策是约翰逊时期及之后建设"伟大社会"的最重要的政策领域，是为解决贫困问题以及其他相关问题而发展的政策项目。由于60—70年代在各种利益集团的持续游说和推动下政策项目不断扩展，国会政策立法中大大小小的项目不仅种类繁多，而且各种规章相互交叠，不仅浪费了大量人力物力，而且政策效果也不理想。截至1980年教育部管理着大约500个联邦教育项目。② 里根政府认识到在教育领域只管投入而忽视结果，很大程度上约束了政策目标的实现。在单纯注重平等的理念指导下，教育中确实忽视了质量和绩效责任的问题。③ 在面对经济衰退而无法支付教育领域各种项目的情形之下，他也只得在教育领域实施改革。在1982年的

---

① Ronald Reagan, "Inaugural Address", January 20, 1981. Online by Gerhard Peters and John T. Woolley, *The American Presidency Project*, http://www.presidency.ucsb.edu/ws/?pid=43130.

② Patrick McGuinn, *No Child Left Behind the Transformation of Federal Education Policy, 1965—2005*, University Press of Kansas, 2006, p. 39.

③ Ibid..

国情咨文中，里根再次指出，经济复苏和政府改革是现任政府最为核心的两大议题：

> 需要节约政府开支，裁撤不必要的人员，删减不必要的规则，把州和地方社区的权力归还给他们；要相信群众，要相信社会的潜力；强调社会责任，但长期为之奋斗的平等公民权必须加强，不能倒退。2月8日，我将递上的预算计划，将通过撤销教育部实现巨大的节约。另外，为那些做出贡献的和处于困难之中的人们，保留社会项目方面的可靠安全网。原来的早教项目、高级营养项目、孩子的福利项目将不会被裁减。为了度过困难时期，需要全国人民一起努力。①

对于美国而言，教育始终是解决社会问题的工具。原先为了冷战中的国家利益，需要发展教育；为了战胜贫困，也需要发展教育；而今经济衰退，需要节约成本，也需要从教育入手。如何引领新时期的教育政策发展确实成为里根政府面临的紧迫问题，但改革必然会遇到阻力。在里根所拟订的教育改革初步计划中，撤掉教育部首先在国会也不会得到通过，全国最大的教育利益集团全国教育协会也不会轻易答应，它代表着全国的教师、家长和更广大公众的教育利益。另外，里根欲大量削减联邦教育资助经费引起了州政府很大程度上的不满，虽然联邦政府向州政府放权这一项受到欢迎。在适应了联邦政府教育资助十几年之后，裁减联邦经费，必然增加州财政的压力。里根可能是为了给民众提供起码的信心，也为了减少反对的声音，在其就职演说中说："我们的目的不是废除政府，而是让其更有效地工作；不是消灭机会，而是为了提供更多机会；自由更多，尊严才会更有保证。"② 随后，他在1983年1月25日的国情咨文中也承诺："社会保障系统的完整性将会被保留，没有任何人

---

① Ronald Reagan, "Address Before a Joint Session of the Congress Reporting on the State of the Union", January 26, 1982. Online by Gerhard Peters and John T. Woolley, *The American Presidency Project*, http://www.presidency.ucsb.edu/ws/? pid = 42687.

② Ronald Reagan, "Inaugural Address", January 20, 1981. Online by Gerhard Peters and John T. Woolley, *The American Presidency Project*, http://www.presidency.ucsb.edu/ws/? pid = 43130.

第五章　借势与国家自主：国家偏好的两次转变 | 185

的所得会减少。"①

　　面对改革，美国人常常对他们的政府抱有非常复杂的心态，他们对"大政府"和"积极政府"持消极态度，但是对公共项目却热情有加。有学者就把美国人描述为"意识形态的保守主义者"和"行动上的自由主义者"。② 在这种状况下，里根政府改革的阻碍是明显的。对于里根撤销教育部的计划，很多人认为，里根想完全抛弃联邦责任。在1960年竞选中，就因为尼克松担心联邦政府对教育的控制，而不愿为提高教师工资进行资助，而使共和党在民众心中留下了一个不愿支持教育的刻板印象。共和党人认为，联邦政府现在资助教师工资，日后肯定要干预和控制学校"教什么，如何教"，而这是共和党人不愿看到的。在1964年大选中，戈德华特也大肆攻击大政府、赤字开支、高额税收和社会福利项目。在民权运动如火如荼、自由主义运动高涨和福利国家处于兴旺时期，戈德华特即使在坚定的保守主义者里根的支持下，也无能扭转形势。正如有人指出的，那时批评约翰逊，就像"向圣诞老人开火"，必然遭到民众反对。③ 里根和共和党当时的改革兴许就面临着类似的困境。

　　里根听从了行政管理和预算局局长戴维·斯托克曼（David Stockman）的建议：避免改革诸如社会保障、医疗保险方面的权利项目，这些政治上确立的预算项目都是那些写进法律的复杂原则予以保证了的。④ 裁减这些项目意味着将面临巨大的政治挑战，参议员肯定会全体一致地抵制。里根的目标是削减约翰逊"伟大社会"项目，更大程度上保留罗斯福新政时期项目的完整性。⑤ 自由派人士认为，削减计划旨在帮助穷人，但实际上改革提案把这些人置于更危险的境地。面对自己的计划受到巨大阻拦，里根政府想到了从教育预算上进行缩减，因为长期以来巨大资

---

① Ronald Reagan, "Address Before a Joint Session of the Congress on the State of the Union", January 25, 1983. Online by Gerhard Peters and John T. Woolley, *The American Presidency Project*, http://www.presidency.ucsb.edu/ws/?pid=41698.

② ［美］盖伊·彼得斯：《美国公共政策：执行与承诺》，顾丽梅等译，复旦大学出版社2008年版，第16页。

③ ［美］詹姆斯·柯比·马丁等：《美国史》（下册），范道丰等译，商务印书馆2012年版，第1374页。

④ American President: A Reference Resource, *Domestic Affairs*, http://millercenter.org/president/reagan/essays/biography/4.

⑤ Ibid..

金投入，并没有带来预想的目标，而这正好可以作为削减经费的理由。这样就面临一个问题：如何既能做到裁减教育经费，又能促进教育发展，更不能落下不支持教育的骂名。不过，教育部国家优异委员会《国家处于危机之中》报告把教育在国家中的重要性凸显出来了，使之再次成为全国性问题。利用这个机会，教育上裁减经费似乎成为合理性的主张。随后，里根还提出过教育券计划，试图利用学校之间的竞争，促进教育质量改善，降低政府干预的成本。

二 《国家处于危机之中》报告：国家引领优异教育

在里根组建内阁时，教育部部长特瑞尔·贝尔是最后一个被任命的。[1] 不过，为什么一个一心要撤掉教育部的总统要任命一个一生热爱教育、赞同教育在国家中的重要地位的人来担任教育部部长，并安排其完成撤掉教育部的工作？对于这个问题的解释有两种：其一，里根可能从内心并不是想撤掉教育部。他宣称撤掉教育部，本身可能只是对20世纪60年代初以来联邦政府加大教育投入却未获得较好教学效果的抱怨，是为了激励州和地方政府切实抓好教育而将责任归还给州和地方的策略性宣言。其二，里根在任命教育部部长时，受到过全国最大的教育利益集团全国教育协会的影响，是和国会博弈的结果，才导致教育部部长成为最后一个被任命的部长级职位。从贝尔的经历和价值观来看，他显然是不愿意撤掉教育部的。贝尔担任里根教育部部长之前任犹他州高等教育专员，担任过尼克松时期美国教育办公室的专员（隶属于联邦内阁卫生、教育和福利部）。在卡特时期，他极力赞同成立联邦教育部。[2] 正是在这种情况下，贝尔部长准备调查清楚，美国教育到底面临着什么样的问题。在1981年接受里根总统和国会的任命之后，他就拟订了一个计划，彻底调查美国的教育水平和教学成绩下降的问题和原因。在和里根总统商议之后，成立了一个国家优异教育委员会（National Commission on Excellence in Education），其成员包括了与教育有关的各方面的人士，比如家长、教师、教育委员会、中小学校与大学管理者以及私立学校员工。[3]

---

[1] Terrel H. Bell, *The Thirteenth Man: A Reagan Cabinet Memoir*, New York: The Free Press, 1988.

[2] ［美］韦恩·厄本、杰宁斯·瓦格纳：《美国教育：一部历史档案》，周晟等译，中国人民大学出版社2009年版，第474页。

[3] 同上书，第486页。

这个团队对全国教育的检查，包括学校教学质量、美国学生的绩效表现及其与其他国家的比较、长时期影响学生成绩发展趋势的主要因素、大学入学要求与高中成绩的关系以及破坏教育优异的主要问题等方面。① 在经过了一年半的调查研究、数据搜集、资料整理、召开听证会后，国家优异教育委员会提交了《国家处于危机之中》报告，副标题是"给美国人民的公开信"。在此报告中，把国家处于危机之中的现状与应该加强教育中的优异和卓越联系起来，提出从国家利益高度再次建构美国教育政策问题。报告正文开篇就指出：

> 我们的国家处于危机之中。我们在商业、工业、科学和技术创新方面的优先地位正在被世界上的竞争者赶上。虽然这份报告所涉及的只是问题的许多原因和维度中的一个，但它是美国繁荣、安全和文明的基石。……虽然我们也为我们的学校和大学在历史上所取得的成绩以及它对人民福利作出的重要贡献而骄傲，但是我们社会的教育基础目前正在被一种日益增长的平庸潮流所侵蚀，它威胁着美国国家和民族的未来。
>
> 如果不友好的强权国家试图把如今存在的平庸教育成绩强加于我们，我们完全可能会把它看成一种战争行动。但实际的情况是，我们已经允许它在我们身上发生了。我们甚至白白浪费了在苏联卫星挑战之后在学生成绩方面的主要成就。更有甚者，我们已经拆除了那些帮助实现这些可能成果的关键的支持系统。实际上，我们已经执行了一种不假思索的、单方面在教育方面的武装解除的行动。②

报告指出了社会和教育机构很长时间以来没有实质性地付出努力而忽视教育质量可能带来的严重后果。"历史对懒汉是不会仁慈的。"单靠丰富的资源和人们的热情来保障美国的命运，在新的时期是远远不够的。美国在生产效率、科技创新等方面已经落后于日本、德国甚至韩国，而

---

① Paul Manna, *Collision Course: Federal Education Policy Meets State and Local Realities*, Washington D. C.: CQ Press, 2011, p. 5.

② David P. Gardner, and Others, *A Nation at Risk: The Imperative for Educational Reform. An Open Letter to the American People*, a report to the Nation and the Secretary of Education, National Commission on Excellence in Education (ED), Washington, D. C. April 26, 1983.

所有这一切都是对教育质量忽视的结果。报告指出，美国在教育方面所面临的危机，从委员会得到的调研材料足以得到证明：

△对学生成绩的国际比较结果显示，在19项学业考试成绩评比中，相较于其他工业化国家，美国学生从未获得过第一或者第二甚至还有7项是倒数第一。

△通过最简单的对每天的阅读、书写和理解方面的测验，美国有2300万成人是功能性文盲（半文盲）。

△美国17岁的人们中大约有13%能够被看作半文盲。在少数民族青年中，半文盲可能达到40%。

△大多数标准化考试测验方面高中学生的平均成绩低于26年前苏联卫星发射时期。

△天赋高的学生中，约一半的在校学生成绩测试中所表明的能力与他们在学校的成绩不相称。

△大学委员会的学术能力测试（Scholastic Aptitude Tests）显示，1963—1980年成绩不间断下降。平均语言成绩下降50分，平均数学成绩下降几乎40分。

△大学委员会成绩测试也显示，近年来物理和英语学科成绩持续下降。

△很多17岁的青年没有掌握我们希望他们掌握的"较高层次"的智力技能。几乎40%的不能从所写的材料中作出推论；只有20%的青年可以写一篇有说服力的论文；只有30%的青年能够解答需要几个步骤的数学问题。

△通过对1969年、1973年和1977年进行的全国科学成绩的评价，美国17岁的青年学生科学成绩稳步下降。

△1975—1980年，在公立四年制大学中上数学补习课的学生比例增加了72%，而现在这些学校所开设的所有数学课中有25%属于补习性质。①

美国学生成绩不理想状况的表现不止这几条，而统计数字和专家对此的解释显示了美国面临着种种困难，其中隐藏着希望与失望之间的紧

---

① 参见吕达、周满生等主编《当代外国教育改革：著名文献》，人民教育出版社2004年版，第3—4页。

张状态。长期对学生的低期望值①，造成了严重的后果。报告称，通过1982年盖洛普民意测验，即"公众对公立教育的态度"所作的调查显示，人民对他们这样的信念绝不动摇，即教育是国家未来国力的主要基础，教育是最为重要的，教育应该成为联邦资金的首选资助项目。②他们甚至认为，教育比建立更好的工业体系或强大的军事力量更为重要，因为教育是这两者的基础。国家的竞争力需要优异教育，美国人民的共同幸福、社会民主需要高质量的教育，而提高美国教育质量需要包括地方、州和联邦政府官员在内的各种组织、团体和个人的共同努力，以使美国从危机状态中解脱出来。

在报告对部长的致辞部分，国家优异教育委员会主席戴维·加德纳（David P. Gardner）等指出：

> 我们的目的是帮助界定困扰美国教育的问题，并提供改革建议，而不是寻找替罪羊。……我们表达了主要的问题是因为我们看到了它们，而没打算细致地对待那些次要的问题。关于美国教育的强和弱方面的描述，在我们的讨论中是直截了当的，也是公正的。……这个委员会对自己在美国教育中所识别的问题深信不疑，并相信这些问题能够得到理解和纠正，只要这个国家的人民和那些在教育事务上有着责任的人们齐心协力，足够关注，并有足够胆识地去做所要求的事。③

这份36页的危机报告的发布，不仅使媒体、社会团体、各级政府震惊，也使里根总统震惊。这份报告引起更多人的重视，教育也顺理成章再次成为美国国内事务的重中之重。报告也承认了过去取得的某些进步，但相对于其他国家而言，美国的指标实在是太不令人满意了，不过状况能够被逆转。为了学生成绩的改善，需要加强州和地方高中毕业生课程、

---

① Rick Ginsberg, "Education Reform: Overview Reports of Historical Significance", http://education.stateuniversity.com/pages/1944/Education-Reform.html.

② Ann Kane and M. Catharine Evans, "Abolish the Department of Education?", *American Thinker*, September 7, 2012.

③ David P. Gardner, et al., *A Nation at Risk: The Imperative for Educational Reform. An Open Letter to the American People*, a report to the nation and the Secretary of Education, National Commission on Excellence in Education (ED), Washington, D. C. April 26, 1983.

为所有学生建立更高标准，以及加强官员的责任等。这些虽然有难度、需要时间，但都是非常关键的。

在《国家处于危机之中》报告出台之后，里根改变了他讲话的方式。① 他开始强调教育质量和优异的重要性，在印第安纳州波利斯召开的大型会议上，里根指出：

> 上帝给予我们聪明的、有着求知欲的儿女，而为他们培育收获知识的种子，是我们的责任。自从200年前马萨诸塞州通过了第一部综合性公立学校法，其他州也通过了类似的法律，之后，我们的公立的、教会的和私立的学校网络创造了一个奇迹。伴随着移民潮，许多人涌进美国，我们的学校教孩子们那些新的、可以赚取生活的美国技能、新的需要，及新的生活方式——民主。美国的座右铭是"合众为一"，相对于其他的组织系统，我们的学校是这许多中建立得较为统一和完善的一个。今天，我们的孩子们需要比以前更多的学校，我们站在新的、计算机时代的边缘。如果我们的孩子要取得未来领导者的地位，那么我们必须教给他们必要的技能。如果美国准备为她的公民提供更大的经济机会，如果她打算捍卫我们的自由、民主与和平，那么我们的孩子将需要智慧、勇气和优势——这些没有教育是不可能达到的。②

在讲话中，里根也和约翰逊一样，引用了杰斐逊的名言，即"如果一个国家希望同时无知和自由，这过去没有，将来也不会出现"。

> 我们学校中许多没有做好他们应该做好的工作，虽然也有一些学校做得真心不错。不过，1963—1980年，学术能力测试成绩年年下降，17岁青年学生的理科成绩也显示稳步下降。最为重要的是，超过10%的17岁青年学生几乎是半文盲。现在，很多人坚持这些问

---

① Valerie Strauss, "Ronald Reagan's Impact on Education Today", *Washington Post*, June 2, 2011.

② Ronald Reagan, "Remarks at the National Forum on Excellence in Education in Indianapolis, Indiana", December 8, 1983. Online by Gerhard Peters and John T. Woolley, *The American Presidency Project*, http://www.presidency.ucsb.edu/ws/?pid=40844.

题的原因是资金阙如。但是，这已经试验过了。根据国家教育统计中心（National Center for Education Statistics）的数据，今年学校总投入将是2300亿美元，相比于去年增加了7%，远高于通货膨胀率的两倍，也高于10年前教育投入的两倍。因此，如果单一的钱是解决问题的答案，那么问题应该是减少而不是增多了。显然，钱不能解决问题。美国教育实现改革不是需要新的大笔资金，而是需要使我们的学校运转起来。

针对如何使学校运转起来，里根提到了六个方面：第一，需要恢复旧传统的纪律。因为教师在加强考试和促进学生上交课程作业，甚至在维持教室秩序上没有权威。在一些学校，一些教师忍受着语言和身体上的虐待，这些必须停止。我们需要编写更严格的纪律规范。第二，禁止学生吸毒和酗酒。第三，必须提高学术标准，为所有学生提高学术期望值。比如，很多州在数学学习上要求的时间太短了。第四，鼓励好的教学，应该基于绩效和表现制定教师工资，从而促进教育质量。辛苦赚来的税金支持的教育应该鼓励最好，它没有奖励平庸的义务。第五，应该恢复父母、州和地方在教育中的正当位置。关于学校学科、纪律、课程和学术标准，不应该由华盛顿的人们做出，它们应该是民众、父母、教师和社区的行政管理者做出的。第六，必须教会学生基础性的东西。相比于其他工业国家，比如日本，美国学生在科学和数学方面远远落后了。不过，他仍然不忘基本正义价值、美国自由、宗教信仰、父母选择的自由、教育券等内容。他也强调无须增加税收和资金投入，无须更多的规制，而强调对现有资金的责任，给予各州更大的自由。

现在，联邦政府能够支持这些改革并且在不收取更多税金或施与更多规制的前提下完成这些工作。我们的行政恰恰就在那样做。我们已经采取狭窄的分类项目，并且用一个大的一揽子资助款一并给予州和地方政府官员，保证他们充分的自由。我们也在推行大的简明规制，把他们从繁文缛节的规则中解放出来。并且，因为父母有了解并为他们孩子选择最好学校的权利，我们建议采用教育券和教育退税制度。①

虽然里根的教育券计划等内容一直未能实现立法,但通过这份危机报告,贝尔部长既保证了教育在国家中的重要地位,又减少了联邦政府更多的干预和控制。联邦政府在教育中的角色被提升到一个新的高度,引领了全国教育改革。《国家处于危机之中》报告,真正地使整个美国社会的认知发生了改变,促使公共机构、学校管理者和家长携起手来以求改变。②

约翰逊"伟大社会"以来,联邦对教育的投入不断上升,使州政府对联邦政府的资金产生了依赖,但没有真正地承担起教育上的责任,也没能提高管理教育的能力。《国家处于危机之中》报告正好顺应了里根的愿望,把更多的责任转移到州政府,把州的积极性调动起来了。之后,全国州长协会发布了《注重结果的时候到了》(*Time for Results*)的重要报告,其他的像卡耐基基金会也增加了声音,详述了日后为应对危机而展开的工作和提供的处方。所有这些报告点燃了20世纪80年代之后州层面教育改革之火,他们设立了更高的标准、更严格的评价和更严厉的责任。③州政府的观念也发生了明显改变,他们认为,如果学校和学区产生好的教育结果,他们将控制更少。④

实际上,在1984年里根因为任命国家优异教育委员会而受到一致好评。⑤民调结果显示,赞成里根总统进行教育改革的公众比例已经达到46%,而不赞成的只有29%。但是,在1981年不赞成者却是49%,而赞成者只有28%。⑥这份报告为里根赢得了声誉,人们认为,总统是准备进

---

① Ronald Reagan, "Remarks at the National Forum on Excellence in Education in Indianapolis, Indiana", December 8, 1983. Online by Gerhard Peters and John T. Woolley, *The American Presidency Project*, http://www.presidency.ucsb.edu/ws/?pid=40844.

② [美]约瑟夫·沃特拉斯:《20世纪美国教育中的哲学冲突》,王璞等译,安徽教育出版社2009年版,第255页。

③ Christopher T. Cross, *Political Education: National Policy Comes of Age*, New York: Teachers College Press, Columbia University, 2004, p. 80.

④ *Time for Results*, Executive Summary, Washington D. C. , National Governors Association, August 1986.

⑤ Christopher T. Cross, *Political Education: National Policy Comes of Age*, New York: Teachers College Press, Columbia University, 2004, p. 79.

⑥ *Senior Staff Meeting Notes*, June 23, 1983, Ronald Reagan Presidential Library, Simi Valley, CA. White House subject files, FG006-01.

行教育改革的，人们支持他。这与当初预算缩减和项目综合时期大不相同。这是利用国家利益建构政策问题的又一个典型案例，把宪法中规定为不属于国家政府拥有的权力据为己有的案例。在1985年里根对全国的广播讲话中，他强调，没有什么比孩子的教育对于我们国家的生活和健康更为重要了。①

《国家处于危机之中》报告挽救了教育部，也使里根政府教育改革更具合法性，拥有更强的制度支持。联邦政府引导了全国教育政策发展方向，同时允许州决定具体教育政策的内容，承担起更大的国家责任。自"伟大社会"关注以来，州政府形成了对联邦政府的依赖，他们的教育管理能力并没有得到多少实质性提高，而《国家处于危机之中》报告作为对这种现状的一次重要警示，其效果是正面的。里根的一些改革思想在《国家处于危机之中》报告之后确实得到了落实，联邦政府资金减少了，州政府把责任承担起来了，国家引导教育发展方面的政策能力很大程度上得以实现。不过，里根的关于学校内祈祷、教育退税、私立学校选择和教育券的政策主张依然没有结果。

三 目的性行动的意外后果？

《国家处于危机之中》报告被有些人称为美国教育领域的"爆炸性事件"。② 但是，问题是否真有那么糟糕，所提建议是否真能解决实际问题，这是一个如何看待的问题。问题不是存在的，而是建构的。但需要注意，所构建的问题要真正转化成"需要政府采取的行动"，必须是在合理合法的制度范围内。国家优异教育委员会的报告正是用吸引观众眼球、引导公众舆论的方式，通过能够触动民众神经的话语构建，引导了政策发展方向，实现了政策能力。

虽然没有一位教育家能够质疑20世纪80年代学校改革的必要性，毕竟教育是实现国家利益的根本；但许多教育团体的成员仍质疑学校教育是否真如《国家处于危机之中》报告和其他一些报告所呈现的那样存在

---

① Ronald Reagan, "Radio Address to the Nation on Education", August 24, 1985. Online by Gerhard Peters and John T. Woolley, *The American Presidency Project*, http://www.presidency.ucsb.edu/ws/?pid=39018.

② R. A. Horn, *Understanding Educational Reform: A Reference Handbook*, Santa Barbara, CA: ABC-CLIO, 2002.

如此糟糕的"危机"和失败①，认为它们简直就是制造的"危机"。其中最大的挑战来自伯利纳（D. C. Berliner）和比德尔（B. J. Biddle）出版的《虚构的危机：谎言、欺诈和对美国公立学校教育的攻击》。他们认为，报告引用一些值得质疑的技术来分析数据，歪曲结论并掩盖了与他们的主要结论自相矛盾的、能够否定他们的主要结论的证据。②

不管这份报告是否是对数据的滥用，是否别有用心地夸大美国教育"恶劣"现状，大部分美国人和政策制定者对这份报告表示赞同。这份报告以一种自苏联卫星上天之后从未有过的紧迫方式，把教育问题带到了政治讨论的前台。也无论真假，大量的改革报告的确绘制出了一幅处于"危机"之中的教育现状图景，这使政治家、商业团体和教育家将他们的关注点转向教育改革。③

贝尔本是被里根任命以完成撤掉教育部这一任务的，但是因为《国家处于危机之中》报告的发表，不仅没有因为教育质量的持续下降而撤掉一些人所认为无所作为的教育部，反而使全国统一了认知和认识，使国家通过总统和教育部自主引领全国性的以优异教育为目的的改革，铸就了开先河的从质量上抓教育的政府。而一个指责国家权力、欲撤销教育部的总统，却在一个准备挽救教育部的教育部部长的策划之下，开启了一次合法的教育改革，并且还加强了国家的政策能力。此后30多年，教育一直都是国家考虑的重要议题。并且，里根教育改革的思想，极大地影响了后来的总统及全国教育改革的基本指导思想。韦恩·厄本等人就认为，里根—老布什时代（老布什是里根的副总统）教育领域最重要的举措并不是政府提出了哪项政策，而是一个意外的收获，这项举措就是优异教育运动。④

---

① ［美］L. 迪安·韦布：《美国教育史：一场伟大的美国实验》，陈朝阳译，安徽教育出版社2010年版，第384页。
② 同上书，第385页。
③ 同上。
④ ［美］韦恩·厄本、杰宁斯·瓦格纳：《美国教育：一部历史档案》，周晟等译，中国人民大学出版社2009年版，第486页。

第三节 权力关系突破：再制度化逻辑

阿克曼区分了宪政政治和常态政治。在宪政政治时期，国家要实现权力关系调整，对于美国这种宪政约束极强的国家而言，民众和舆论能够在某种程度上给予制度支持，使改革具有合法性。因而，通过向民众"借势"，并从国家利益高度建构政策问题，从而寻求制度支持和权力资源。在这两个时期，国家自主地、不失时机地通过借势，赢得制度支持和权力资源，然后通过思想和观念的影响，引导了社会或者其他层级政府对利益的重新认识，实际地通过再制度化逻辑，实现了权力关系的突破。

在美国教育政策发展中，国家成功实现了两次偏好转变。其一是肯尼迪—约翰逊时期发起的以平等权利为核心价值观的教育政策系谱。虽然在肯尼迪短暂的任期内几乎没有出台什么具体的教育立法，但是约翰逊实现了它。在约翰逊完成了肯尼迪未竟事业之后，更是把政策立法落到实处，先后通过了《1964年民权法案》、《1964年经济机会法》、《1965年高等教育法》、《1965年中小学教育法》（并于1966年和1967年分别进行修正，增加了资助残障儿童条款和双语教学条款）、1966年《聋哑模范中等学校法》、1967年《教育行业发展法》等系列法案，强化、扩展和完善了中小学教育法。在联邦政府一系列法律和政策的引领下，特别是在有条件的资助引导下，州和地方也加大了对弱势群体的关注力度。

其二就是里根时期以优异教育为核心价值观引导了全国性的教育改革。因为《国家处于危机之中》报告的发布，引起了全国对教育质量和责任的重点关注。不仅没有撤掉教育部，反而加强了州和地方应负的责任，增加了国家的权力。《国家处于危机之中》报告强调了自苏联卫星上天以来，特别是"伟大社会"建设以来，全国对教育的资金投入大增，而效果并不理想的现实。特别是，为了完成第一条目标要求获得更多资助，各州对贫困学生与富裕家庭学生采取两套学术标准，贫困学生成绩没有实质性提高，从而影响了全国教育质量的整体改善。结果可能是，美国面临着国家实力被赶超，人民因为教育质量差的问题而损失美好发展前景的危机，从而激起了全国对教育的关注和改革的支持，甚至包括全国最大的、一向支持联邦政府资金投入的全国教育协会（NEA），也在很多场合支持里根改革的某些思想。

这两次国家依照偏好而引导全国教育政策发展和改革，展现了基本一致的逻辑：采取策略行动，通过借势，寻求制度支持，从而实现自主引领政策发展的能力。改革必然面临阻力，特别是因为美国联邦政府在教育事务上本身就处于一个没有宪法权限的尴尬境地，则更为明显。肯尼迪—约翰逊时期，在继续新政时期联邦政府职能逻辑的前提下，面对着民权运动的持续高涨，国家采取了措施，但是，肯尼迪时期把政策问题更多地政治化了，而约翰逊采取一种去政治化的策略，转换话语，提出立法是为了资助学生，而不是学校，从而有效回避了敏感问题。并且，《1964年民权法案》的通过，也为综合性的教育立法提供了一定的制度基础。

经过十几年国家对社会福利政策的大力度投入，以及西方社会经济出现滞涨，财政状况已经不能保证继续扩大的福利政策以及与之相关的大量教育政策项目上的投入。特别是，教育上应有的质量和标准长期被忽视，州政府的能力没能得到很好的培养，因而改革势在必行。虽然社会对联邦政府权力下放、回归联邦主义持欢迎态度，但是撤掉教育部以及大量削减教育经费对于民众和一些教师联盟组织来说，难以接受。不过，《国家处于危机之中》报告打破了改革僵局，重新唤起州政府和地方政府在教育中的法定责任，从而保证了国家自主地引领政策发展。《国家处于危机之中》报告是国家对美国20世纪六七十年代教育政策所取得的"平庸"效果的一次最重要的"警示"，是对美国公共教育的"最严厉的一次控告"[1]，它激起了美国社会对教育质量和国家竞争力的全面关注，它为20世纪80年代之后的教育改革开辟了道路，而这一激起民众舆论的报告是对之后改革的一次宪政政治的动员工作。

按照前面的理解，国家偏好最好表明国家兴趣的先后次序。"布朗案"判决把全国注意力和国家兴趣转向了教育平等，而苏联卫星上天把教育政策的内容转向质量。这两项教育政策是艾森豪威尔时期的重要遗产，在约翰逊和里根时期分别得以体现。虽然1965年ESEA立法也是为

---

[1] Edited by Douglas E. Mitchell, Robert L. Crowson, Dorothy Shipps, *Shaping Education Policy: Power and Process*, New York: Routledge, 2011, p. 157.

了改善处境不利学生的教育质量,但是在执行中重点的内容偏向了提高对处境不利学生的资助,忽略了对贫困学生的质量要求。而1983年《国家处于危机之中》报告用大胆、急迫的语言,指出了美国学校的平庸,催促各州采用更严格的标准、更强劲有力的毕业要求、更严格的课程、更好的教师工资、提高教师培训以改善教育质量。它以国家利益的理由,指出美国教育在和其他国家竞争中落后了,更能集中民众的支持和对国家利益的认同,从而形成全社会对公共利益新的认识。并且,在政策遗产的影响下,制度化逻辑决定了,里根即使强调教育质量和优异教育的重要性,也不可能对平等予以忽视。因为,平等价值观已经制度化了。

在《国家处于危机之中》报告的倡议和推动下,各州开始了以标准为基础的教育改革。① 比如北卡罗来纳、得克萨斯、田纳西和阿肯色等各州接受了报告建议,并推进各种改革。同时大量新的研究、著作和特别工作组提出了一系列的方法措施,包括提高毕业标准、提升教师工资、检测教师技能和延长在校学习时间。在20世纪80年代教育改革的路径中,各州贡献了自己的力量,主要表现为三个重要的内容:在核心课程领域实行较为严格的州层次的标准;与这些标准相一致的测试;对考试结果的责任。以标准为基础的改革很大程度上也获得了工商业团体和政治领域的大力支持,因为这是一个在公共教育中为更多学生实现平等和优异的方式,其目的是提高美国在国际学术评价中的表现,保证国家在全球竞争中更具竞争力。

---

① Douglas E. Mitchell, Robert L. Crowson, Dorothy Shipps (eds.), *Shaping Education Policy*: *Power and Process*, New York: Routledge, 2011, p. 144.

第六章　掌舵与权力渗透：合作性政府的实现

约翰逊时期出台的《1964年民权法案》、《1964年经济机会法》、ESEA等，更多地以平等为导向，注重对处境不利学生的关注和资助，从而形成了不同于以前的政策范式。在《国家处于危机之中》报告之后，国家对只注重教育上的资金投入，而不注重结果和责任的政策范式予以改变。并且通过权力渗透，实现掌舵式引导，不断加强在政策执行上的责任问题。因为国家已经认识到，没有对优异质量的严格关注，平庸的平等是没有任何意义的。

对美国而言，每一次国家政策偏好的转变和权力关系的调整，都伴随着艰苦卓绝的斗争。政策过程中的各种矛盾，始于一个权力受到广泛约束、权力中心分散、价值多元、社会利益集团丛生的多元政治环境。这种政治环境，虽然不利于国家的自主性以及政策的权威性，但是，在各种权力关系博弈的过程中，实际地改善了人民的利益。而两党竞争就是美国政治的基本表现之一，各种观点的争锋，实际地改善了政策。

教育政策涉及价值判断。为了实现国家利益和偏好，国家需要引导教育政策价值观，特别是对于一个价值多元的社会而言更是如此。本章试图探讨两个教育政策范式相对稳定期的国家角色，研究它是如何通过协商能力和渗透性权力的使用，从而实现国家政策能力的。

第一节　ESEA之后："弱"国家的困境与自我探索

一　"弱"国家的困境

ESEA通过之后，联邦政府在教育上的投入大幅度增加，它和《1964年民权法案》《1964年经济机会法》等与教育相关的政策法律形成了20

世纪六七十年代以平等为核心价值观的政策范式。ESEA 第一条是支持处境不利的学生使其提高学习成绩,享受平等教育;第二条是改善图书馆资源和多媒体等现代教学资源;第三条是建立辅助性教育与服务中心;第四条是资助与教学策略相关的研究;第五条是资助州教育部的发展。应该说,每一条的最终目的都是资助各州改善教育质量,提高教学绩效和教育管理能力。而《1964 年民权法案》中与教育相关条款保证了只有废除种族隔离的地区才能获得联邦资助,并且规定了即使不愿获得联邦经费资助的地区也要废除种族隔离。不过,在 ESEA 和《1964 年民权法案》之后,也面临着一些问题,这些问题主要也是围绕国家自主与权力关系呈现的。

在约翰逊政府之后的尼克松政府、福特政府和卡特政府时期,美国面临着经济、社会和政治上的停滞、衰退以及混乱,而作为国家行动者,他们试图予以改变,但是由于权力资源不足,所受限制过大,而相对不能自主地实现政策变迁,只能维持着约翰逊时期的政策体制。

(一) 政策执行上的困境

ESEA 通过之后,面临的最大问题是执行。约翰逊在签署 ESEA 之时,就担心教育办公室执行 ESEA 所需要的能力问题。[1] 人们经常把美国称为"弱"国家,其中一个重要原因是它没有强势的执行政策的官僚机构。

联邦行政相对于地域辽阔、各地情况复杂多样的国家而言,在人员配置、分支机构设置等方面,都显得有些力不从心。美国长期以来崇尚小政府,崇尚个人自由和公民社会的能动性,因而联邦政府的机构都不大。虽然在"新政"之后,联邦政府和其他各级政府机构似乎有不断扩大的趋势,但在教育职能上,不仅联邦政府能力存在欠缺,州政府也面临着同样的问题。无论如何,联邦政府政策的执行,大部分任务还得需要州政府和地方政府以及学校管理机构来完成。ESEA 第五条就是健全各州教育机构和能力的重要条款。

ESEA 正式生效之后,为了保证尽可能多地获得联邦资金,整个国家的学校都确实执行了主要的组织上的变革。在一些州,甚至一些地方学

---

[1] Christopher T. Cross, *Political Education: National Policy Comes of Age*, New York: Teachers College Press, Columbia University, 2004, p. 31.

区，发起建立了中心化的教育局或相关管理机构。例如，波士顿公立学校建立了一个新的"项目发展办公室"，密尔沃基公立学校系统建立了一个名曰"联邦事业部"的单位，这样机构正是为指导和监督联邦资金的审批而建立。① 不过，这种为了获取联邦资金而疯狂扩张机构的做法，也遭到了一些人的指责。关于密尔沃基联邦事业部，有人戏称："联邦资助的美妙之处在于它会为你寻求的东西支付报酬，为获取联邦资助而建立的联邦事业部的成本将由联邦资助来承担。"②

执行中的其他问题也大量存在。比如，因为缺乏严格的监督，大量经费甚至被用于富人地区；大量第一条的经费并没有用于明显地与补偿性教育相关的项目，而是用作购买几年都可能用不上的电子设备等；在有些地区，他们接受了联邦第一条的经费，却不执行这一条的指示以实现目标。他们将联邦经费用于降低地区税收，扩展对中产阶级选民孩子的支持，而不是集中于立法所确定的对低收入群体的资助。③ 另外，执行政策的官僚，也不愿改变他们的习惯，更不愿承担任何风险。这样，ESEA 就可能变成一个财政支付系统，而巨大的联邦资助是否改善了教育机会因而提高了处境不利学生的成绩，也从未得到评估。④ ESEA 立法的目的是改善学生成绩，但实际上，1965 年 ESEA 出台之初，很多州的重点并不在于提高处境不利学生的成绩，各州围绕 ESEA 进行的立法，只有三个州通过了法律授权，强调需要专门针对处境不利学生，以改善教育质量。⑤

为此，有人提出疑问，到底哪一级政府应该控制法律的执行。如果是联邦政府，它本身就面临着教育办公室人员不够的问题，如果要加强监督，必然要不断增加联邦政府教育管理机构的人员配置。如果是州政府，那么怎么杜绝联邦经费的滥用呢？特别是，在种族隔离仍然存在的

---

① New York State Education Department, *Federal Education Policy and the States*, 1945—2009: *A Brief Synopsis*, New York State Archives, Albany, January 2006, revised November 2009, p. 18.
② Julie Roy Jeffrey, *Education for Children of the Poor: A Study of the Origins and Implementation of the Elementary and Secondary Education Act of* 1965, Ohio State University Press, 1978.
③ John A. Andrew III, *Lyndon Johnson and the Great Society*, Chicago: Ivan R. Dee, p. 126.
④ Ibid..
⑤ Jerome T. Murphy, "Title I of ESEA: The Politics of Implementing Federal Education Reform", *Harvard Educational Review* Vol. 40, No. 4, 1971, p. 55. 其实联邦政府也意识到政策执行的问题，在 1965 年 ESEA 之后的连续四次重新授权，就是为了更好地促进执行。

20世纪六七十年代，一些州是否在分配资金上存在歧视，或者存在种族隔离现象的地区也获得了资助？人们担心，如果把控制和分配权下放至州，这样会伤害处于不利条件下的学生。① 在1969年，有色人种促进会（NAACP）立法保护和资助委员会以及公共政策南部研究中心的学者就联合发布报告，指出了类似的问题。②

自ESEA通过后，类似的争论不断。还有人提出，能否把联邦项目资金通过一揽子拨款打包给州，这样既能减少联邦政府的规制和约束，又能把更多的自主权转移给州，使之负起必要的责任。例如，在1967年国会准备对ESEA进行重新授权之年，众议院一位资深的共和党议员阿尔·奎伊（Al Quie），就提出过类似的修正案。他认为："其实，如果我们把各种项目合并，就可以把所有的繁文缛节加以简化，并且可以给予地方学校更多的灵活性。我们把它称为一揽子计划。"③ 奎伊并不是不赞成联邦政府对教育的资助，而是希望把教育项目的执行和管理都交与州，而不是联邦。不过在种族问题依然大量存在的20世纪60年代，这种修正案是不可能获得通过的。国会中民主党人的担心是，这样的执行将会破坏废除种族隔离的压力基础。④

1954年"布朗案"判决和《1964年民权法案》生效之后，各州存在的种族隔离的立法已经终结，但是种族隔离依然存在。而ESEA要求全国实行教育机会平等，这样，在执行"平等教育"政策过程中，就出现两种情况：一些人希望通过补偿性项目来实现教育机会平等，另一些人则担心补偿性教育可能实际地放慢了废除种族隔离的脚步，他们希望用巴士运送学生上学，以有计划地促进学校种族融合和种族平衡。因为ESEA第一条所针对的处境不利的学生，很大部分属于黑人和其他长期遭

---

① New York State Education Department, *Federal Education Policy and the States*, 1945–2009: *A Brief Synopsis*, New York State Archives, Albany, January 2006, revised November 2009, p. 18.

② Washington Research Project, "Title I of ESEA: Is It Helping Poor Children?" (Washington, D. C., 1969). See also John F. Jennings (Jack), "Title One: Its Legislative History and Its Promise", *Phi Delta Kappan*, Vol. 81, No. 7, 2000, pp. 516–522.

③ Albert Quie, *Lyndon Johnson Oral History*, *Gift of Personal Statement*, by Albert Quie, to the Lyndon Baines Johnson Library, April 30, 1969, p. 24, http://millercenter.org/scripps/archive/oral-histories/detail/2888.

④ Gareth Davies, *See Government Grow: Education Politics from Johnson to Reagan*, University Press of Kansas, 2007, p. 69.

受歧视的少数民族,有色人种促进会甚至怂恿黑人活动分子放弃对平等资源的要求,而要求结束种族隔离。

一个价值多元、权力分散、多中心化的"弱"国家,在"平等教育"政策的执行过程中,即使围绕着"到底在哪一级政府执行,到底是通过校车运送学生以促进种族融合,还是通过资源补偿以促进平等"之类的问题也会争论不休。詹姆斯·科尔曼1966年所做的调查研究[①],已经通过充分的数据证明:种族融合对于促进处境不利学生的成绩的提高并没能带来多少好处;而从补偿性教育入手,补偿教育资源对学生成绩提高的改进也不大。继科尔曼研究之后,其他研究者对数据进行重新分析,也得出了类似的结论:提高学生学术成绩的最好办法既不是严格的种族融合,也不是提供补偿性教育项目,而是提高总体的家庭收入。学生家庭的阶层出身以及邻里影响,对孩子未来的发展可能是最为重要的。不过,虽然有这样的结论,联邦政府和州政府依然执行着他们所认可的以学校为基础的类似改革。

到了尼克松总统时期,共和党人已经认识到问题的严重性;然而尼克松政府行政部门内部的冲突本身就极大,更不用说面对着一个民主党控制的国会两院了,这是尼克松作为共和党人在上台之后开展工作必然面临的问题。几十年"新政"和前任总统"伟大社会"思想熏陶出来的官僚,虽然从理论上说需要保持价值中立,但实际执行尼克松保守计划过程中,都是消极抵抗甚至公开斗争。更让尼克松烦恼的是,总统自己任命的部门和机构首脑也轻松地被文职人员拉拢,这些文职人员试图利用他们作为盟友来反对尼克松政府的许多政策。[②]

总的来说,在约翰逊总统之后的12年里,总统提出的很多改革和遏制计划及设想几乎没能实现;而各种围绕ESEA的项目却大量出台,州和地方政府机构也不断膨胀,其目的就是接受和审批联邦经费。州和地方政府的能力并没有实际地得到多少提升,而联邦政府加大了政府规模和预算。虽然联邦政府的监督和约束不断加大,但效果并不明显。

---

① 即《科尔曼报告》。See James S. Coleman, et al., *Equality of Educational Opportunity*, Washington, D. C.: Government Printing Office, 1966.
② [美] 西德尼·米尔奇斯、迈克尔·尼尔森:《美国总统制:起源与发展》,朱全红译,华东师范大学出版社2008年版,第351页。

（二）分立政府的困境

虽然约翰逊总统在结束其任期时，还自豪地突出了他任期内的教育成就，可他最终因为越南战争和美国社会、政治的混乱主动退出下一届总统竞选。1968年，马丁·路德·金也正是在约翰逊政府所面临的种族关系依然不太理想、大学骚乱、城市不安的时期被暗杀的。显然，这种让美国焦头烂额的问题将会继续困扰着下一届政府。

在1968年的总统竞选过程中，初选获胜的民主党候选人罗伯特·肯尼迪在加州遭到暗杀后，约翰逊的副总统赫伯特·汉弗莱作为民主党候选人成为尼克松的有力竞选对手，最后尼克松在普选中以微弱的优势取胜并当选总统，表明他没有获得具有决定意义的选民授权。不过，尼克松成为自1848年后在共和党不控制两院的情况下当选的总统。① 不仅如此，他也是新政以来（至1968年）仅有的两位共和党总统之一②，几十年来，美国行政部门和各机构已经留下了新政自由主义不可磨灭的印记，再加上约翰逊"伟大社会"又一次加厚了新时期自由主义的城防，因而尼克松不仅面对着民主党控制的国会两院③，而且还面临着美国行政部门官僚体系可能带来的麻烦。这种局面，直接决定了尼克松在国内、外交事务中将面临困境。

随着尼克松任期开始，与教育有关的问题依然是废除种族隔离和实现平等教育资源的问题。在废除种族隔离的方式上，尼克松和法院也有着根本的差异。联邦法院为了尽快落实"布朗案"判决、《1964年民权法案》以及ESEA相关平等条款，促进种族融合和学校种族平衡，下令采取强制措施，把传统白人学校和传统黑人学校整班级对调，用校车长距离接送学生。而尼克松对这种做法不太赞同。作为一个保守的共和党人，面对着被种族问题搞得过于复杂的美国社会状况，尼克松希望恢复社会秩序，不希望通过耗费大量人力、物力转移学生来实现一种不可能简单地达到的目的。尼克松曾经悲伤地说："我一贯反对为了达到种族平衡而

---

① 参见［美］詹姆斯·麦格雷戈·伯恩斯《总统领导力》，吴爱明等译，中国人民大学出版社2012年版，第93页。尼克松获得普选票比例为43.4%，汉弗莱获得普选票比例为42.7%。

② 另一位共和党总统是艾森豪威尔，但是在他的任期内却留下了重要的教育政策遗产。

③ 总统和国会两院多数党不属于同一政党，这种情形叫分立政府。在共和党总统尼克松时期，民主党控制国会两院。

用校车接送学生,但对此我无能为力,因为最高法院束缚了我的双手。"①尼克松单枪匹马并不能阻止用校车接送学生,他采取的折中办法是大力呼吁制定一部法律,要求暂停实施法院下令实行的用校车接送学生的做法,等待国会全面地处理消除学校中种族隔离的问题。② 虽然他个人并不太强调采取严格的措施废除种族隔离,但从国家考虑,他还是赞同通过补偿性项目来对包括黑人学生在内的处境不利的孩子以资助。他也发表了一份重要的声明,不给实行种族隔离的学校免税。③ 强制性校车接送虽然一直存在争议,也遭到总统反对,但国会支持暂停校车接送的法案并没有出现。

不过总统的坚持似乎产生了意外的效果。虽然法院依然执着地坚持实现学校种族平衡,不过随着人们对这种绝对观念不断提出质疑,最高法院法官中也出现了观点上的分歧。在 1973 年最高法院对"凯耶斯 (Keyes)诉丹佛第一学区案"裁定中认为,北部地区虽然没有如南方地区的法律规定上的种族歧视,但是北部一些州的有目的的行动事实上违背了联邦宪法第 14 修正案的平等保护条款。最高法院多数认为,丹佛第一学区没有为所有孩子提供平等的教育机会。而不同意这种裁决的其他四位法官质疑,是否每个种族不平衡的学校都将需要变得平衡。④ 如果坚持这样的裁定,那么永远不可能有绝对的种族平衡,这样也会导致拖延的、没有结果的、无休止的起诉,联邦法院也将会永无宁日。一直到 1974 年的最高法院对底特律"密立根诉布拉德利"(Milliken vs Bradley)一案裁决时,最高法院的判决才得以转向。虽然判决坚持底特律官员应该有肯定性行动追求平等,但要求用巴士运送学生的范围相对缩小了,并且相对地承认了可以用补偿性教育来弥补巴士计划不能解决的平衡问题。可能是针对这种长期争论问题的反应,民主党控制的国会在 1974 年 2 月通过了一部法律:《平等教育机会法》(Equal Educational Opportunity Act)。此

---

① 参见[美]里克·伯尔斯坦《尼克松传》,李洪顺等译,长江文艺出版社 2013 年版,第 324 页。
② 参见[美]约翰·埃利希曼《权力的见证:尼克松顾问自白》,柳蓉译,新华出版社 1985 年版,第 283 页。
③ 参见上书,第 288 页。
④ New York State Education Department, *Federal Education Policy and the States*, *1945 – 2009*: *A Brief Synopsis*, New York State Archives, Albany, January 2006, revised November 2009, pp. 26 – 27.

第六章　掌舵与权力渗透：合作性政府的实现 ▎205

法指出，自 1974 年 6 月 30 日之后，除非法院首先发现其他的替代性方式是不够的，美国没有任何一个法院能够命令任何关于纠正种族不平衡计划的执行。国会也禁止用联邦经费来为法院命令的用巴士运送学生负担成本。

在进入 20 世纪 70 年代后，美国经济不景气、财政赤字越来越严重，已经支持不了不断增加的联邦支出，尼克松感觉到改革势在必行。不过尼克松在上任后的 1970 年，还是只得在强大的社会舆论和压力之下，签署了民主党国会通过的《ESEA 扩展性法案》（Elementary and Secondary Education Assistance Programs, Extension）。但毕竟这只是约翰逊总统 ESEA 政策的延续和扩展，而不是尼克松政府自己的首创，也没有任何尼克松政府改革性政策主张的内容。为此，尼克松政府试图促进一个《特别税收共享法案》（Special Revenue Sharing），作为一揽子联邦拨款代替原有种类繁多的教育项目。这样的类似计划，资深共和党议员阿尔·奎伊（Al Quie）在 1967 年国会准备对 ESEA 重新授权时就提出过。这一计划在进入国会众议院教育和劳工委员会讨论时，依然遭到极力反对，最后以失败而告终。[①]

教育上的联邦资金投入并没有错，关键是约翰逊政府后期的争论和政策繁殖，培育了无效的官僚，降低了部门的责任，也同时增强了学校的依赖性。不仅平等没有实现，整个国家的教育质量也遭到严重损害。在其任期头两年，尼克松意识到需要采取立法的方式来推动他的改革，但是多数建议都在国会陷入困境。例如，尼克松针对教育作出了如下努力：第一，他提出了一个预算办公室资助的项目，以检验教育券的可行性，并在加州靠近圣何塞（San Jose）的洛克（Alum Rock）学区进行实验。实际上，它是一个对公立学校的实验，并不涉及私立学校。在高峰期，18% 的孩子利用了教育券。第二，提出实验性学校计划（Experimental Schools Program）。这个计划首先由教育办公室设计，然后转到国家教育研究所，它通过资助激发了很多有趣的思想，但这个项目遭到抵制，最终不了了之。第三，是对学校财政进行研究，主要检验公立学校资助体系的结构和税收。尼克松的重要政策顾问莫伊尼汉（Daniel P. Moyni-

---

[①] Christopher T. Cross, *Political Education: National Policy Comes of Age*, New York: Teachers College Press, Columbia University, 2004, p.42.

han）还曾经要求管理这个计划的总统学校财政委员会去鼓励各州实行这样的研究。① 历史地看，尼克松政府提出的这些计划在当时确实有其实用性和现实性，但是由于立法机关中民主党人和一些共和党反对者的阻挠，最终都流产了。

为此有人指责尼克松改革力度不够，"尽管总统（尼克松）口头上说要紧缩预算，但他还是保持了一些重要的社会计划的原有水平，或者还提高了它们的水平；甚至'向贫困开战'这一项目也完好无损，只是它的各个部分被分到政府其他机构和其他各种预算中去了"②。可以设想，面对着分立的政府、顽固的法院和一个不太合作的国会，尼克松时期的国家更是难以实现其自主。另外，虽然尼克松的政策建议在国会受阻，但是他的一些思想在其后的州政府和地方政府教育改革中已有所体现。尼克松主张"新联邦主义"思想，其主要目标是调整政府的职责，让联邦政府来处理全国性的问题，让州和地方权力机构处理那些更易于分散解决的问题。③ 从1971年开始，美国联邦行政和国会两个部门之间的关系就已经开始恶化。因为国会克扣尼克松行政部门针对政策计划的拨款，而国会倾向于与尼克松的主张几乎相反的立法，给行政留下极少的自由空间。

（三）多元民主政治的困境

利益集团是理解政策过程的重要方面。组织化团体的政治活动，并不是美国特有的现象；利益集团研究并不是多元主义理论的专有事务，在统合主义、马克思主义理论中都有所涉及，在以国家为中心的研究中也不例外。④ 相对于欧洲统合主义国家中的利益集团，美国的利益集团更大、更多、更活跃⑤，在美国多元主义、自由主义环境下，利益集团似乎

---

① Christopher T. Cross, *Political Education: National Policy Comes of Age*, New York: Teachers College Press, Columbia University, 2004, pp. 42–42.
② 见1973年2月19日美国《新闻周刊》。转引自［美］约翰·埃利希曼《权力的见证：尼克松顾问自白》，柳蓉译，新华出版社1985年版，第313页。
③ ［美］西德尼·米尔奇斯、迈克尔·尼尔森：《美国总统制：起源与发展》，朱全红译，华东师范大学出版社2008年版，第351—352页。
④ Martin J. Smith, *Pressure, Power, and Policy: State Autonomy and Policy Networks in Britain and the United States*, New York: Harvester Wheatsheaf, 1993.
⑤ Roy Adam, "Interest Groups in American Education", *Comparative Education*, Vol. 11, No. 2, 1975, pp. 165–172.

更能够对政策产生影响。利益集团的结构反映了国家权力结构,理解政策决策中的重要变量是利益集团(压力集团)和国家之间关系的特征,以及国家行动者的利益和活动。① 利益集团可能是国家自主所需要面对的一个重要的挑战,它既是国家可以团结利用的政策推动力量,也可能成为政策变革的阻碍。

《1964 年民权法案》激励了民权组织的生长,民权运动和其他运动产生了众多利益集团。而 1965 年 ESEA 保证的教育平等,更是激起了美国各阶层民众的教育权利意识,在其平等理念指导下的利益集团活动不仅在数量上有惊人的增加,而且也为美国社会带来了更多冲突。资料显示,美国的教育利益集团中,大约有 76% 产生于 1960 年之后。② 在以主张教育机会平等的 ESEA 的推动之下,各种团体推动了教育上的进一步改革。它们为了寻求机会平等,制造更多事件、参与更多诉讼、提出更多要求,并希望国家通过政策立法对权利予以保证。在这种局面之下,确立了它们在美国国家政策过程中的地位,它们不仅影响联邦政府,而且影响州政府和地方政府。

没有国会的支持,这些利益集团的立法倡议,也很难成为现实。③ 他们通过给国会议员提意见以及支持民众,影响社会舆论,从而影响国会议员的判断。他们甚至直接支持总统或议员竞选以影响政策。比如,《双语教学法案》就是由来自得克萨斯州参议员拉尔夫·亚伯洛(Ralph Yarborough)在墨西哥裔美国人的支持下提出的,而拉尔夫·亚伯洛的再次当选离不开墨西哥裔美国人的支持④;1979 年美国教育部的建立,就是全国教育协会支持卡特竞选总统作为回报的结果。更有甚者,各种以寻求平等权利以及支持教育项目的利益集团,通过支持社会运动的方式,推动和影响国家政策立法,制定出适合自己成员利益的政策,这种现象在 20 世纪六七十年代尤为突出。

---

① Martin J. Smith, *Pressure, Power, and Policy: State Autonomy and Policy Networks in Britain and the United States*, University of Pittsburgh Press, 1993, p. 1.
② Kay Lehman Schlozman and John T. Tierney, *Organized Interests and American Democracy*, New York: Harper & Row, 1986.
③ F. R. Baumgartner and J. L. Walker, "Educational Policy Making and the Interest Group Structure in France and the United States", *Comparative Politics*, Vol. 21, No. 3, 1989, pp. 273–287.
④ John A. Andrew Ⅲ, *Lyndon Johnson and the Great Society*, Chicago: Ivan R. Dee, 1998, p. 129.

以 ESEA 为基础，随着一种基于其他竞争性教育利益集团赞同的联邦模式发展，各种重叠的无条件的资助的集合，控制了 1965—1980 年国家教育政治，这不是任何联邦干预的理性计划的结果，而是政治讨价还价和联合形式的结果。① 随着各种申张权利的社会组织的建立，这一段时期成为"权利"的时代。学生家长咨询委员会（Parent Advisory Committees）就是这段时期产生的，是促进联邦立法的利益集团组织之一。《1964 年民权法案》和 ESEA 相互加强，推动了为更多以各种标准而判定的处境不利学生提供联邦资助。在持续的种族的、阶级的紧张关系之中，被忽视的群体的项目使 ESEA 稳步扩展，比如支持残障儿童、少数民族语言等项目不断增加，经常还伴有支持性的法院裁决。20 世纪 70 年代的联邦法院，不仅在反对种族隔离方面引领道路，而且在建立残障儿童权利保障以促进其受到充分教育，为英语能力有限的学生提供帮助，与性别歧视开战方面也是如此。②

1974 年，为了推进以补偿性教育项目作为种族融合的替代措施，国会通过了系列 ESEA 教育修正案，极大地扩展了联邦对低收入地区的资助。他们资助辍学防止计划、学校健康服务计划、天才儿童计划、妇女平等计划、生涯教育、艺术教育等教育政策项目。1974 年 ESEA 教育修正案最多，最具有代表性的有《1974 年教育修正案》（Education Amendments of 1974）、《土著美国人计划法》（Native Americans Program Act）、《平等教育机会法》（Equal Education Opportunities Act）和《双语教育法修正案》（Bilingual Education Act Amended）。这些修正案致使联邦授权的教育经费一年就增加了 25%，从 1974 年的 28 亿美元增加到 1975 年的 35 亿美元。③ 这些项目中最核心的依然是第一条，1975 年就拨出 18 亿美元。另外一个突出项目即第七条，为母语为非英语的学生提供双语教学资助，1975 年拨付 1 亿美元。它们都承担了一些重要的调节性改变（regulatory changes）。这些项目支持了仔细目标定位（carefully targeted），"补偿性教育"成为当时教育政策范式的主流。

---

① Frederick M. Wirt, Michael W. Kirst, *The Political Dynamics of American Education*, Berkeley: McCutchan Pub. Corp., 2001, p. 41.

② Ibid., p. 40.

③ New York State Education Department, *Federal Education Policy and the States*, 1945 – 2009: *A Brief Synopsis*, New York State Archives, Albany, January 2006, revised November 2009, p. 28.

力争改革的尼克松政府面临着分立政府和行政内部的斗争和观念不一致，无法成功带领国家实现紧迫的政策任务。尼克松因为"水门事件"辞职之后，福特接替其职位延续了最后两年的任期，在这两年内，民主党主导的国会围绕着 ESEA 的立法更是大量增生。

利益集团是民众利益的代表组织。但是，因为广泛的权利要求，忽略了对责任的关注，也影响了国家自主地安排和实现国家整体事务的发展。因为社会组织的大量增生和人们思想价值观的多元化，人们对"平等"概念本身存在大量的争论。到底是机会平等还是结果平等？ESEA 本是为了引导政策中的机会平等，但是随着政策项目的增加和国会在其中的作用，人们对权利提出了更多要求，而责任意识则更为淡薄。一个本身为保证处境不利学生更高质量教育和机会平等而设计的 ESEA，却最终发展成了一个十足的救助体系，完全变成了一个福利项目。随着联邦项目增多和开支增加，税收也不断攀升，纳税人认为，国家项目供养了一批依赖性强的懒散者和寄生虫。[1]

二 国家自我探索

虽然美国国家创立者和立宪者对党派政治嗤之以鼻，并称之为"阴谋集团"；然而，党派不仅得以产生，而且还在美国政治中起到一个重要的作用。有人认为，政党是一个联系总统和国会不可缺少的工具，它或许还能带来凝聚力和团结，从而实现政府的有效性，能够使政府各部门作为一个国家行动体而行动。[2] 两党制的存在，也是为避免一党政策可能出现的极端现象，而寻求一种制衡的机制；提供一种反面的观点成另一种看问题的视角，或许能充实和完善政策主张。例如，民主党执政时期的自由主义者，虽然注重了平等，但忽略了比如责任等美国价值观中更多重要的东西。而共和党政府对全国标准化考试、自由市场的崇拜，虽然表面上看是放松了管制，鼓励了自由竞争，但也可能会对教育的根本目的产生误导，甚至会鼓励为了结果而弄虚作假。而两党政治的思想就是为促进竞争、显示不同、推动争论，从而广开言路，完善政策思想，

---

[1] Ronald Reagan, "Address Before a Joint Session of Congress on the State of the Union", January 25, 1988. Online by Gerhard Peters and John T. Woolley, *The American Presidency Project*, http://www.presidency.ucsb.edu/ws/?pid=36035.

[2] James L. Sundquist, "Needed: A Political Theory for the New Era of Coalition Government in the United States", *Political Science Quarterly*, Vol. 103, No. 4, 1988, pp. 613–635.

而不是政治家之间的简单同意。

　　针对约翰逊遵循新政自由主义范式而提出的"伟大社会"计划以及围绕它的系列政策，就有不同意见产生。共和党极端保守主义者和精神领袖巴里·戈德华特在1964年的总统竞选中质疑新政自由主义。[①] 他认为，这种自由主义就是"完全由集权政府行使权力，满足普通平民的物质需要"。他在竞选中极力主张扩大各州和地方政府的权力。不过，在美国人民享受着国家提供的众多福利的时候，特别是在民权运动高涨以及肯尼迪激发的民众权利要求之下，戈德华特的口号是不可能得到多少响应者的。1964年总统选举普选票得票结果显示，约翰逊获得61.1%，戈德华特只获得38.5%[②]，这足以代表当年的民意。

　　约翰逊"伟大社会"时期的民权立法、教育立法等有关法案激起了各阶层、各职业人们的权利意识，彻底改变了种族关系的格局和模式，以一种不可逆转的方式改变了美国社会的政治权力关系。[③] 因为"当一场运动在广泛的社会公众支持之下实现了它最初设定的目标的时候，它不仅会提高无法满足的期望，也创造了无法满足的新期望"[④]。约翰逊政府及其后几届政府都无法控制政策制定初期所谈到的结果的未来发展。这种结果在随后几年里，会被公民权利的目标和新观念所改变。

　　约翰逊"伟大社会"是为每个穷人提供物质保障、让美国摆脱贫困，而对教育的支持是约翰逊政府"与贫穷开战"的根本。"伟大社会"计划在实施后使美国走向了福利社会。[⑤] 然而，其庞大的福利项目，急剧增加了政府规模，带来了巨大的国家财政开支，约翰逊所保证的繁荣的经济增长和人民生活质量的改善并没有如理想中的那么尽如人意，因而争议不断，国家似乎陷入困境。批评者认为，约翰逊总统因固执的立法创意和过度地使用联邦经费应该对恶化的城市条件和不断增加的福利申请人

---

① 钱满素：《美国自由主义的历史变迁》，生活·读书·新知三联书店2006年版，第196页。
② 维基百科，http://en.wikipedia.org/wiki/United_States_presidential_election, 1964。
③ John A. Andrew Ⅲ, *Lyndon Johnson and the Great Society*, Chicago: Ivan R. Dee, 1998, p. 185.
④ [美] J. R. 波尔：《美国平等的历程》，张聚国译，商务印书馆2007年版，第376页。
⑤ 钱满素：《美国自由主义的历史变迁》，生活·读书·新知三联书店2006年版，第208页。

员承担责任。① 20 世纪 60 年代后期的经济衰退，激起了更多的人对国家政策的质疑。作为一个以中产阶级为主导的美国社会，经济的繁荣是解决社会问题和实现良好社会秩序的保证，而"伟大社会"之后一直到 20 世纪 70 年代末，美国社会被一种弱秩序、最小经济增长、强权利要求、低责任所笼罩。共和党，甚至一些民主党人士对"伟大社会"相关立法提出严重质疑，认为它们是"误入歧途、有缺陷、危险的，总的来说是失败的"。② 他们指出，到 1980 年，"伟大社会"项目本身就是造成社会问题的原因，甚至使美国社会陷入了灾难。

这样的批评不乏激进，但是值得肯定的是，"平等有余，道德不足"是"伟大社会"不受限制的资助造成的。民权运动已经超过了原先对合情、合理、合法权利的追逐，已经因为权利意识的过度膨胀，导致了社会的骚乱。在 1966 年 1 月，里根发表加州州长竞选资格声明时就指出："在任何情况下，公众都应当坚持向政府讨要说法而不是暴动。"③ 1968 年进行的民意调查结果显示，81% 的人认为"国家的法律秩序已经崩溃"，42% 的美国人说"黑人比白人更暴力"。受访者中有 84% 的人甚至认为，"强势的总统能够显著改变现状，需要以直接的手段维护法律秩序"。④

"伟大社会"政策项目不是政策目的本身的失败，而是因为决策者不能充分认识和鉴别美国社会所面临的问题，不能及时地由国家自主引导政策调整，以适应美国社会不同时期新出现的不同挑战导致的失败。虽然尼克松在 1968 年的总统竞选中只是以十分微弱的差额取得胜利，但它标志着新时期共和党保守主义在一定程度上得到了一些人的支持，而 1972 年的总统大选中，尼克松以大比分击败民主党候选人乔治·麦戈文，更加证明了美国社会舆论的转向。1968 年尼克松上任后，试图削减联邦教育支出，增强社会与民众的责任，以及减少依然保持强势的新政自由主义的影响力，但终因国会民主党人和联邦法院对自由主义支持的影响而进展缓慢。尼克松虽不想因为实施废除种族隔离的"肯定性行动"而

---

① John A. Andrew Ⅲ, *Lyndon Johnson and the Great Society*, Chicago: Ivan R. Dee, p. 183.
② Ibid..
③ [美]里克·伯尔斯坦:《尼克松传》，李洪顺等译，长江文艺出版社 2013 年版，第 39 页。
④ 同上书，第 169 页。

引起更大的南方骚乱，但他并没有否定废除隔离的政策。他只是尽量保持社会的秩序和稳定，使自由思想的极端影响不能再继续下去。

尼克松和卡特，面对强势的民主党国会，试图对新出现的问题作出适应性反应。他们反复强调政府的有效性、责任政府、改革福利制度、促进持续的经济增长。① 在教育政策领域，尼克松除了呼唤平等教育，还沿袭着国家对平等教育的承诺，在执政的几年内，他尽力在教育中引入竞争机制，实验性地实行教育券；建立国家教育研究所，倡导全国教育研究。1970 年他关于教育改革的特别发言，开篇就指出："美国教育亟须改革！一个自豪于对教师和教育者巨大投入的国家，必须寻求对整个学习方法的重新审视。"② 他认为：

> 爆炸性膨胀而破碎分散的联邦项目，挫败了地方和私人的努力；不能让希望掩饰了对各种补偿性项目教育有效性的判断，已经有大量的证据证明，这些项目在学校穷人孩子身上没有取得可见效果；每年在各层次教育上花费了 650 亿美元，而取得的效果并不可见；需要建立教育研究机构，以监督每年的教育经费开支，对学生学习进行"更为精敏的测量"并督促学生取得成绩上的效果，引导对教育产出新的测量；由此，需要强调教育管理者和学校教师的责任，应该对他们的绩效负责。

他甚至还提出了国家标准：

> 多少年对国家标准的担忧已经成为教育的奇谈怪论（the bugaboos）之一。我们从未为设置一个全国标准作出任何认真的努力，如果我们这一代能够明智地行动，我们可以合理地相信未来再不需要这样的努力。那些对所谓"神秘国家标准"威胁而提出反对意见者，

---

① Richard Nixon, "Annual Message to the Congress on the State of the Union," January 22, 1970. Online by Gerhard Peters and John T. Woolley, *The American Presidency Project*, http://www.presidency.ucsb.edu/ws/? pid = 2921.

② Richard Nixon, "Special Message to the Congress on Education Reform," March 3, 1970. Online by Gerhard Peters and John T. Woolley, *The American Presidency Project*, http://www.presidency.ucsb.edu/ws/? pid = 2895.

实际上就是为逃避我们地方绩效中的责任。作为一个国家，我们很长时间以来，完全没有思考学校的产出。

他还提倡更广泛的学习，比如加强校外学习、开辟一些电视节目，以利于学生学习；为了使补偿性教育更为成功，更能获得实际的绩效，强调应及时判断什么是需要的，不管是校内还是校外；也强调征求更多优秀教育者和建议者的建议。他还签署总统令，建立总统学校财政委员会（期限两年），向总统定期报告将来的税收需要和为公共和非公共学校提供资助的财政优先顺序。随着20世纪70年代学生注册人数的下降，需要从原来强调数量转向强调整体的质量。总之，需要进行教育改革，帮助每个孩子成绩上达到新的水平。他继续强调：

> 只有通过挑战传统的观点，我们作为一个国家才能获得70年代教育我们年轻人所需要的智慧。……本届政府承诺，为这片土地上的每个角落的每个孩子，提供平等教育机会。不论肤色和种族，我们将为其提供更好的教育，为其改善将来的生活而努力。这是一个教育的维持，需要国会应允，提供更多的教育经费。重新理解教育学的方法，强调基础研究。

在1970年的讲话中，尼克松也强调公立学校和私立学校之间的竞争，允许家长选择学校。他的这些政策思想和建议，虽然很多没有形成国会法案，但是，国会批准建立了全国教育研究所，尽可能地为教育经费开支和产出提供数据指导。他对绩效的关注和责任制的建议，影响了一些州的教育改革，从而影响了全国教育的发展。

1972年以后，尼克松利用最高法院沃伦等法官退休这一机会，换上了适合他政策主张的新任法官，改变了法院受新政自由主义思想控制的局面，从而在一定程度上作出了有利于尼克松政府改革内容的调整。比如，1972年之后关于学校财政的改革，就是尼克松政府所做努力的直接结果。它起源于1971年学生家长塞拉诺（Serrano）诉加州财长普利斯特（Priest）一案。此案中，加州最高法院裁定加州分配各级政府资助资金的原则是不合联邦宪法的，是对低收入地区的歧视，基于财产税的教育资助显然导致了州内学区之间的资金不公平，因而违反了联邦宪法的平等保护条款。加州的判决对其他州出现的类似案例产生了影响。对这种裁决不服者上诉至联邦最高法院。1973 年最高法院在受理圣安东尼奥独立学区（San Antonio Independent School District）诉罗德里格斯（Rodriguez）的案件中认为，尽管教育对个人和社会"极其重要"，但却不是一项受宪法保护的权利，而且地区财富也并没有引发一个"可以的分类"。最高法院认为，判案中必须满足上述两个条件，否则法院无须使用过于严格的司法审查。这个判决对学校财政中的自由主义思想来说似乎是一次挫折，不过，这一判决没有否定平等保护条款在学校财政中的重要性，而是很好地利用判决把财政问题的解决下放到了州。在联邦财政急剧紧张的状况下，或许这是一个十分合理、合法的判决。教育属于一项州宪法保护的权利，这是一个事实。此后的诉讼都只得在州一级法院予以解决。这样，既保证了学校财政中的公平分配原则，又能避免联邦政府陷入更大的困境。在这种情况下，为缩小学校之间的财政差距，近一半的州进行了学校财政制度改革，它们对学校的财政拨款增加，缩小学区教育经费上的差距，也创设了较为公平的纳税环境。而不再像原来学区内完全基于财产税办学，而一旦出现财政紧缺时只得增加学区内纳税人税率的做法。在全州内统一分配，不仅解决了学校资金分配的不公平问题，保持了全州税率的基本公平一致，也在很大程度上加强了各州解决本州内问题的能力，提高了他们在教育中的责任。一些州政府担心在州法院遭到起诉，积极主动地增加教育经费，对资金缺乏的地区进行倾向性资助。在这样的情况下，州对教育的贡献率不断攀升，而地方的比例减少。虽然联邦经费也有所上升，从 1960 年总收入的 4.4% 到 1970 年的 8.0% 再到 1980 年的 9.8%，实际增长 1400%，但是，各州教育经费贡献率从 1970 年的 39.9% 增加至 1980 年的 46.8%。[1] 州在教育中的经费和责任日益发展成为第一位的。之后，尼克松多次提出了财产税改革，提出税收共享[2]，这实际上是一种新时期的"合作联邦主义"。

在 1974 年的国情咨文中，尼克松再一次提出州和地方要对公民的需

---

[1] National Center For Education Statistics, *Digest of Education Statistics* 2011, June 2012, p. 257.

[2] Revenue sharing was extremely popular with state officials, but it lost federal support during the Reagan Administration. In 1987, revenue sharing was replaced with block grants in smaller amounts to reduce federal revenues given to states.

要作出更好的回应，给予地方和人民以更大的灵活性，把钱真正用到处境不利学生身上，进行联邦教育资助改革，为那些真正需要者提供帮助。① 虽然没有带来较大的政策变迁，但尼克松所作出的努力，通过总统权力、法院判决和思想渗透深入全国，对其后的改革产生了较好的影响。

第二节　合作性政府的实现

美国的制度结构，以及新政自由主义和"伟大社会"的制度"锁定效应"，约束了20世纪70年代应对社会变化的及时政策，使总统立法倡议或提交的议案最终未能实现。因而，20世纪六七十年代基本延续了ESEA的政策范式。不过，尼克松和福特政府做出的努力及其思想已经影响了教育政策基本方向。《国家处于危机之中》报告的发布，实质性开启了一个全国范围内的标准化考试和责任运动。继里根之后，老布什更是通过和州政府合作实现了国家在引导政策发展中的掌舵作用，并且得到民主党总统克林顿适应性地接受和发展。

一　掌舵：适时的国家引导

20世纪70年代后期，美国社会对"平等教育"已经有了新的理解，也对教育的本质开始重新思考。比如，在卡特时期，项目评价和学生评估就居联邦教育议程的首位。② 很多州也已经逐渐实行了最低能力要求考试项目，或者某种系统化考试。到1978年，全国33个州已经采取行动，为各年级学生升级建立最小绩效标准，也对高中毕业生提高了要求。③ 在20世纪70年代末，美国教育界也出现了致力于提高学校优异教育的联盟。④ 而《国家处于危机之中》报告，确实为共和党政府意欲大力推行并实施的改革提供了制度支持和权力资源。1983年之后，整个社会都为教

---

① Richard Nixon, "Address on the State of the Union Delivered Before a Joint Session of the Congress", January 30, 1974. Online by Gerhard Peters and John T. Woolley, *The American Presidency Project*, http：//www.presidency.ucsb.edu/ws/? pid = 4327.
② New York State Education Department, *Federal Education Policy and the States*, 1945 – 2009：*A Brief Synopsis*, New York State Archives, Albany, January 2006, revised November 2009, p. 41.
③ Ibid., p. 43.
④ ［美］韦恩·厄本、杰宁斯·瓦格纳：《美国教育：一部历史档案》，周晟等译，中国人民大学出版社2009年版，第488页。

育质量开始担忧,也开始不断表达出在教育上更大的兴趣(利益),从而进一步推动了州和地方在教育上的积极性。州政府在教育中的经费比重从 1982—1983 年的 47.9% 上升为 1987—1988 年的 49.5%。[1]

国家实现了对社会的思想渗透,也对各州政府产生了实质性影响。州长成为最积极、最有效的教育改革的领导者。在报告发布后的那一年夏天,州长协会就在缅因州的波特兰(Portland)聚会,并在此后一年一度地召开类似会议,常常把教育改革放在会议议程的首位,这些会议成为他们相互交流改革经验的场所。工业发展起步较晚的南方各州州长,不管属于民主党还是共和党,似乎更为积极,比如时任田纳西州州长拉马尔·亚历山大(Lamar Alexander)、阿肯色州州长克林顿[2]等,呼吁更好的教育以培养更优质的人力资源,从而吸引更多的企业投资。[3] 在报告发布一周年之后,里根的教育部部长贝尔认为,州政府官员和公众已经领悟了报告的精髓并且已经着手推动改革。他指出,有 48 个州已经提高了中学毕业要求,8 个州已经延长了学校每天上学的时间,7 个州延长了学年。[4] 他认为,这些改变表明,公众和行政人员能够一起合作致力于提高学校质量。

特别是自从《国家处于危机之中》报告之后,全国和各州关于教育状况的报告也陆续出台。比如,1985 年州长协会在爱荷华召开的会议,就以著名的《注重结果的时候到了》报告的形式初步提出了州长认可的教育目标。而这次会议的主席拉马尔·亚历山大,就坦率地承认了关于就业工作机会和州长努力提高学校教育背后的经济繁荣的担忧,"更好的教育意味着更好的工作。如果各州不直接面对这些问题,美国人将不会保持高水平的生活标准。为了迎接来自世界各国竞争者的挑战,我们必

---

[1] National Center For Education Statistics, *Digest of Education Statistics 2011*, June 2012, p. 257.

[2] 拉马尔·亚历山大 1991 年成为老布什的第二任教育部长。克林顿 1976 年出任阿肯色州司法部长,1978—1980 年任阿肯色州州长,1982—1992 年连续担任州长,1992 年当选美国总统。

[3] Numan V. Bartley, *The New South, 1945–1980: The Story of the South's Modernization*, Baton Rouge, LA: Louisiana State University Press, 1995.

[4] Terrel H. Bell, *The Thirteenth Man: A Reagan Cabinet Memoir*, New York: The Free Press, 1988, p. 129.

须为我们和我们的孩子提供更好的教育"①。

至于说最低学术标准，在 20 世纪 70 年代就在一些州开始兴起，在《国家处于危机之中》报告之后各州更是广泛采用，但教育部国家优异教育委员会警告说，最低能力测试并不能鼓励杰出表现，因为人们倾向于认为最低标准就是最大的要求。② 不过，许多学校确实暗中反对国家优异教育委员会在《国家处于危机之中》报告中及之后多次对学术成就标准和测验运用的要求。如果太多的学生无法通过考试，为了应对国家要求，他们就会修改考试试卷、降低标准。托克就指出，设计考试试卷的人就在州教育部门工作，他们设计的试卷只有那些一无所知的学生才不会通过。③ 另外一些机构对《国家处于危机之中》报告中的要求也提出了异议，比如国际阅读协会，就反对在类似于是否允许毕业或者判断学生成绩是否得到提升等方面进行重要决定时依靠标准化考试对学生作出评价。他们也不允许把标准化考试作为评价教师的依据，更不能作为是否提高工资的判定标准。④

虽然所进行的改革遭到一些人的反对，但州教育部向各地方学区和学校颁布了很多规章制度，实行了标准化课程，提高了学校考试标准，强化了中学毕业要求，提高对师资的考核要求，并实行问责制。这种以标准化考试为基础的改革，主要来源于国家优异教育委员会的判断和《国家处于危机之中》报告带来的压力，即认为美国在和其他工业国家的竞争中已经丧失了优势，为此联邦政府要从国家利益考虑适时地采取行动。强调成绩和责任，是获得联邦拨款的先决条件，而持续提高的分数是学校继续获得资助的判断标准。不过，随着各州的考试要求增多、标准提高，学生辍学率似乎上升了。然而这个事实并没有使政策制定者相信，辍学率的上升是因为学校给予学生太多的考试，政策制定者仍然认为，持续的政府拨款和改善教育能够改善辍学的问题。为了使学生更好

---

① *Time for Results*, Executive Summary, Washington D. C., National Governors Association, August 1986.

② 转引自［美］约瑟夫·沃特拉斯《20 世纪美国教育中的哲学冲突》，王瑛等译，安徽教育出版社 2009 年版，第 255—256 页。

③ Thomas Toch, *In the Name of Excellence: The Struggle to Reform the Nation's Schools, Why It's Failing, and What Should Be Done*, Oxford University Press, USA, April 11, 1991, pp. 211 – 213.

④ ［美］约瑟夫·沃特拉斯：《20 世纪美国教育中的哲学冲突》，王瑛等译，安徽教育出版社 2009 年版，第 255—256 页。

地通过考试，只得增加更多的教育资源。

1984年里根再次当选总统后，任命了新的教育部部长，即威廉·贝内特。这个保守的部长通过引用教育评价研究成果，来显示20多年国家对公立学校的大量资金投入在对学生成绩方面并没任何推动作用，他甚至把每个学生的教育花费连同考试分数、贫困率、教师工资和成绩比率进行排名，以证明经费投入和学生成绩没有关系。贝内特准备大量缩减教育经费的打算遭到了很多人指责，他的计划并没有得到国会批准。在他的任期内，他尽力为社会和家长提供各方面学校的信息，使家长能够利用这些信息判断学校的好坏，而有选择地送自己的孩子到更为有效的学校上学，这是共和党政府支持学校选择的一部分。

1987年，两名国会众议员，即来自加州的民主党人霍金斯（Augustus Hawkins）和来自佛蒙特州的共和党人斯塔福德（Robert Stafford）提出了《霍金斯—斯塔福德学校提高修正案》，并打算在1982年ECIA（Education Consolidation and Improvement Act）[1] 第一章第一条拨款的基础上增加5亿美元，不过这个资助需要地方学校官员能够证明学生成绩上的改善和进步。它也要求各地区使用标准化考试分数来评价学校。[2] 每个获得第一章项目资助的学校必须显示那些处境不利学生的考试分数和其他可测量成绩上的改善。如果有些学校第一年没有提高成绩，那么地方学区必须和学校一起配合以提高第一章项目资助的学生的成绩；如果第二年仍然没有改善，那么州教育部就要和地方学区一起配合来促使其改进。在1988年的第100届国会时通过了这份修正案，这是一次重大的基于两党同意的教育法案，也是美国在对处境不利学生的资助项目实行了二十几年之后，在国会立法中把这个项目和处境不利学生的绩效和对他们的责

---

[1] ECIA作为1982年里根政府时期对ESEA的一项修正案，试图综合各项教育项目，降低联邦教育经费。这个修正案将"Title One"命名为"Chapter One"（后来在克林顿时期又改回"Title One"）。不过，在全国对教育的重视度提高以后，这两位国会议员准备增加对第一条的拨款，并增加相关要求。参见第一章表格。

[2] Christy Guilfoyle, "NCLB: Is There Life Beyond Testing?", *Educational Leadership*, Vol. 64, No. 3, November 2006, http://www.ascd.org/publications/educational-leadership/nov06/vol64/num03/NCLB@-Is-There-Life-Beyond-Testing%C2%A2.aspx.

任联系了起来。① 与这一法案同时通过的，还有建立一个国家评价治理委员会（National Assessment Governing Board，NAGB）的议案，其目的是通过授权要求每个州提供评价报告，使1968年尼克松时期的全国教育进步评价项目（National Assessment of Educational Progress，NAEP）对各种教育支持者的利益和考虑更加负起责任。②

和尼克松的思想一脉相承，里根在讲话中，也反复强调秩序和责任，强调作为一个国家的秩序，强调尊重其他人的权利和其他人的感情。单纯地对个人权利的要求，可能伤害其他更多人的权利，纳税人税金支持的公立教育需要有匹配的教育绩效和责任。里根在1988年国情咨文中向国会和全国人民反复倡议：

> 证明我们如何花钱和我们花多少钱一样重要。……在孩子的教育中，钱从来不会取代纪律、勤奋学习和课外作业，而承诺保证质量的花费才是最重要的。事情是确定学校的控制权属于州、地方社区，最重要的是属于父母和教师。国家需要每一个负责的个人、家庭和社区。强调责任，强调自我决策和决定的能力。地方是民主的实验场，从放权于州和地方开始，加强教育质量，强调经费责任。③

虽然里根所强调的学校祈祷和学校选择并没有实现立法，但是他的关于绩效和责任的建议已经在州和地方学校内开始产生广泛影响。

应该承认，《国家处于危机之中》报告并不能解决实际问题，但它的建议却引领了整个国家教育改革。虽然《国家处于危机之中》报告以及之后建议设立一个全国性标准的计划并没有实现，但它确实为教育带来一个更为广泛的可见性，使联邦政府实质性地在掌舵和引导州政府政策发展上极大地向前迈进了一步，甚至进一步扩展了联邦政府对教育的影响力，也激

---

① 第100届国会是民主党多数控制两院。民主党对将学生成绩与联邦资助挂钩的支持，表明民主党对教育质量和标准要求方面有了新的认识，并乐于接受。民主党对学生前后态度上的转变，刚好证明共和党总统策划的《国家处于危机之中》报告产生了巨大影响。

② Lorrie A. Shepard, "The Contest Between Large-Scale Accountability Testing and Assessment in the Service of Learning, 1970—2001", Unpublished paper, 2002.

③ Ronald Reagan: "Address Before a Joint Session of Congress on the State of the Union", January 25, 1988. Online by Gerhard Peters and John T. Woolley, The American Presidency Project, http://www.presidency.ucsb.edu/ws/?pid=36035.

发了州的积极性和创造力。然而，给予各州设定他们标准的自由以及分权化的制度安排，并不能总是导致国家想要的成绩和责任。正如詹宁斯认为的，联邦政府和一些社会组织，包括人民，对教育质量的缓慢进步感到不耐烦了[1]，这就出现了布什政府以及克林顿时期进一步改革的要求。

二 权力渗透与合作性政府关系

1988 年两位总统候选人，民主党的迈克尔·杜卡基斯和共和党的老布什都强调致力于教育改革的承诺，不同的是他们实现目标的方式。并且，两位候选人和两大政党在竞选期间都没有强调国家教育目标的重要性。[2] 民主党候选人在竞选中致力于提高美国教育，并得到了美国两大教育利益集团，即美国教师联盟和全国教育协会的大力支持。[3] 共和党候选人老布什在竞选中也承诺改善教育，并致力于做一个教育总统。他想通过赋予学校和各级管理者以责任，强调学生对学校的自由选择，从而领导美国教育质量的复兴。虽然在竞选中老布什强调了教育目标的价值，但同样也没有提到全国教育目标的具体内容。可能是为避免选民对联邦政府在教育上更大的控制和权力侵入的担忧，老布什在获选之后才开始设定全国教育目标的进程。老布什总统竞选的胜利是伴随着国会由民主党控制的局面出现的，这种分立政府的现实，预示了老布什欲通过国会实现政策立法上的可能难度。

经过《国家处于危机之中》报告的警示及之后的影响，州长真正行动起来了。州长协会在老布什总统获选之后就坚持要求他兑现竞选承诺，并和州长一起讨论全国教育问题。老布什还未宣誓就职，全国州长协会成员迈克尔·科恩（Michael A. Cohen）就为总统和州长一起召开的会议作准备，粗略地概述了两种备选方案。第一种方案就是提出 3—4 个教育政策创意中可能会强调的主题。比如，提高主要联邦项目的绩效、更有效地服务于处境不利学生（危机之中的学生）、发展和使用为改善教育产出的知识、为加

---

[1] See John F. Jennings, *Why National Standards and Tests?*: *Politics and the Quest for Better Schools*, California: SAGE Publications, Inc., 1998, p.9.

[2] Maris A. Vinovskis, *The Road to Charlottesville*: *The* 1989 *Education Summit*, a publication of the National Education Goals Panel, Department of History, Institute for Social Research, and School of Public Policy, University of Michigan, September 1999, p.23.

[3] Ibid..

强数学和科学教育成绩提供领导。第二种方案，就是拟定全国教育目标。①

1989年9月27—28日，老布什主持召开了州长教育峰会，参与者有老布什政府成员、49个州长②和一些企业领导，没有邀请教育者和国会议员参与。其实自1983年《国家处于危机之中》报告发布之后，州长协会就每年召开会议，讨论教育改革等重大问题。在那时，作为副总统的老布什就借着《国家处于危机之中》报告之后社会和州政府的反应，实现了联邦政府与州长的会晤。1989年这次峰会本是为教育改革的先进者提供经验展示，最后变成了一起寻求全国教育目标的平台。在开幕致辞中，老布什清晰地表达了联邦政府是他们的支持者和合作伙伴，并不是领导者的立场。

> 我们面临的问题，不是一个共和党的问题，也不是一个民主党的问题，它是一个美国的问题。而两党的分歧却往往成为教育进展的最大要害。……如今我们教育体制中确实存在问题，而联邦没有解决办法，不过联邦政府需要发挥重要作用。我们需要一起找到解决方法，但是我相信最关键的还是在于州和地方层面。③

在这次峰会上，老布什就表明了联邦政府只是引导政策方向的掌舵者，试图通过权力渗透实现国家引导的教育目标。作为20世纪最重要的一次州长和总统共同致力于教育发展的会议，推进了一系列国家绩效目标的确立。虽然这些目标在教育峰会之后才被正式地列出，但其主要原则在峰会上就被讨论过并勾勒了一个基本的轮廓，也得到了全国49个州州长的首肯，其中阿肯色州州长克林顿和田纳西州州长拉马尔·亚历山大等南方州州长在峰会上起到很好的带头作用，并立志实现这些目标。在老布什总统任期的前两年，虽然他强调注重教育的全国性目标，但政

---

① Michael A. Cohen, "Governors' Education Meeting with President-elect Bush", NGA memo to Raymond Scheppach and Barry Van Lare, December 12, 1988.

② 唯一没有参加这次峰会的州长是明尼苏达州州长Rudy Perpich，可能是由于其他原因。从相关记录来看，他是非常支持这次教育改革的。参见明尼苏达立法参考图书馆网站，http://www.leg.state.mn.us/legdb/fulldetail.aspx? ID=10522。

③ George Bush, "Remarks at the Education Summit Welcoming Ceremony at the University of Virginia in Charlottesville", September 27, 1989. Online by Gerhard Peters and John T. Woolley, *The American Presidency Project*, http://www.presidency.ucsb.edu/ws/? pid=17575.

府没有利用这个机会提出过任何重要的联邦教育立法。在 1990 年年末美国准备海湾战争时期，老布什把里根时期继任的教育部部长卡瓦佐斯（Cavazos）换成了田纳西州州长拉马尔·亚历山大。这似乎表明了一种态度，即要改变教育部和联邦政府的面貌和形象，致力于对教育采取全国行动。

在 1991 年接任教育部部长之后，拉马尔·亚历山大聘请了一批教育专家甚至企业人员，按照峰会目标精神为老布什的计划出谋划策。美国铝业公司（Aluminum Company of America）的行政总裁（CEO）保罗·欧雷尔（Paul O'Neill）声称，教师应该按照标准教学，拥有一个全国性考试将是达至全国性目标的唯一途径。甚至还有人认为，联邦政府必须控制全国性考试，并且为计划的行政管理支付成本。拉马尔·亚历山大认为，美国"必须创立一个全新的，归根结底是一个根本不同的教育体系"。[①] 他们坚持，在核心课程领域发展世界级的学术成绩标准，鼓励自愿性的全国考试来决定实现这些标准上的进步。老布什接受了这样的计划。

1991 年 4 月 18 日，老布什总统在白宫宣布了新的教育计划，也就是《美国 2000》，其中最重要的是拟定了全国教育目标（见表 6-1）。老布什坚信，在英语、数学、科学、历史、地理五门核心课程方面，为孩子"应该知道什么，什么能够做"设定世界级标准的时候到了；应该为 4、8、12 年级的学生在五门核心课程方面发展一个自愿性的考试系统；也应该鼓励所有学校、学区和州为学生制定学术绩效报告卡，及时跟踪和报告他们的成绩。这些全国标准和考试，成为老布什政府时期教育计划的重要内容。此外，他还准备建立并资助 535 所新的美国学校[②]，以打破既有学校体制设计。

表 6-1 《美国 2000》的教育目标

序号	目　标
1	到 2000 年，所有的美国孩子入学时都乐意学习
2	到 2000 年，高中毕业率将上升至 90%

---

① See John F. Jennings, *Why National Standards and Tests?: Politics and the Quest for Better Schools*, California: SAGE Publications, Inc., 1998, p. 18.

② 在 535 个国会议员的代表地区，每个地区建立一所这样的学校。

续表

序号	目标
3	到2000年，美国学生在4、8、12年级毕业时能够证明有能力在英语、数学、科学、历史、地理学科内容方面应付挑战，美国每所学校将保证所有学生合理用脑，以使他们做有责任的公民，并进一步学习
4	到2000年，美国学生在数学和自然科学方面的成绩能够居于世界首位
5	到2000年，每个成年人都能读会写、拥有参与全球经济竞争的必要知识和技能
6	到2000年，每所学校将没有毒品和暴力，提供一个学习的理想环境

老布什的计划也寻求在使用联邦经费上有更大的灵活性，通过对地方学区的刺激性资助，加强对教师、校长的培训，提高教师职业资格标准，促进父母选择学校的权利。老布什强调：

> 如果我们想保持美国在未来世纪中的竞争力，我们必须停止就报告而报告，我们必须停止报告那些平淡无奇的东西，我们必须接受"教育我们每一个人"的责任，而不管其背景和条件。[1]

布什的把绩效责任应用于所有美国人的计划受到了教师联盟和全国州长协会的支持。在1988年竞选中支持民主党候选人的美国教师联盟（AFT）转而支持老布什，成为标准化考试最强大的支持者，它把老布什的这一系列计划称为"美国教育的转折点"。[2] 州长协会的支持者也表示，如果不把课程和标准、评价、教师培训和资源配置相匹配，那么这个国家的学生成绩将不会实现实质性进步。[3]

老布什认为，《美国2000》不是联邦计划，而是全国性策略。这样的计划：

---

[1] George Bush, "Address to the Nation on the National Education Strategy", April 18, 1991. Online by Gerhard Peters and John T. Woolley, *The American Presidency Project*, http://www.presidency.ucsb.edu/ws/? pid = 19492.

[2] John F. Jennings, "Lessons Learned in Washington, D. C.", *Phi Delta Kappan*, Vol. 74, No. 4, 1992.

[3] John F. Jennings, *National issues in education: The Past Is Prologue*, Phi Delta Kappa Intl Inc., January 1993.

将给予地方控制权、依赖地方的主动创新，肯定州和地方作为支付教育经费的合作伙伴关系。商业团体也至关重要，他们是组织、设计、研究、开发新型美国学校的参与者，是提供人力和资源，帮助促进地方学校、社区和州政策改革方面重要的促进者。而校长、教师、学生、社会服务团体、社区的街坊邻居等也都是这次改革所需要的推动力量。①

因此，在改革中需要专注于学生，为学校和学生设定标准，让教师和学校负责人思考如何才能最好地实现它们。老布什在1991年4月18日的讲话中还指出：

> 我们花了比十年前更多（多33%）的教育经费，但我们没有将学生成绩提高33%。对于那些真正想看到美国教育提高的人们来说，没有改革，就没有国家和人民的新生。州长是实现重要改变的催化剂。我们要和州长一起努力，制定世界级的标准。……钱不能教育孩子，我们需要负责任的社区，这决定了教育将在哪儿实现繁荣；我们需要负责任的教师，使他们免于非教育的负担；我们需要负责任的父母，这决定了他们能够支持优异教育；我们需要负责任的学生，他们热爱学校和学习。而联邦政府的作用就是帮助设定标准，提供一些经费以及保证其灵活性，不断推动和刺激优异教育发展。②

面对国家巨大的财政赤字，老布什即使有支持教育的强烈愿望，也不可能有很强的财政能力自主地开展工作，只能寄希望于实行由联邦引导、推动、刺激、再刺激，而各州出钱出力的策略。在里根上任时的1981年，国债达到9000亿美元，8年后老布什接任总统时，因为里根减

---

① *America 2000: Sets 6 Goals For Improving Education Nationwide*, February 26, 1992, By Erin O'Brien, http://articles.sun-sentinel.com/1992-02-26/news/9201100797_1_america-education-high-school.

② George Bush, "Address to the Nation on the National Education Strategy", April 18, 1991. Online by Gerhard Peters and John T. Woolley, *The American Presidency Project*, http://www.presidency.ucsb.edu/ws/?pid=19492.

税计划的实施，以及军事和其他开支的增加，国债已经达到3万亿美元。① 也就是说，在老布什接任总统时，美国已经没有多大财政能力来实现新的全国性目标了。在多次的全国性讲话中，老布什通过这种一致的话语，试图寻求更大的支持。在这种情况下，运用国家的渗透性能力，引领州对教育质量的关注，既能保证全国教育的整体改善，又能尽量少地花费联邦经费。不过，联邦政府不进行资金投入的改革很难得到民主党人的支持。当年在里根政府准备大量裁减教育经费时，国会中的民主党人就极力抵抗；而老布什虽然承诺"做一个教育总统"，但民主党控制的国会对其从一开始所做的空头承诺很是不满。虽然老布什支持改革，但并没有作出更多资金上的支持。②

在草案递交给众议院教育和劳工委员会并举行听证时，自由的民主党人表示对标准、考试和学校选择的较大担心。不过因为老布什的改革计划更多的是为缩小处境不利学生和其他学生成绩上的差距，而要求学区和学校为所有学生设定更高的标准，提供额外的服务，自由的民主党人对这种系统化改革似乎也有着很大的兴趣。不过，面对着民主党控制的国会两院，也为减少争论，老布什很谨慎地处理了国家标准和国家考试之类的条款，只是提出一些相对温和的联邦项目，比如一些新的打破常规的学校资助，以及教师和校长培训项目等内容。最后老布什呈递给参议院的内容没有要求国家标准和考试的立法权威。③

在参议院，这个法案由民主党人爱德华·肯尼迪和克莱伯恩·贝尔（Claiborne Pell）予以介绍，他们分别是健康、教育、劳工与养老金委员会主席和规则与行政委员会主席。爱德华·肯尼迪也表明了一些顾虑，主要是针对父母在私立学校中选择的联邦资助经费、建立国家基于标准的考试以及资助535所实验性学校等问题。爱德华·肯尼迪也想在法案进入立法之前把自己的某些思想加入老布什的计划。在参议院，自由主义者对考试持谨慎态度，认为仅仅通过考试只能证明不争的事实，即贫穷

---

① John F. Jennings, *Why National Standards and Tests?: Politics and the Quest for Better Schools*, California: SAGE Publications, Inc., 1998, p. 16.
② John F. Jennings, "Lessons Learned in Washington, D.C.", *Phi Delta Kappan*, Vol. 74, No. 4, 1992.
③ John F. Jennings, *Why National Standards and Tests?: Politics and the Quest for Better Schools*, California: SAGE Publications, Inc., 1998, p. 20.

家庭的孩子和少数族裔的孩子得分很低。国会中的保守主义者虽然没有对老布什的计划过多地予以批评,但是他们认为,国家标准和评价的主张给予联邦政府太强的角色,甚至是对州政府的篡权。

围绕布什《美国2000》进行的争论中,还有一个重要的问题,那就是平等教育机会的问题。虽然老布什在法案中强调对全体学生实行高标准,强调全体学生到2000年需要实现的高目标,但是在很多学区和学校有大量穷人和少数民族,他们没有可任意支配的经费、训练有素的老师和高水平的管理能力。民主党人认为,如果不注意这一点,在富人和穷人、少数和多数之间很可能会造成更大的不平等。在国会两院考虑这个法案时,很多部分被修改或去除。批评者认为,实际上真正的改革依然是支离破碎的;真正的教育总统应该发起实质性的讨论,即如何实现更为平等的公共教育资助;教育总统应该为所有学生实现更高期望展示其领导风格。① 在最后的两院会议报告中,私立学校选择权被取消,给予国家标准和评价系统的拨款被限制,老布什关于教育券的立法倡议也没能获得任何立法。而对修建新的美国学校的支持被淹没在以州为基础的学校改革和职业发展联邦拨款项目中。最后的结果是,直到老布什任期结束,《美国2000》也没有从国会立法层次上获得通过,最后只是建议性政策。

拉马尔·亚历山大的副部长、历史学家 Diane Ravitch 在20世纪90年代指出,布什政府对全国教育标准的鼓励,促进了美国教育的发展。不过她也指出:"不像其他的现代社会,这个国家从来没有为学生成绩建立明确的标准。那些确实设立了这样标准的国家把它们看成是保证平等和优异的一种价值连城的方式。"②

虽然因为学校选择和标准化考试等问题激起的争论使立法在国会两院受阻,但是教育的系统化改革在国会中两党以及社会中受欢迎程度却与日俱增。1991年进行的第23次公众对公立学校态度的盖洛普民意调查结果显示,美国人压倒性地支持系统化的教育改革,而只是在国家教育

---

① See "The Style and Substance of an Education President", *Phi Delta Kappan*, Vol, 74., No. 1, 1992, p. 4.
② Diane Ravitch, "Critical Issues in the Office of Educational Research and Improvement", in John F. Jennings, *National Issues in Education: The Past Is Prologue*, Phi Delta Kappa International Incorporated, 1993.

目标实现的可能性、责任方式、全国性课程上存在分歧。①《国家处于危机之中》报告之后，美国社会都认同教育质量对于美国社会的重要意义，教育质量已经被提高到国家利益高度。人们逐渐认识到，教育质量的改善需要各级政府的合作，并且联邦政府在其中发挥重要的角色。例如，1989年盖洛普民意调查发现，美国公民中压倒性的多数人赞成为所有学校设置基本的课程内容，即"国家课程"。② 1989年，大约69%的人赞成在地方公共学校实行标准化国家课程，而到1994年上升至83%③，其目的就是更好地实现高质量的美国教育。詹宁斯认为，自从《国家处于危机之中》报告之后，美国公众是支持教育改革的，前提是改变能使教学目的更为清晰。④

老布什政府在实现学校改革立法上的失败，不能抹杀其在教育上的成就。《美国2000》拟定的国家教育目标以及对高标准、严责任、注重结果的政策关注，都极大地影响了各州和地方教育改革。斯普林注意到，州政府在学区和学校中的介入伴随着系统化改革而扩展，同时，州政府在州内各学区之间平衡财政资金方面作出了更大的努力，学校教师也感觉到州政府在学术标准和全州范围内的考试方面不断加大的执行力度。⑤

虽然老布什反复强调放权于州，但是联邦政府的权力和州同时增长，这是一个基于建制性权力的双赢策略。作为全国性政府的联邦通过渗透性权力的使用，遵循一种"治理性互赖"的逻辑，极大地调动了各州在教育上的积极性和能力。毕竟，联邦政府政策目标的实现，需要依赖于各州和地方行动者的行动。许多观察者就认识到夏洛特教育峰会以及《美国2000》的象征意义以及潜在的重要性，这既是国家将在教育上发挥更大、更积极的角色的一个宣誓，也是联邦政府为了提升各州和地方层面的政策能力，

---

① "The 23rd Annual Gallup Poll of the Public's Attitudes Toward the Public Schools", *Phi Delta Kappan*, Vol. 73, No. 1, 1991, pp. 841–856.

② Stanley Elam, *How America Views Its Schools: The PDK/Gallup Polls*, 1969—1994. Phi Delta Kappa Educational Foundation, Bloomington, 1995.

③ "The 26th Annual Phi Delta Kappa/Gallup Poll of the Public's Attitudes Toward Public Schools", *Phi Delta Kappan*. Vol. 76, No. 1, 1994, p. 41.

④ John F. Jennings, *Why National Standards and Tests?: Politics and the Quest for Better Schools*, California: SAGE Publications, Inc., 1998, p. 5.

⑤ Joel Spring, *Conflict of Interests: The Politics of American Education*, New York: McGraw-Hill, 2002, p. 116.

而对州长的动员。① 在峰会之后，一些州长就致力于做"教育州长"。

这次改革重点强调了州的责任。在经全国州长协会、主要的州的学校管理人员委员会，以及其他组织共同认可后，《美国2000》计划推动了公开支持课程、标准、评估、师资培训和资源各方面的改革。很多州已经按照教育峰会上的相关建议开始了改革行动，比如加州致力于创建新课程框架，提供全州范围内的以同意为基础的职业发展，需要新的评价系统。

三 协商与两党合作

在1983年《国家处于危机之中》报告发布之后，虽然两党之间的争锋依然明显，但是细微而真实的协商与合作精神从1988年开始，并在20世纪90年代不断得到培育和发展。为了共同的目标和国家利益而合作的努力，在两党之间所表现出竞争和合作、相互学习的关系，不断得到加强。

（一）思想的延续

克林顿上任时，全国各州已经在很大程度上响应《国家处于危机之中》报告的建议以及努力落实1989年峰会的目标要求，继续加强教育质量上的改善和教育体系的改革。有人认为，20世纪80年代联邦角色减少了②，其实只能说联邦政府已经不同于"伟大社会"时期规制繁殖的状况，而是呈现出注重结果的、要求更为严格的联邦角色。州政府的能力不断增强，他们真正成了教育政策中的领导者，而国家是掌舵者。前面已经指出，20世纪80年代以后联邦政府和州政府在教育政策中角色的增加，也并没有降低地方角色，而是在这一过程中，州政府和地方政府都得到了加强，而联邦政府加强了对结果和责任上的要求。

老布什政府《美国2000》立法上的失败，不是因为它提出的改革思想的错误，其重点在于没有发展一个基于两党支持的《美国2000》项目。③ 也就是说，还没有形成一个基于两党认可的、基于认知的制度性支

---

① Maris A. Vinovskis, *The Road to Charlottesville: The 1989 Education Summit*. A Publication of the National Education Goals Panel, Department of History, Institute for Social Research, and School of Public Policy, University of Michigan, September 1999.

② Susan H. Fuhrman, "Education Policy: A New Context for Governance", *Publius*, Vol. 17, No. 3, 1987, pp. 131–143.

③ John F. Jennings, *Why National Standards and Tests?: Politics and the Quest for Better Schools*, California: SAGE Publications, Inc., 1998, p. 36.

持。针对计划所提出的系列教育目标，也未能给予一个具体而详细的实施方案，更多的操作空间留给了州和地方。最为重要的是，老布什对联邦资助私立学校选择（教育券）的坚持导致了无尽的争议和时间上的拖延，实质性地耽误了计划的立法进程。另外，学校选择的现实是，虽然家长有权利选择有效的学校，但是最好的学校往往拒绝最需要的家长。关于宗教问题的敏感性，也不会随着时间的流逝而完全消失。在对一直延续的教育机会平等的把握上也存在争议，如果交由州政府自由处置，那么可能面临着不公平和对弱势群体关注度不够的问题，这是民主党人十分关注的事情。如果由联邦把握，那么又面临着联邦权力过大可能造成威胁的问题，而这是共和党十分关注的问题。老布什的立法建议不仅遭到民主党人的质疑，也遭到共和党人的指责。共和党人认为，如果设立全国性标准，必然面临着更大的联邦政府控制。另外，私立学校选择的问题在两党中也没有得到多少支持。不过，也有人指出了老布什立法失败是他个人的因素，即"一旦这些计划形成并公布，老布什几乎不考虑下一步将会发生什么"[1]。比如，其当选之后最初递交国会的较为温和的立法，即使在参议院没有获得通过时，这个欲作教育总统的老布什连一个电话都没有打，根本没有作出试图挽救这个立法的努力。老布什在《美国2000》立法关键时刻的精力用在海湾战争上，已经无暇顾及自己的立法议案在国会的通过情况，他根本没有身体力行自己的承诺。

另一个问题就是老布什的目标并不是特别明确。"没有人知道这将会是什么。它将会基于提高学生的考试成绩而稳步增加对州的资助吗？它将会强调教师再教育，或者将会鼓励不同学校的建立吗？关于这些更广泛目标的不确定性以及对完成那样的目标理解上的缺乏，形成了涉及国家支持州和地方学区实现全国目标上的真正障碍。"[2]《美国2000》已经预示着联邦控制的加强，而其立法上的失败也是一个关键原因。不过虽然立法没有通过，它所包含的思想已经产生作用。并且也对社会接受逐渐加强的联邦控制，产生了思想上的"预防针"的效果。

1992年的大选，三位总统候选人（老布什、克林顿和佩罗）史无前

---

[1] William G. Mayer, "The 1992 Elections and the Future of American Politics", *Polity*, Vol. 25, No. 3, 1993, pp. 461–474.

[2] John F. Jennings, *Why National Standards and Tests?: Politics and the Quest for Better Schools*, California: SAGE Publications, Inc., 1998, p. 16.

例地在教育问题上观点一致，都认可国家教育目标的发展和全国性考试。按照两党制的一般规律，两党总统候选人竞选本是一个希望能够在执政方略和纲领上针锋相对，充分展现各自特色的活动。对于一个国家来说，有充分的争论才会更健康，它能够更好地教育这个国家的公民和关于各种议题的领导者。① 在教育问题上，这次总统选举确实是个惊人的例外。克林顿在竞选中较为清晰地表达了类似于老布什政策思想的教育政策观点，并稍有扩展。他指出：

  到2000年，我们应该有关于4、8、12年级学生在数学、科学、语言、地理、历史和其他学科方面应该知道什么的全国标准，并且，我们应该有一套有意义的全国考试系统来检测他们是否知道他们应该知道的东西。②

  其目的是，通过提供一个教育改革的全国性框架改善教学，寻求两党一致，为保证教育机会平等和为所有美国学生提供教育成绩高标准而进行系统化改革，为联邦教育项目的重新授权提供一个框架，促进自愿性的全国技能标准和资格标准的发展和采用，等等。

  克林顿时期的美国教育政策包含在两个法案里，即《2000年目标》和《改进美国学校法案》。《2000年目标》与布什《美国2000》有着惊人的相似。不过，它强调更严厉的标准，强调联邦政府与教育者、父母、商业领导者和各级公共官员合作。最为关键的是，克林顿没有忘记实现那些他做州长时和老布什总统一起设计的国家教育目标。《2000年目标》为其他改革设定了框架，主要包括了其竞选时的政纲内容，即国家教育标准和全国自愿性学术标准、劳动力标准以及州和地方教育改革。主要通过联邦政府指导、联邦资助，在州发展自愿性全国核心课程比如科学、数学、历史、英语、外国语和艺术等方面的学术标准，以及教师资格认定，加强专业发展，提高教学技术手段，以及促进治理和责任上的改变。

---

 ① John F. Jennings, *Why National Standards and Tests？：Politics and the Quest for Better Schools*, California：SAGE Publications, Inc., 1998, p. 36.
 ② Bill Clinton, "The Clinton Plan for Excellence in Education", *Phi Delta Kappan*, Vol. 74, 1992, p. 134. See also Kevin R. Kosar, *National Education Standards and Federal Politics*, Doctor of Philosophy (Political Science), New York University, 2003, p. 341.

第六章　掌舵与权力渗透：合作性政府的实现

而ESEA的重新授权，即1994年IASA相对于《2000年目标》而言，更加针对处境不利学生，力求教学质量改善和提高，以及相关的改革，它需要学校实现年度进步。特别是，1978年规定学校中占学生总数75%以上合乎处境不利学生标准的学校可以接受第一条项目资助，而1994年的重新授权扩大了范围，只要学校中有50%以上属于处境不利学生的就可以接受联邦第一条项目资金用于改革整个学校①，实际上加大了对教育的联邦资助。

如果说里根和老布什沿袭了共和党的一贯做法和尼克松时期的教育政策思想，强调基于责任、绩效和结果控制、去规则化的基本逻辑，那么作为民主党人的克林顿为什么能够接受共和党的这些政策思想？一个最好的解释是，民众的支持和对国家教育质量提高的需要。盖洛普民意调查结果显示，在老布什总统宣布国家教育目标之后，人们强烈地相信它们，以至于愿意为支持这些目标的任何政治候选人投赞成票。② 在这种公众舆论之下，可想克林顿遵循老布什的目标逻辑，必将获得更多人的支持。克林顿的竞选纲领和就职演讲也已经显示，他准备走一个不同于传统民主党，同时又不完全相同于共和党的第三条执政道路③，这一宣言本身就表明他的实用主义思想。自1993年作为总统上任以后，克林顿领导了很多的改革，并取得了实质性效果。首要的就是应对大政府问题，头两年就和戈尔副总统着手进行政府改革，不过这种改革思想再次点燃了一些共和党极端保守派一直主张的反政府的热情，比如1996年总统候选人多尔（Bob Dole）就再次提出撤销教育部。④

实际上，克林顿接过了老布什的接力棒，但避开了原来老布什立法倡议中受到阻挠的方面，尽力完善一种能够被两党支持和满足大众舆论的政策议案。克林顿时期的教育政策以系统化改革这一概念为中心，是

---

① ［美］约瑟夫·沃特拉斯：《20世纪美国教育中的哲学冲突》，王璞等译，安徽教育出版社2009年版，第258页。

② "The 22nd Annual Gallup Poll of the Public's Attitudes toward the Public Schools", *Phi Delta Kappan*. Vol. 72, No. 1, 1990.

③ William J. Clinton, "Inaugural Address", January 20, 1993. Online by Gerhard Peters and John T. Woolley, *The American Presidency Project*, http://www.presidency.ucsb.edu/ws/?pid=46366.

④ "Department of Education Must Be Abolished", *World Net Daily*, 2004-12-07. Retrieved 2005-07-26. http://www.wnd.com/2004/12/27895/.

一种通过高标准和支持这样标准的协调政策，支持以学校为基础的变迁的路径。① 这个时期的政策是针对所有学生，不管是处境不利的、英语能力受限的还是其他类型的学生，都属于联邦政府项目的覆盖范围，都必须接受共同的高标准和被寄予相同的高期望值。

（二）党内争锋与两党合作：《2000年目标》立法

为了实现全国学术标准和提高学生成绩的政策立法目标，克林顿首先任命前南卡罗来纳州州长理查德·雷尼（Richard Riley）担任其教育部部长，雷尼因为在标准和学生成绩上所做的工作而受到欢迎。克林顿在就教育改革相关思想的立法草案即《2000年目标》与民主党成员商议，进入众议院听证阶段、征求社会意见和进入众议院与参议院教育委员会讨论的过程中，实际上走得并不十分顺利。这个不顺利更多的却是民主党人造成的。不过，这个过程中已经体现了两党之间更大的合作。

为了吸取老布什总统的教训，克林顿明确指出，全国性基于标准的考试不为比较学生之间的差距，而是为了测量学生在应该掌握的标准中到底掌握了多少内容；考试不是一种竞争的方法，它只是为促进教学的整体改进。教育部部长雷尼也指出，在过去的K—12教育②改革中，联邦政府并没有被给予一个明确的角色定位，因而老布什政府的草案提出联邦政府与各州共同努力工作，各州决定问题，而联邦政府给予帮助。老布什政府的议案也不支持私立学校选择，而只支持公立学校选择，即类似于特许学校项目；支持教师再培训和社区服务项目。③

当《2000年目标》被送往国会，举行听证会时，雷尼从"国际竞争需要有竞争力的劳动力"入手，陈述这一法案通过的必要性："建立世界级的美国劳动力，需要从建立一个世界级的教育体系开始。"④ 虽然各州发展课程内容标准已经开始实施，但必须在这些努力的基础上继续前进，

---

① Susan H. Fuhrman, "Clinton's Education Policy and Intergovernmental Relations in the 1990s", *Publius*, Vol. 24, No. 3, 1994, pp. 83-97.

② K-12 is a designation for the sum of primary and secondary education. It is used in the United States, Canada, Turkey, the Philippines, and Australia, http://en.wikipedia.org/wiki/K%E2%80%9312_（education）.

③ John F. Jennings, *Why National Standards and Tests?: Politics and the Quest for Better Schools*, California: SAGE Publications, Inc., 1998, p. 47.

④ See Kevin R. Kosar, *National Education Standards and Federal Politics*, Doctor of Philosophy（Political Science）, New York University, 2003, p. 343.

建立数学、科学、英语、语言、艺术、地理、历史和外语等方面能够让世界艳羡的全国标准，雷尼概述了联邦项目的内容，并指出这是自愿的。参与的州将接受联邦资金以发展它们自己的教育学术标准和评价系统。

但《2000年目标》最初的草案在民主党控制的国会确实受到挫折。即使是在之前私下里与之商量过的几个民主党成员，在听证会期间也表达了很多反对意见和顾虑。众议院民主党的不满意主要表现在以下三个方面：

第一，抱怨克林顿行政的计划在学校改革立法上的单独行动。这一点就预示着众议院民主党人对克林顿行政部门提出的草案不太热情，预示着他们对克林顿自诩为一个新时代的"新民主党人"、准备走"第三条道路"、准备进行分权和削减经费的做法的不满。克林顿时期的政府改革的主要思想就是"重塑政府"，对于教育领域而言，就是"重塑学校"。他们的重要思想体现在副总统戈尔领导的国家绩效评估委员会所发布的《重塑政府报告：创建一个工作更好花费更少的政府》报告，以及戴维·奥斯本与特德·盖布勒的著作《重塑政府：企业家精神如何转变公共部门》两个重要文献之中。针对克林顿行政的立法草案，国会中的民主党认为，克林顿的教育改革"缺乏实质性新的资金投入"。[1]

第二，民主党人对以严格标准为基础的改革不甚支持。虽然民主党人也能充分意识到提高教育质量和缩小处境不利学生与其他学生成绩差距的重要性，但是对通过高标准来促进改革，他们不太赞成。在众议院教育委员会，民主党人表达了主要的和次要的抱怨，他们坚持学生不能被期望去满足高的课程标准，除非他们有一个公平的学习课程材料的机会，因为太多的学区缺乏提供机会的资源。他们声称，没有足够的资金能够去支持能对提高教育产生影响的联邦项目。在他们眼里，首先通过测试来判断学生是否掌握了内容是有问题的。实际上，真正的改变应该通过更好的教育资助来保证，只有在那时，测试才有可能。为此，他们加入了一个全国学习机会标准的修正案。另外，众议院教育委员会主席、民主党人威廉·福特（William Ford）和基尔迪（Kildee）要求对州长的权力进行限制，他们担心州长不会鼓励更强硬的学习机会标准，因为这

---

[1] John F. Jennings, *Why National Standards and Tests?: Politics and the Quest for Better Schools*, California: SAGE Publications, Inc., 1998, p. 45.

将意味着各州需要对教育更大的资金投入。同时,州长也会要求联邦政府大量增加资金保证机会平等。① 克林顿显然不赞同这一主张,因为这实际上为各州不执行标准和逃避责任提供借口,如果一旦学校不能得到联邦政府给予的充分平等资源,学校就无须对学生成绩负责。② 不过为了能够尽量使众议院民主党人同意,他还是支持雷尼部长建议的实验性处理机会学习标准。

第三,民主党人认为克林顿的计划与老布什的太相似了。民主党人认为,这样一个类似于老布什《美国2000》的法案,意味着承认共和党人的路线没有任何问题。两党竞争是一个不断增加新的思想、修正和完善自己思想的过程。他们也认为,即使是党内的观点,也不能完全地模仿照搬。他们希望提出一个与老布什政府对抗的法案,并且民主党不能只是反对老布什的法案。威廉·福特坚持,不应该导致人民相信众议院对老布什的路线没有任何异议。

这样,不同于以往分立政府中的分歧和阻挠,这次的问题更多地发生在民主党内。克林顿执政的前两年,他所在的民主党控制国会两院,按照常理,民主党人应该大力支持自己的总统。关于民主党内的争论,当时的各大媒体纷纷作出评论,认为"是自由的民主党人,而不是共和党人向教育改革开了火,这将预示着更大的向克林顿'重塑政府'改革议程开战"③。

克林顿行政知道国会中自由的民主党人和全国教育组织需要的是足够的资金和平等,也就是说保证所有学生都有机会学习新的课程标准的机会。但是,克林顿和雷尼不想从他们最初的立场退缩,他们坚持,是需要找到一个提高教育质量的途径,而简单地依靠增加现有联邦项目的资助是不能实现这种教育质量改善目标的。④ 准备"重塑政府"的克林顿本没打算在资金上进行过多的投入。另外,克林顿行政为了实现其政策

---

① John F. Jennings, *Why National Standards and Tests?*: *Politics and the Quest for Better Schools*, California: SAGE Publications, Inc., 1998, p. 49.

② Christopher T. Cross, *Political education*: *National Policy Comes of Age*, New York: Teachers College Press, Columbia University, 2004, p. 101.

③ "The Faces Aren't so Happy at Education…", *U. S. News and World Report*, April 5, 1993, p. 10.

④ See John F. Jennings, *Why National Standards and Tests?*: *Politics and the Quest for Better Schools*, California: SAGE Publications, Inc., 1998, p. 48.

立法的突破，在和国会民主党人协商的过程中，也经常和全国州长协会、主要的商业团体、美国教师联盟（AFT）以及许多其他的组织接触和协商，以寻求他们的支持。雷尼的教育改革助手、在克林顿任州长时期的州长协会工作过的迈克尔·科恩（Michael Cohen），负责平衡各种利益，这其中的难度可想而知。如果把保证机会、增加投入、降低学术标准作为重点，会使民主党高兴，但是总统、共和党和美国教师联盟（AFT）就会不高兴，因为他们相信考试是推动学生成绩所必需的。如果加大对学术考试标准的要求，那么民主党人和全国教育协会（NEA）就会提出，如果不先保证机会的平等和资源的平衡，他们是不赞成考试的。

克林顿不仅面临着民主党人的担忧，也面临着一些共和党人表现出的不支持。例如，针对众议院民主党提出的需要加强全国学习机会标准的意见，克林顿教育部部长给予了及时回应，加入了学习机会标准的修正案，但是在和共和党人进行讨论的过程中，他们认为学习机会标准在平衡结果和对公平的考虑上走得太远，他们希望各州发展自己的学习机会标准。不过，共和党人承认，克林顿的法案和老布什政府的内容较为相似，因而对其中许多概念是支持的，但是不支持全国性课程。为了实现学生成绩提高，他们虽然也支持课程内容标准，但是这个标准应该由各州自己开发，联邦不能干涉。

克林顿本来准备建立一个全国教育标准和提高委员会，这个委员会将设立标准来对各州的标准和考试作出评价，然而这一建议遭到了民主党和共和党保守主义者双方的反对。受民权组织影响的民主党人担心，这样的机构将会促进全国性考试，这对于贫困学生不利；而保守主义者认为，这样的机构必然导致联邦对各州决策的控制。为了使立法能够通过，克林顿只得取消建立这样机构的提议。

《2000年目标》不仅包括中小学学生学术标准、教师资格的内容，还有关于职业技能的内容。毕竟，不是每个高中毕业生都能进入大学。这实际上是克林顿力争使美国劳动力在世界上更具竞争力的政策主张。在老布什政府时期，他就因为工商业利益集团的支持，曾经提出过关于技能标准的问题。在《2000年目标》进入参议院的讨论时，其技能标准也面临着相似的问题。民主党人期望平等，希望在将来的工作雇用中不能忽视少数民族，这也是民权组织最期盼的。因为技能水平设置过高，将使少数民族和处境不利毕业生无法达到。而共和党人主张联邦政府权力最小化，工商业团体在听证会上和通过写信的方式表达了他们的观点，认为全国性技能标准是无用的，除非工商业组织是形成这些标准的中心。妥协的结果是，必须提高标准，但这样的标准由各州自行决定。

实际上，两党对教育质量的提高已经取得一致认同，但是在如何对待贫穷学生、增加多少资助、是否有更大的联邦控制上有些争论。不过，雷尼强调需要一个综合性的、系统性的和持续的学校改革，以此提高学校和学生绩效。在经过不断完善、补充和修正，以及克林顿对标准和责任原则的坚持下，两党进行了适当妥协。最后的法案，在1993年10月13日，以307∶118（8人弃权）的结果在众议院获得通过。① 而众议院共和党保守主义者提出的教育券修正案，似乎没能得到更多人支持。

总的说来，克林顿的立法议案，在经过与两党主要成员的协商，以及在征求各种社会团体意见的过程中，各方面的要求都降低了，而资金支持力度增加了。在众议院的争论主要集中于为提高学生学术成绩而设置高标准的力度和强弱。② 尽管依然强调高标准，但是最后只是形成了一个让各州自愿接受的标准，而联邦资助各州标准和考试的实行。学习机会标准也保留在各州权限范围内。因而，《2000年目标》是一个资助从下到上的、地方性学校改革，并且需要增加对结果的责任的法案。同时需要降低各种规制性约束，也就是基于各州很大的自主性。克林顿政府最初将4亿美元的资金分配到各州，促使他们采用自己的内容标准和学习机会标准。

从国会记录来看，在法案经过众议院讨论、修正之后提交参议院，虽然困难也大量存在，但是在众议院出现的自由主义和保守主义之间的激烈争论，在参议院因为资深民主党参议员，健康、教育、劳工和养老金委员会主席爱德华·肯尼迪的作用而得到平息，参议院更多的是为了在具体细节上寻求一致。为了能够更好地实现立法通过和落实政策目标，爱德华·肯尼迪倡议，让法案更加进一步接近各州州长与共和党人的立场。③ 他倡导高标准和与之相关的学术成绩评价，以作为提高学校教育的方式，也支持各州在管理联邦资金上的灵活性。

---

① 参见国会图书馆立法记录：http://clerk.house.gov/evs/1993/roll496.xml。
② John F. Jennings, *Why National Standards and Tests?: Politics and the Quest for Better Schools*, California: SAGE Publications, Inc., 1998, p. 76.
③ Ibid., pp. 77–78.

当议案被送到参议院时，民主党参议员仍然坚持全国性学习机会标准，以帮助州实现学区之间的财政平等。比如，自由的民主党参议员，来自明尼斯达州的保罗·维尔斯通（Paul Wellstone）催促建立国家学习机会标准，以促进各州在学区之间实现资金平等。雷尼对此断然拒绝。他认为，应该把重点放在加强教学上。通过更高的标准的设定和对他们给予更大的希望，辅之以更多的资源支持，可以帮助他们自己成长和实现成功。其实，在尼克松政府期间，最高法院就曾经确认，财政平等属于州内解决之事。这样看来，克林顿民主党政府和尼克松共和党政府在财政问题上有着较强的连续性。针对学术标准，共和党人的担心是，联邦教育部部长是否有权威来同意州所设定的学术标准。参议院的共和党人虽然也赞同高标准，但是他们不希望看到联邦政府控制权力的无限膨胀。在这种情况下，爱德华·肯尼迪和其他民主党人修正了法案中可能暗示联邦政府有权同意各州所设标准的条款。由此，参议院共和党人最后才得以同意。其他的共和党人也在很大程度上支持爱德华·肯尼迪的观点，主张自愿的全国性标准，联邦政府不能有更大的控制。但克林顿行政认为，虽然没有任何联邦授权的强迫，但是任何州必须要求有标准。雷尼作出承诺，虽然必须设置国家学术标准，但都是自愿的，没有任何强制，各州不会采用他们不想要的任何标准。也就是说，各州必须有一个标准，要么采用国家标准，要么自设标准，靠各州自己判断。[1]

对于保守的共和党人而言，学校祈祷一直是他们坚持的内容，这次也不例外。赫尔姆斯（Helms）[2] 修正案提出学校委员会不能干涉学校祈祷的时间和内容。[3] 参议院在 1994 年 2 月 3 日的讨论中包含了对赫尔姆斯修正案的争论。[4] 来自密苏里州的共和党参议员约翰·丹佛斯和堪萨斯州参议员南希·卡泽鲍姆（Nancy Kassebaum）仍然支持自愿地祈祷和学校内允许每日短暂的沉默。丹佛斯虽然主张在这个问题上如何做应由地

---

[1] D. Hoff, "GOP Criticizes Reform Bill for Being too Top Heavy", *Education Daily*, April 1993, pp. 1-3.

[2] Jesse Helms 是来自北卡罗来纳州的参议员，他在 1942—1970 年属于民主党，在 1970—2008 年属于共和党。

[3] Congress Senate, *Goals* 2000: *Educate America Act*, 103rd Congress, 2nd Session, Congressional Record, Vol. 140, No. 8, February 3, 1994, Washington D. C.: United States Government Printing Office, 1994.

[4] Ibid. .

方政府决定，但是不能禁止学校祈祷。不过，他反对赫尔姆斯修正案所提到的祈祷不受地方政府任何控制的观点，认为那将意味着学生任何时候都可以从座位上站起来以祈祷的名义做他或她想做的任何事，显然这是不合适的。丹佛斯指出：

> 这不是指令性的，它只是一个参议院立场的陈述。有一个短暂的沉默，这是一个好事情。我们没有指挥学校委员会怎么做。我们只是建议，按照我们的观点，学生有一个这样的时间来思考他们的信仰，是一个恰当的事情。他们可以思考他们的价值体系，可以思考他们如何成为一个好公民或者在学校这一天他们想实现什么。这样的建议与联邦资金无关，不存在接受条件的资助和不接受条件的资金撤回。

阿肯色州民主党参议员戴尔·邦珀斯（Dale Bumpers）指出："当初里根时期的祈祷修正案之所以不能通过，主要是因为人们担心有人会控制地方学校委员会。而无论谁控制祈祷，关于祈祷的内容都会有纷争。因此，我将投票反对赫尔姆斯修正案，而支持丹佛斯的意见，为他的努力鼓掌。"来自佛蒙特州的共和党参议员吉母·杰佛特（Jim Jeffords）也表示支持丹佛斯，而反对赫尔姆斯修正案，认为"没有资金拨款可能用于组织自愿性祈祷的执行和在学校实行的任何干预"。他认为："密苏里州参议员丹佛斯已经非常清晰地指出了，合众国、各州或者各学区都不能要求任何人参与祈祷，也不能影响公立学校祈祷的形式。"经过讨论，最后一致同意，由原来的禁止祈祷，转变为任何联邦资金都不能用于支持或禁止祈祷，祈祷是完全自愿的。

在这次参议院的讨论中，来自宾夕法尼亚州的民主党参议员阿伦·斯派克特（Arlen Specter）提出一个修正案，即为了实现学校改革，可以允许地方教育委员会聘请私营管理组织。他指出：

> 这个修正案是为公立学校的私人管理提供支持的。这可能是一个非常重要的实验，可以实质性地改善我们美国的教育体系。更精确和详细地说，在这个法案授权之下的资金，可能由地方学校委员会自行支配，以聘请私人管理组织来管理他们学校的运行。

这是一种基于资金使用灵活性的观点,并由小布什在 NCLB 法案之中所继承。爱德华·肯尼迪支持这个观点,认为这是克林顿行政部门的观点,应该赞成,"这是被行政支持的。我相信最初的立法所要求的这种灵活性,这将使它更为清楚,我们支持这个修正案"[①]。

在这次讨论中,资深民主党人、参议院教育委员会主席爱德华·肯尼迪倡议,最大限度地实现两党之间的合作,将有利于立法进展。他还指出:

> 我们已经尝试,在重要问题上和参议院多数党领导以及少数党领导实现合作,以充分认识这种合作和协商的重要意义。

但他也鼓励争论,认为争论的目的是更好地寻求一致。

尽管在关于全国技术标准的需要上两党有着广泛的认同,但技术标准将决定美国人力资源在世界上的竞争优势,因而工商企业对这个问题十分关心,从而在具体细节上存在争议。国家商业组织认为,在各种职业领域需要的技能应该被辨识,标准应该明确化,这样就能够帮助工人提高工作能力,学校和其他的机构能够调整培训工作以产生那些需要的资格和能力。如此,下一步就是奖励那些职业资格和能力较强的工人。因为美国人口的流动性较强,人们经常从一个地区到另一个地区、从一个州到另一个州流动,雇主甚至希望有一个全国性的标准,这样可以使任何雇员的职业要求不会因为其流动而变化。而其争议主要在于,一些专家想要一个对职业分类上的规范性,而另一些却想要更为细化、狭窄的更多的分类。关于工作技能标准要求,还存在关于具体设计和操作中是否会造成对少数民族的歧视问题。比如,一些民权组织害怕因为技能水平设置过高,全国性工作技能标准将实质性地排除对一些技能欠缺的少数民族群体的聘用。相反地,商业团体的担心是联邦法律将导致他们不能用标准来作为诉讼中的防御,因为联邦标准可能低于公司需要的标

---

① Congress Senate, *Goals 2000*: *Educate America Act*, 103rd Congress, 2nd Session, Congressional Record, Vol. 140, No. 8, February 3, 1994, Washington D. C.: United States Government Printing Office, 1994.

准,这样会产生很多麻烦的诉讼。①

全国性工作技能标准,将通过代表商业、劳工和教育的委员会得以发展。在新闻媒体信息发布会上,教育部反复强调,国家需要为所有的学生"应该掌握什么、应该做什么"提供更为清晰的全国性标准,也需要对为所有学生提供满足这些标准的机会将会需要什么作出陈述。

总之,各种不同争论表达了不同的利益。在立法过程中,参众两院大多数已经对考试和标准、责任和成绩评价等内容有了基本一致的认同,存在争议的地方在于联邦政府是否在其中起着一个严格控制的作用,是否是各州自愿以及各种要求的严格程度。自里根以来一直被提出,却一直未能实现一种很好的处理方式,反而影响两党的合作一致的学校祈祷问题,也取得了基本一致的意见。最为根本的是,老布什和州长合作一致提出的全国教育目标由六个变成了八个,增加了:

> 到 2000 年,全国教学队伍将能获得职业技能培训项目的资助,以及在 21 世纪教育学生所必需的知识和技能的机会;到 2000 年,每个学校将促进父母参与学生社会的、情感的和学术的成长,实现一种学校和家庭的伙伴关系。②

另外,《2000 年目标》强调,其目的是"通过一个对州和地方社区资助的系统,建立一种新的联邦合作伙伴关系,以改革全国的教育体系"。这种伙伴关系,不仅体现在两党之间,也表现在联邦政府和州政府之间。

立法者都希望自己的修正案能够被包括在最终法案之中,为了实现合作,也都作出了一定程度的让步。实际上,国会中两党之间的合作精神在里根、老布什政府任期内就已经出现,而在克林顿时期更进一步发展。两党之间的合作,不仅体现在州长之间、州长与总统之间,而且也体现于总统与国会之间。克林顿的《2000 年目标》在很大程度上相似于老布什的《美国 2000》,本身就说明了这一点。

---

① John F. Jennings, *Why National Standards and Tests?: Politics and the Quest for Better Schools*, California: SAGE Publications, Inc., 1998, p. 81.

② *The National Education Goals*, http://www3.nd.edu/~rbarger/www7/goals200.html.

经参议院讨论后，参议院最后在 1994 年 2 月 8 日投票表决，《2000 年目标》以 71∶25 获得通过（4 人弃权）。在经联合委员会协商，求同存异之后，众议院以 306∶121，6 人弃权，在 1994 年 3 月 23 日通过；参议院以 63∶22，15 人弃权，在 1994 年 3 月 26 日通过。[①] 在 1994 年 3 月 31 日由克林顿总统签署生效。这部法案是两位总统、大多数州长和两党共同努力的结果。虽然投反对票的都是共和党人，但是有 17 个共和党人与民主党人站在了赞成者的一边。并且，民主党对高标准的赞成，也意味着民主党一贯的支持已经发生了转变。所有这些，为 2001 年 NCLB 民主党赞成更为严格的高标准，提供了制度支持。共和党人中的反对，也主要是因为，克林顿所提出的内容中没有关于学校进行宪法保护的祈祷和对私立学校支持的内容。从此而论，虽然在美国很多时候政策与变迁很难实现，但是在各种权力的博弈中，在讨价还价和合作中，国家实现了对全国教育政策方向上的引导。与老布什《美国 2000》只是行政建议不同，这次是以国会立法实现的。

（三）IASA：ESEA 再授权

克林顿《2000 年目标》本打算发展国家学术标准，以考试形式测量学生对这些标准的实现程度，从而提高整个国家的教育质量，最后却变成了联邦帮助各州自愿建立标准，尽量提高学生成绩。因此，如果克林顿政府想使高标准为基础的政策能够被更多人所遵从，必须把这一逻辑加入对 ESEA 的重新授权。当然，这正是克林顿的政治策略，即克林顿行政之所以没有把 ESEA 的重新授权议案 IASA 首先呈送，主要是考虑到他需要的是更高标准的改革，而这是他政府改革的一部分。只有先让《2000 年目标》获得通过，ESEA 的重新授权就能以接受资助为条件，以增加对更高标准为要求，帮助那些处境不利学生改善学习成绩。因此，《2000 年目标》成为基于标准化和责任机制的优质教育和系统化改革的法律基础，为 1994 年对 ESEA 重新授权和以标准化为基础的改革设定了框架。这次修正，标志着为所有学生设定了接受高质量教育的平等途径。

IASA 在《2000 年目标》送到众议院之后几个月才被送上，正是为避免把两个法案合并在一起。克林顿担心，为《2000 年目标》而获得的额

[①] 参见国会图书馆记录：http：//clerk. house. gov/evs/1994/roll086. xml。

外经费，只被用于第一条项目，而不开展他所支持的系统化改革。① 在以前，第一条项目允许各州为经济条件不好的学生使用不同的，甚至具有更少挑战性的标准，而对条件好的学生采用高标准。IASA 是为了引导各州改变原来的做法，要求一视同仁地对所有学生采取高质量标准和高期望值。克林顿等人认为，处境不利学生的成绩得不到改善，或者说成绩差距鸿沟无法得到闭合，其根本原因在于，对处境不利学生使用过低标准和太低的期望值。②

其实，对 ESEA 进行重新授权的打算，在国会两院、两党中的反响良好。两院议员也都基本能够接受克林顿总统对质量、标准、责任和去规制化的强调，都对各州和地方的灵活性表示赞同。他们提出，"ESEA 应该得到重新修正了"，"所有项目应该满足高标准"。③ 克林顿政府"重塑政府"改革的一个方向就是去规制化、减少大政府，尽可能地强调结果和产出，强调投入上更高的效率。在教育上也应体现这种改革逻辑，正如克林顿政府的政策专家所认为的，"第一条原来曾经有益于不计其数的学生，但是，它可能比今天做得更好"。④

在 IASA 的立法过程中，争论的议题依然和《2000 年目标》类似，妥协和合作也依然表现为与《2000 年目标》差不多的模式。不过，有几个核心的议题需要注意。

第一，对所有学生高标准。ESEA 一直在资助各学区教育方面发挥着重要作用，其中第一条旨在帮助处境不利的学生改善教学条件和营养，以缩小处境不利学生与条件好的学生成绩上的差距。其他的项目涵盖了全国大多数学区，如果能够以更高标准来要求，那么这些功能性项目的作用将会加强。不过，这一次重新授权不是简单地提高标准，而是制定

---

① New York State Education Department, *Federal Education Policy and the States*, 1945 - 2009: *A Brief Synopsis*, New York State Archives, Albany, January 2006, revised November 2009, p. 67.

② "The Clinton Presidency: Expanding Education Opportunity", http://clinton5.nara.gov/WH/Accomplishments/eightyears - 05.html.

③ John F. Jennings, *Why National Standards and Tests?: Politics and the Quest for Better Schools*, California: SAGE Publications, Inc., 1998, p. 117.

④ R. Slavin, *To Educate the Poor*, *Put Money in the Right Place*, Chicago Tribune, Sec. 1, October 1993, P25. See also New York State Education Department, *Federal Education Policy and the States*, 1945 - 2009: *A Brief Synopsis*, New York State Archives, Albany, January 2006, revised November 2009, p. 112.

对所有学生一视同仁的高标准；不仅强调对处境不利学生的继续资助，而且要强化对他们成绩提高的责任机制。从强调结果和责任出发，节约监督成本；要求所有学生的成绩得到改善，从而在立法上综合了平等和优异两个政策目标。

在原来，要让地方学区尽可能不把第一条经费花在其他一般项目上，必然需要精心制作各种监督程序。即使处境不利学生的成绩可能有所提高，但是联邦政府所花费的监督成本也十分高昂。为监督而设计的烦冗复杂的审批程序，不仅花费成本，而且带来各州和地方的广泛抱怨。何况，与花费巨额的联邦经费相比，实际的效果并不明显。过去只强调经费上的平等，却忘记了大力资助是为了这些孩子的成绩能够得到根本性提高，忘记了这些孩子与其他条件好的孩子之间的差距。这一次在充分汲取各方建议和优点的基础上，从强调结果出发，对结果进行控制，既节省了成本，又能达到好的效果。1994年5月17日教育部部长雷尼在"布朗案"判决40周年纪念大会发言中强调："我不相信没有重新对优异的承诺条件下的平等。优异和平等不是不相容的。"[1] 实际上，这是一次为驱动立法进程的发言，也是一次争取改革的合法性和政策变迁的制度支持，而通过话语影响思想的策略。

正如Charlotte A. Twight指出的，"IASA改善了ESEA，以至于把1965年ESEA法案与《2000年目标》的各项要求互锁，进一步扩展了《2000年目标》的范围，并且把它的目标更深地嵌入美国教育结构。"[2] 也就是说，它既继承了1965年ESEA平等的教育政策范式，也加入了苏联卫星上天特别是1983年以来美国对教育质量的强调，并且把对所有学生的质量要求、高标准等内容写入法律。

第二，试图改变资助方式。经过《2000年目标》的立法争论，在很多问题上已经达成共识，为ESEA的重新授权打下了认知基础。《2000年目标》立法过程中的合作也将保持。虽然这次两党对改革的意向表示赞同，但并非没有异议。克林顿试图在资助原则上的改变就是引起争论的因素之一。克林顿认为，不再像1965年按照人头数对学区进行资助，而

---

[1] R. Riley, "Remarks of Richard Riley on the 40th Anniversary of Brown v. Board of Education", Georgetown University Law Center, Washington, D. C., 1994.

[2] Charlotte A. Twight, *Dependent on D. C.: The Rise of Federal Control over the Lives of Ordinary Americans*, New York: Palgrave Macmillan, 2002, pp. 170–171.

是满足联邦所定的贫困学生比例的学校才能得到资助。也就是说，克林顿行政想把钱直接资助拥有大比例贫困学生的学校，而不是需要采取矫正性教育的单个学生，也不是资助学区。不过，如果原来分配资金的原则一旦得到改变，两院议员所属地区可能面临失去资助的危险，这让他们难以接受。虽然克林顿承诺给予教育更大的预算，承诺教育部是 14 个内阁部级单位中五个预算增加的部之一，但仍然无法平息反对之声。果然，在众议院教育委员会的投票中，就以 12 票赞成、14 票反对，拒绝了资助的改变。在参议院，为此的争论继续。肯尼迪倾向于支持众议院的解决路径，即继续现有的对学区进行的资助，把新的资金集中于更加贫困者。最后在参议院的附属委员会的会议投票中，资助方式变化的原则被击败，肯尼迪的建议得到了赞同。最后参议院的意见是将资助给予学区，而不是原来的按照人头数给予各州。①

第三，政府间关系改变。《2000 年目标》和 IASA 是为实质性地对贫困学生寄予高期望和高标准，为解决以前各州教育中存在的问题，而对各州提出更为严格的要求。相关资料显示：在 1990 年，只有 38% 的高中毕业生学过四年英语、三年数学和科学；少于 80% 的全国最贫困学校获得第一条项目资金。并且许多贫困学校的学生面对的是打了折扣的课程，他们被寄予很低的要求和期望。在 1992 年，学生考试成绩下降，只有 14 个州在核心课程方面设立标准。显然这样的低期望值，是他们成绩不能提高的最大影响因素。②针对教育中存在的类似问题，联邦政府不断地通过加强各州和地方的责任，以促进教育质量的整体改善。

虽然如今已经认识到这些问题的严重性，并一致同意高标准和高期望值，但立法中存在的争论之一在于标准由谁设立，对各州是否强制。特别是 1994 年国会两院已经由共和党控制，他们似乎无法接受克林顿和民主党人支持的国家标准。在经过各方争论之后，实现了妥协，也就是按照总统的要求，需要各州设立高标准，但是各州有退出机制。

但是，在 IASA 获得通过后，按照其要求，各州为了获得联邦资助，需要递交有关具有挑战性内容和绩效标准的计划、各州评价计划和年度

---

① John F. Jennings, *Why National Standards and Tests?: Politics and the Quest for Better Schools*, California: SAGE Publications, Inc., 1998, p.128.

② "The Clinton Presidency: Expanding Education Opportunity", http://clinton5.nara.gov/WH/Accomplishments/eightyears-05.html.

报告。评价系统和年度报告需要与该州标准相一致，这是与克林顿之前不同的。政府间关系已经在不知不觉中发生了变化。从约翰逊到克林顿之前，虽然也有对各州的要求，但是没有明显的标准和明确的评估，而现在联邦政府不断增强了对各州的要求。各州要为所有学生设立高标准、高期望，从而推动包括处境不利学生在内的全体学生的进步。各州也需要保证地方为处境不利学生的年度进步负责，使处境不利学生能够获得与其他众多学生一样的学习机会和进步。与此同时，强调学生的技能培训，以尽可能满足学生未来发展的适应性要求。而各州在联邦的指导下，具有相当的灵活性。虽然这些都是自愿的，但严格要求的思想已经深深渗入各州的行动。

除了前面几点，关于其他问题的争论也会存在，比如自由祈祷。为了保护学生在公共学校中宗教表达的自由，同时处理好国家和宗教分离的联邦宪法原则，克林顿发布了一份备忘录概述了几点要求：

> 基于联邦宪法规定的宗教信仰自由原则；学生能够自由表达他们的宗教观点；在学校里，在不制造混乱的前提下可以祈祷和讨论宗教；老师也可以在艺术、文学和历史课程中教有关宗教的知识，但是学校和教师不允许支持宗教活动和某种宗教学说。①

争论和讨论之后，ESEA 重新授权（即 IASA）在众议院以 289∶128，16 人弃权，参议院以 94∶6，获得通过，反对者都是保守的共和党人。这得益于两党共同的努力，其中众议员基尔迪（Kildee）和古德林（Goodling）以及参议员爱德华·肯尼迪等人在两个立法过程中功不可没，他们在寻求合作和妥协方面作出了特别的努力。克林顿于 1994 年 10 月 20 日在签署讲话中强调：

> 在此，我要向参议员杰福兹（Jeffords）、爱德华·肯尼迪和众议员威廉·福特表示我特别的感谢。……我们在教育中所取得的进步将主要因为两件事而为人所知：第一，我们确实真正把一些新的思

---

① "President Willliam J. Clinton: Eight Years of Peace, Progress and Prosperity", http://clinton5. nara. gov/WH/Accomplishments/eightyears – index. html.

想写进了法律；第二，成功是基于两党合作的方式取得的，是为了这个国家所有的孩子。①

总统签署了《1994 年改善美国学校法》（Improving America's Schools Act of 1994），以作为对 1965 年 ESEA 的重新授权，而上一次授权是 1987—1988 年。② 与 1987 年的授权只是对处境不利学生的成绩提高有要求不同，这一次坚持各州对所有学生要求同样的高标准和高期望值，而结束了对处境不利学生低期望值的时代。这个法案加强了对学生绩效的责任，需要州扭转低绩效学校的状况。

此后几年，在克林顿和戈尔的领导之下，帮助提高对所有学生的期望，支持州发展和设立严格标准、创建评价和责任系统，投资于有效策略来提高所有学生教育绩效。他们承诺在学校中将投入更多，但是对各州和地方要求也会更多，要求他们在执行标准和责任、提高学生成绩方面做得更多，以闭合处境不利学生和其他学生之间的成绩差距鸿沟。1996 年，克林顿主持了美国第二次教育峰会，再一次引领高质量教育发展，强调资助高度贫困的学校，要求各州和学校扭转低绩效学校的局面。到 1999 年，全国几乎所有最贫困学区都接受了第一条项目资金。1999 年，总统又签署一个预算法案，也就是 1.34 亿美元责任基金，以帮助学区通过投资于可行的改革以提高学校绩效，并准备在 2000 年增加经费到 2.25 亿美元。克林顿—戈尔行政已经努力扩大公立学校选择，支持公立特许学校的增长。1993 年，全国只有一所特许学校，而 1999 年有多于 2000 所特许学校。克林顿总统致力于赢得一个新的倡议，以修复美国学校，为此为紧急学校改革提供 12 亿美元资金。2001 年预算也提供急需修复基金给印第安人学校。③

虽然表面上看克林顿时期的立法没有很强的约束力，但是，国家起到了一个很好的引导作用。虽然是自愿执行这些法律规定的内容并有退

---

① William J. Clinton, "Remarks on Signing the Improving America's Schools Act of 1994 in Framingham, Massachusetts", October 20, 1994. Online by Gerhard Peters and John T. Woolley, *The American Presidency Project*, http://www.presidency.ucsb.edu/ws/?pid=49332.

② 即 1987 年的《霍金斯—斯塔福特学校提高修正案》，在 1988 年获得通过。

③ "The Clinton Presidency: Expanding Education Opportunity", http://clinton5.nara.gov/WH/Accomplishments/eightyears-05.html.

出机制，但是，各州的政策价值观明显地受到了联邦政策的影响。这都是全国性的，是两党一致努力、合作和妥协的结果，从而为小布什的NCLB更为严厉的标准出台奠定了制度性基础。

对于一个权力受到广泛约束和决策权力分散的美国来说，政策的发展只能是缓步的。1994年《2000年目标》和IASA就是1958年《国防教育法》和《1965年中小学教育法》开始的联邦控制的结果。虽然《2000年目标》反复声明其执行是自愿的，并且对联邦控制予以否认，然而为了获得联邦巨额资金，州政府肯定需要遵守联邦特定的目标和要求。你可以选择合作或不合作，但如果你选择不合作，政府将会施加严重的影响。[1] 克林顿的《2000年目标》和IAEA的通过，为小布什的NCLB奠定了直接的基础。而NCLB在要求年度进步上和在责任机制上更为严厉。那时就不再是退出机制了，而是不能实现年度进度的学校要接受严厉惩罚，所用的词也是必须（must），而不是前面的能够（can）。

第三节　国家自主再讨论

在《国家处于危机之中》报告之后的20世纪八九十年代，在联邦政府掌舵和引导之下，州政府在教育中的角色大增，而地方控制学校的历史似乎行将结束。其实，从20世纪90年代的现实来看，联邦政府和州政府权力的增加，并不意味着地方角色的衰减[2]，他们在教育中承担了更大的责任。在美国联邦主义制度下，一个层次政府权力的增加需要其他各层次政府权力的增加来保证，这是建制性权力的特征决定的。而它的实现，是思想渗透和权力渗透的结果。

因为教育"是州的责任、地方功能和联邦优先事务"[3]，所有层次的政府在《国家处于危机之中》报告之后在教育政策和实践中都表现出增

---

[1] Charlotte A. Twight, *Dependent on D. C.: The Rise of Federal Control over the Lives of Ordinary Americans*, New York: Palgrave Macmillan, 2002, pp. 164-166.

[2] Susan H. Fuhrman, "Clinton's Education Policy and Intergovernmental Relations in the 1990s", *Publius*, Vol. 24, No. 3, 1994, pp. 83-97.

[3] A. Rorrer, "Intersections in Accountability Reform: Complexity Local Local Actors, Legitimacy and Agendas", in L. Skrla and J. J. Scheurich (eds.), *Educational Equity and Accountability: Paradigms, Policies, and Politics*, New York: Taylor and Francis Books, 2004, pp. 251-266.

长的利益。虽然潜在的和实际的影响会随着教育事务的具体情况而变化，但是联邦和州开始加强对学校核心领域的控制。[①] 联邦政府策略性地通过象征、惩罚、规制规则、劝告和资源依赖等方式的混合使用，更广泛地对州施与了权力和影响，改变了游戏规则。州政府虽然对联邦政府不断增强的控制可能带来州政府利益损害有着或多或少的抵制，但是他们也加大了对地方教育的控制，提升了政策能力。国家政策偏好的坚持，也带动了州的主动性。

美国联邦制的设计不仅存在分权与制衡，也存在竞争。由于联邦政府在教育中表达出不断增加的利益，各州也被激起更大的兴趣。维尔曾经指出，美国联邦制的结构提供了对美国政治起着分裂作用的最重要因素之一，而宪法又进一步削弱了谋求实行中央集权这一企图的基础。[②] 各州对国家中央集权不断加强的反应，就是不断加强自身的权力，它们也清晰地加紧了它们控制学校的努力，实施了以结果为基础的控制，而这正是国家教育改革所需要的。虽然这种转变的效果并不一定令联邦政府十分满意，但是为联邦政府进一步引导教育政策奠定了制度性基础。

相对于欧洲统合主义政治制度形态与其他国家的集中化权威，美国国家的组织形式，使讨价还价和妥协不可避免。多中心政府格局、多元价值观的存在也使教育政策制定过程中的冲突是时刻存在的。与政治密切相关的是利益，政治的斗争就是利益冲突。政策的变化将意味着利益关系的变化，最终表现为权力（权利）关系的变化。虽然每一次权力（权利）关系的改变显得尤为困难，但新的权力关系一旦形成，它甚至会加强，从而影响下一步政策走向。老布什和克林顿时期的联邦教育政策面临着两个问题：第一是老布什时期倡导以标准为基础的改革计划《美国2000》未能实现正式立法。第二是克林顿准备加大国家标准和对责任强调的政策最后只得成为一个基于各州灵活性和自主性执行的松散政策。这说明，美国国家偏好维持和引导政策发展的趋势，以及国家自主性不是绝对的，它只能基于制度支持逐渐强化。从尼克松时期提出一些改革的理念，到里根时期彻底扭转20世纪六七十年代的立法趋势，再到老布

---

① Douglas E. Mitchell, Robert L. Crowson, Dorothy Shipps (eds.), *Shaping Education Policy: Power and Process*, New York: Routledge, 2011, p. 38.

② [美] 维尔：《美国政治》，王合等译，商务印书馆1981年版，第48页。

什时期针对高质量、高标准要求的基础性工作，再到克林顿时期相对成功的立法，呈现出渐强逻辑。这一逻辑，为 2001 年小布什的 NCLB 奠定了制度性基础。

相对于社会，诺德林格指出了民主国家为提升其自主能力可能采取的战略和策略。[①] 需要承认，社会利益集团肯定会对教育政策过程产生影响，但是具体的教育政策却是国家自主的结果。各种赞成保持现状和倡导变迁的利益集团都在一定程度上发挥着作用，影响着立法者和决策者的思维。不过，国家的自主正是在这种复杂的影响力量之中保持其独立的判断，从而实现国家利益和公共利益的。鲍姆加特纳指出，美国国家在不同时期可能会对不同的利益集团进行支持[②]，是为了自主地实现和维持政策偏好以及成功实现立法而寻求制度支持和权力资源的表现。比如，总统和行政在不同时期会根据自己的偏好，团结不同的教师联盟。教育利益集团既可能是国家教育政策的阻碍，也是国家可资利用的工具。总统和行政利用教育利益集团宣传政策思想，增强政策议题的可见度，从而影响政策舆论。他们也会利用各种民意调查机构，识别民众意向，甚至引导民众认知。而对于各种对教育政策可能产生影响的利益集团而言，他们或许也会充分利用策略行动，发动民众。国家意欲进行的改革，需要利用民众的力量，同时借助那些赞同国家政策主张的利益集团的支持。国家永远有着其他组织不可比拟的优势资源，会充分利用其国家地位和国家利益对社会进行思想观念和利益认知的渗透。

在美国，不仅存在更为广泛的社会力量对国家政策的作用，而且联邦制度的三权分立、制衡，以及联邦政府与州政府、地方政府之间的博弈，使国家引导政策发展与改革略显艰难。但是，在美国教育政策发展过程中，不仅在关键时期可以采取策略行动把国家偏好转变为权威行动，而且也能通过合作、协商和妥协较好地维持和加强这种偏好。比如，老布什、克林顿就和州长协会、商业组织、美国教师联盟进行协商，以及克林顿和雷尼部长的多次关键时期的讲话，都是试图维持国家偏好的行动策略。在老布什时期，全国已经认识到以结果和产出为导向的教育政

---

① See Anne Whitesell, "The Influence of Interest Groups on Federal Education Policy", p. 9.
② See Schlozman, K. L. and Tierney, J. T. "More of the Same: Washington Pressure Group Activity in a Decade of Change", *Journal of Politics*, Vol. 45, 1983, pp. 353–373.

策的重要性。1989年老布什和49个州长一起召开的教育峰会,说明了全国主要领导者已经在这个问题上取得了基本一致的意见。老布什重视与商业社会的联系,强调教育成果与产出和教育资金投入的责任,须通过学生标准化考试成绩来体现。这正好说明,为了实现国家自主,总统适当地采取了策略与战术。这样看,是总统在教育改革过程中承担了对州和企业的领导。

克林顿则是在老布什基础上进一步实现了发展。克林顿的改革团队中,克林顿是前阿肯色州州长和1989年教育峰会改革思想的重要支持者和领导力量之一;教育部部长雷尼是前南卡罗来纳州州长,教育次长迈克·科恩(Mike Cohen)是夏洛特教育峰会时州长协会的领导成员和全国重建教育协会的合作主席。教育部另一位重要官员迈克·史密斯(Mike Smith),是系统化改革框架的合作创立者。克林顿时期的教育改革的重要领导者的成员构成,正好证明了国家为维持一种偏好的行动策略。

另外,国会成员也不完全是想象的自利和受利益集团左右。分别在美国、法国和荷兰所进行的有关国家议员的调查结果显示,依据自己偏好行动的议员人数是依据其他议员偏好行动的议员人数的五倍还要多。在美国,按照自己的判断或良心行事的议员人数与不按照自己的判断或良心行事的议员人数之比是86∶14。[1] 为了避免国会议员明显地受到利益集团影响而偏离国家利益,总统也能够在民众意愿支持下行使否决权。克林顿为了扭转分立政府的困境,在1995—2000年,共行使了35次否决权(包括口袋否决和单项条款否决)对国会立法予以否决。[2] 而对这35次否决,共和党国会只实现一次成功的颠覆。克林顿成功否决背后有着极强的民意支持,这不同于以往民主党控制两院时,共和党总统否决失败的尴尬境地。回顾尼克松政府时期民主党控制的国会两院,虽然尼克松行使了总统否决权,但因为国会有着坚强的民意支持,就能够很好地行使反否决而实现成功立法,而尼克松政府只能顺应民意。

---

[1] [美]埃里克·诺德林格:《民主国家的自主性》,孙荣飞等译,江苏人民出版社2010年版,第58页。

[2] Richard S. Conley, "President Clinton and the Republican Congress, 1995—2000: Political and Policy Dimensions of Veto Politics in Divided Government", A Version of This Paper Was Delivered at the Annual Meeting of the American Political Science Association, August 30—September 2, 2001, San Francisco, CA.

应该说，国家自主，其权力资源背后的制度支持是最强大的民意。即使利益集团欲干预政策发展，他们也需充分发动民众的力量。有人认为，里根教育政策的偏好和思想受到了商业利益集团的重大影响。那么作为保守的共和党人里根早在 1964 年支持戈德华特竞选的演讲该如何解释？戈德华特时期的失败与 20 世纪 80 年代里根的成功两者对比的结果，只能说明 20 世纪 80 年代共和党政策主张有极大的民意基础，而在 1964 年戈德华特竞选时期是不存在的。作为保守的共和党总统候选人，里根在和卡特竞选中超比分获胜，在一定程度上也能证明里根在当时的民意。从另一个角度说，尼克松、福特和卡特时期所作出的努力，在里根时期得以开花结果。不过，当里根准备撤销教育部以及大量削减教育经费时，却遇到了阻力。毕竟，任何新的政策都会形成新的支持者，1965 年以来受联邦资助的群体，不可能简单地接受国家对利益关系巨大的变动。1983 年《国家处于危机之中》报告所产生的影响正好为里根时期的改革提供了某种制度性基础和社会支持。

21 世纪初，NCLB 的成功立法并持续，是国家政策思想的延续，是权力强化的产物，也是民众对全国教育改革支持的结果，这一过程中联邦政府和州政府、地方政府权力都得到加强。过去几十年的改革似乎显示，一些人对地方学区丧失了信心。[①] 而这样的结果，是《国家处于危机之中》报告之后，国家主导教育数据和信息，引导思想与观念的结果。到 2002 年，盖洛普年度公共教育民意调查显示，57% 的美国人相信联邦政府增加介入程度是好事，68% 的美国人想要全美 50 个州使用全国标准化考试来测试学生成绩。66% 的人甚至走得更远，他们希望实行全国统一的课程。[②] 事实证明，国家在《国家处于危机之中》报告之后到 2001 年近 20 年的政策发展中，通过思想和权力渗透，不仅引领各州和地方向着联邦支持的政策方向发展，也引领了社会观念的转变，加强了社会对政策严格执行的支持。

---

① Frederick M. Wirt, Michael W. Kirst, *The Political Dynamics of American Education*, Berkeley: McCutchan Pub. Corp., 2001, p. 7.

② Ibid., p. 30.

第七章 时间与妥协政治：NCLB 的胜利

进入 21 世纪，美国教育政策呈现出前所未有的新局面。教育成为总统和国会两党的核心政策议题。两党和全国在对教育平等和优异的认识上，在对教育公共产品的理解上，也大致达成了难有的共识。而这一切合作的成就，得益于两党之间的竞争和学习，来源于广大社会组织甚至公民的智慧贡献，同时也来自教育政策遗产在实践中接受社会现实的反复检验。也正是在这时，国家权力才在实质上取得突破，从 20 世纪 80 年代就已开始的从联邦政府层次实现对政策执行的严格强调才变成现实。

在美国教育政策发展过程中，思想观念、权力关系，或者说政策范式都会不断实现自我强化，国家权力与公共政策之间也呈现一种相互加强的趋势。一旦一种特定的路径得以确立，自我强化将使逆转变得非常困难。一种权力关系、一种政策范式，甚至一种对国家利益的理解与认知，都会因为社会的建构过程而实现制度化，深深地嵌入与之相关的制度性安排之中，以及组织和政治行动与理解占据优势地位的模式里，并逐渐加强。如此，探讨政策过程的前后逻辑，在时间或历史维度里，政策范式如何得以延续，以及如何得到强化，权力关系如何得到调整和适应而呈现出当前的状态，是非常重要的。

第一节 历史维度下的政策发展：政策遗产与 NCLB

理解政策的来源，需要把政策放在一个时间或历史维度进行分析。[1]

---

[1] Paul Pierson, "The Study of Policy Development", *Journal of Policy History*, Vol. 17, No. 1, 2005, pp. 34–51.

特别是，要理解国会两党为什么在20世纪末21世纪初，能够在更多教育政策主张上保持一致，需要对政策发展的历史有着一个大致的了解。在这里，需要做的是，厘清美国中小学教育政策发展的历史逻辑，以便更清楚地解释2002年《不让一个孩子掉队》（NCLB）的成功立法，以及国家权力的最终实现。

一 "布朗案"判决的历史回响

虽然1954年"布朗案"判决只是针对美国学校中现实存在的种族隔离现象作出的裁决，但是其核心要旨是强调美国教育中的机会平等以及为保证处境不利学生未来发展机会而作出的国家努力。"布朗案"判决从根本上维护了美国立国之根本，即《独立宣言》中"人人生而平等"的基本原则，它也是美国历史上第一次从宪法层次对教育于提升国家竞争力和美国人最大可能实现其发展潜力之重要性的确认。

虽然联邦宪法第14修正案颁布之后，整个国家和社会可能在给予处境不利学生以平等的公共设施方面做出了努力，但1896年"普莱西诉弗格森案"的最高法院判决宣布了"平等但隔离"的原则，从法律上确认了种族隔离的合法性。因为学校种族隔离的存在，黑人等少数民族学生接受了美国最差的教育。最为根本的是，种族隔离所带来的对黑人等少数民族学生人格尊严上的不平等和严重伤害，直接影响了黑人等少数民族学生的终生发展。正如在"布朗案"判决中指出的：

> 种族隔离的学校不可能为他们提供平等的教育机会……在公共学校中对白人和有色人种孩子实施的种族隔离，对有色人种的孩子产生了非常不利的影响。……当今，（教育）是唤醒孩子实现文化价值观、帮助学生正常地适应他（她）的环境的主要工具。在当前，如果他（她）被拒绝给予平等的教育机会，任何孩子所希望的成功是有疑问的。这样的机会，即一些州已经在提供的，是一项基于联邦宪法平等条款需要得到保护的权利，它必须得到实施。[①]

这样的判决成为国家对教育机会平等的承诺。

---

① See Waldo E. Martin, *Brown v. Board of Education: A Brief History with Documents*, Boston: Bedford/St. Martin's, 1998, p. 173.

"必须得到实施"这样的法院命令,充分体现在肯尼迪时期的国家努力之中,体现为约翰逊时期的《1964年民权法案》《1964年经济机会法》,以及最为关键的、影响美国教育政策发展的《1965年中小学教育法》(ESEA)。在其后的历史进程中,几乎每任总统(和国会)都对ESEA重新授权①,保证了这一政策的延续性,形成了美国中小学教育政策发展的历史脉络。《1965年中小学教育法》第一条,作为整个教育政策的核心,是为保证对处境不利学生提供平等教育机会、缩小他们与条件较好学生的成绩差距,而对贫困学区进行资助的重要条款。ESEA预示着联邦政府将从政策价值上对各州和地方产生重要影响,也表明了联邦政府欲提升各州和地方在教育事务上的能力而作出的努力。正如桑德奎斯特指出的:"在1965年ESEA成为法律之后,问题将不是国家政府是否应该给予资助,而是它应该给多少,它的目的是什么,伴随着多大的联邦政府控制。"②

在民主党人继续控制国会两院的20世纪70年代,联邦立法不仅扩大了对处境不利学生范围的界定,包括语言能力差的学生、身体残障的学生,以及心理上存在问题而影响学习能力的学生等。而且,在资助项目上也扩大到辍学防止计划、学校健康服务、天才儿童项目、女性平等项目、职业生涯教育项目、艺术教育项目、种族遗产项目、移民教育项目等各种不同内容。因而,1965—1979年,与处境不利学生教育和各种扩展项目有关的立法和修正案不计其数、相互交叉,甚至彼此干扰。1979年,为了更好地管理好各种联邦项目,还成立了联邦教育部。

正如最高法院"布朗案"判决试图摒弃基于种族的歧视,又一项教育中的政治斗争就是降低依靠地区财产税办学所造成的学校或地区之间的不平等,而这个努力也是依靠法院实现的。虽然在尼克松政府时期最高法院后来没有继续接受关于财产税导致的学校经费不平等方面的诉讼,但是1971年加州最高法院判决对各州的裁决产生了重要影响,认为基于地区财产税的学校经费资助是不平等的,需要加强州政府对平等教育的保证。

---

① 老布什是唯一在其任期内没有对《1965年中小学教育法》实现重新授权的总统,但他提出的《美国2000》实际上强调加强第一条的执行力度和责任。

② J. L. Sundquist, *Politics and Policy: The Eisenhower, Kennedy, and Johnson Years*, Brookings Institution Press, 1968, p. 216.

虽然1981年对1965年ESEA的重新授权法案ECIA（Education Consolidation and Improvement Act of 1981）把原来42个项目综合进7个大项，并试图进行一揽子项目资助，减少联邦规制，以增加州和地方的灵活性；但是对处境不利的学生的资助项目（Title One/Chapter One）依然保留，只是在整体教育经费上作了削减，全国教育经费支出中联邦经费所占比例从1980—1981学年的9.2%降为1982—1983学年的7.4%。[1] 1983年《国家处于危机之中》报告所造成的影响为里根改革提供了很大程度的合法性，也使联邦教育预算再次成功削减（稍高于6.0%）。不过，该报告之后，各州的教育责任和经费比例直线上升，到1986—1987学年接近50%。[2] 里根任期内再一次对ESEA的重新授权是1988年的《Hawkins - Stafford学校提高修正案》，这个法案一直延续到1993年克林顿时期的再次授权。它包括了第一条（Chapter One/Title One），以及第二章双语教育法条款、数学和科学教育、磁石学校、成人教育和其他更小的教育项目。这个修正案不仅增加了对第一条项目的联邦拨款[3]，而且要求每个接受第一条项目资金的学校提供能够显示处境不利学生考试成绩或其他可测量的成绩进步的证明。可以看出，里根虽然有过撤销教育部的念头，但是最终不仅没有撤销教育部，而且更进一步加强了对ESEA第一条项目资金的拨款及责任，试图在缩小处境不利学生和其他学生成绩上的差距方面取得更好效果。

老布什的《美国2000》，虽然因为学校选择和标准化考试等激烈争论的问题而影响了它在国会的成功立法，但是老布什全国教育目标的制定，要求对包括处境不利学生在内的全体学生一致的高标准，并要求接受和使用联邦经费上的责任，对克林顿和小布什政策产生了重要影响。顺着老布什的逻辑，克林顿时期的《目标2000》，以及IASA和小布什NCLB对ESEA的重新授权，更是越来越严格地要求州、地方学区和学校对提高处境不利学生的成绩的责任。NCLB除对第一条授权之外，另外还有9

---

[1] National Center For Education Statistics. *Digest of Education Statistics* 2011，June 2012，p. 257.

[2] Ibid.

[3] 参见第一章表格和Christy Guilfoyle,"NCLB: Is There Life Beyond Testing?" *Educational Leadership*, Vol. 64, No. 3, 2006, http://www.ascd.org/publications/educational - leadership/nov06/vol64/num03/NCLB@ - Is - There - Life - Beyond - Testing%C2%A2.aspx.

条，都是为教育提供资助，比如教师专业发展计划、教育技术、辍学防止计划、英语语言获得计划等。为了闭合成绩差距鸿沟以及为实现包括处境不利学生在内的全体学生的整体进步，NCLB 投入了巨大的资金和精力，并为此加强了责任和基于标准的评价机制。对于未能按期取得年度进步的学校予以纠正、改善甚至关闭，允许学生转学进入学区内质量较好的学校上学。

可以说，自从"布朗案"判决确定了教育平等原则之后，每一任总统在这个问题上不敢怠慢，形成了美国教育政策稳定发展的价值逻辑。

二 国家利益与作为执行的政策强化

1958 年《国防教育法》是艾森豪威尔时期的另一个重要的教育政策遗产，它和"布朗案"判决一起对美国 20 世纪 50 年代之后的教育政策产生了重要影响。苏联卫星成功发射使美国人蒙羞、使美国社会震惊，美国人开始真正意识到教育对于国家利益的重要意义。随后，《国防教育法》得以诞生，实现了艾森豪威尔等国家领导人原来准备资助教育而未能实现的愿望。它是以强调数学、科学和外语教育与研究方面保证优异教育质量为目的的，旨在培养更多的工程师和科学家。

斯普林认为，冷战所带来的恐惧导致了联邦政府影响公立学校为国家利益服务。[①]《国防教育法》是冷战催生的结果，是教育中国家利益的重要体现，联邦政府在教育中介入的角色得到极大扩展。[②] 虽然这不是一部专门的中小学教育法，但是它强调联邦政府在数学、外语和科学学科的发展上进行资助，并强调它与美国国家在世界上的竞争力的联系。《国防教育法》引言中就明确指出："本法的目的是加强国防并鼓励和援助教育方案的扩充和改进，以满足国家的迫切需要，以及为了其他目的。"[③] 为了国家利益而需要优质的教育，"需要有一些将保证所有有能力的学生都不会因缺乏财力而失去受高等教育的机会的方案，以及保证尽可能迅速地纠正我们现有教育方案中存在的不平衡状况的方案"[④]。

[①] ［美］约瑟夫·沃特拉斯：《20 世纪美国教育中的哲学冲突》，王璞等译，安徽教育出版社 2009 年版，第 155—179 页。
[②] Joel Spring, *Conflict of Interests: The Politics of American Education*, New York: McGraw-Hill, 2002, p.99.
[③] 参见瞿葆奎主编《美国教育改革》，人民教育出版社 1987 年版，第 117 页。
[④] 参见上书，第 118 页。

美国《科学通信》(*The Science News-Letter*) 杂志表明，艾森豪威尔总统呼吁加强美国所有的教育，特别是科学和工程，并发表了美国教育目标和相关的"优异陈述"(excellent statement)。他也强调提高教师工资的重要性，"更高工资是首要条件，但是教师做些什么应该被充分鼓励、理解和认识，这将使得教师职业对于更多一流人才更加具有吸引力"。17人组成的美国总统科学咨询委员会发布了33页的报告，强调要加大对教育的资助力度，使资助到达每一个学校。为了实现国家竞争力，这份报告提醒了4个方面需要采取特别的紧急行动，即课程内容、教师的质量和效果、对学生的重视和鼓励，以及知识性领导的发展。总之，把学生的优异教育作为最为重要的目标。艾森豪威尔讲话中指出："我们应该提高我们的各层次的科学教育，试图给予非科学家对科学最好的理解，发现和激励更多的有天赋的个人成为科学家和工程师。"①

《国防教育法》带来了对教育质量概念认识上的转变，从进步运动时期对生活适应和生活技能发展的强调转变为对数学、科学和语言的教育与研究的重视。《国防教育法》对美国教育政策的一个重要遗产是，它正式地从国家立法的层面给予教育于国家利益的确认，对教育质量从数学、科学和语言等方面予以强调，并把国家利益与教育质量联系起来。教育质量成为美国教育政策中一个不可回避的话题。在政策过程方面，也为20世纪50年代以来国家引导政策发展开创了一个很好的先例。可以说，国家政府为了实现艾森豪威尔时期"布朗案"判决对全国人民的承诺，以及为了整个国家的教育进步，不断地努力，体现了一以贯之的逻辑。有人就指出，早在国防教育时期，就把拨款和绩效连在了一起，不过它对具体如何实施达到理想结果并没有定标。②

由于《国防教育法》承诺只实行四年，之后没有对之进行再授权。然而，国家利益需要有好的教育，因而需要一部教育法。特别是，"布朗案"判决带来了对非洲裔美国孩子教育质量的关注，也推动了一个更大的全国性的关于为所有孩子的教育质量作出保证的话语。③ 国家整体的竞争力，需要每一个接受教育者享有同样的机会实现充分发展。为了执行

---

① "Strengthen Education", *The Science News-Letter*, Vol. 75, No. 23, 1959, p. 357.
② Ibid..
③ Douglas E. Mitchell, Robert L. Crowson and Dorothy Shipps (eds.), *Shaping Education Policy: Power and Process*, New York: Routledge, 2011, p. 148.

"布朗案"判决所表明的美国平等教育的承诺，同时由于约翰逊对教育在实现国家目标、解决社会问题这一观念上的信奉，直接导致他努力争取实现为中小学教育立法。《1965年中小学教育法》自然也成为约翰逊"伟大社会"计划中最重要的组成部分。

《1965年中小学教育法》虽然表面上看是为追求教育中的平等价值观，但是其根本目的是建设一个强大的国家，是帮助贫困学生更好地参与社会竞争和国际竞争。1964年5月22日，约翰逊在密歇根大学校园指出：

> 我今天从动荡的首都来到你们这个平静的校园来谈论我们国家的未来。保护我们国家和民族的生活，以及保存公民自由的目的，就是追逐我们人民的幸福。我们在这个追求过程中的成功正是作为一个国家和民族成功的考验。……因为在你们的这个时代，我们有机会不仅走向富裕社会和强大社会，而且走向伟大社会。[①]

约翰逊所强调的"强大社会""伟大社会"，其本质是一个包括所有民族在内的美国人共同创造的强大国家。加强教育，走向一个强大社会和伟大社会，正是国家利益之所在。但是，由于机会的不平等、处境不利学生教育资源上的欠缺以及它们所带来的障碍，严重影响了国家整体的进步和富裕。《1965年中小学教育法》是为缩小处境不利学生和其他学生之间教育成绩上的差距，从另一个方面说，平等是一种最起码的公民权利，而《1965年中小学教育法》也是为了保证处境不利学生在人生发展中拥有一个与其他学生一样平等的起点和平等的机会。

ESEA至少有这样三个大的方面的影响：第一，它标志着联邦资助从原来的一般性资助转向有条件的资助，它是国家对诸如贫困、国防或经济增长等领域资助的尝试。第二，通过联邦资助直接受惠的是教区学校的贫困学生，而不是学校，在一定程度上缓解了宗教冲突，为后续教育政策立法和授权开辟了道路，消除了制度性障碍，为进一步加大国家政

---

① Lyndon B. Johnson, "Remarks at the University of Michigan", May 22, 1964. Online by Gerhard Peters and John T. Woolley, The American Presidency Project, http://www.presidency.ucsb.edu/ws/? pid=26262.

府在教育中的干预设定了路径。第三，依赖于州教育部管理联邦资金，既避免了人们对联邦控制的批评，也在一定程度上引导了州对教育的关心和关注，健全了州教育管理部门决策和执行政策的能力。《1965年中小学教育法》为美国教育发展方向奠定了国家引导、各州合作的良好基础，也从根本上再一次表明了国家在教育中的根本利益。

优异教育政策范式上的不断加强，实质性地体现为对政策执行的强化，1965年ESEA虽然更多地强调平等教育观，但它是一部综合性教育法，其目的是提高包括处境不利学生在内的全部学生的教育质量，其最终目的是建设"伟大社会"，解决整个国家的贫困问题和提高美国的整体竞争力。在ESEA立法初创时期，就有人提出，在法律条文中需要加入绩效和质量的要求，比如，时任参议员的民主党人罗伯特·肯尼迪就要求在条款中加入对教育质量的要求，在立法之后也多次强调对政策执行效果的评价。他把授权的质量评价作为一种政治责任。[①] 罗伯特·肯尼迪担心学校不会使用第一条经费为处境不利学生发展专门的和成功的项目，并且他希望项目报告将为父母提供他们需要的信息，来保证第一条经费对贫困孩子的有效利益。只是迫于制度性限制和压力，约翰逊担心过于侵入教育事务的核心领域，将会在立法上受到更大的阻力，因而只得放弃这些建议。[②]

为了减少立法阻力，ESEA条款中的规定和要求在很多方面都是模糊的。比如，第一条是为提高低收入家庭孩子的教育质量而对地方学区进行财政资助，但是对于哪个标准可以叫作低收入，教育质量如何得到改善以及如何确定改善的程度等问题没有给予明确规定。第五条是为加强州教育部而进行的资助，是为促进州教育部的发展和健全其管理教育的能力，但如何才算是达到了目标也没能给出一个明确的答案。这些不仅为后面可能的争论埋下了伏笔，而且直接导致各州在接受联邦资助之后目标不甚明确、执行力度不够等问题。正因为政策规定上的模糊性和目标上的欠明确性，也带来了联邦政府对各州政策执行状况监督上的难度。另外，当时的美国健康、教育和福利部下属的教育办公室不管是从政治

---

① Milbrey Wallin McLaughlin, *Evaluation and Reform*: *The Elementary and Secondary Education Act of* 1965, *Title One*, RAND, January 1974.

② Hugh Davis Graham, *The Uncertain Triumph*: *Federal Education Policy in the Kennedy and Johnson Years*, University of North Carolina Press, 1984.

权威还是从行政能力上来说,都是很弱的,这决定了联邦政府的政策执行能力和监督能力不足。

特别是,20 世纪 70 年代增加的联邦法律不计其数,相互交叉,使联邦教育政策体系烦冗复杂,大大小小的项目涉及部门众多,不仅没能得到很好的执行,反而加剧了政策执行的成本。兰德公司 1979 年所做的一项研究,就发现许多孩子属于各种不同项目的服务范围。[1] 政策上的混乱,加剧了后续执行中的问题,没能真正从教育内容和教育方式上改善贫困孩子的教育质量,而是对他们降低要求,给予低期望值。政策项目带来预算急剧增加,加上美国 20 世纪 70 年代的经济困境,也使有限的联邦经费不能集中有效地解决一些明显的问题。

正如罗伯特·肯尼迪所预料到的,很多州在 1965 年 ESEA 出台之后其重点不在于为处境不利的学生提供补偿性教育以保证平等,除了关心残障学生的教育,特别贫困学生都不在州政府关心首选范围之内。[2] 到 20 世纪 80 年代,不断增加的证据已经表明没有缩小处境不利学生和其他学生成绩差距的鸿沟,也并未真正带来教育质量的整体改善。其实,1965—1980 年,专门针对 ESEA 的好几次修正,就是为了保证其能够得到更好的执行,以保证联邦资金能够更好地到达处境不利学生,从而改善整个国家的教育质量。[3] 然而在这个过程中,一些人对原来的第一条项目效果还一直比较满意,特别是民主党控制的国会。首先,广泛资助的范围包括了国会议员所在的选区。其次,一些"以华盛顿为根据地"的利益集团组织把第一条当成联邦援助处于资源饥渴状态的学区的工具。

美国政党政治的设计和形成是一种政治过程不断优化的选择和自然发展的必然结果。两党竞争,同时也体现出治理过程中一种适应国家、社会和时代要求的相互学习。尼克松时期就因为共和党人认识到教育质量和责任问题,加上美国经济上的困境,曾经提出要对美国教育资金责任予以关注。尼克松、福特以及卡特也试图作出一些努力,比如,1970

---

[1] Paul Hill, *Do Federal Education Programs Interfere with one Another?* RAND Corporation, 1979.

[2] L. M. McDonnell and M. W. McLaughlin, *Education Policy and the Role of the States*, Santa Monica, CA: RAND, 1982.

[3] P. Peterson, B. Rabe and K. Wong, "The Maturation of Redistributive Programs", in A. R. Odden (ed.), *Education Policy Implementation*. Albany: State University of New York Press, 1991, pp. 65–80.

年出台的《中小学教育法扩展项目》就包括授权对州和地方教育部门的资助项目进行综合性计划和评价；1972年6月23日在美国健康、教育和福利部下设教育分部，新建的教育研究所（National Institute of Education）归属于教育分部，对教育过程进行科学调查，收集有关信息并进行整理和分析，以对教育质量和资助效果作出评估。[①] 但两党论争以及联邦政府内部观点上的不一致耗费了尼克松、福特和卡特的大量时间。

直到1983年，里根的教育部部长和国家优异教育委员会发布的《国家处于危机之中》报告激起了社会对教育现状的全面关注，奠定了改革的制度基础，为20世纪80年代以后的政策改革提供了制度动力，从而使联邦政府强化教育政策执行力度有了一定的权力资源。《国家处于危机之中》报告之后，对第一条效果的争议达到白热化，在之后的发展中联邦政府的权力似乎更为集中，就是为了更好地加强政策执行；在《国家处于危机之中》报告所显示的美国教育质量数据的触动之下，各州开始实行一定程度的改革，并且这一趋势遵循路径依赖的逻辑，在《国家处于危机之中》报告之后屡次得到强化。在里根第一任任期内，作为副总统的老布什就和教育部部长贝尔召开了非正式的州长教育会议。在1988年里根任期内对ESEA进行的一次重要授权即《霍金斯—斯塔福德中小学提高法》就把第一条与绩效联系了起来，要求接受第一条项目资金的学校提供学生成绩提高的证明，只是没有对高标准作出具体要求。在《国家处于危机之中》报告之后，联邦政府以联邦资金为政策杠杆，从方向上对全国教育予以引导。虽然更多的工作主动权在各州，但各州的行动进一步增强了国家的建制性权力，为国家引导改革奠定了更强的合法性。

老布什政府、社会各界对教育进步的缓慢速度严重不满[②]，为了提高教育质量，1989年召开教育峰会以及为此而拟定国家目标，并要求对《美国2000》立法，更进一步强调了质量和标准为基础的改革，强调设立"世界级标准"，强调学校和各级管理者的责任。《美国2000》虽然没有在国会正式通过，但它所确立的政策目标，以及相关的改革思想影响了克林顿和小布什的政策，以及在与各州的合作中，不断得以实施。人们

[①] 参见第一章表格，也见维基百科：http://en.wikipedia.org/wiki/National_Institute_of_Education。

[②] John F. Jennings, *Why National Standards and Tests?: Politics and the Quest for Better Schools*, California: SAGE Publications, Inc., 1998.

也开始接受这一观念,即平等教育机会不是仅通过财政拨款、特别项目、废除种族隔离来实现的,而是通过以标准为基础的考试方式获得。遵循这一逻辑,克林顿时期实现了对国家教育目标的立法,完成了老布什没有完成的工作,其结果就是《2000年目标》,并对ESEA重新授权,强调接受第一条项目资金的学区为所有学生设立高标准和高期望值,对考试和评价等提出更为严格的要求,强调对结果负责,从而加强了对第一条项目的执行力度。对基于标准的改革,社会支持者很多,除了全国教育协会(NEA),一般都支持课程和学术高标准与责任。比如,美国教师联盟(AFT)、美国学校管理者协会、全国学校委员会协会、大城市学校委员会等都赞成基于标准的改革。全国教育协会也不是完全反对这一改革路径,它的顾虑与其说是针对标准,还不如说是针对"哪种评价机制将会被采用、出于什么目的",以及在评价中是否可能因为种族问题和性别而产生偏见等问题。[1] 另外,各州州长虽然支持以标准为基础的改革,但是不愿意看到联邦更多的控制。

正是因为克林顿时期政策执行上的自愿原则,政策要求各州设立的高标准和要求的严格评价系统才没有如期完成,导致了在进入新世纪时政策所要求的目标没有实现,以及存在其他教育质量问题。小布什在2000年8月接受共和党提名时的演讲中明确指出:

> 这一代人被给予美国历史上最好的教育资源,然而我们并没有与每个人共享。在高度贫困区,70%的四年级学生不能阅读简单的儿童书籍……太多的美国孩子被迫进了未设标准的学校。……八年来,我们学校的成绩差距变得更糟……贫穷和弱势儿童的学习成绩进一步下滑。这纯粹是歧视!是对他们给予低期望值的歧视。我们的国家应该像对待别的歧视一样对待它,我们应该结束这种现象![2]

为此,小布什要求更为严厉的标准和责任,以及更强的联邦干预与

---

[1] Kevin R. Kosar, *National Education Standards and Federal Politics*, Doctor of Philosophy (Political Science), New York University, 2003, p. 420.

[2] George W. Bush, "Address Accepting the Presidential Nomination at the Republican National Convention in Philadelphia", August 3, 2000. Online by Gerhard Peters and John T. Woolley, *The American Presidency Project*, http://www.presidency.ucsb.edu/ws/?pid=25954.

惩罚，它强调3—8年级学生每年参加由州举行的年度考试，强调到2014年每个学生需要达到"精通"。

从"布朗案"判决到ESEA，美国联邦政府确立了支持包括处境不利学生在内的全部学生平等地接受高质量教育的原则，为所有学生提供一个平等机会。1983年《国家处于危机之中》报告是自苏联卫星上天之后的再一次对国家教育的警示，再一次确认国家需要所有学生接受高质量教育，从此，国家把对第一条政策执行的强调，加入到延续至今的政策内容之中。总的来说，这其中呈现出一以贯之的逻辑。国家始终使用第一条项目资金作为政策杠杆，引导美国教育政策发展，并在其后的发展中力求实现和维持国家偏好。实际上，这也是一个国家权力随着历史不断强化的过程。主要原因之一在于美国联邦政府没有一个强势的执行政策的官僚机构，只能依赖各州和地方，通过国家权力强化，引导各州的政策执行。

2000年两位总统候选人提出的教育改革方向，也都遵循着同样的逻辑。小布什在克林顿时期就是得克萨斯州州长，是1996年全国教育峰会的重要参与者。在总统竞选中，他就打算在当选之后把得克萨斯州强劲的、相对成功的、以严格标准为基础的责任项目，作为一个全国性模式加以推广。作为候选人的副总统戈尔也试探性地提出了类似观点。他说，每个州、每个学区应该需要辨识失败学校，并且努力工作——对结果的严格责任，对成功的强劲刺激——以扭转局势。如果这些失败学校未能很快得以改善和提高，它们应该被公平地尽快关掉。在有必要时，在新原则下再开一所新学校。在2000年民主党代表大会接受总统候选人提名时，他还强调：

> 你们知道，教育可能是地方的责任，但是我相信它也是我们国家的头号重点。我们不会停止脚步，直到美国的每一所学校都能成为提供良好教育的正确之所。①

---

① Albert Gore, Jr., "Address Accepting the Presidential Nomination at the Democratic National Convention in Los Angeles", August 17, 2000. Online by Gerhard Peters and John T. Woolley, *The American Presidency Project*, http://www.presidency.ucsb.edu/ws/?pid=25963.

可能是意识到，两党之间的长期竞争使国家政策的效果不理想；也可能是越来越认识到教育对于两党各自的利益，因此在教育上的观点愈来愈趋同，越来越强调对政策执行结果的严格责任。两党一致认为，长期的争论确实阻碍了美国教育改革，从根本上影响了美国教育质量的提升，并严重损害了国家利益。实际上，从老布什、克林顿到小布什，两党之间越发表现出良好的合作，其目的是更好地实现美国教育进步。如今，他们观点上的差别，主要是针对联邦资助私立学校和教育券的问题。

三　NCLB：一个妥协政治的结果

NCLB是对原有美国教育政策的最大偏离，抑或是遵循原有逻辑的渐进演化？关于这一点学术界有过激烈的争论。以麦克奎因为代表的一派认为，NCLB代表了联邦政府对中小学教育政策领域的最为革命性的入侵。他们认为，自从1965年ESEA产生，一直到20世纪末，联邦政府从未涉及州和地方控制之下的教育领域的核心，即对学术领域和治理细节的介入，而这一次从严格的要求上，极大地加强了联邦政府的干预。[①]

持相反意见的另一派，以洛林·麦克唐奈（Lorraine M. McDonnell）为代表，他们从政府间关系进行分析并指出，NCLB只是在原有政策逻辑上的渐进演化。[②] 虽然美国建国立宪者的哲学论著、宪政原则以及后来发展的主要政党的意识形态立场，为美国特定联邦主义打下了深深的烙印，但形成现存政府间关系状态的，是联邦政府和州政府教育政策积累性影响的结果。

本书赞同洛林·麦克唐奈的观点。前面几章内容以及本节的分析，已经证明美国教育政策的延续性，主要表现为两点：第一，美国自20世纪50年代以来的教育政策基本上呈现出一种演化的逻辑。无论何时，国家权力和教育政策想实现急剧性突破的难度大，思想、权力甚至制度都是不断强化的，NCLB正是对克林顿时期政策范式的强化。第二，即使是《国家处于危机之中》报告之后，国家在教育政策理念上转向了优异教育，是为改善处境不利学生和白人富裕学生之间的成绩差距，也是对20世纪六七十年代教育政策执行上的加强。在美国这种"弱"国家体制之

---

① Patrick McGuinn, *No Child Left Behind the Transformation of Federal Education Policy*, 1965—2005, University Press of Kansas, 2006.

② Lorraine M. McDonnell, "No Child Left Behind and the Federal Role in Education: Evolution or Revolution?", *Peabody Journal of Education*, Vol. 80, No. 2, 2005, pp. 19–38.

下，政策的执行显得尤为困难，但这种优异教育范式的演进和发展，实质上是国家利益的坚持，体现了国家对纳税人支持教育的税金应该负起的责任。

"弱"国家权力的不断强化，在教育政策中体现为加强政策执行和立法。持"稳定观"的学者认为，NCLB 是自《国家处于危机之中》报告对公立学校的成绩予以严厉的控诉之后，以学术标准、学生考试成绩和责任为基础的教育改革运动达到顶峰的结果。[①] 也就是说，NCLB 建立在《国家处于危机之中》报告之后所积累的所有动能之上，是不断累积的结果，这一过程包括各州对教育和国家利益的警醒、国家对社会和各州的权力渗透、老布什时期夏洛特峰会上总统和州长协会的合作、《美国 2000》立法虽受挫折但已经表现出来的两党合作、《2000 年目标》两党合作的加深，以及 NCLB 时期合作的最高境界。总的说来，联邦角色的加强是缓慢、渐进发展的。

如果说两党之间的合作是随着对教育中平等和优异以及国家权力的渐进认同而不断实现的，那么值得探讨的问题是：原来一直反对国家权力介入、严格标准和联邦惩罚的保守主义者与全国教育协会，是如何同意联邦政府采取全国性统一行动这一破例的政策主张的；为什么一贯坚持低税收的商业利益集团也赞成加大对教育的投入，而赞成小布什的政策；为什么两党都能一致地同意小布什的政策。结合制度支持理论和权力资源理论，基于历史维度进行分析，主要有以下三个方面的原因：

第一，思想和权力不断累积和加强的结果。对于 NCLB 的立法实现而言，强化与妥协是相伴而生的。NCLB 是美国妥协政治的一个典型产品，它不仅体现在美国政治生活中的两党之间，也体现为国家与社会、总统与国会以及联邦政府与州政府之间的一种斗争、合作与妥协的关系。

正如很多学者指出的，联邦政府、州政府和地方政府之间的权力关系不是零和博弈，而是一种相互加强的过程。[②] 当一个层次的政府在某个政策领域获得权力，其他层次的政府也获得同样政策领域的权力。这本身就说明了，其他层次的政府虽然面对着不断加强的联邦权力，但是考

---

① Douglas E. Mitchell, Robert L. Crowson, Dorothy Shipps (eds.), *Shaping Education Policy: Power and Process*, New York: Routledge, 2011, p. 15.
② Ibid., p. 2.

虑到自身权力的增加，在一定程度上也能接受。特别的情况是，联邦政策的目的是引导全国教育政策发展，而州和地方所做的决策也能影响联邦决策。① 在很大程度上，民主党和共和党、联邦政府和州政府之间的妥协也表现为政策条款上的交易。为了使 NCLB 顺利通过，在接受一方提案的情况下，也会接受另一方的意见。比如，其中最关键的，为了使其他行动者接受联邦权力，也会给予各州资金使用上的充分灵活性。由此，各种思想的加入使它发展成一个庞然大物，既包容了 ESEA 最初的条款和基本内容，也不断加进了新的思想和各种要求。文本上也由原来的几十页扩展为近千页的巨幅法案。从历史的维度来说，随着一些思想和利益关系的不断强化所形成的路径依赖，加剧了内容上的扩充。保守的共和党人意欲使教育券合法化，但由于民主党人和教师组织及民众的强烈反对，也会采取妥协，以一种折中的立场予以呈现，允许家长在公立学校之间进行选择。

在美国教育政策发展中，美国社会对联邦政府在教育中角色的认识，和联邦政府本身的权力一样，也体现为一种演化和加强的趋势。这种思想、权力和制度加强的路径，如果没有打破这种路径的震惊性事件的出现，或者能够带来各种利益关系和权力格局改变的触发机制的巨大牵引力，只会不断加强，美国作为民主社会，各种利益团体、阶层组织、单位和个人都可能会对立法产生不同程度的影响。但是，在 1965 年中小学教育政策立法得到支持的核心内容，即通过第一条项目帮助处境不利学生以实现学习成绩上的改善这一点并没有变。其中，联邦政府起着一个维持平等，即对受到忽视的孩子予以帮助的角色②，其最终目的就是缩小处境不利学生与条件更好的学生成绩上的差距，促进国家整体教育质量的改进。

第二，民意支持的结果。从肯尼迪和尼克松竞选总统的 1960 年开始，美国普通民众就形成了一种思维定式或偏见，即民主党是支持教育发展的，共和党反对国家权力和联邦对教育的大力度资助，所以共和党是不

---

① Julie A. Marsh and Priscilla Wohlstetter, "Recent Trends in Intergovernmental Relations: The Resurgence of Local Actors in Education Policy", *Educational Researcher*, published online, June 6, 2013.

② Erik W. Robelen, "40 Years After ESEA, Federal Role in Schools Is Broader Than Ever", *Education Week*, Published Online: April 12, 2005.

支持教育的。里根甚至还有撤掉教育部的打算,更强化了民众的这一认识。老布什宣称争做一个"教育总统",支持国家教育目标,支持国家在教育政策中的更大作用,其中一个原因可能正是想改变民众对共和党人的态度。1996年盖洛普民意调查结果显示,多数人认为,民主党候选人克林顿比共和党候选人多尔(Robert Joseph Dole)更乐于支持和发展教育(多尔在1996年还提出撤掉教育部),59%的投票者相信克林顿能够更好地处理教育问题,赞同多尔的只有30%,而第三党的竞选人佩罗[1]只有4%。在大多数人眼中,民主党比共和党在改善教育上更有兴趣,比例为59:37。当问及"谁将会在改善学校教育中做得更好?"的问题时,克林顿以49:23的比例胜过共和党国会。[2] 也正是有着坚强的民意支持,克林顿才有否决共和党人提出的他不同意的相关立法的魄力。

1996年的民意调查结果还显示,公众断然拒绝公立学校应该被私立或者宗教相关的学校所代替这类用以改造公立学校和提高学校质量的思想。[3] 并且美国人相信政府和学校领导者是致力于提高学校质量的,对公立学校的老师有着一种特别的信任。在这种公众舆论之下,戈尔和少数共和党人虽然反对国家集权的教育政策,但是由于民意使然,他们不得不转变了态度,也不得不支持联邦政府对教育的投入,以及对标准的强化。在2000年的选举中,核心都在教育。两位候选人之间的不同在于资助金额。民主党候选人戈尔承诺的数目较高,小布什相对较低。虽然小布什没有承诺较高的教育费用,但是在2000年依然占据多数的共和党国会却比1999年增加6.5亿美元教育经费。[4] 在很大程度上说,这次两位候选人的不同只在于一个度的问题,因而谁当选总统对教育而言都不重要了。不管谁入主白宫,都将引导国家在教育中更大的介入,这是公众想要的。

在2000年大选之年所做的民意调查显示,公众对改革公立学校的信

---

[1] 罗斯·佩罗(Ross Perot)是一个连续两次作为第三党,即改革党人士参与总统竞选的人。在1992年和1996年的两次总统选举中,获得的选举人票数都为零。可参见 http://www.360doc.com/content/12/0322/21/568868_196775021.shtml.

[2] Stanley M. Elam, Lowell C. Rose, "The 28th Annual Phi Delta Kappa/Gallup Poll of the Public's Attitudes toward the Public Schools", Phi Delta Kappan, Vol. 78, No. 1, 1996.

[3] Ibid..

[4] Anne C. Lewis, "Increasing Federal Control", Phi Delta Kappa, Vol. 82, No. 3, 2000, p. 184.

心依然是明显的,事实上有59%的美国人相信改革既存的公立学校系统,而不是寻求替代品,是带来学校改善的最好办法。① 当问及具体的问题时,75%的美国人主张提高和加强既存公立学校,而只有22%的人倾向于教育券这种经常被各种批评者提到的替代方式。即使是对学校选择不持反对意见的人也认为,接受公共资金的私立学校应该对州负责,就像公立学校对州负责的方式一样。

2001年民意调查依然显示出类似的结果,受访者中赞成改革既存公立学校体制的占七成以上。特别是,2001年"9·11"事件发生后,民意调查显示的民众对联邦政府的支持率竟高达90%。2002年,支持对既存公立学校体制进行改革,而不是寻找诸如教育券等替代品的民众比例是69%。57%的受访者相信,联邦政府增加对教育的干预是一件好事情,68%的美国人甚至欲超越NCLB的要求,提出全美50个州使用全国性标准化考试来测量学生成绩。66%的人还提出实行全国课程。67%的人支持在3—8年级实行授权性考试,96%的人支持教师在进入所教课程之前需要得到资格应允,同样比例的人相信教师在被应允进入教师职业之前应该通过职业资格考试。到NCLB生效之后的2003年,依然有73%的支持者认为应保持现有的教育体制,而不是放弃它。② 因而,NCLB要求严格的年度进步和考试、要求学校和教师的责任、要求与评价相适应的奖励和惩罚机制,是有着极强的民意支持的,对公立教育体制进行改革是得到民众多数授权的。民众也普遍意识到,只有通过对处境不利学生成绩的改善,缩小他们与其他学生成绩之间的差距,才会实质性地从教育中的不平等转变为真正的平等。③

第三,教师联盟的妥协。如果说持保守观点的共和党人对联邦权力的极大介入从原来的反对转变为支持,或者说,不反对小布什NCLB权力的重大突破是由于民意使然,或者是出于共和党人不愿意反对自己的总统的结果,那么我们也需要解释两大教师组织对NCLB的权力突破在态度

---

① Lowell C. Rose, "The 32nd Annual Phi Delta Kappa/ Gallup Poll of the Public's Attitudes toward the Public Schools", *Phi Delta Kappan*, Vol. 82, No. 1, 2000, p. 41.
② 参见"公众对公立学校的态度 Phi Delta Kappa/Gallup 年度调查", *Phi Delta Kappan* 杂志 2001—2003年每年9月刊。
③ David Hursh, "The Growth of High-Stakes Testing in the USA: Accountability, Markets and the Decline in Educational Equality", *British Educational Research Journal*, Vol. 31, No. 5, 2005, pp. 605–622.

上的转变。

卡皮齐（Julia E. Koppich）注意到，从相关记录上看，在小布什总统签署 NCLB 的时候，两大教师组织既没有表示出支持，也没有表现出反对，而是保持中立。① 原因是：第一，两大教师组织反对的教育券并没有在联邦法律中成为现实，因而他们没有反对的理由。第二，共和党人最初的欲把资助转化为一揽子拨款的条款并没有实现，这样 AFT 和 NEA 两大教师组织所担心的"一旦各州自主地使用联邦经费而没有一定的规定性，那么很多处于贫困中的学生将可能得不到帮助"并没有出现的可能。第三，AFT 与 NEA 对基于标准的考试的态度，本身存在一定的矛盾性。作为专业性组织，它们希望通过标准和考试，展示教师和学生的教学过程，但是作为利益代表组织，它们又担心这种严格的考试对教师产生极大的负面影响。特别是它们担心，如果不支持标准化考试为基础的改革，就会形成一个不支持教育改革的形象。② 莫（Terry Moe）认为，教师联盟（NEA、AFT）对公立学校产生的影响可能比任何其他美国组织都大，教师联盟不希望被改革运动所忽略，而是想保持它们工作的专业性，在一定程度上帮助决定学术领域的标准。因此，在满足教育中的第一个挑战，即"教什么、怎么教、什么标准、如何考试"等问题上它们不希望再被忽略。如果它们与标准化作斗争，将被话语所忽略。如果它们成为标准和联盟运动的伙伴，又将冒着使教学机械化、处方规定性以及程序化的风险，从而失去教师的专业性，最后破坏成员关系。③ 这些顾虑使教师联盟处于尴尬境地。

最主要的是，政府和公众对两大教师联盟以前的所作所为已有反感。NEA 所作的调查显示，它们被描绘成为公立学校质量提高的第一大障碍。④ 在美国 1996 年总统选举年，两大教师联盟受到共和党候选人鲍

---

① Julia E. Koppich, "A Tale of Two Approaches: The AFT, the NEA, and NCLB", *Peabody Journal of Education*, Vol. 80, No. 2, 2005, pp. 137 – 155.

② David Hursh, "The Growth of High – Stakes Testing in the USA: Accountability, Markets and the Decline in Educational Equality", *British Educational Research Journal*, Vol. 31, No. 5, 2005, pp. 605 – 622.

③ Karen DeMoss, Kenneth K. Wong (eds.), *Money, Politics and Law*, Routledge, 2004, p. 119.

④ Robert Worth, "Reforming the Teachers' Unions", *Washington Monthly*, Vol. 30, No. 5, May 1998.

勃·多尔的攻击。政府对公立学校以及教师联盟的不满，导致了诸如教育券、特许学校等政策建议的兴起。① 许多人担心美国社会道德沦丧会影响到公立学校，认为学校已经被一些组织所俘获。② 盖洛普调查结果显示，公众基本上对全国公立学校的绩效评价度很低③，他们希望政府采取措施改善公立教育，而不希望用教育券之类的替代方式。

不管此类评价是否中肯，两大教师联盟自此努力创造一个更加良好的公众形象却是一个事实。NEA 主席（鲍勃·柴斯）和 AFT 主席（桑德拉·费尔德曼）已经向社会表示，他们是学术责任和更高标准的倡议者。在 1997 年夏天的亚特兰大会议上，NEA 代表投票表示，改变他们在几个关键性改革议题上的政策态度，即赞成特许学校、同行评议和标准化考试。④ 教育者也开始认识到教师评价对于促进教学行业的价值并开始致力于有益的对话，如此努力的结果既能保证所有学校的教师质量，也能为所有学生改善学习机会。⑤ 从这样三个方面来看，教师联盟对 NCLB 立法持中立态度就在情理之中了。

第二节　NCLB 立法：国家权力的实现

小布什在竞选中大力宣传他在得克萨斯州公立学校改革中的成功经验。他倡议一个更强劲有力的国家政府角色，也就是将使用每年的授权性考试和结果来迫使州和学区齐心协力，同时增加父母的学校选择权，

---

① R. Eberts, K. Hollenbeck, and J. Stone, "Teacher Unions: Outcomes and Reform Initiatives", in R. Henderson (ed.), *Teacher Unions and Education Policy: Retrenchment or Reform*? New York: Elsevier, 2004.

② Deborah Wadsworth, "The Public's View of Public Schools", *Educational Leadership* Vol. 54, No. 5, 1997, pp. 44 – 48.

③ Shane J. Lopez, "Americans 'Views of Public Schools Still Far Worse than Parents'", Parents Rate Own Child's School far Better than Americans Rate U. S. Public Schools", August 25, 2010. http://www.gallup.com/poll/142658/americans-views-public-schools-far-worse-parents.aspx.

④ Robert Worth, "Reforming the Teachers Unions", *Washington Monthly*, Vol. 30, No. 5, 1998.

⑤ Charlotte Danielson, "New Trends in Teacher Evaluation", *Educational Leadership*, February 2001.

授予州在如何支配联邦政府资助资金方面的自由权。

小布什在竞选成功之后，就将有关教育改革的计划透露给国会教育委员会的重要成员，并和他们进行磋商。考虑到政策的执行需要广泛的支持，他也与一些州长和商业团体进行了沟通。小布什就职演说三天后，就抛出了《不让一个孩子掉队法》草案。其最初草案中包含了四个内容，即每年的阅读和数学科目上的考试、灵活性、资助和教育券。[①] 标准和评价是他系统化改革的基础，每年的考试成为改革的核心。与 IASA 的不同体现在联邦对学校年度进步的监督上。历史地看，1994 年的 IASA 要求各州有标准，并要求满足标准，但是对于那些未能满足标准的，却没有任何联邦处罚措施。而 NCLB 要求未能取得基于标准的年度进步的学校必须改进或者鼓励学生转学。教育券是一个值得进一步磋商的原则，为了能够实现一个基于两党合作的法律，他允许在学校选择上考虑其他可能的思想和主张。

NCLB 从草案提出到进入立法过程，都表现了小布什政府妥协的策略：为了实现自己的目标，为了使自己提出的政策方案能够成为法律，在适当并必要的时候，允许加入对方或敌手的一些内容。

首先，NCLB 是基于 1994 年所设定的政策模板，加强更为规范性的标准控制，虽然州将会继续依据各自设定的标准进行评价，但是联邦政府希望提高对那些不达标学校前途的控制权。民主党人也注意到白宫的计划中许多元素接近 1994 年重新授权的基本思想，而克林顿的思想很多也来自老布什的《美国 2000》。一个民主党的国会助手，曾经在克林顿时期教育部工作过的人说，"小布什政府取来克林顿政府的思想，并且随之而行"。[②] 不可否认，小布什政府的计划和 1994 年克林顿时期的计划有很大的相似性。因而，它是一部民主党人支持的法律，强调缩小甚至闭合处境不利学生和其他学生之间的成绩差距，强调对教育增加更多的资金支持。同时，它也是一部基于民主党人既存法律基础上的法案，首先它是 1965 年 ESEA 重新授权的结果，这是它的政治基础。但是，NCLB 确实是一部共和党总统提出的法案，它聚焦于责任和标准，以及与之相关的

---

① Christopher T. Cross, *Political Education: National Policy Comes of Age*, New York: Teachers College Press, Columbia University, 2004, pp. 126–128.

② See Frederick M. Hess, Michael J. Petrilli, *No Child Left Behind: Primer*, New York: Peter Lang, 2006, p. 17.

考试和评价体系；允许成绩不能得到改善并且不能达到教育标准的学校的学生转到质量较好的学校，甚至主张可以利用第一条项目资金支付进入私立学校的学费。这本身就是一种妥协政治的结果，它综合了共和党和民主党两方面政策主张的优点，既能保证处境不利学生的机会和质量，也能对质量差的学校实行一定程度的惩罚。

其次，小布什认识到，对于国会立法而言，最为关键性的几个人如果表示赞同，将意味着立法成功了一大半。他们是最自由的参议员爱德华·肯尼迪、最为保守的共和党参议员贾德·格雷格（Judd Gregg）和众议员乔治·米勒（George Miller）以及众议院教育和劳工委员会主席约翰·博纳（John Boehner）。[1] 小布什和他们商议并一致认为学生成绩太不让人满意了，特别是对于许多贫困孩子和非白人孩子而言。许多人也承认，学校对学生的服务中确实存在问题，教育标准和期望太低了，不得不使用联邦权力来提高它们。

在这样两个考虑的基础上，NCLB议案进入众议院，举行听证会。一般地，两院教育委员会主席在听证会上的介绍性发言具有举足轻重的地位，甚至可能引领话语走向。2001年2月16日，众议院教育和劳工委员会关于"灵活性、责任和质量教育"的听证会在佛罗里达州布雷登顿（Bradenton）[2] 举行。而佛罗里达州在教育改革方面的经验正是小布什所需要的，比如增加额外的资金、降低师生比、延长学年时间、倾注于传统的核心课程比如读、写、数学，以保证实际地不让一个孩子掉队。按照委员会听证发言规则，开篇陈词人要么是委员会主席，要么是委员会少数党成员。作为NCLB在2001年3月22日在国会众议院的介绍人，教育和劳工委员会主席约翰·博纳在这次听证会上，似乎表现出欲引导参与听证会人们意见的倾向。他指出：

> 尽管在20世纪90年代近十年来实现了没有间断地经济增长，但是贫困学生和他们的同伴之间的成绩差距却继续扩大。今天70%的内城区（贫民基本上住在内城区）四年级学生不能保持最基本水平

---

[1] Kevin R. Kosar, *National Education Standards and Federal Politics*, Doctor of Philosophy (Political Science), New York University, 2003, p. 466.

[2] 小布什的弟弟 Jeb Bush，时任佛罗里达州州长。

的阅读能力。我相信（小）布什总统强调的闭合处境不利学生与其他学生之间的差距这一举措，把联邦教育政策的注意力放到了它应当放到的位置，以此保证每个孩子的学习。①

他继续指出，他对佛罗里达州的为教育的增益计划（A Plus Plan for Education）项目非常感兴趣。它于1999年获得立法，处于保持学术责任的最前沿，是改革的领头羊。责任系统的核心是报告卡，在这个系统运作之下，基于它们在佛罗里达州综合性评价考试中的表现，学校被分成A—F各种级别，表现好的学校获得奖金，做得不理想的被给予额外的资源以帮助其提高。然而，如果一所学校在连续两年内保持"F"等级，父母将被给予资助金用来支付他们所选择的一个更好的学校上学的学费。

第二个发言人是少数党成员乔治·米勒，他是众议院资深民主党人。他特别强调了增加第一条项目资金，并要求把责任与之紧密联系。

> 这是很清楚的，国会两党都欲通过联邦资助获得更好的成绩。这个国家也有很多州已经不畏艰险地对教育体制进行改革以获得对孩子和他们的父母至关重要的结果。我相信，对于成功的学校改革至关重要的因素是，我们必须强调高质量标准和严格的评价系统。我们必须采取实质性措施加强对教师质量的支持，我们必须增加资金投入，以尽快扭转失败学校的局面。在这个过程中，我们也必须给予教室基础设施等方面的特别关注。如果那些学校的形势不能得到扭转，那么我们必须采取必要的激进改革，也就是说正如许多州已经开始考虑或正在实施的措施。……实际上，"在最穷的学校最穷的学生拥有着最穷的老师"，这就是多年没能闭合成绩鸿沟这一灾难的原因。为此，我们都能认识到这将需要额外的资源。我们也能认识到，这将需要一些非常艰难的决策。但是最重要的是，我们不得不认识到有这么一群人，他们已经实际地接受了那些决策，如果他们愿意，请加入我们这一行列。

---

① See Congress House Committee on Education and the Workforce, *Flexibility, Accountability, and Quality Education*: *Hearing Before the Committee on Education and the Workforce*, House of Representatives, 107th Congress, 1st Session, Hearing Held in Bradenton, Florida (February 16, 2001), Washington D. C.: United States Government Printing Office, 2001.

听证会代表，佛罗里达州欧卡拉市的公立学校区主要负责人沃福德（James Warford），是一个对公立学校和学校改革非常热心的商人和教育者。他支持以佛罗里达州为代表的教育改革和它的责任哲学。"支持的原因不是它是受欢迎的和能简单做的，而是因为它是正确的。"但是针对教育券，他提出了反对意见，同时表达了对公立学校体制的拥护和对贫困的憎恶。他指出：

> 我出生于肯塔基州最穷的地区，我的妈妈十四岁就辍学了。在我们的社会只有一种机构能打破贫穷的循环圈，那就是公立学校。我是一个公立学校的热情倡议者，也是一个为那些学校内更穷的学生提供高质量服务更热情的倡议者。因为增加的责任，我们不应对这些贫穷学校和学生置之不理。……虽然在佛罗里达州，教育券立法被巧妙地通过了，但是我不支持教育券。我不想要失败的学校，因为我不想要孩子们像我一样继续生活在这种贫困和无知的怪圈。[1]

2001年3月1日在华盛顿特区举行的关于教育改革中州的领导的众议院听证会上，再次强调了责任、灵活性，讨论了州在改革中的领导，以保证为所有全国学生提供高质量教育。[2] 为了吸取以前立法受挫的教训，小布什的方案强调以州的灵活性换取州和地方对责任机制的遵守。这样的责任体系要求强调结果、奖励成功、惩罚失败，其表达的信息是明确的，即公立学校必须教育好每个孩子，要求他们对完成工作的质量负责，而不在于它们多快地花了纳税人的钱，因而需要标准和评价，以及与之相关的责任。特别是像宾夕法尼亚州、马里兰州、特拉华州等州已经采取了严厉的责任和标准以提高学生成绩，它们都依赖于每年的考试来监督学生成绩，有的已经通过严格的奖励和惩罚机制以保证学区对

---

[1] Congress House Committee on Education and the Workforce, *Flexibility, Accountability, and Quality Education : Hearing Before the Committee on Education and the Workforce*, House of Representatives, 107th Congress, 1st Session, Hearing Held in Bradenton, Florida (February 16, 2001), Washington D. C. : United States Government Printing Office, 2001.

[2] Congress House Committee on Education and the Workforce, *State Leadership in Education Reform : Hearing before the Committee on Education and the Workforce*, House of Representatives, 107th Congress, 1st Session, Hearing Held in Washington, D. C., Vol. 4 (March 1, 2001), Washington D. C. : United States Government Printing Office, 2001.

学生特别是对处境不利学生成绩负起严格的责任。而小布什正是打算这么做的,这是一个妥协后能够达成统一的项目,其目的是保证尽快闭合学生之间的成绩鸿沟,保证美国梦的实现在所有美国孩子的可及范围之内。在这次听证会上,还专门介绍了宾夕法尼亚州州长所发起的帮助贫困学区、放松规制、强调责任、严厉标准、严格教师责任、强化教师职业标准和专业技能等方面的成功经验,以及他们正在实施的特许学校政策。

标准、责任和地方控制原来是克林顿时期的政策核心,这一点在NCLB时期得到加强。而在克林顿时期执行的特许学校政策也得到延续。在此次听证会上,宾夕法尼亚州州长汤姆·里奇(Tom Ridge)指出:

> 21世纪是知识经济的时代,我们所有人都信奉这样的思想,即教育是赋权的终极工具。当我们进入21世纪,我们不得不审视,如何通过影响机会和质量走向世界一流的教育。一些州已经在执行小布什总统提供的全国性改革计划中的一些创意,而宾夕法尼亚州,我能自豪地说,是在如此多的不同州里的领导者。

他认为共和党和民主党将只是在一些细节上存在争论。他继续指出:

> 我们国家首先要做的是团结起来,因为21世纪以知识为基础的经济需要21世纪的教育,这就意味着我们不得不再次评价我们过去提供教育的方式,以及我们国内政策的优先秩序。[1]

作为州长,他赞同小布什提出的3—8年级每年度考试计划,他认为大多数州肯定也能接受,但对地方灵活性这一点,他认为必须坚持。不过,实施严格的考试,一定需要额外的资金资助。

不过,对这样的观点也不是没有异议。在2001年3月1日举行的听证会上,保守主义者就表示出对考试最大的担忧,即它是否会发展成一

---

[1] Congress House Committee on Education and the Workforce, *State Leadership in Education Reform: Hearing before the Committee on Education and the Workforce*, *House of Representatives*, 107th Congress, 1st Session, Hearing Held in Washington, D. C., Vol. 4 (March 1, 2001), Washington D. C.: United States Government Printing Office, 2001.

个国家垄断的考试系统。另外他们也指出，对处境不利的学生给予更大的资助和更严格的责任，但要求允许成绩不能得到改善的学校的学生转学，并可利用第一条项目资金支付到私立学校就学的学费。这是一个教育券计划屡次受挫之后妥协的结果。

众议院听证会之后，观点越来越明晰，共识越来越明显。教育券计划是很难获得立法通过的，但强化责任、标准、加大资金力度等是大家认同的内容。众议院听证会之后，小布什对最初的草案进行了适当的调整，比如取消了教育券计划，不过依然坚持了他所主张的高标准和严要求的年度考试计划。约翰·博纳于2001年3月22日在众议院对NCLB予以介绍并讨论，5月23日NCLB获得众议院投票通过。

从众议院2001年5月22日的国会总结性记录可以看出，两党对小布什法案的支持是大力度的。比如，来自佐治亚州的共和党众议院议员约翰尼·伊萨克松（Johnny Isakson）赞同小布什的提案，对这个两党的法律表示支持，特别是极力推崇对处境不利学生的责任，因为在最初的1965年教育政策中对责任的关注不够。但是需要加入灵活性，而这一点是原来的地方系统中所没有的。来自密歇根州的众议院民主党人丹尼尔·基尔迪（Daniel Timothy Kildee）认为，修正案（NCLB）保护和保存了1994年法律中的许多核心的内容，并且继续了既存的要求，即发展和执行挑战性的标准和与之相一致的评价系统。第一条聚焦于贫困学区和学校的资源资助，这一点他非常赞同，也强烈支持责任要求，认为这一点极大地改善了这部法律，这就要求所有学生达到精通水平。他也非常支持教师获得职业资格和通过给予额外的帮助以扭转学校局面。作为民主党人，他指出：

> 在一个激烈竞争的时代，我们不能再忍受学校的低绩效，这样的学校把我们孩子置于危险之中。这非常简单，它意味着一定要给予资源和干预，以帮助那些低绩效学校达到高标准。

针对保守主义者提出的私立学校参与的教育券计划以及极右派提出的终止公立教育服务之类的条款，他认为这很可能会破坏两党前些年寻求的难能可贵的一致。

第七章 时间与妥协政治：NCLB 的胜利 | 277

这些条款会破坏这部法案所代表的两党的妥协与和解。……我不质疑这类条款的提出者的动机，但有一点我承认，即这样的修正案条款的通过将会阻止两党支持这部法律。①

在众议院于 2001 年 3 月 22 日到 5 月 22 日对法案的讨论中，一些少数民族议员，比如来自得克萨斯州的西班牙裔民主党人鲁本·伊诺霍萨（Rubén Hinojosa）也发表了意见。② 他首先对两党合作的法案表示赞同，但是他要求加强对英语能力不足的学生的资助，加大对因为各种原因辍学的学生的关注。如果不给予关注，这些学生必然将被忽略和掉队。他倡议：

让我们调整这部法案，这样只有那些不好好对待我们孩子的人们才会被抛弃。我将催促我的同事投票赞成这部法律，因为这个核心在那儿了，也因为我认为我们能够通过在其他团体中的同事的努力改善它。我正在催促我们的总统和教育部部长支持我们，因为我们尽力改善这部法律，可以让我们国家的孩子们都能真正受益。……我将促成两党一致合作，然而，如果教育券和一揽子教育资助加入修正案的话，我将促使我的同事反对它。

在经过众议院的反复听证和讨论之后，NCLB 在 2001 年 5 月 23 日获得通过，其投票结果是 383∶45③，众议院通过后的法案顺利进入参议院。在参议院不到 20 天的短暂讨论中，NCLB 也得到两党的支持。不过，完全不经修正的法案是不可能存在的。学者保罗·彼得森曾经指出："即使是在总统和国会都由一个党控制的时候，也不一定能够保证在立法事务方面的合作协调。"④ 因而，适当的妥协是促进合作的根本。也正如来自肯塔基州的共和党参议员吉姆·邦宁（Jim Bunning）指出的：

---

① *No Child Left Behind Act of 2001*, 107th Congress, 1st Session, Congressional Record, Vol. 147, No. 71（May 22, 2001）, H2396 - 2396, Washington D. C.: United States Government Printing Office, 2001.

② Ibid. .

③ 参见国会记录，http://clerk.house.gov/evs/2001/roll145.xml。

④ ［美］保罗·彼得森：《联邦主义的代价》，段晓雁译，北京大学出版社 2011 年版，第 36 页。

在国会，你可能基本上不会准确地得到你想要的，并且在这个法案中，我认为两党达成了一个好的妥协，这将帮助我们的孩子和我们的学校。……这部法案增加了资金使用上的灵活性、对学生成绩上的责任以及为父母提供了更多的选择。这是一个对学生、父母及学校的多方共赢（win - win - win）的法案。……我也十分高兴最后的法案版本允许教育中来自公共的、私人的或以信念为基础的组织提供补充性的服务。①

虽然人们认为，对在限定期限内无法获得改进并达标的学校予以重建或交给其他组织托管或许有些激进，但若是为了孩子，他们也能够接受。总之，为了改变学生多年进步缓慢的教育局面，他们都能够实现妥协和合作，也都能接受联邦政府更大的对结果进行控制的权力。只是，人们最担心的是，是否有足够的资源和技术来实现法律的要求和目标。

在参议院的法案讨论中，明尼苏达州民主党参议员保罗·维尔斯通承认，这次对 ESEA 的重新授权可能是本届国会采取的最重要的步骤，以影响最关键性的国家利益，即孩子的教育。② 他指出：

我已经给予了充分的关注、付出了一定的努力，以改善这部法律。那是因为我相信，自从委员会考虑这个法律以来，它包括了一些重要的缺陷。同时，我们已经在一些重要方面改善了这部法律，并且加入了一些实质性的联邦资助教育的新承诺。依我之见，这些改善，加上在协商中的更进一步的完善，超过了我个人的保留意见。因此，虽然在协商中我许诺继续要求尽力完善这个政策并保证足够的资金资助，但是我今天投票赞成这部法律。一段时间以前，我反对过这部法律，主要是因为缺乏足够资源。那个问题保留在我最深

---

① Congress Senate, *No Child Left Behind Act of* 2001, 107th Congress, 1st Session, Congressional Record, Vol. 147, No. 176（December 18, 2001）, S13365 - 13422, Washington D. C. : United States Government Printing Office, 2001.

② Congress Senate, *State of Public Education*, 107th Congress, 1st Session, Congressional Record, Vol. 147, No. 83（June 14, 2001）, S6363 - 6367, Washington D. C. : United States Government Printing Office, 2001.

刻的顾虑和思考之中。①

资助力度不够，联邦对教育的承诺资金不足，可能是他曾经最重要的考虑之一。另外，他也代表性地提出了对 NCLB 条款的其他一些顾虑和异议，主要是针对授权性考试领域和关于实现绩效承诺的责任。法律条款中所要求的年度进步和到 2014 年 100% 的学生达到完全精通，必然需要更多的资金，这是所有学生平等机会的保证。

我的观点是，如果我们在联邦层次继续坚持来自州、地区和学校及学生的责任，那么我们必须对这样的原则负责任，即每个学生应该有平等的实现成功的机会。那就意味着我们必须充足地配备资金，以实现联邦项目，比如第一条、《美国残障人士教育法案》（Individuals with Disabilities Education Act，IDEA）和其他，这些都致力于为所有学生提供平等机会。我们知道，并非每个学生都能上学并乐于学习。

针对联邦要求的每年对 3—8 年级学生进行年度考试的计划，他表明了其最深的顾虑：

其实，我反对这些条款。我提供了一个修正案，即如果没有足够的第一条项目资金提供的话，可以免除考试。我赞同这样的修正案，即允许各州不执行这些考试，这样在成绩表现最差的学校，可以把这些用于考试的经费用于其他方式以促进孩子成绩。……我继续相信联邦授权的，要求每个学生参加考试是一个错误。如果它被执行，我相信我们将会后悔。我说"如果"，是因为我希望参议院将在 2005 年之前意识到它的错误，2005 年是这样的考试要求开始进行的时间。我仍然坚持，允许各州使用这样的考试只是作为诊断目的，而不是作为满足年度标准的测量方式。我希望在这次会议上，能够

---

① Congress Senate, *State of Public Education*, 107th Congress, 1st Session, Congressional Record, Vol. 147, No. 83（June 14, 2001）, S6363 - 6367, Washington D. C.: United States Government Printing Office, 2001.

针对这类问题对法律作出改变,如果不能实现改变,我相信在国会中的我们,以及各州和公众可能会拒绝接受这样的考试。我认为它们是不需要的(unneeded)、多余的(unwanted),甚至最为可能的是有害的(detrimental)。①

这种意见不是对考试的完全抵制,而是担心各州无法真正实施,担心法律的真正效果。他继续指出:

针对1994年ESEA的重新授权立法的考试和评价,我们就没有完全执行。现在我们正在怀疑这些更进一步和更严格的要求。我们没有机会检查那些1994年改变所产生的影响,因为只有11个州完全遵守了1994年的法律。从我们能够看到的内容来看,证据似乎意味着,我们应该思考这些考试是如何执行的,它们对学生学习的影响是什么。

他还继续引用了一些报告来证实执行考试所带来的问题,比如许多州使用单一考试,经常是多项选择题考试,来评价考试结果。虽然这些考试可能在州评价体系中拥有重要的位置,但是他们很少或者几乎没有抓住州课程内容标准中所反映的知识的广度和深度。也就是说,"为教学和责任目的,急切需要更好的评价方式"。显然,他的观点,也并不是反对对学生的成绩评价,只是指出了单纯依靠考试所面临的问题。他也引用了一个研究委员会报告的内容。这份报告甚至是由一个为经济发展之目的而强烈赞同考试的委员会所发布的。这份报告称,"关于考试的政策和公共期望,超过了考试本身的技术能力"②,也就是说,过多的考试会实质性地破坏真正的学习。"考试不能真正地反映学生学习中的真正收获。"一旦考试和基于考试的评价成为教学的核心任务,这将会导致主要的问题:应付考试将成为教育的主流。特别是,用这样的考试来比较学生之间的成绩差距,以及来评价学校的成功和失败并给予奖励和惩罚,

---

① Congress Senate, *State of Public Education*, 107th Congress, 1st Session, Congressional Record, Vol. 147, No. 83 (June 14, 2001), S6363 - 6367, Washington D. C.: United States Government Printing Office, 2001.

② Ibid..

也将面临严重的问题。因为：

> 在保证每个学生拥有同样的机会争取在考试中表现良好方面，我们做得太少了。这是一个关于公平的问题。没有给予更多的资源资助低收入学校以保证他们发展帮助他们的孩子做得更好的能力，这将只能导致更多孩子的失败。在因为他们的较差成绩而惩罚这些学生和这些学校方面，我担心我们是过于盲目地混淆了他们的失败和我们自己的失败。[1]

他指出了考试确实不能解决一切问题。考试应该有它的位置和局限性。"我的考虑和担忧很多，并且这些都是深层次内容。但是我也认识到这个法律有足够的改善空间，正如它所呈现的，有其大量的优势。"他指出，需要不被滥用的高质量的考试，考试应该最为准确地反映学生所学，而不是他们都记住了什么。通过加大联邦资助，改善考试质量，或许他在这个问题上能够妥协。

> 高质量的考试和对考试的更公平的使用是必要的，因为低质量的考试能够导致不值得的、不准确的评价，并且也会破坏我们在真正的责任和高标准方面的努力。更进一步说，我们想避免错误地使用考试所带来的负面结果，比如为了考试而教，教师逃离教学领域。我们也不得不保证测试和评价学生的学习深度和创造力。我们的测试要实质地反映学生都被教了些什么，并且我们不能仅仅在某一个时间点上测试，而应该是针对跨时段的、多维度的测试。[2]

因为各种原因，与之相关的修正案是采取刺激性的奖励资助，也就是奖励那些尽快完成了评价体系及发展了最高质量评价体系的州，以激起各州的智慧和主动性。在此基础上，他提出资助国家教育研究委员会来研究考试政策对学生、教师和课程的影响是什么，从而为政策制定者

---

[1] Congress Senate, *State of Public Education*, 107th Congress, 1st Session, Congressional Record, Vol. 147, No. 83（June 14, 2001）, S6363-6367, Washington D. C.: United States Government Printing Office, 2001.

[2] Ibid..

提供服务，使他们能够更好地理解考试是如何作为孩子教育的积极工具的。

在参议院的争论中，其他的细节还包括哈金修正案（Harkin amendment），意欲提供更充分的授权资金给 IDEA，也就是为更多的残障学生提供更多资金，以保证公平。要体现出教育中更多的公平和平等，各州必然面临着更多的发展资金压力，在这一点上，联邦政府应该重视，并加大资助力度。民主党的支持，依然是基于加大联邦资助力度的。

在这次讨论中最后的问题是关于教师质量保证和父母的参与。虽然责任条款和评价机制是小布什竞选时提出并包含在 NCLB 草案中的内容，但是"高质量教师"条款并没有被包含在其中。要求所有学生都由高质量教师来教学，这一对全国学校高质量教师的强调是立法过程中共和党人和中间派民主党人一致商议，特别是资深民主党人、众议院教育和劳工委员会主席乔治·米勒等人积极支持的结果。[1] 保罗·维尔斯通继续指出：

> 我特别高兴参议院已经采用了我和哈奇森（Hutchison）、爱德华·肯尼迪等参议员所建议的建立一个全国教师队伍计划（Teacher Corps Program），来帮助各州和地区招募教师进入全国最缺乏教师的学校。教师短缺带来的危机和问题是最尖锐的。研究显示，学生成绩提高方面最重要的因素在于教师的质量，但是在城市学校未获得职业标准的教师比例是全国总比例的两倍。在低收入地区，每年有 50000 个未获得职业资格标准的教师被聘用。我想为爱德华·肯尼迪所做的工作而欢呼，他在教师质量方面所做的工作比其他人都多。

赞成者坚信，高质量的教师是保证学生接受平等教育、缩小甚至闭合学生成绩差距鸿沟的关键。1997 年美国教育部报告称，25% 的被聘新教师未满足特定的资格条件，在城市贫民区这一数据达到 75%。[2]

父母的参与，也是这一次考虑的问题。父母的参与，对学校的改善

---

[1] Frederick M. Hess, Michael J. Petrilli, *No Child Left Behind: Primer*, New York: Peter Lang, 2006, p. 64.

[2] Ibid.

有着重要的意义。当家庭参与教育过程，学生将有更好的成绩和考试分数、更高的入学率和更多的家庭作业、更积极的态度和行为、更高的毕业率等。

显然，在参议院的争论，不是关于 NCLB 是与否的问题，而是关于如何让其更好地发挥作用和取得更好效果的问题。2001 年 6 月 14 日 NCLB 在参议院以 91∶8 获得通过，1 人弃权。虽然仍然有一些需要争论的问题，比如教育券等，但在两院联合会议中，也达成了基本的一致，即求同存异。教育券计划未能获得最后通过，留给各州自行决定；但是，公立学校的选择权利实现了。总之，这次立法的通过是多方妥协的结果。在 2001 年 12 月 13 日众议院以 381∶41，在 12 月 18 日参议院以 87∶10 的结果最终获得通过。

经过协商和妥协，联邦政府的权力在这次立法中得以充分实现。NCLB 直接建立在 IASA 的要求上，第一条依然是法律的核心。在每个州，必须对所有学生要求一致高标准和评价体现为以下三个方面：(1) 到 2014 年所有学生在阅读、数学、科学课程方面必须达到按照熟练标准设置的学术能力。(2) 在每年每个学校，学生适当的年度进步增长率必须提高，最终到 2014 年达到熟练程度标准。(3) 年度进步增长率的要求，对所有学生一视同仁。对不满足年度进步的学校采取的惩罚有：(1) 连续两年没达到 AYP (adequate yearly progress) 标准的第一条项目资助学校将被视为需要提高的学校。学校官员将提供一个两年的计划来扭转学校的局面，地区教育管理机构将保证这类学校得到必需的技术支持，在这类学校发展和执行此类提高计划的过程中，学生有转到其他更好学校去的选择权。(2) 如果这个学校连续三个年度未能达到 AYP 标准，它将保持在需要提高的学校之列，这类学校所在的地区必须持续提供给所有学生公共学校的选择权，特别是对于来自低收入家庭的学生。(3) 如果连续四年不达标，地区必须采取必要的纠正行动来提高学生成绩，比如更换特定管理人员、师资，实施标准课程，同时也要相应给予足够的公立学校选择权和为低收入者提供教育辅助服务。(4) 第五年还不合格的学校将被撤销，并换掉所有师资，移交给州或者能提供有效管理记录证明的私营公司。

与 NCLB 相一致的其他要求是，从 2005—2006 学年开始，所有的州都必须每年对 3—8 年级学生的数学和阅读进行测试，作为测量年度进步

AYP 标准的基础；对 10—12 年级学生的阅读和数学至少测试一次；到 2007—2008 学年各州必须对 3—5、6—8、10—12 三阶段学生进行科学科目测试至少一次。所有的考试必须和州学术标准要求相一致。每个州必须每隔一年从 4 年级和 8 年级学生中取一个测试结果样本，参加阅读和数学科目的全国教育进步评价考试，作为各州之间考试结果比较的数据。①

---

① Learning First Alliance,"Major Changes to ESEA in the No Child Left Behind Act", http：// www.learningfirst.org.

第八章　更严格的要求与国家能力的限度：代结束语

20世纪六七十年代过分强调政策制定，忽视了政策产出和结果，忽视了政策目标的实现需要政策得到严格执行，20世纪80年代以后的美国联邦教育政策旨在强调政策的执行和落实。《美国2000》只是贡献了政策的某些思想，而《2000年目标》虽然通过了国会立法，但是它的执行情况也不太理想。NCLB是一部基于行动理论的立法，依靠责任体系促进政策目标的实现。[①]

从国家权力和公共政策发展过程来说，它们之间的相互加强是一种必然的趋势。即使遵循路径依赖的权力强化逻辑，国家权力的增长也不可能是无限的，因为美国拥有为约束权力而设计的宪政体制和历史地形成的对国家权力时刻保持警惕的政治文化。虽然奥巴马针对教育问题提出了更为严格的要求，但是这也是以给予各州充分灵活性作为交易的结果。标准的制定权仍然属于各州，具体的执行和教育中其他最为核心的功能性领域仍然由各州具体操作。

第一节　NCLB政策执行中的问题

第一条（Title One），这个美国教育政策最大的项目，是为资助学区，为它们提供经费来提高贫困学校学生的教育质量的。第一条的重新授权主要表现在，NCLB是建立在原来更早法律的基础上，但是加入了更高标准、更严格的评价和责任机制。这个新的法律要求各州发展与州标准相

[①] Frederick M. Hess and Michael J. Petrilli, *No Child Left Behind: Primer*, New York: Peter Lang, 2006, p.21.

匹配的评价系统，并且使用这些基于评价的成绩作为地区和学校实现责任的方式，其目的是保证所有学校取得年度进步，最终让所有学生到2014年在阅读和数学上达到完全精通。相应地，这个法律给予所有成功取得足够进步的第一条项目资金的学区和学校特别的奖励。同时，给予那些不能取得进步的学区和学校予以惩罚。不过，从 NCLB 立法通过到2016年，在执行这个法律的过程中确实存在着这样和那样的问题。

一 目标难以实现

在2002年 NCLB 经签署生效之后，各州就和教育部商谈如何设计他们的考试系统来对3—8年级学生的阅读和数学进行每年的评价，以及高中阶段阅读和数学科目上需要的一次评价。他们也必须设计他们的学校和学区需要每年实现的年度进步目标。为了到2013—2014学年在阅读和数学上达到100%的精通，不同的州设定的进步速度不同。比如，加利福尼亚州设定，他们初中阅读考试最初的年度可测目标是能有13.6%的学生达到精通，2004—2005学年增加到24.4%，2005—2006学年增加到35.2%，在后续六年内每年需要增加超过10%才行。相比而言，南卡罗来纳州在法律开始执行的第一个学年即2002—2003学年，设定33.3%的比例，在2005—2006学年达到52.3%，这样在2008—2009学年增加到71.3%，而2011—2012学年和2012—2013学年增加到90.3%。[①] 真要取得按照计划的年度进步和最终实现全部学生阅读和数学科目上100%的精通，对于很多州来说是困难的。如果不能实现，等待它们的将是2013—2014年的惩罚。

美国教育政策中心数据显示[②]，在2011年全国近50%的公立学校不能取得年度进步，而2010年这个数据是39%。在24个州和哥伦比亚特区内，至少一半的公立学校不能取得年度进步。而在大多数州（43个州与哥伦比亚特区），至少有25%的学校没有达到年度进步指标。在公立学校，未能取得年度进步的比例各州不同，从威斯康星州的11%到佛罗里达州的89%。美国教育政策中心根据2012年11月更新后的数据，对

---

① David J. Hoff, "Steep Climb to NCLB Goal for 23 States", *Education Week*, Published Online, June 2, 2008.

② AYP Results for 2010 – 11 – May 2012 Update, Center on Education Policy 2010—2011.

2011年各州年度进步的情况进行了再次统计[①]（见表8-1）。这一次怀俄明州未取得年度进步学校的比例是7%，情况最好；而佛罗里达州未能取得年度进步的学校占91%，情况最糟。依照这种趋势，要在2014年取得最终目标，对于绝大多数州来说，是不可能的。

表8-1　　　美国各州2010—2011年度进步情况统计

州	未实现年度进步学校比例（%）	取得年度进步学校比例（%）	未取得年度进步学校数（所）	学校总数（所）
美国总比例	48	52	43942	91618
亚拉巴马	27	73	366	1381
阿拉斯加	54	46	273	503
亚利桑那	42	58	814	1938
阿肯色	35	65	380	1075
加利福尼亚	65	35	6465	9871
科罗拉多	58	42	1001	1714
康涅狄格	47	53	452	964
特拉华	22	78	44	201
哥伦比亚特区	87	13	166	191
佛罗里达	91	9	3449	3776
佐治亚	27	73	613	2246
夏威夷	59	41	169	287
爱达荷	38	62	252	662
伊利诺斯	67	33	2548	3807
印第安纳	49	51	895	1837
爱荷华	26	74	354	1363
堪萨斯	16	84	217	1366
肯塔基	57	43	651	1148
路易斯安那	22	78	283	1282
缅因	63	37	380	602
马里兰	45	55	614	1375

①　AYP Results for 2010-11-November 2012 Update, Center on Education Policy, 2010—2011.

续表

州	未实现年度进步学校比例（%）	取得年度进步学校比例（%）	未取得年度进步学校数（所）	学校总数（所）
马萨诸塞	82	18	1502	1824
密歇根	15	85	523	3409
明尼苏达	55	45	1231	2250
密西西比	48	52	425	891
密苏里	75	25	1656	2202
蒙大拿	28	72	228	821
内布拉斯加	27	73	260	952
内华达	53	47	335	629
新罕布什尔	71	29	326	458
新泽西	53	47	1235	2314
新墨西哥	86	14	718	831
纽约	47	53	2165	4589
北卡罗来纳	72	28	1827	2533
北达科他	53	47	245	461
俄亥俄	40	60	1454	3628
俄克拉荷马	30	70	526	1777
俄勒冈	46	54	586	1270
宾夕法尼亚	25	75	769	3096
罗德岛	19	81	55	296
南卡罗来纳	76	24	851	1126
南达科他	17	83	113	667
田纳西	49	51	793	1635
得克萨斯	28	72	2190	7826
犹他	24	76	236	981
佛蒙特	72	28	217	301
弗吉尼亚	61	39	1126	1847
华盛顿	62	38	1356	2203
西弗吉尼亚	48	52	361	757
威斯康星	11	89	223	2107
怀俄明	7	93	24	348

二 经费不足

在执行 NCLB 过程中,不仅为帮助处境不利学生提高成绩、缩小他们与其他富裕家庭学生之间的差距,而且对考试和评价系统等联邦教育条款的执行,都需要更多的资金。这对州和地区管理者的能力是个严峻的考验。虽然在第一年度,即 2002—2003 学年只有小部分学校被识别为需要改善的学校,并获得了加强性帮助,但之后不断识别出更多需要改善的学校。例如,虽然在 2002—2003 学年所有学校中只有 6% 的处于需要改善的地位,但是紧接着的一年却有 22% 的学校未能取得年度进步。[1]

从美国教育统计数据来看,2000—2001 学年、2001—2002 学年,联邦教育经费在整个教育经费中的比例分别为 7.3% 和 7.9%,依然保持相对低的比例。相对于联邦较少的资助而言,执行 NCLB 所需经费是巨大的。比如,在 2006—2007 学年,为了在 3—8 年级发展阅读和数学评价,各州平均花费 960 万美元;而为了管理 NCLB 中要求的针对 3—8 年级学生阅读和数学的考试,各州平均为每位学生花费 25 美元。[2] 一些抱怨者甚至开始指责,教育中的成绩差距等不平等问题难以解决,本身就是联邦政府资金不足所致。[3] 俄亥俄、弗吉尼亚、犹他等州已经质疑由 NCLB 立法所产生的"资金配置不足的授权",甚至爱德华·肯尼迪和其他的民主党国会议员都指出,为执行 NCLB,满足法律要求,联邦资助经费是不够的。[4] 一位学区监管者也指出:

> 美国教育不为人知的一面是,允许社区之间存在广泛的资源不平等。这些不平等意味着处于最贫困之中的孩子拥有最少的资源,而那些最有优势地位的人被给予更多的支持。虽然美国在重视孩子方面具有世界话语权,但是在重视孩子的实际行动方面,它经常不

---

[1] "From the Capital to the Classroom: Year 2 of the No Child Left Behind Act", Washington, DC: Center on Education Policy, 2004.

[2] U. S. Department of Education, "State and Local Implementation of the No Child Left Behind Act", a report from the National Longitudinal Study of No Child Left Behind (NLS – NCLB) and the Study of State Implementation of Accountability and Teacher Quality Under No Child Left Behind, 2010.

[3] Margaret E. Goertz, "Implementing the No Child Left Behind Act: Challenges for the States", *Peabody Journal of Education*, Vol. 80, No. 2, 2005, pp. 73 – 89.

[4] Ibid. .

及其他发达国家。美国倾向于把资源用于救济,而不是治疗。[①]

因此,美国孩子之间成绩的差距,是综合性因素引起的结果,不是简单的经费问题。比如,学生的卫生保健、居住模式(邻里社区关系)、家庭收入水平以及其他或许更为复杂的因素,都会影响学生在学校的成绩表现。不过资金不足确实成了 NCLB 执行中必须面对的现实关键问题。

2008 年 1 月 7 日,美国联邦第六巡回法庭上诉庭裁决,NCLB 的授权违反了"未备资金授权条款"(Unfunded Mandates Provision)。[②] 加州学校管理者协会工作组主席拜坦多(Steve Betando)认为,这个裁决对于加州学校和学区来说是一个好消息,联邦法律需要配备足够资金。如果联邦不为这个法律支持资金,那么这个法律中的任何条款都不可能用来要求为之花费资金,也不可能用此授权而承担任何成本。

实际地,各州为了完成年度进步目标,把大量其他方面的资金用来应付考试。有人认为,国会已经五年没有实现足够配备资金了,即 2002—2006 年比 NCLB 所授权应拨款少了 308 亿美元,这就意味着学区必须补上这一差额。[③] NCLB 资助不够的问题困扰着联邦政府。2010 年 7 月 1 日,联邦最高法院驳回了全国教育协会提出的要求在密歇根州庞蒂克城市学区诉邓肯教育部长(School District of the City of Pontiac [MI] v. Duncan)一案中按照第六巡回法庭上诉庭中的裁决作出判定,即认为 NCLB 是未充分配备资金的法律。NEA 声称,如果所资助的经费不能补偿全部遵照执行所需的成本的话,NCLB 不能要求接受了第一条项目资助的州和学区遵守此法的法律规定。[④] 也就是说,他们认为,如果经费资助不够,州和地方学区可以不遵照执行。虽然最高法院坚定了严格执行的法律要求,但因为经费配置不足,可能也会面临着更多的执行问题和诉讼问题。

---

① Paul Houston, "Superintendents for the 21 Century", *Phi Delta Kappan*, February 2001.
② 见《和美国的协约:未备经费的规定》,即 *Contract with America: Unfunded Mandates*。
③ "Ruling: NCLB an Unfunded Mandate", Association of California School Administrators, http://www.acsa.org/FunctionalMenuCategories/Media/EdCalNewspaper/2008/January21/RulingNCLBanunfundedmandate.aspx.
④ "No Child Left Behind Act: Not an 'Unfunded Mandate'", Posted by Kent Talbert on June 21, 2010, http://www.educationlawreview.com/k-12-education/court-cases/no-child-left-behind-act-not-an-unfunded-mandate/.

三 其他的正负影响

NCLB 的焦点在于要求学校对学生考试成绩负责。它提高了对处境不利学生的标准和期望，希望缩小甚至闭合他们与条件较好的学生的成绩差距，通过联邦政府财政杠杆和相关奖惩措施实际地加强了政策执行，也调整了教学标准，改善了教学重点，希望从根本上扭转美国学校形势。应该说，从 2004 年开始，效果不断凸显，比如教学中不断加强学习的内容，提高教学效率和资源配置效率，一定程度地降低了成绩差距，改进了教学方法，降低了无效途径的应用。[1]

但是，美国标准化考试和专门对几门课程的强调确实带来了很多负面影响。比如，对语言和数学两门课程的重点强调，缩小了教学重点，只是聚焦于考试重点科目，甚至为了提高重点学科成绩而牺牲其他非考试科目的时间；伴随着重复出现的考试失败的是学术败坏、学生成绩作假；与成绩提高期待相伴随的是学生、教师和父母的焦虑；诸如欺骗之类的腐败，以及为应付考试而教学，而不是按照学术标准教学；不适当地资源配置，诸如专门聚焦临界段[2]（near the cutoff）学生投入，而忽略远离临界段水平学生；单一依靠考试成绩数据，以此作出高风险决策。[3]

在 2006 年 11 月，以詹宁斯为代表的美国教育政策中心研究者也总结了 NCLB 给美国教育带来的十个重要方面的影响。[4] 第一，州和地区官员报告称，在州考试方面学生成绩正在上升。第二，学校正在花费更多的时间在阅读和数学上，以达到要求考试的两门功课的成绩和满足责任，但 71% 的地区小学正在降低花在其他学科上的时间。第三，学校正在课程和教学的匹配上给予更多的关注，并更紧密地分析考试分数数据。第四，低绩效学校正在经历改造而不是最激进的重建。更多密集的变化正发生于那些五年内持续地没有取得年度进步而需要被重建的学校。更多

---

[1] Jeffery P. Braden, Jennifer L. Schroeder, "High – stakes Testing and No Child Left Behind Information and Strategies for Educators", National Association of School Psychologists, 2004.

[2] 意指专注于那些投入时间、精力之后可能马上产生巨大提升效果的学生，忽视那些成绩极差、短时期难以得到提升的学生。

[3] Jeffery P. Braden, Jennifer L. Schroeder, "High – stakes Testing and No Child Left Behind Information and Strategies for Educators", National Association of School Psychologists, 2004.

[4] John Jennings, "Ten Big Effects of the No Child Left Behind Act on Public Schools", Center on Education Policy, November 2006.

地致力于提高课程、加强师资员工和加强领导,这是最普遍的改变。它们很少被州接管,或者转变成特许学校。第五,学校和教师已经取得了重大的进步以证明教师满足了 NCLB 学术资格要求,但是许多教育者怀疑这是否确实地改善了教育质量。第六,学生正在参加越来越多的考试。第七,学校正在对成绩差距以及对特别群体的学习需要给予更多的关注。第八,随着年度增加,在各州"需要改进"学校名单榜上的学校比例稳定。第九,联邦政府在教育中正在发挥更大的作用。第十,NCLB 要求意味着州政府和学区已经扩大了它们在学校运转中的角色,但是经常没有足够的联邦资金来实践这些责任。

在 NCLB 执行中,确实取得了一些成绩,比如强调了各层次政府的责任,激起了对学术成绩以及缩小成绩差距、保证资源公平的关注,充分发挥了各层次政府的能动性和主动性等。但是,资金不够和基于考试的严格要求的责任,使各层次政府的压力过大,抱怨之声也逐渐多起来。并且简单依靠考试,带来了对责任的应付,为了考试成绩而教学,从而扭曲了教育的根本目的。从各种研究结论来看,NCLB 所产生的影响是正反两个方面的。不过,因为不同学者采用的数据不同,得到的某些结论可能会存在一些偏差。

第二节 国家能力的限度

在 NCLB 之前,联邦政府在标准和评价等问题上只是作出一些规定,具体的控制权在各州。但从趋势上来看,联邦政府的权力是不断加强的。

在自愿性前提下,各州在执行政策和完成联邦政府规定的目标方面表现得并不好。他们实际地降低了对处境不利学生的要求和期望值,脱离了美国中小学教育政策的初衷,即缩小处境不利学生和其他学生的差距[1],以提高美国整体教育水平。2001 年,只有 17 个州能够满足在规定

---

[1] http://www.studentpulse.com/articles/337/no-child-left-behind-a-failing-attempt-at-reform.

期限内为所有学生设立测试阅读和数学的评价系统。①

为了实现国家利益和政策目标，教育政策中国家政府的权力不断加大，这一点在 NCLB 政策规定和具体的政策执行中表现得非常明显。在 NCLB 十多年的发展中，虽然遭到很多人的指责和反对，但国家对标准、考试和责任提出了更为严格的要求，只是更为合理化地保证灵活性。联邦、各州以及各地区都在教育中发挥着越来越重要的作用，教育已经变成联邦规制和公众支持的全国性事务。也就是说，教育政策上越来越体现为高度中心化和国家化。

2011 年，甚至有学者估计，按照奥巴马的政策发展趋势，将来的孩子可能会被要求满足全国标准和基于这个标准的全国性考试。② 因此，随着国家权力增长和扩张，政策将变得更为聚焦、更具控制性和广泛性。教育部长邓肯（Arne Duncan）在 2009 年的一次新闻发布会上，在谈论不断增长的联邦角色在立法上如此广泛的特征以及联邦对一项州和地方政策和制度的期望时强调：

> 今天，我向你们所有人呼吁：和我们一起建立有改革能力的教育法，为每个孩子保证他们想要的和需要的教育。这样一部法律承认并加强联邦政府的适当角色，来支持和驱动州和地方层次的教育改革。③

2013 年，《不要期待国会结束 NCLB 的考试—惩罚核心原则》（Don't Expect Congress to End Test-and-Punish Core of NCLB）一文指出："不幸的是，虽然面临着不断增加的抱怨和指责，即使也有由大量研究结论所支持的希望对 NCLB 进行根本改变这一不断增长的公众需求，国会两院也

---

① M. Cohen, "Implementing TitleI Standards, Assessments and Accountability: Lessons from the Past Challenges for the Future", Paper Prepared for Will No Child be Left Behind? The Challenges of Making this Law Work, a conference sponsored by the Thomas B. Fordham Foundation, Washington, DC. (ERIC Document Reproduction Service No. 473713), February 13, 2002.

② Edited by Douglas E. Mitchell, Robert L. Crowson, Dorothy Shipps, Shaping Education Policy: Power and Process, New York: Routledge, 2011, p. 161.

③ Ibid..

将不会撤销 NCLB 法案的考试—惩罚这个核心。"①不过,文章也指出,国家已经对社会的抵制作出了适应性反应。

可以说,奥巴马的政策和小布什的政策没有什么根本不同,甚至还更进一步加强了其严格的要求。2009 年 3 月 11 日《华盛顿邮报》指出,奥巴马总统对教育的现状进行了批评,他呼唤奖励好教师,撤换坏教师,呼吁建立统一的学术成绩标准,要求加大教育资金的投入。② 为了更加严格地强调 NCLB 以及激励学校教师和校长达到政策目标,2009 年国会和美国教育部,通过一个名为"力争上游"(The Race to The Top)的项目,为所有的州建立了竞争性的资助计划。作为接受资助的资格条件,各州需要把学生考试成绩数据与对教师的质量评价密切联系起来,其目的是使每个教师负起 NCLB 要求的责任。奥巴马加大了奖励的力度,以鼓励各州创新性地提高教育质量,如建立以绩效为基础的标准(年度专业绩效评估)、遵守共同核心标准、解除对特许学校的限制、扭转绩效最差学校的成绩和建立数据系统等。

奥巴马也加强了对 NCLB 的执行要求,并对教师质量进行更为严格的评价,而把最根本的责任都转移到学校。比如,依据学生的考试成绩来判断教师的质量,不合格的教师将被劝退。2010 年,罗得岛州的一个学校委员会就投票赞成解雇整个森特勒尔·福尔斯高中的全体教职员工,其中 77% 的是教师。而在佐治亚的萨凡纳,为了达到州资助的 600 万美元的资助条件,一下子就解雇了比奇(Beach)高中 200 个教师员工。③ 还比如,2009 年,哥伦比亚特区教育局长米歇尔·里(Michelle A. Rhee)发起了一个严厉的评价体系,为了使哥伦比亚特区教师成为全国一流,而把他们的工作保障与标准化考试联系起来。使教师为学生的进步负责,是米歇尔·里议程的基石,也是全国范围内教育改革者的目标。他们主张,最好的提高学校教育的方式是连续不断地监督和改善教师绩效。"附加价值或叫价值累加"(value added)——教师为学生在考试上所做的贡

---

① Valerie Strauss, "Don't Expect Congress to End test – and – Punish Core of NCLB", *Washington Post*, June 5, 2013.
② Scott Wilson, "Obama Criticizes U. S. Schools, Calls for Reform", *Washington Post*, Wednesday, March 11, 2009.
③ Steven Greenhouse and Sam Dillon, "School's Shake – up Is Embraced by the President", *The New York Times*, March 6, 2010.

献——相比于 NCLB 绝对数字目标来说，是一种更有意义的进步指示器。米歇尔·里认为："学术进步只能由增长来测量，通过使用增值分析，就能够辨识和奖励每个老师在学校中所做的贡献。"[①] 在这种依靠学生成绩来对教师的评价系统中，越发体现出一种量化评价的逻辑，米歇尔·里精心制作了一个叫作 IMPACT 的评价系统，投资 400 万美元以作奖励来执行这个监控系统，以对教师进行评价，其中包括对学生上课出勤率、学生理解课程内容的检查。把教师绩效转化为 100—400 个点位和分值区间，低于 175 点的教师将被开除。

这种依靠统计数字为基础的评价系统，受到了华盛顿特区教师联盟的质疑。"这种方式简直就是惩罚性的，是开除努力奋斗教师的工具，而不是为了真正的提高。"还指出，对教师评价的数据信息应该是广泛的，需要收集教学过程的综合信息，比如应该包括教师为课堂准备材料的文档，还包括专业发展和进步的程度。[②] 虽然在设计和执行过程中学校管理者也与教师进行了一些沟通，但他们之间根本不是谈判，相当于没有征求教师的意见。

米歇尔·里在 2010 年 7 月 23 日宣布，她已经解雇 241 名教师，包括 165 个在一个新的评价体系之下获得差评的教师。[③]米歇尔·里认为，每一个学校的学生都应该享有高质量的教师。但是，这样的做法也激起了哥伦比亚特区教师联盟的极大不满。然而，除非教师联盟能够证明评价过程中的程序性错误，否则这样的恶劣做法通常无法得到上诉。

要求更为严格的责任，最直接的受害者就是教师；不断出现的教师被解雇现象，极大地侵犯了教师的利益。这样的解雇必然会激起新一轮的争论。人们的质疑，不是否认对教师评价的需要，而是质疑把学生分数作为评价教师的单一标准这一方式的合理性。比如，考试是否能够反映教育的现实状态，考试是否能够准确地反映学生所学的知识和技能，单纯地强调考试是否会扭曲教育的真正目的，是否会让老师和学生变成

[①] Bill Turque, "D. C. Launches Rigorous Teacher Evaluation System", http://www.washingtonpost.com/wp-dyn/content/article/2009/09/30/AR2009093004729.html.

[②] Kenneth D. Peterson, Christine Wahlquist, Kathie Bone, Jackie Thompson and Kaye Chatterton, "Using More Data Sources to Evaluate Teachers", *Educational Leadership*, Vol. 58, No. 5, February 2001.

[③] Bill Turque, "Rhee Dismisses 241 D. C. Teachers, Union Vows to Contest Firings", http://www.washingtonpost.com/wp-dyn/content/article/2010/07/23/AR2010072303093.html.

一个应付考试的机器。

2000年所做的盖洛普民意调查显示,公众希望把教师的工资与学生成绩挂钩,但是公众希望学术成绩应结合学生所做的各种工作和教师自编测验与标准化考试等各方面综合判断,而不仅仅凭借标准化考试。结果表明,赞成综合性考试的占41%,赞成各种途径一并加以考察的占44%,而主张单一性依靠标准化考试的只占13%。① 在2013年,盖洛普民意调查结果显示,民众认为在过去十年考试的增加要么伤害了学校,要么认为没有起到什么作用。学生的标准化考试分数不应该用来评价教师,教师的评价应该留给公众。② 虽然那些标准将与新的学生评价体系相随,但公众认为,增加的考试更多的是伤害而不是帮助美国的教育。36%的受访者认为,考试正在伤害学校绩效;41%的人认为,考试没有起到什么作用;仅有22%的受访者认为,增加的考试帮助了地方学校成绩提高,而在2007年这一数据是28%。③ 调查者认为,美国人支持特定的关键理想和目标,但是不理解正在进行的为提高学生成绩而采取的赶超性战略与举动,而有人甚至要求地方和国家领导者必须解释他们正在做什么和为什么这么做。公众不断增加的对使用学生的标准化考试成绩对教师进行评价表示担忧,58%的受访者表示反对使用这种标准化考试的结果来评价老师,而这一数据在2012年是47%。这种对考试的执迷,会影响美国教师和学生的创造力。随着对教师更为严格的要求,教师联盟组织已经表达了他们极大的不满,虽然他们也支持NCLB中的很多目标,比如提高学生成绩、闭合成绩鸿沟。NEA主网站显示,他们强烈支持这些目标并致力于为所有学生提供优质公共教育。④

虽然两党成员很多已经意识到NCLB执行中的问题,需要修改,但是

---

① Lowell C. Rose, Alec M. Gallup, "The 33th annual PDK/Gallup Poll of the Public's Attitudes Toward the Public Schools", *Phi Delta Kappan*, Vol. 83, No. 1, 2001, p. 41.

② William J Bushaw, and Shane J. Lopez, "Which Way Do We Go?" The 45th annual PDK/Gallup Poll of the Public's Attitudes Toward the Public Schools, *Phi Delta Kappan*, Vol. 95, No. 1, 2013, pp. 9 – 25.

③ Poll Finds Big Public Disconnect Between Views on School Testing, Push to Common Core State Standards, 45th Annual PDK/Gallup Poll Shows "A Nation Confused", Aug. 21, 2013.

④ http://www.nea.org/home/NoChildLeftBehindAct.html.

第八章 更严格的要求与国家能力的限度：代结束语

进展非常缓慢。① 奥巴马和邓肯可能也意识到考试所带来的副作用，也意识到 2014 年不可能实现 NCLB 的目标，在 2011 年 9 月，奥巴马总统授权第一批 10 个州，即科罗拉多、佛罗里达、佐治亚、印第安纳、肯塔基、马萨诸塞、明尼苏达、新泽西、俄克拉荷马和田纳西，获得豁免权，它们不需在 2014 年实现 NCLB 所要求的学生阅读和数学达到 100% 这一目标。作为对这种灵活性的交换，这些州"已经同意提高标准、改善责任以及承担必要的改革来提高教师效果"。② 其目标都是提高教育标准，闭合成绩差距，改善整体教育质量，实现教育机会平等。之后，又相继有新墨西哥州、康涅狄格州、特拉华州等 24 个州获得豁免，这将意味着它们在 2014 年无须达到 NCLB 所要求的完全精通的目标，并执行特别的对那些落后于绩效目标学校的干预。但是，获得豁免申请认可的州，必须满足几个在标准和评价、责任体系、教师和校长评价、减少行政负担等方面新的要求。③ 实质上，在原来 NCLB 的 100% 的严格要求之下，各州为了实现目标，它们已经降低了标准，纯粹为了考试而教学，带来了教育上的混乱，损害了美国的教育事业。虽然最初 NCLB 也给予各州经费使用上的灵活性，但是为了提高考试分数这一目标，各州已经把太多的钱投入了考试，没有真正地实现它们在经费使用上的灵活性和决策上的自主性。

为此，奥巴马在一次教师和学校负责人参与的白宫会议上阐述了他的理由，并强调他的政府将继续承诺在公立学校执行提高标准和闭合学生成绩差距等支配性目标，奥巴马强调：

> 我们需要一个与那个里程碑意义的立法（即 NCLB）不同的路径……我们已经给每个州提供了同样的协议，即如果你们愿意设置更高、更诚实的标准，那么我们将给予你们满足这些标准的灵活性。④

---

① A. Klein, "Alexander, GOP Senators Introduce Own ESEA Bills", *Education Week*, Sept. 14, 2011.

② http：//www.cnn.com/2012/02/09/politics/states - education/index.html？_s＝PM：POLITICS.

③ "NCLB Waivers: A State - by - State Breakdown", *Education Week*, February 25, 2014, http：//www.edweek.org/ew/section/infographics/nclbwaivers.html.

④ http：//www.cnn.com/2012/02/09/politics/states - education/index.html？_s＝PM：POLITICS.

为了鼓励和激励各州提高教学质量，国家利用财政杠杆、协商性能力、交易、讨价还价等手段，充分调动各州的积极性。教育部部长邓肯也意识到原来的考试驱动的教育，实际地催生了低标准，导致了课程狭窄化，太多的学校被贴上失败学校的标签，挫败了它们的积极性。为了获得豁免权，各州必须采用和拥有一个计划来执行"大学和职业准备标准"。它们也必须创立综合性教师和校长发展系统，包括超出单一考试分数的相关评价和支持系统，比如主要的观察（principal observation）、同行互查（peer review）、学生成绩（student work）以及父母和学生反馈等。也就是说，不再简单地以考试分数作为唯一的评价指标。

伴随着豁免权所带来的各州的灵活性，联邦豁免已经推动了在方法和要求上的一系列广泛的州的责任体系。虽然作为豁免的结果，各州制定的政策是否能对学生成绩产生积极的影响还不明确，但是各州担忧：ESEA 的重新授权可能会急剧地扰乱在豁免权下正在实施的政策的连续性；如果责任计划不能很好地工作，对这些系统的影响和结果的细致监督可能成为新 ESEA 的主要组成部分，可能成为结束州灵活性的触发器。

2013 年 6 月，参议院教育委员会赞同其主席，即印第安纳州民主党人汤姆·哈金（Tom Harkin）提出的对 ESEA 的重新授权提案，也就是《加强美国学校法》（Strengthening America's Schools Act），并以 11∶10 在委员会获得通过。NEA 催促委员会把平等和公平，连同为所有学生成功的责任一起置于法案前沿和中心，并且希望采用能够完成这样目标的修正案，而拒绝那些不能实现这些目标的条款。

另外，共和党人、众议院教育委员会主席约翰·克莱恩（John Kline）倡议的《学生成功法》（The Student Success Act），试图恢复地方控制、支持有效的教师、降低联邦角色并且授权父母参与教育过程。《学生成功法》还试图消除 NCLB 所要求的年度进步要求，代之以州自己决定的责任系统，因此把测量绩效的权威归还给州和地区；试图消除联邦授权行为和对低绩效学校所要求的联邦干预，给予州和地区最大的灵活性以发展适当的学校提高策略和对学校的奖励，因为原来注重惩罚胜过奖励；撤销联邦对高质量教师的要求并通过法律引导州和学区发展教师评价系统，测量教育者对学生学习的影响，这些评价必须是在学生成绩的广泛影响参数内实行地方发展和执行，并且包括来自所有利益相关者的反馈；坚持要求州和学区发布年度报告卡，内容包括学生成绩的个体数据（disaggregated data on student achievement）和高中毕业率，同时也使数据对于父母和社区更容易获得；消除 70 多个既存的中小学项目以促进教育中联邦更恰当的角色；整合大量既存的 K—12 教育项目，使之成为一个新的地方学术的灵活资助项目，这样可以提供给州和地方学区资金，以支持地方把提高学生成绩作为它们的优选项目；给予父母把孩子送往磁石学校（magnet schools）和特许学校注册上学的机会，加强全州范围内的父母参与；通过限制国家教育部的权威，以保护州和地方在教师教学方面的自主。①

此法案在 2013 年 7 月 19 日于众议院以 221∶207，6 人弃权获得通过。所有的民主党（即 195 个）和 12 个共和党国会成员反对。② 虽然这一法案得到了诸如学校管理者协会、基督教学校国际委员会、美国私立教育委员会、全国天主教教育协会、全国特许学校授权者协会、全国学校委员会协会等组织的支持，但是 NEA 是这一法案的最大反对者。教师和教育者反对这一法案的原因，重要的一点在于它促进了特许学校。教育协会的反对更在于它侵蚀了公共教育中联邦的历史角色，即一直以来联邦把资源聚焦于被边缘化的学生群体，作为一种帮助保证所有学生机会平等的方式。③ NEA 也提出，不能简单地通过考试分数来判断学生成绩和教师绩效。如果恢复各州和地方完全的自主权，原来国家所做的一切可能又将恢复原样。因为这一法案将试图改变 1965 年 ESEA 和 2001 年 NCLB 的政策逻辑，参议院希望忽略和搁置这一法案，按照它们原来的 NCLB 政策进行，奥巴马也否决了这一法案。④

直至今日，美国教育政策似乎陷入了 ESEA 和 NCLB 所带来的政策轨迹。要想去除联邦政府在公立教育中的角色几乎是不可能的了，最起码民众和全国教育协会不会答应。日后的教育政策只可能继续遵循这一逻辑发展，即在联邦政府的引导下，为实现更为公平和平等的高质量教育而奋斗。在以后的发展中，已有的法律上的优点会继续得到加强，而所发现的缺陷可能会在争论中得到完善。比如，它只会使成绩报告卡的政

---

① http：//edworkforce.house.gov/news/documentsingle.aspx? DocumentID=336871.
② Final Vote Results for Roll Call 374, HR 5, Recorded Vote, 19 – Jul – 2013, http：//clerk.house.gov/evs/2013/roll374.xml.
③ http：//edworkforce.house.gov/studentsuccessact/.
④ 参见维基百科，http：//en.wikipedia.org/wiki/Student_Success_Act。

策运作更为透明，资源分配更为公平，标准更高和更合理。另外，在政策发展过程中，民主国家广泛的政策参与只能是导致更多利益关系的妥协和涵盖。

但是，美国国家政府的权力扩张也是有限度的。美国联邦制的设计其中一个目的，就是联邦政府不应该承担治理全国的安全任务。并且，美国联邦宪法和政治制度决定了，美国联邦政府所受的权力上的约束是始终存在的，并且是巨大的。对于教育政策而言，全国性标准和课程肯定不可能实现，因为这在政治上不被接受。任何政策都需要政治的、行政的以及经济上的可接受性和合理性。按照查尔斯·琼斯的观点，合法化（性）本身就存在政治系统的合法化（性）和政策的合法化（性）。联邦政府为了实现国家偏好和利益，不断增加了执行的力度以及为此而严格标准、加强责任，这些或许能够得到制度支持和所需的权力资源。但是，联邦宪法规定的州和地方在教育上的自主，这一宪法原则绝对不能否定，标准的制定权和其他一些教育中的核心功能领域仍然属于各州。国家在联邦制环境下，永远不可能有威权国家的强制力。即使是遵循着路径依赖的权力强化逻辑，国家权力的增长也不是无限的，虽然奥巴马针对教育问题提出了更为严格的要求，但他也是以给予各州充分的灵活性作为交易的结果。

第三节 结语

本书没有对美国中小学教育政策这个庞大的政策体系和复杂的政策过程中各行为体之间的关系进行事无巨细、全面系统的研究，因此，本书可能无法避免一些研究上的局限性。它只是基于历史维度，解释了美国特定制度环境下，国家在中小学教育政策发展中的位置。在这个过程中，分析了国家政策能力的突破和实现，即国家如何采取策略行动，通过再制度化过程，实现建制性权力、引导政策发展并实现自身偏好的；也分析了公共政策和国家权力相互加强的逻辑，并指出了国家能力的限度。

一 结论

以国家为中心的研究，是一个较新的研究视角，它打破了传统的

第八章 更严格的要求与国家能力的限度：代结束语

"以社会为中心"的研究途径。而联邦制国家的自主性更是一个值得深入研究的课题。国家引导政策发展，首先是国家自主和能力问题，而对美国而言首先要思考国家权力是如何突破制度性约束而实现的，又因为何种原因得到了扩展，以及国家通过什么方式引导了政策发展。相对于非民主国家所经常使用的专制性权力，民主国家主要依靠建制性权力的影响来实现政策偏好并转化为权威行动。另外，由于联邦制国家特有的结构，又需要讨论国家权力本身所受的约束，以及国家与其他行为体，包括国家与社会（利益集团）、国家政府与州政府、联邦政府与民众之间的关系。

本书以制度支持理论和权力资源理论为解释框架，从历史的维度分析了美国国家政府是如何通过策略行动适时地引导政策发展的。国家利益的需要和基于国家利益而建构的政策话语影响，为国家权力提供了基于文化—认知的制度基础。按照建制性权力的实现条件，国家能够依赖于其所能衡量和具备的资源，适时地采用财政资助政策杠杆、思想和权力渗透，以及协商性能力等各种策略行动将自己的偏好转变成政策，实际地通过一种再制度化逻辑，实现了国家的自主性，并能维持这种政策偏好。在政策发展过程中，国家权力和政策的实现呈现一种相互加强的趋势，实现突破的新政策或许也成为新时期国家权力的制度性基础和支持性力量，从而为国家进一步扩大权力提供了可能。

已经存在的制度虽然为行为体的权力提供了保证，但也是限制权力扩张的因素。美国国家权力似乎承受了比其他国家更大的制度上的约束，从而国家权力的每一次扩大都显得尤为艰难。新政策本身会随着历史进程而不断发展，甚至还会不断强化，在其中发生制度化的过程，也成为过度偏离已有政策范式而实现政策急剧变迁的约束力量。正是因为美国有着稳定的宪政制度和较为稳定的政治文化所带来的权力约束机制，才决定了国家权力的限度。因而，国家权力的实现和公共政策变迁都呈现出一种渐进和缓步慢移的逻辑，呈现出特定的政策稳定性。

教育本身不属于联邦政府的宪法列举权力，但是国家通过寻求制度支持和权力资源的获得实现了这一权力。通过对1954—2016年美国教育政策发展的考察，事实证明国家很多时候确实能够实现自己的偏好，并按照偏好继续前进，而且这种偏好并不是社会偏好的简单反应，在实现偏好的过程中遇到阻力时，它会从国家利益高度给予政策问题以重新界定，引导国家政策话语；通过思想影响、协商能力以及财政资助政策杠杆等渗透性权力引导社会和其他各层政府对利益的认知和认同；通过不失时机地利用和制造声势，转变和引导社会观念和偏好，从而达到自主地实现和维持国家政策偏好的结果。

历史地看，艾森豪威尔时期的政策遗产主要是，国家突破了对教育管理的权力，为之后更大权力的实现奠定了基础。然而，艾森豪威尔时期的国家权力毕竟也是非常有限的。不过，在20世纪60年代利用民权运动这一时机，成功实现了国家对教育全面资助的突破，其目的是帮助贫困家庭的孩子能够拥有和家庭富裕孩子平等的教育，缩小他们之间的成绩差距。而在20世纪80年代，国家意识到十几年巨大的资金投入后质量和效果并不明显，进而通过《国家处于危机之中》报告所带来的影响，很好地引导和强化了政策的执行。国家通过政策话语影响民众对国家利益的认同和认知，从而培育制度支持，关键时期通过向民众借势以实现权力资源，通过渗透性权力以施加影响，达到政策转变和维持政策偏好之目的。在老布什时期，因为对美国教育进步缓慢的抱怨，进一步加大了对政策执行的严格要求，从而进一步为克林顿和小布什时期的政策提供了制度基础。

在美国民主社会和联邦制结构下，各种力量都会影响到政策过程，都对国家权力产生一种制约和限制作用，从而使国家的自主并不是完全和绝对的。另外，由于教育作为各州和地方事务有着宪法的规定性，因而国家在教育事务上只是尽力"引导"政策发展，起着一个重要价值导向的作用，而不是全面控制。具体的课程、教学标准以及评价都属于各州自主的权力范围。在我们分析的几十年时间跨度里，因为教育中国家利益的存在，教育实际地成为国家解决社会问题、实现其利益的工具，因而国家一直没有放弃对教育的引导。国家政府对政策发展的影响，首先是通过财政资助政策杠杆，即以第一条为核心的资助项目，然而辅之以一定的法律要求。在20世纪80年代之后，国家为了"更为放心地"实现政策目标，总是试图从国家标准、国家考试，甚至国家课程方面实现突破，但始终没能实现，只是加大了对执行结果和责任的严格要求。在奥巴马时期，更是意识到这种情况的非现实性，从而在继续保持严格要求的前提下，明智地调整政策。

美国似乎并不是人们所想象的"弱国家"，它确实能够自主地按照自己的偏好引导教育政策发展。然而，国家在权力的实现以及引导政策发展过程中，确实承受了巨大的制度上的限制。正是在这个没有一种绝对权威、对抗性、竞争性的制度环境下，才保证了美国特殊的政治稳定和包容各种价值观点的多元民主环境。公共政策涉及利益关系的广泛性和复杂性，不能简单地根据某一集团、某些个人、某些精英的观点来简单决定政策走向和政策结果。在美国这种给予对抗性原则的制度模式下，在一种允许广泛政策争论的环境中，国家既把握了政策方向，较好地引领政策发展，又能够为政策辩论的充分展开提供民主、自由的政治氛围。

二 值得进一步思考的问题

在美国政治文化中，对"国家"这一概念一般是淡化处理的。然而，国家利益在美国教育政策中越发凸显，而且国家政府在政策发展过程中也确实发挥着越来越重要的作用。因而，即使在美国，"国家"也是不可回避的概念。本书支持保罗·彼得森的做法，直接采用"国家政府（national government）"[1]。国家政府更多的是考虑全国性利益，而不是联邦政府的利益。在早期联邦党人的传统里，就是采用国家政府而不是联邦政府。虽然在本书中，国家政府与联邦政府也会交替使用，但实际上都是指代全国性政府。用联邦政府是为了分析联邦政府三部门之间的关系。

国家是由复杂的政府人员构成的结构，显然不是作为总统和其他国家领导人的个人行动，不然也就无法解释肯尼迪、约翰逊甚至里根在担任总统前后价值观表现的差别。国家是一种组织化和制度化的产物。规范制度主义认为，政治行动者更多地反映了他们所属的组织的价值；而不是作为原子化的个人，仅仅反映他们的社会化及心理构成，或追求个人效用最大化。[2] 这些个体虽然有着自己的价值观念，但是他们的行为被其制度成员的身份所塑造，也因制度成员的身份而改变。迈克尔·曼的"制度国家主义"概念遵循了韦伯式"国家自主性主要是集体权力而不是个别权力"的逻辑。我们的研究正是从制度国家观出发来界定国家，并在此基础上进行分析的。在本书中，为了简约起见和研究的方便，国家是指以美国总统为核心（包括教育部）的国家政府，同时考察美国国会、

---

[1] ［美］保罗·彼得森：《联邦主义的代价》，段晓雁译，北京大学出版社2011年版，第12页。

[2] ［美］盖伊·彼得斯：《政治科学中的制度理论："新制度主义"》，王向民等译，上海世纪出版集团2011年版，第26页。

最高法院，研究它们在政策过程中每一时期可能产生的作为国家的行动。

学校教育实际地成为美国国家解决社会问题、实现国家利益的工具。斯普林认为，美国公立学校是，也曾经是实现社会的、经济的和政治的控制的工具，是有意识地设计以把人们转变成某种他们需要的东西，是给予一个社会团体以权力，有意识地形塑一整代人的品格和目标的组织。[①] 为了解决一些社会问题，为了实现国家利益，国家需要在教育政策中起到重要作用。然而事实上，联邦政府在教育问题上处于十分尴尬的境地，它本身就存在是否合乎宪法权限的问题。查尔斯·琼斯指出，合法化就包括政治系统的合法化和政策的合法化，因而国家资助教育并引导教育政策发展首先就需要合法化的过程。这样，需要进一步思考的是，民众或公众舆论在政策过程中到底起着多大的作用。

谢茨施耐德认为，除非某议题受到决心实施该议题的特定政府组织的支持，民众对议题所作出的选择往往不会有多大意义。[②] 他虽然指出了国家（政府）在政策过程中的重要作用；然而这样的观点，却忽略了国家和政府合法性来源的问题。政治科学把社会权力置于问题的中心。因而，我们不仅需要思考权力的来源问题，也需要探索在每一次政策的变动时期所涉及的权力关系和利益关系问题。

在任何社会，民众的支持都是国家权力合法性的来源。虽然托马斯·戴伊再三强调美国自上而下的政策制定过程的现实性[③]，并且这种基于"理性经济人"的思想，在很多政策领域也得到人们的认可；但是，美国国家政府（联邦政府）开始广泛介入教育却需要有一个从下而上的支持过程。布鲁斯·阿克曼（Bruce Ackerman）在研究美国宪法改革时就指出，美国政治存在"宪法政治"和"常态政治"时期，"宪法政治"是在修宪（或类修宪）时期为实现制度上的大改变，只得发动民众的支持。在我们的研究中，也始终强调，民众的文化和认知转变，为国家权力提供了制度基础和权力资源，国家在寻求政策实现的过程中，借助于

---

① Joel H. Spring, *Education and the Rise of the Corporate State*, Boston: Beacon Press, 1973, p. 149.

② ［美］E. E. 谢茨施耐德：《半主权的人民：一个现实主义者眼中的美国民主》，任军锋译，天津人民出版社 2000 年版，第 52 页。

③ ［美］托马斯·戴伊：《自上而下的政策制定》，鞠方案等译，中国人民大学出版社 2002 年版，第 1 页。

民意的力量，政府甚至还通过自己创造的公共观点使其政策合法化。

虽然民众不是实际政策的主宰者，但民众是政策合法性的来源。国家欲实现的政策，需要有民众的支持。或许有学者指出，人民的统治只是一种理想[1]和试图付出努力准备实现的目标，但基于人民的同意确实是现代民主的关键，最起码政策的基本方向遵循了民众的大致观点和舆论的基本走向。谢茨施耐德也指出，民主是一种竞争性的政治体制，在这种体制中，相互竞争的领袖和组织以某种方式确定公共政策的选择范围，以便使公众能够参与决策过程。[2] 冲突、竞争、组织、领导以及责任是可操作性民主定义的要素。民主可能只是代表了一种国家对民众的责任，而不是完全的人民统治。

这样，为了自主地实现偏好和政策目标，国家是否偶尔也会逆公共偏好而行？如果说政府的合法性来自民众多数的支持，在全美国3亿多人口中，如何判断这个多数？以本书为例，1997年的民意调查结果显示，大约有48%的人认为考试适当，认为考试太多了的人占20%；而在2000年，这一比例上升为30%，而认为考试不够的人由1997年的28%下降为2000年的23%。2000年民意调查结果显示，公众相信学生成绩应该凭教师工作和家庭作业为基础来判断，不能仅仅依靠考试。他们认为，政策制定者应随时对公众对高风险考试和标准化考试的特定依赖的负面反应做好准备。在NCLB立法过程中也有参议员提出考试可能带来的负面效应，在奥巴马时期把学生考试成绩作为判断教师质量的标准这一做法已经遭到很多人质疑，但是，国家依然坚持考试的运用。为了实现国家利益，国家充分发挥其自主性和权力，仍然在NCLB执行中强调更为严格的基于考试的评价系统。[3] 这就要进一步讨论，公众舆论在何种程度上影响着公共政策，特别是在以国家为中心的研究中，如何处理国家偏好和社会多数偏好。

另外，在美国，教育政策的成功执行及国家目标的实现，离不开州和地方的能力和意愿。实际上，社会团体，特别是教育联盟对政策的影响，在州和地方比在联邦层次大得多。那么另一个需要思考的问题是，

---

[1] 参见[美]E.E.谢茨施耐德《半主权的人民：一个现实主义者眼中的美国民主》，任军锋译，天津人民出版社2000年版，第125页。

[2] 同上。

[3] *Phi Delta Kappan* 杂志每年9月刊发布盖洛普民意调查结果。

在教育政策执行过程中,利益集团对州政府的影响如何。虽然本书认为,国家能很好地独立于社会利益集团,按照自己的偏好引导政策发展并实现政策偏好,但是利益集团在各州层次的影响,或许是一个值得深入研究的问题。

各种利益集团似乎是很多社会公众不同利益的代表,它们主要通过影响社会舆论,从而影响公共政策。集团政治的拥护者声称,它加强了代表制,为普通民众在政府中发出声音提供了保证;保护它们免于政府权力的强制;通过调解最强烈的偏好防止多数暴政;保证温和政策并且政治稳定,并且促进了接近于大众利益的政治产出。[1] 在某种程度上,它们或许与政府之间存在某种舆论观点的竞争。正如有人指出的,政府并不必然拥有民众的支持,政府与社会信任网络在赢得民众支持上存在竞争。[2] 那么,在教育政策问题上,州政府和利益集团之间的关系如何?

当然,一项研究不可能面面俱到,本书的研究也是如此。更多值得思考的问题,会随着研究的进一步开展而逐渐加深。特别是,以国家为中心的研究是一种较新的视角,而对于美国这个联邦制国家而言,其政策发展过程会显得更复杂,因而需要更多学者的广泛参与,在这个研究领域做出更大的理论贡献。

---

[1] Kay Lehman Schlozman and John T. Tierney, "More of the Same: Washington Pressure Group Activity in a Decade of Change", *The Journal of Politics*, Vol. 45, No. 2, 1983, pp. 351–377.

[2] 肖方仁:《竞争与共存:信任网络视域下政府合法性探析》,《理论界》2013年第8期。

参考文献

［印度］阿玛蒂亚·森：《理性与自由》，李风华译，中国人民大学出版社2006年版。

［美］阿图尔·科利：《国家引导的发展：全球边缘地区的政治权力与工业化》，朱天飚等译，吉林出版集团有限责任公司2007年版。

［美］埃尔伍德·帕特森·克伯莱：《美国公共教育》，陈露茜译，安徽教育出版社2012年版。

［美］埃里克·诺德林格：《民主国家的自主性》，孙荣飞等译，江苏人民出版社2010年版。

［美］约翰·埃利希曼：《权力的见证：尼克松顾问自白》，柳蓉译，新华出版社1985年版。

［英］安东尼·吉登斯：《为社会学辩护》，周红云译，社会科学文献出版社2003年版。

［美］彼得·埃文斯等编者：《找回国家》，方力维等译，生活·读书·新知三联书店2009年版。

［美］彼得·霍尔：《驾驭经济：英国与法国国家干预的政治学》，刘骥等译，江苏人民出版社2008年版。

［美］保罗·彼得森：《联邦主义的代价》，段晓雁译，北京大学出版社2011年版。

［英］保罗·皮尔逊：《拆散福利国家》，舒绍福译，吉林出版集团有限责任公司2007年版。

［美］保罗·萨巴蒂尔编：《政策过程理论》，彭宗超等译，生活·读书·新知三联书店2004年版。

［美］保罗·萨巴蒂尔等：《政策变迁与学习：一种倡议联盟的途径》，邓征译，北京大学出版社2011年版。

［美］保罗·约翰逊：《美国人的历史》，秦传安等译，中央编译出版社

2009年版。

［美］布鲁斯·阿克曼：《我们人民：宪法的变革》，孙文凯译，法律出版社2009年版。

［美］查尔斯·蒂利：《社会运动：1768—2004》，胡位钧译，上海世纪出版集团2009年版。

［美］查尔斯·福克斯：《后现代公共行政》，楚艳红等译，中国人民大学出版社2002年版。

［美］查尔斯·罗利编：《财产权与民主的限度》，刘晓峰译，商务印书馆2007年版。

［美］C.索伦森：《肯尼迪》，复旦大学世界经济研究所译，上海译文出版社1981年版。

［美］戴维·杜鲁门：《政治过程：政治利益与公共舆论》，陈尧译，天津人民出版社2005年版。

［美］戴维·斯沃茨：《文化与权力：布迪厄的社会学》，陶东风译，上海世纪出版集团2012年版。

［美］戴维·瓦尔德纳：《国家构建与后发展》，刘娟凤、包刚升译，吉林出版集团有限责任公司2011年版。

［美］道格拉斯·诺斯：《制度、制度变迁与经济绩效》，杭行译，上海人民出版社2008年版。

［美］德博拉·斯通：《政策悖论：政治决策中的艺术》，顾建光译，中国人民大学出版社2006年版。

丁学良：《利益集团绑架国家政策》，FT中文网，2008年10月17日。

［美］E.E.谢茨施耐德：《半主权的人民：一个现实主义者眼中的美国民主》，任军锋译，天津人民出版社2000年版。

［美］弗兰克·鲍姆加特纳、布赖恩·琼斯：《美国政治中的议程与不稳定性》，曹堂哲等译，北京大学出版社2011年版。

傅林：《当代美国教育改革的社会机制研究——20世纪60年代美国教育改革运动的形成》，教育科学出版社2006年版。

［澳］菲利普·佩迪特：《共和主义：一种关于自由与政府的理论》，刘训练译，江苏人民出版社2006年版。

［美］盖伊·彼得斯：《政治科学中的制度理论："新制度主义"》，王向民等译，上海世纪出版集团2011年版。

［美］盖伊·彼得斯：《美国公共政策：执行与承诺》，顾丽梅等译，复旦大学出版社 2008 年版。

高新军：《美国政党政治的特点和社会关系》，《马克思主义与现实》2005 年第 1 期。

［美］哈罗德·拉斯韦尔：《政治学：谁得到什么？什么时候和如何得到？》，杨昌裕译，商务印书馆 2000 年版。

［美］海伦·英格兰姆、斯蒂文·R. 史密斯：《新公共政策：民主制度下的公共政策》，钟振明等译，上海交通大学出版社 2005 年版。

［美］汉密尔顿、杰伊、麦迪逊：《联邦党人文集》，程逢如等译，商务印书馆 2004 年版。

何俊志等：《新制度主义经济学译文精选》，天津人民出版社 2007 年版。

［美］霍华德·津恩：《美国人民的历史》，许先春等译，上海人民出版社 2000 年版。

［美］J. 布卢姆等：《美国的历程》（下册），杨国标译，商务印书馆 1988 年版。

［美］J. R. 波尔：《美国平等的历程》，张聚国译，商务印书馆 2007 年版。

［美］杰·D. 怀特：《公共行政研究的叙事基础》，胡辉华译，中央编译出版社 2011 年版。

［美］杰弗里·亚历山大：《社会学的理论逻辑》（第一卷），于晓等译，商务印书馆 2008 年版。

靳希斌：《教育经济学》，人民教育出版社 1997 年版。

［美］克里斯·马修斯：《硬球：政治是这样玩的》，林猛等译，新华出版社 2010 年版。

［美］科斯、阿尔钦、诺斯等：《财产权利与制度变迁——产权学派与新制度经济学派译文集》，刘守英等译，上海三联书店 1994 年版。

［美］肯尼斯·J. 阿罗：《社会选择与个人价值》，陈志武等译，四川人民出版社 2010 年版。

［美］肯特·科普曼、李·歌德哈特：《理解人类差异：美国的多元文化教育》，滕星等译，中央民族大学出版社 2011 年版。

［美］L. 迪安·韦布：《美国教育史：一场伟大的美国实验》，陈朝阳译，安徽教育出版社 2010 年版。

[美] 劳伦斯·A. 克雷明：《美国教育史：殖民地时期的历程，1607—1783》，周玉军等译，北京师范大学出版社 2002 年版。

[美] 理查德·霍夫斯达特：《改革时代：美国的新崛起》，俞敏洪、包凡一译，河北人民出版社 1989 年版。

[美] 理查德·J. 斯蒂尔曼二世：《公共行政学：概念与案例》，竺乾威等译，中国人民大学出版社 2004 年版。

[美] 理查德·斯科特：《制度与组织——思想观念与物质利益》，姚伟等译，中国人民大学出版社 2010 年版。

[美] 里克·伯尔斯坦：《尼克松传》，李洪顺等译，长江文艺出版社 2013 年版。

[澳] 琳达·维斯、约翰·霍布森：《国家与经济发展：一个比较及历史性的分析》，黄兆辉等译，吉林出版集团 2007 年版。

刘世忠：《美国政府与政治》，台北五南图书出版公司 1996 年版。

[美] 罗伯特·达尔：《论民主》，李柏光译，商务印书馆 1999 年版。

[美] 罗伯特·达尔：《民主及其批评者》，曹海军译，吉林人民出版社 2006 年版。

[美] 罗伯特·达尔：《美国宪法的民主批判》，佟德志译，东方出版社 2007 年版。

[美] 罗伯特·默顿：《社会理论和社会结构》，唐少杰等译，译林出版社 2006 年版。

吕达、周满生等：《当代外国教育改革：著名文献》，人民教育出版社 2004 年版。

[美] 迈克尔·豪利特、M. 拉米什：《公共政策研究：政策循环和政策子系统》，庞诗译，生活·读书·新知三联书店 2006 年版。

[美] 迈克尔·罗斯金等：《政治科学》，林震等译，华夏出版社 2001 年版。

[英] 迈克尔·曼：《社会权力的来源》，刘北成等译，上海世纪出版集团 2007 年版。

[德] 马克斯·韦伯：《经济与社会》（上卷），林荣远译，商务印书馆 1997 年版。

钱满素：《美国自由主义的历史变迁》，生活·读书·新知三联书店 2006 年版。

[美] 乔尔·斯普林:《美国学校:教育传统与变革》,史静寰等译,人民教育出版社 2010 年版。

[美] 乔尔·斯普林:《美国教育》,张弛、张斌贤译,安徽教育出版社 2010 年版。

瞿葆奎:《美国教育改革》,人民教育出版社 1987 年版。

[美] R. 希尔斯曼:《美国是如何治理的》,曹大鹏译,商务印书馆 1986 年版。

任东来等:《美国宪政历程:影响美国的 25 个司法大案》,中国法制出版社 2005 年版。

[美] S. 亚历山大·里帕:《自由社会中的教育:美国历程》,於荣译,安徽教育出版社 2010 年版。

[美] 塞缪尔·亨廷顿:《失衡的承诺》,周瑞译,东方出版社 2005 年版。

[英] 尚塔尔·墨菲:《政治的回归》,王恒等译,江苏人民出版社 2005 年版。

史静寰等:《当代美国教育》,社会科学文献出版社 2012 年版。

[美] 斯蒂芬·斯克夫罗内克:《总统政治:从约翰·亚当斯到比尔·克林顿的领导艺术》,黄云等译,新华出版社 2003 年版。

[美] 斯科特·戈登:《控制国家:西方宪政的历史》,应奇等译,江苏人民出版社 2001 年版。

[瑞典] 汤姆·伯恩斯等:《经济和社会变迁的结构化:行动者、制度与环境》,周长城等译,社会科学文献出版社 2010 年版。

唐贤兴:《产权、国家和民主》,复旦大学出版社 2011 年版。

[法] 托克维尔:《论美国的民主》,董果良译,商务印书馆 2009 年版。

[美] 托马斯·戴伊:《自上而下的政策制定》,鞠方安等译,中国人民大学出版社 2002 年版。

[美] 托马斯·戴伊:《理解公共政策》,彭勃译,华夏出版社 2004 年版。

王韶兴:《政党政治与政党制度论》,《政治学研究》2000 年第 4 期。

王元华、李庆均:《政策偏好浅析》,《地方政府管理》2000 年第 12 期。

[美] 韦恩·厄本、杰宁斯·瓦格纳:《美国教育:一部历史档案》,周晟等译,中国人民大学出版社 2009 年版。

[美] 维尔:《美国政治》,王合等译,商务印书馆 1981 年版。

[美] 威廉·多姆霍夫:《谁统治美国:权力、政治和社会变迁》,吕鹏等

译，译林出版社 2009 年版。

［美］威廉·曼彻斯特：《光荣与梦想：1932—1972 年美国实录》（第三册），广州外国语学院译，商务印书馆 1988 年版。

［美］文森特·奥斯特罗姆：《美国联邦主义》，王建勋译，上海三联书店 2003 年版。

［美］西奥多·怀特：《美国的自我探索：总统的诞生（1956—1980）》，中国对外翻译出版公司 1985 年版。

［美］西德尼·米尔奇斯、迈克尔·尼尔森：《美国总统制：起源与发展》，朱全红译，华东师范大学出版社 2008 年版。

肖方仁：《价值多元与政策稳定：以美国教育券政策僵局为例》，《甘肃行政学院学报》2013 年第 3 期。

肖方仁：《竞争与共存：信任网络视域下政府合法性探析》，《理论界》2013 年第 8 期。

［美］亚历克斯·卡利尼克斯：《平等》，徐朝友译，江苏人民出版社 2003 年版。

余亚梅：《政府偏好与制度变迁：以收容遣送制度为案例的研究》，博士学位论文，复旦大学，2011 年。

余亚梅、唐贤兴：《政府偏好与制度起源——以 1950 年代后的收容遣送政策为例》，中国改革论坛网。

［美］禹贞恩：《发展型国家》，曹海军译，吉林出版集团有限责任公司 2008 年版。

［美］约翰·金登：《议程、备选方案与公共政策》，丁煌译，中国人民大学出版社 2004 年版。

［美］约翰·塞尔：《社会实在的建构》，李步楼译，上海世纪出版集团 2008 年版。

［美］约瑟夫·沃特拉斯：《20 世纪美国教育中的哲学冲突》，王璞等译，安徽教育出版社 2009 年版。

［美］詹姆斯·安德森：《公共政策制定》（第五版），谢明译，中国人民大学出版社 2009 年版。

［美］詹姆斯·柯比·马丁等：《美国史》（下册），范道丰等译，商务印书馆 2012 年版。

［美］詹姆斯·马奇等：《重新发现制度：政治的组织基础》，张伟译，生

活·读书·新知三联书店 2011 年版。

［美］詹姆斯·麦格雷戈·伯恩斯等:《民治政府:美国政府与政治》(第 20 版),吴爱明等译,中国人民大学出版社 2007 年版。

［美］詹姆斯·麦格雷戈·伯恩斯:《总统领导力》,吴爱明等译,中国人民大学出版社 2012 年版。

张立平:《林登·约翰逊与民权法案》,《美国研究》1996 年第 2 期。

［美］茱迪·史珂拉:《政治思想与政治思想家》,左高山等译,上海世纪出版集团 2009 年版。

Adam, Roy, "Interest Groups in American Education", *Comparative Education*, Vol. 11, No. 2, 1975.

Adams, Jonl, "Reagan Proposes Dismantling of Education Department: Educators View Plan With Mixed Feelings", *Bulletin Journal*, September 29, 1981.

Adler, E. and P. M. Haas, "Conclusion: Epistemic Communities, World order, and The Creation of a Reflective Research Program", *International Organization*, Vol. 46, No. 1, 1992.

Akoff, Sussel, *Redesigning the Future: Systems Approach to Societal Problems*, Hoboken, N. J.: John Wiley & Sons Inc., 1974.

Albo, Gregory and Jane Jenson, "A Contested Concept: The Relative Autonomy of the State", in W. Clement and G. Williams (eds.), *The New Canadian Political Economy*, Montreal: McGill – Queen's University Press, 1989.

Andersen, Simon Calmar and Peter B. Mortensen, "Policy Stability and Organizational Performance: Is There a Relationship?" *Journal of Public Administration Research and Theory*, Vol. 20, No. 1, 2009.

Andrew H. van de Ven and Marshall Scott Poole, "Explaining Development and Change in Organizations", *The Academy of Management Review*, Vol. 20, No. 3, 1995.

Andrew III, A. John, *Lyndon Johnson and the Great Society*, Chicago: Ivan R. Dee, 1999.

Arons, Stephen and Charles Lawrence III, "The Manipulation of Consciousness: A First Amendment Critique of Schooling", *Civil Liberties Law Re-*

view, Vol. 15, No. 2, 1980.

Atkinson, Michael M. and William D. Coleman, "Strong States and Weak States: Sectoral Policy Networks in Advanced Capitalist Economies", *British Journal of Political Science*, Vol. 19, No. 1, 1989.

Bailey, Stephen Kemp, and Edith K. Mosher, *ESEA: The Office of Education Administers a Law*, Syracuse University Press, 1968.

Bartley, Numan V., *The New South, 1945 - 1980: The Story of the South's Modernization*, Baton Rouge, LA: Louisiana State University Press, 1995.

Baumgartner, Frank R. and Jack L. Walker, "Educational Policymaking and the Interest Group Structure in France and the United States", *Comparative Politics*, Vol. 21, No. 3, 1989.

Beland, Daniel and Robert Henry Cox, *Ideas and Politics in Social Science Research*, New York: Oxford University Press, 2011.

Bell, Terrel H., *The Thirteenth Man: A Reagan Cabinet Memoir*, New York: The Free Press, 1988.

Braden, Jeffery P. and Jennifer L. Schroeder, "High - stakes Testing and No Child Left Behind: Information and Strategies for Educators", National Association of School Psychologists, 2004.

Braun, Dietmar and Andreas Busch, *Public Policy and Political Ideas*, Northampton: Edward Elgar, 1999.

Bushaw, William J. and Shane J. Lopez, "Which Way Do We Go?" The 45th Annual PDK/Gallup Poll of the Public's Attitudes Toward the Public Schools, *Phi Delta Kappan*, Vol. 95, No. 1, 2013.

Cashore, Benjamin and Michael Howlett, "Punctuating Which Equilibrium? Understanding Thermostatic Policy Dynamics in Pacific Northwest Forestry", *American Journal of Political Science*, Vol. 51, No. 3, 2007.

Casper, J. D., "The Supreme Court and National Policy Making", *American Political Science Review*, Vol. 70, 1976.

Chandler, William M. and Herman Bakvis, "Federalism and the Strong - State/Weak - State Conundrum: Canadian Economic Policymaking in Comparative Perspective", *Publius*, Vol. 19, No. 1, 1989.

Chatterton, Kaye, "Using More Data Sources to Evaluate Teachers", *Educational Leadership*, Vol. 58, No. 5, 2001.

Chubb, John E. and Terry M. Moe, *Politics, Markets, and America's Schools*, Brookings Institution Press, 1990.

Clinton, Bill, "The Clinton Plan for Excellence in Education", *Phi Delta Kappan*, Vol. 74, 1992.

Cohen, Michael A., "Governors' Education Meeting with President – elect Bush", NGA Memo to Raymond Scheppach and Barry Van Lare, December 12, 1988.

Cohen, M., "Implementing Title 1 Standards, Assessments and Accountability: Lessons from the Past Challenges for the Future". Paper prepared for Will No Child be Left Behind? The Challenges of Making this Law Work, a Conference Sponsored by the Thomas B. Fordham Foundation, Washington, DC. (ERIC Document Reproduction Service No. 473 713), February 13, 2002.

Coleman, James S. et al., *Equality of Educational Opportunity*, Washington, D. C.: Government Printing Office, 1966.

Conley, Richard S., "President Clinton and the Republican Congress, 1995 – 2000: Political and Policy Dimensions of Veto Politics in Divided Government", A Version of This Paper Was Delivered at the Annual Meeting of the American Political Science Association, August 30 – September 2, 2001, San Francisco, CA.

Cook, Daniel Martin, *Building A Voluntary State: The Politics of Institutional Change and The Reagan Presidency*, Doctor of Philosophy, Ohio State University, Political Science, The City University of New York, 2003.

Crisp, Brian F., Scott W. Desposato and Kristin Kanthak, "Legislative Pivots, Presidential Powers, and Policy Stability", *The Journal of Law, Economics, & Organization*, Vol. 27, No. 2, 2009.

Croce, Benedetto, *History: Its Theory and Practice*, New York: Harcourt, Brace and Company, 1921.

Cross, Christopher T., *Political Education: National Policy Comes of age*, New York: Teachers College Press, Columbia University, 2004.

Dahl, Robert A. , "Decision Making in a Democracy: The Supreme Court as a National Policy – Maker", *Journal of Public Law*, Vol. 6, No. 2, 1957.

Danielson, Charlotte, "New Trends in Teacher Evaluation", *Educational Leadership*, Vol. 58, No 5, 2001.

Davies, Gareth, *See Government Grow: Education Politics from Johnson to Reagan*, University Press of Kansas, 2007.

DeCanio, Samuel, *On the Autonomy of the Democratic State: How Mass Democracy Promotes State Power*, Doctor of Philosophy, Political Science, Ohio State University, 2008.

DeMoss, Karen and Kenneth K. Wong, *Money, Politics and Law*, New York: Routledge, 2004.

Derthick, Martha, "American Federalism: Madison's Middle Ground in the 1980s", *Public Administration Review*, Vol. 47, No. 1, 1987.

Dery, David, *Problem Definition in Policy Analysis*, Lawrence, Kansas: University Press of Kansas, 1984.

Dietz, Peter, *Education from the Cold War to No Child Left Behind: How Federal Policy Makers Have Sought to Transfer Responsibility for Societal Issues Onto America' Schools*, the Degree of Master of Arts, State University of New York, 2010.

Dolbeare, Kenneth M. and Murray J. Edelman, *American Politics: Policies, Power, and Change*, Lexington : D. C. Heath & Company, 1971.

Dror, Yehezkel, "Muddling Through – 'Science' or Inertia?" *Public Administration Review*, Vol. 24, No. 3, 1964.

Duram, James C. , " 'A Good Growl': The Eisenhower Cabinet's January 16, 1959, Discussion of Federal Aid to Education", *Presidential Studies Quarterly*, Vol. 8, No. 4, 1978.

Duran, James, "The Beginnings of Ambivalence: Dwight D. Eisenhower and the Federal Aid to Education Issue, 1949 – 1953", *Kansas History*, Vol. 13, No. 3, 1990.

Dutt, Pushan and Ahmed Mushfiq Mobarak, "Democracy and Policy Stability", INSEAD Business School Research Paper No. 2007/50/EPS, 2007 (September) .

Easton, David, *The Political System: An Inquiry into the State of Political Science*, New York: Knopf, 1953.

Eberts, R., K. Hollenbeck and J. Stone, "Teacher Unions: Outcomes and Reform Initiatives", in R. Henderson (ed.), *Teacher Unions and Education Policy: Retrenchment or Reform?* New York: Elsevier, 2004.

Eckstein, Harry, "The Determinant of Pressure Group Politics", in Mattei Dogan andRichard Rose, *European Politics*, Boston: Little, Brown and Company, 1971.

Elam, Stanley M., *How America Views Its Schools: The PDK/Gallup Polls, 1969 - 1994*, Phi Delta Kappa Educational Foundation, Bloomington, IN, 1995.

Elam, Stanley M. et al., "The 22nd Annual Gallup Poll of the Public's Attitudes Toward the Public Schools", *Phi Delta Kappan*, Vol. 72, No. 1, 1990.

Elam, Stanley M. et al., "The 23rd Annual Gallup Poll of the Public's Attitudes Toward the Public Schools", *Phi Delta Kappan*, Vol. 73, No. 1, 1991.

Elam, Stanley M. et al., "The 26th Annual Phi Delta Kappa/Gallup Poll of the Public's Attitudes toward Public Schools", *Phi Delta Kappan*, Vol. 76, No. 1, 1994.

Elam, Stanley M. and Lowell C. Rose, "The 28th annual Phi Delta Kappa/Gallup poll of the public's attitudes toward the public schools", *Phi Delta Kappan*, Vol. 78, 1996.

Evans, Peter, *Embedded Autonomy: States and Industrial Transformation*, Princeton University Press, 1995.

Farnham, Benjamin, *Models of Supreme Court Decision - Making: Measuring Justice Ideology and the Validity of the Attitudinal Model*, http://www.politicalscience.uncc.edu.

Fischer, Frank, "Beyond Empiricism: Policy Inquiry in Postpositivist Perspective", *Policy Studies Journal*, Vol 26, No1, 1998.

Fischer, Frank, *Reframing Public Policy: Discursive Politics and Deliberative Practices*, Oxford University Press, 2003.

Fuhrman, Susan H., "Clinton's Education Policy and Intergovernmental Relations in the 1990s", *Publius*, Vol. 24, No. 3, 1994.

Fuhrman, Susan H., "Education Policy: A New Context for Governance", *Publius*, Vol. 17, No. 3, 1987.

Fuhrman, Susan H., and Richard F. Elmore, "Understanding Local Control in the Wake of State Education Reform", *Educational Evaluation and Policy Analysis*, Vol. 12, No. 1 1990.

Gardner, David P., et al., *A Nation At Risk: The Imperative For EducationalReform. An Open Letter to the American People*, a report to the Nation and the Secretary of Education, National Commission on Excellence in Education, Washington, D C. April 26, 1983.

Ginsberg, Rick, "Education Reform: Overview Reports of Historical Significance", http://education.stateuniversity.com/pages/1944/Education-Reform.html.

Goertz, Margaret E., "Implementing the No Child Left Behind Act: Challenges for the States", *Peabody Journal of Education*, Vol. 80, No. 2, 2005.

Gordon, Jacob U., "Black Males in the Civil Rights Movement", *Annals of the American Academy of Political and Social Science*, Vol. 569, 2000.

Graham, Hugh Davis, *The Uncertain Triumph: Federal Education Policy in the Kennedy and Johnson Years*, University of North Carolina Press, 1984.

Greenhouse, Steven and Sam Dillon, "School's Shake-up Is Embraced by the President", *The New York Times*, March 6, 2010.

Guilfoyle, Christy, "NCLB: Is There Life Beyond Testing?" *Educational Leadership*, Vol. 64, No. 3, 2006.

Hacker, Jacob S. and Paul Pierson, "Business Power and Social Policy: Employers and the Formation of the American Welfare State", *Politics Society*, Vol. 30, No. 2, 2002.

Haas, P. M., "Introduction: Epistemic Communities and International Policy Coordination", *International Organization*, Vol, 46, No. 1, 1992.

Hall, Peter A., "Policy Paradigms, Experts and the State: The Case of Macro-economic Policy-Making in Britain", in Stephen Broos and A. -

G. Agonon (eds.), *Social Scientists, Policy and the State*, New York: Praeger, 1990.

Hall, Peter A. , "Policy Paradigms, Social Learning, and the State: The Case of Economic Policymaking in Britain", *Comparative Politic*, Vol. 25, No. 3, 1993.

Hall, Peter M. and Patrick J. W. McGinty, "Policy as the Transformation of Intentions: Producing Program from Statute", *The Sociological Quarterly*, Vol. 38, No. 3, 1997.

Hess, Frederick M. and Michael J. Petrilli, *No Child Left Behind: Primer*, New York: Peter Lang, 2006.

Hill, Paul, *Do Federal Education Programs Interfere with One Another?* RAND Corporation, 1979.

Hoff, David J. , "Steep Climb to NCLB Goal for 23 States", *Education Week*, Published Online, June 2, 2008.

Horn, R. A. , *Understanding Educational Reform: A Reference Handbook*, Santa Barbara, CA: ABC – CLIO, 2002.

Houston, Paul, "Superintendents for the 21 Century", *Phi Delta Kappan*, February, 2001.

Howe II, Harold, Lyndon Johnson Oral History, Gift of Personal Statement, to the Lyndon Baines Johnson Library, October 29, 1968, http://millercenter.org/scripps/archive/oralhistories/detail/2601.

Howell, William G. , *Power without Persuasion: The Politics of Direct Presidential Action*, Princeton University Press, 2003.

Hursh, David, "The Growth of High – Stakes Testing in the USA: Accountability, Markets and the Decline in Educational Equality", *British Educational Research Journal*, Vol. 31, No. 5, 2005.

Immergut, Ellen, "The Theoretical Core of the New Institutionalism", *Politics and Society*, Vol. 26, No. 1, 1998.

James, Thomas, "State Authority and the Politics of Educational Change", *Review of Research in Education*, Vol. 17, 1991.

Jeffrey, Julie Roy, *Education for Children of the Poor: A Study of the Origins and Implementation of the Elementary and Secondary Education Act of 1965*,

Ohio State University Press, 1978.

Jenkins – Smith, Hank C., Gilbert K. St. Clair and Brian Woods, "Explaining Change in Policy Subsystems: Analysis of Coalition Stability and Defection over Time", *American Journal of Political Science*, Vol. 35, No. 4, 1991.

Jennings, John, "Lessons Learned in Washington, D. C.", *Phi Delta Kappan*, Vol. 74, No. 4, 1992.

Jennings, John, *National Issues in Education: The Past Is Prologue*, Phi Delta Kappa Intl Inc., 1993.

Jennings, John, *Why National Standards and Tests?: Politics and the Quest for Better Schools*, California: SAGE Publications, Inc., 1998.

Jennings, John, "Title One: Its Legislative History and Its Promise, *Phi Delta Kappan*, Vol. 81, No. 7, 2000.

Jennings, John, *Ten Big Effects of the No Child Left Behind Act on Public Schools*, Center on Education Policy, November, 2006.

Johnson, Roberta Ann and Michael E. Kraft, "Bureaucratic Whistleblowing and Policy Change", *The Western Political Quarterly*, Vol. 43, No. 4, 1990.

Jones, Michael D. and Mark K. McBeth, "A Narrative Policy Framework: Clear Enough to Be Wrong?" *The Policy Studies Journal*, Vol. 38, No. 2, 2010.

Kaestle, Carl F., Alyssa E. Lodewick and Jeffrey R. Henig, *To Educate a Nation: Federal and National Strategies of School Reform*, University Press of Kansas, 2007.

Kane, Ann and M. Catharine Evans, "Abolish the Department of Education?" *American Thinker*, September 7, 2012.

Keppel, Francis, Lyndon Johnson Oral History, 1972, http://millercenter.org/scripps/archive/oralhistories/detail/2660.

King, Roger, *The State in Modern Society: New Directions in Political Sociology*, Basingstoke: Macmillan, 1986.

Klarman, Michael J., *Brown v. Board of Education and the Civil Rights Movement*, New York: Oxford University Press, 2007.

Klein, A., "Alexander, GOP Senators Introduce Own ESEA Bills", *Education Week*, Sept. 14, 2011.

Kluger, Richard, *Simple Justice: The History of Brown v. Board of Education and Black America's Struggle for Equality*, New York: Knopf, 1975.

Knight, Jack, *Institutions and Social Conflict*. New York: Cambridge University Press, 1992.

Koppich, Julia E., "A Tale of Two Approaches: The AFT, the NEA, and NCLB", *Peabody Journal of Education*, Vol. 80, No. 2, 2005.

Korpi, Walter, Julia Sila O'Connor, and Gregg Matthew Olsen, *Power Resources Theory and the Welfare State: A Critical Approach: Essays Collected in Honour of Walter Korpi*, University of Toronto Press, 1998.

Kosar, Kevin R., *National Education Standards and Federal Politics*, Doctor of Philosophy (Political Science), New York University, 2003.

Kosar, Kevin R., *Ronald Reagan and Education Policy*, Ebook Published April 10th by Studies in Governance and Politics, 2011.

Krasner, Stephen D., *Defending the National Interest: Raw Materials Investments and U. S. Foreign Policy*, Princeton University Press, 1978.

Launius, Roger D. John M. Logsdon and Robert W. Smith, *Reconsidering Sputnik: Forty Years Since the Soviet Satellite*, New York: Harwood Academic Publishers, 2000.

Lewis, Anne C., "Increasing Federal Control", *Phi Delta Kappa*, Vol. 82, No. 3, 2000.

Liang, Jiaqi and Daniel J. Fiorino, "The Implications of Policy Stability for Renewable Energy Innovation in the United States, 1974 – 2009", *The Policy Studies Journal*, Vol. 41, No. 1, 2013.

Light, Paul C., *The President's Agenda: Domestic Policy Choice from Kennedy to Clinton*, Baltimore: Johns Hopkins University Press, 1991.

Lindblom, Charles E., "The Science of 'Muddling Through'", *Public Administration Review*, Vol. 19, No. 2, 1959 (Spring).

Lopez, Shane J., "Americans' Views of Public Schools Still Far Worse Than Parents', Parents Rate Own Child's School Far Better than Americans Rate U. S. Public Schools", August 25, 2010, http://www.gallup. com/poll/142658/americans - views - public - schools - far - worse - parents. aspx.

Manna, Paul, "Federalism, Agenda Setting, and the Development of Federal Education Policy, 1965 - 2001", Doctor of Philosophy (Political Science), the University of Wisconsin - Madison, 2003.

Manna, Paul, *Collision Course: Federal Education Policy Meets State and Local Realities*, Washington D. C.: CQ Press, 2011.

Marche, Jordan D., *Theaters of Time and Space: American Planetaria*, 1930 - 1970, New Jersey: Rutgers University Press, 2005.

Marsh, Julie A. and Priscilla Wohlstetter, "Recent Trends in Intergovernmental Relations: The Resurgence of Local Actors in Education Polic", *Educational Researcher*, Published Online, June 6, 2013.

Martin, Don T., "Eisenhower and the Politics of Federal Aid to Education: The Watershed Years, 1953 - 1961", *Midwest History of Education Journal*, Vol. 25, No. 1, 1998.

Martin, Waldo E., *Brown v. Board of Education: A Brief History with Documents*, Bedford/St. Martin's, 1998.

Mayer, William G., "The 1992 Elections &the Future of American Politics", *Polity*, Vol. 25, No. 3, 1993.

McDonnell, Lorraine M., "No Child Left Behind and the Federal Role in Education: Evolution or Revolution?" *Peabody Journal of Education*, Vol. 80, No. 2, 2005.

McDonnell, Lorraine M., "The Changing Nature of Federalism in Education: A Paradox and Some Unanswered Questions", Paper Prepared for The States' Impact on Federal Education Policy Invitational Conference, Washington D. C., May 9, 2008.

McDonnell, Lorraine M. and M. W. McLaughlin, *Education Policy and the Role of the States*, Santa Monica, CA: RAND., 1982.

McGuinn, Patrick, *No Child Left Behind the Transformation of Federal Education Policy, 1965 - 2005*, University Press of Kansas, 2006.

Mechanic, David, and David A. Rochefort, "Deinstitutionalization: An Appraisal of Reform", *Annual Review of Sociology*, Vol. 16, 1990.

Mehta, Jal David, "The Transformation of American Educational Policy, 1980—2001: Ideas and the Rise of Accountability Politics, 1980 - 2001", Doctor of Philosophy (Political Science), Harvard University, 2006.

Meijerink, Sander V., "Understanding Policy Stability and Change", *Working Paper Series*, 2005/2, Research Group Governance and Places.

Meinecke, Friedrich, *Machiavellism*, New Haven: Yale University Press, 1957.

Mitchell, Douglas E., Robert L. Crowson, and Dorothy Shipps, *Shaping Education Policy: Power and Process*, New York: Routledge, 2011.

Moe, Terry M., "Power and Political Institutions", *Perspectives on Politics*, Vol. 3, No. 2, 2005.

Monroe, Alan D., "Public Opinion and Public Policy, 1980 - 1993", *The Public Opinion Quarterly*, Vol. 62, No. 1, 1998.

Murphy, Jerome T., "Title I of ESEA: The Politics of Implementing Federal Education Reform", *Harvard Educational Review*, Vol. 40, No. 4, 1971.

National Education Association, *1973 - 4 N. E. A. Handbook*, Washington D. C., N. E. A., 1973.

National Governors' Association, *Time for Results: The Governors' 1991 Report on Education*, Washington, DC: National Governors' Association, August, 1986.

Neustadt, Richard E., *Presidential Power and the Modern Presidents: The Politics of Leadership from Roosevelt to Reagan*, New York: The Free Press, 1991.

New York State Education Department, "Federal Education Policy and the States, 1945 - 2009: A Brief Synopsis", New York State Archives, Albany, 2009.

O'Toole, Laurence J. and Kenneth J. Meier, "Plus Ca Change: Public Management, Personnel Stability, and Organizational Performance", *Journal of Public Administration Research and Theory*, Vol. 13, No. 1, 2003.

Papadakis, Elim and Clive Bean, "Popular Support for the Welfare State: A Comparison between Institutional Regimes", *Journal of Public Policy*,

Vol. 13, No. 3, 1993.

Pereira, Carlos and Shane P. Singh and Bernardo Mueller, "Political Institutions, Policymaking, and Policy Stability in Latin America", *Latin American Politics and Society*, Vol. 53, No. 1, 2011.

Peterson, Kenneth D. et al., "The Maturation of Redistributive Programs", in A. R. Odden (ed.), *Education Policy Implementation*, Albany: State University of New York Press, 1991.

Pierson, Paul, *Politics in Time: History, Institutions, and Social Analysis*, Princeton University Press, 2004.

Pierson, Paul, "The Study of Policy Development", *Journal of Policy History*, Vol. 17, No. 1, 2005.

Pye, Lucian W. and Sidney Verba, *Political Culture and Political Development*, Princeton University Press, 1965.

Quie, Albert, *Lyndon Johnson Oral History*, Gift of Personal Statement, to the Lyndon Baines Johnson Library, April 30, 1969, http://millercenter.org/scripps/archive/oralhistories/detail/2888.

Ravitch, Diane, "Critical Issues in the Office of Educational Research and Improvement", in John F. Jennings, *National Issues in Education: The Past Is Prologue*, Phi Delta Kappa International Incorporated, 1993.

Riker, William H., "Implications from the Disequilibrium of Majority Rule for the Study of Institutions", *The American Political Science Review*, Vol. 74, No. 2, 1980.

Riley, R., *Remarks of Richard Riley on the 40th Anniversary of Brown v. Board of Education*, Georgetown University Law Center, Washington, DC, 1994.

Robelen, Erik W., "40 Years After ESEA, Federal Role in Schools Is Broader Than Ever", *Education Week*, Published Online, April 12, 2005.

Robinson, James A., "Theories of Bad Policy", *Journal of Policy Reform*, Vol. 3, No. 1, 2002.

Rodrik, Dani, "Participatory Politics, Social Cooperation, and Economic, Stability," *American Economic Review*, Papers and Proceedings, Vol. 90, No 2, 2000.

Rose, Lowell C., "The 32nd Annual Phi Delta Kappa/Gallup Poll Of the

Public's Attitudes Toward the Public Schools", *Phi Delta Kappan*, Vol. 82, No. 1, 2000.

Rose, Lowell C. and Alec M. Gallup, "The 33th annual PDK/Gallup Poll of the Public's Attitudes Toward the Public Schools", *Phi Delta Kappan*, Vol. 83, No. 1, 2001.

Rose, Lowell C., and Alec M. Gallup, "The 34th Annual Phi Delta Kappa/Gallup Poll of the Public's Attitudes Toward the Public Schools", *Phi Delta Kappan*, Vol. 84, No. 1, 2002.

Rothstein, Bo, et al., "Explaining the Welfare State: Power Resources vs. the Quality of Government", *European Political Science Review*, Vol. 4, No. 1, 2012.

Sachs, Jeffrey and Andrew Warner, "Economic Convergence and Economic Policies", Paper was sponsored by Stefan Batory Foundation, CASE Research Foundation, Warsaw, 1995.

Sabatier, Paul A., "An Advocacy Coalition Framework of Policy Change and The Role of Policy-oriented Learning Therein", *Policy Sciences*, Vol. 21, 1988.

Sabatier, Paul A., "The Advocacy Coalition Framework: Revision and Relevance For Europe", *Journal of European Public Policy*, Vol. 5, No. 1, 1998.

Samuelson, Paul A., *Foundations of Economic Analysis*, Cambridge, MA: Harvard University Press, 1947.

Sanders, Beth R., *School Leaders and the Challenge of the Elementary and Secondary Education Act, 1960-1968*, Doctor of Philosophy (Education), The University of Michigan, 2010.

Schatttschneider, E. E., *Politics, Pressures and the Tariff*, New York: Prentice-Hill, 1935.

Schlozman, Kay Lehman and John T. Tierney, "More of the Same: Washington Pressure Group Activity in a Decade of Change", *The Journal of Politics*, Vol. 45, No. 2, 1983.

Schlozman, Kay Lehman and John T. Tierney, *Organized Interests and American Democracy*, New York: Harper & Row, 1986.

Schwab, Larry M., *The Illusion of a Conservative Reagan Revolution*, New-Brunswick, New Jersey: Transaction Publishers, 1991.

Sewell, William, "Three Temporalities: Toward an Eventful Sociology," in Terrence J. McDonald (ed.), *The Historic Turn in the Human Sciences*, Ann Arbor: University of Michigan Press, 1996.

Shaw, D., M. Westcombe, J. Hodgkin and G. Montibeller, "Problem Structuring Methods for Large Group Interventions", *The Journal of the Operational Research Society*, Vol. 55, No. 5, 2004.

Skocpol, T., *States and Social Revolution*, Cambridge: Cambridge University Press, 1979.

Shanahan, Elizabeth A., Michael D. Jones, and Mark K. McBeth, "Policy Narratives and Policy Processes", *The Policy Studies Journal*, Vol. 39, No. 3, 2011.

Shannon, Jasper B., "Political Obstacles to Civil Rights Legislation", *Annals of the American Academy of Political and Social Science*, Vol. 275, 1951.

Shepard, Lorrie A., "The Contest Between Large – Scale Accountability Testing and Assessment in the Service of Learning, 1970 – 2001", Unpublished Paper, 2002.

Shively, W. Phillips, *Power & Choice: An Introduction to Political Science*, New York: McGraw – Hill, 1997.

Skrla, L. and J. J. Scheurich, *Educational Equity and Accountability: Paradigms, Policies, and Politics*. New York: Taylor and Francis Books, 2004.

Slavin, R., *To Educate the Poor, Put Money In the Right place*, Chicago Tribune, Sec. 1, October, 1993.

Smith, Martin J., *Pressure, Power, and Policy: State Autonomy and Policy Networks in Britain and the United States*, University of Pittsburgh Press, 1993.

Soifer, Hillel, "State Infrastructural Power: Approaches to Conceptualization and Measurement", Published online, August 6, 2008.

Soifer, Hillel, "The Sources of Infrastructural Power: Evidence from Nineteenth – Century Chilean Education", *Latin American Research Review*,

Vol. 44, No. 2, 2009.

Sorensen, Theodore C., *Let the Word Go forth: The Speeches, Statements, and Writings of John F. Kennedy*, New York, N. Y.: Delacorte Press, 1988.

Spring, Joel, *Education and the Rise of the Corporate State*, Boston: Beacon Press, 1973.

Spring, Joel, *Conflict of Interests: The Politics of American Education*, New York: McGraw – Hill, 2002.

Steensland, Brian, "Why Do Policy Frames Change? Actor – Idea Coevolution in Debates over Welfare Reform", *Social Forces*, Vol. 86, No. 3, 2008.

Stone, Deborah, "Causal Stories and the Formation of Policy Agendas", *Political Science Quarterly*, Vol. 104, 1989.

Stone, Deborah, *Policy Paradox: The Art of Political Decision Making*, 3rd ed., New York: W. W. Norton, 2002.

Strauss, Valerie, "Ronald Reagan's Impact on Education Today", *Washington Post*, June 2, 2011.

Strauss, Valerie, "Who Was the 'Best' Education President?", *Washington Post*, November 21, 2011.

Strauss, Valerie, "Don't Expect Congress to End Test – and – Punish Core of NCLB", *Washington Post*, June 5, 2013.

Sundquist, J. L., *Politics and policy: The Eisenhower, Kennedy, and Johnson years*, Washington DC.: Brookings Institution Press, 1968.

Sundquist, J. L., "Needed: A Political Theory for the New Era of Coalition Government in the United States", *Political Science Quarterly*, Vol. 103, No. 4, 1988.

The Presidential Recordings, *Lyndon B. Johnson: The Kennedy Assassination and the Transfer of Power*, November 1963 – January 1964, Vol. 1, November 1963, Max Holland, (ed.) New York: Norton, 2005.

Thelen, Kathleen, *How Institutions Evolve: The Political Economy of Skills in Germany, Britain, the United States, and Japan*, Cambridge University Press, USA, 2004.

Toch, Thomas, *In the Name of Excellence: The Struggle to Reform the Nation's*

Schools, Why It's Failing, and What Should Be Done, Oxford University Press, USA, 1991.

True, J. L., D. Jones, and F. R. Baumgarter, "Punctuated – Equilibrium Theory, Explaining Stability and Change in American Policymaking", in P. A. Sabatier (ed.), *Theories of the Policy Process*, Boulder: Westview Press, 1999.

Turque, Bill, "D. C. Launches Rigorous Teacher Evaluation System", http://www.washingtonpost.com/wp-dyn/content/article/2009/09/30/AR2009093004729.html.

Turque, Bill, "Rhee dismisses 241 D. C. teachers; union vows to contest firings", http://www.washingtonpost.com/wp-dyn/content/article/2010/07/23/AR2010072303093.html.

Twight, Charlotte A., *Dependent on D. C: The Rise of Federal Control over the Lives of Ordinary Americans*, New York: Palgrave Macmillan, 2002.

U. S. Department of Education, "State and Local Implementation of the No Child Left Behind Act", a report from the National Longitudinal Study of No Child Left Behind (NLS – NCLB) and the Study of State Implementation of Accountability and Teacher Quality Under No Child Left Behind, 2010.

Veblen, Thorstein, "The limitation of marginal utility", *Journal of Political Economy*, Vol. 17, 1909.

Vergari, Sandra, "The Limits of Federal Activism in Education Policy", *Educational Policy*, Vol. 26, No. 15, 2012.

Vinovskis, Maris A., *The Road to Charlottesville: The 1989 Education Summit*, a Publication of the National Education Goals Panel, Department of History, Institute for Social Research, and School of Public Policy, University of Michigan, 1999.

Vinovskis, Maris A., *The Birth of Head Start: Preschool Education Policies in the Kennedy and Johnson Administrations*, University of Chicago Press, 2008.

Wadsworth, Deborah, "The Public's View of Public Schools", *Educational Leadership*, Vol. 54, No. 5, 1997.

Wallin, Milbrey and McLaughlin, *Evaluation and Reform: The Elementary and Secondary Education Act of 1965, Title One*, RAND, 1974.

Weaver-Hightower, Marcus B., "An Ecology Metaphor for Educational Policy Analysis: A Call to Complexity", *Educational Research*, Vol. 37, No. 3, 2008.

Weiss, Janet A., "The Powers of Problem Definition?", *Policy Sciences*, Vol. 22, 1989.

Weissert, Carol S. and Malcolm L. Goggin, "Nonincremental Policy Change: Lessons from Michigan's Medicaid Managed Care Initiative", *Public Administration Review*, Vol. 62, No. 2, 2002.

Wilson, Carter A., *Public Policy: Continuity and Change*, New York: McGraw-Hill, 2006.

Wilson, Carter A., "Policy Regimes and Policy Change", *Journal of Public Policy*, Vol. 20, No. 3, 2000.

Wilson, Scott, "Obama Criticizes U.S. Schools, Calls for Reform", *Washington Post*, Wednesday, March 11, 2009.

Wirt, Frederick M. and Michael W. Kirst, *The Political Dynamics of American Education*, Berkeley: McCutchan Pub. Corp., 2001.

Worth, Robert, "Reforming the Teachers' Unions", *Washington Monthly*, Vol. 30, No. 5, 1998.

Yanow, Dvora, *How Does a Policy Mean?: Interpreting Policy and Organizational Actions*, Georgetown University Press, 1996.

Zimmerman, Joseph F., *Contemporary American Federalism: The Growth of National Power*, State University of New York Press, 2009.

后　　记

本书是在本人博士学位论文的基础上修改完成的。博士学位论文的完成及本书的完善，离不开老师、同学和家人的热心帮助与大力支持。

首先感谢我的导师唐贤兴教授，是他给我学习上无穷的帮助和鼓励、生活上不尽的关怀和包容，使我在艰难的博士生活中时刻保持信心。每一次跟导师的交谈、讨论，都能启发我对学术问题的进一步深入思考。导师坦荡的胸襟、渊博的学识，以及在各种学术活动中的言传身教，都使我终身受益。

感谢复旦大学公共行政系博士导师组的每一位老师对我学习上的悉心指导和生活上无微不至的关怀。唐亚林教授对我学习和论文写作上的每一次点拨，都能让我豁然开朗。唐老师不仅在学习上帮助我，在生活上也给予我无尽的支持。竺乾威教授、朱春奎教授、陈晓原教授对我学习上的肯定、对我研究上的指导，帮助我稳健成长。博士期间的辅导员老师刘淑华博士、陈水生博士、钟维东博士等都给我方方面面的关怀，在此对他们一并表示谢忱！在为某个学术问题与师弟师妹们的争论中，总是能够碰撞出思想的火花，为我的学习和研究提供新的思路。在此，对师弟师妹也表示由衷的感谢！

还清晰地记得，与同学的每一次友好相处，无论是学术上的讨论，学习之余的出行旅游，还是一起的惬意生活，让三年丰富的学习时光平添了几分美好心情。在此，对田恒博士、胡重明博士、熊凯博士、邹应猛博士、鲁迎春博士、严敏博士、郭林博士和马志国博士表示由衷的感谢。

最后，感谢我的家人。多少年来，我们家总是聚少离多。为人子、为人夫、为人父的我没能更多地尽到应尽的责任。是整个家庭，给予我无尽的动力，使我学业上不断进步！感谢父母对我的养育之恩，尤其是健在的老父亲，是他对儿子的殷切希望，才铸就了我今天学业上的成功。

感谢妻子孙霞云老师对我的支持，是她在肩负繁重教学科研任务的同时，依然默默承担了教育子女的重任，是她给予我不断的鼓励，在我最失落和困苦之时帮助我重铸信心，让我一心投入工作和研究之中。感谢我的一双活泼可爱的儿女，他们懂事，体谅他们的母亲，他们是我学习和工作永恒的动力来源。

感谢湖州师范学院及社会发展与管理学院的各位领导、同事和朋友，是他们给我的家庭在清丽湖州生活上无微不至的关心、关怀和方方面面的支持，使我的工作和生活更具幸福感。

在此书付梓之即，还应特别感谢湖州师范学院人文社科处，给予我出版资助。感谢中国社会科学出版社的编校人员，正是她们出色的工作、高度的敬业精神使本书得以顺利出版。

行遍江南清丽地，人生只合住湖州。生活、工作于中国这块最美丽的土地，怀揣感恩之心，带着阳光前行，我相信我们的明天会更美好！

肖方仁

2018 年 8 月于浙江湖州